KB234093

낚시 묶음법

낚시춘추 편집부 지음

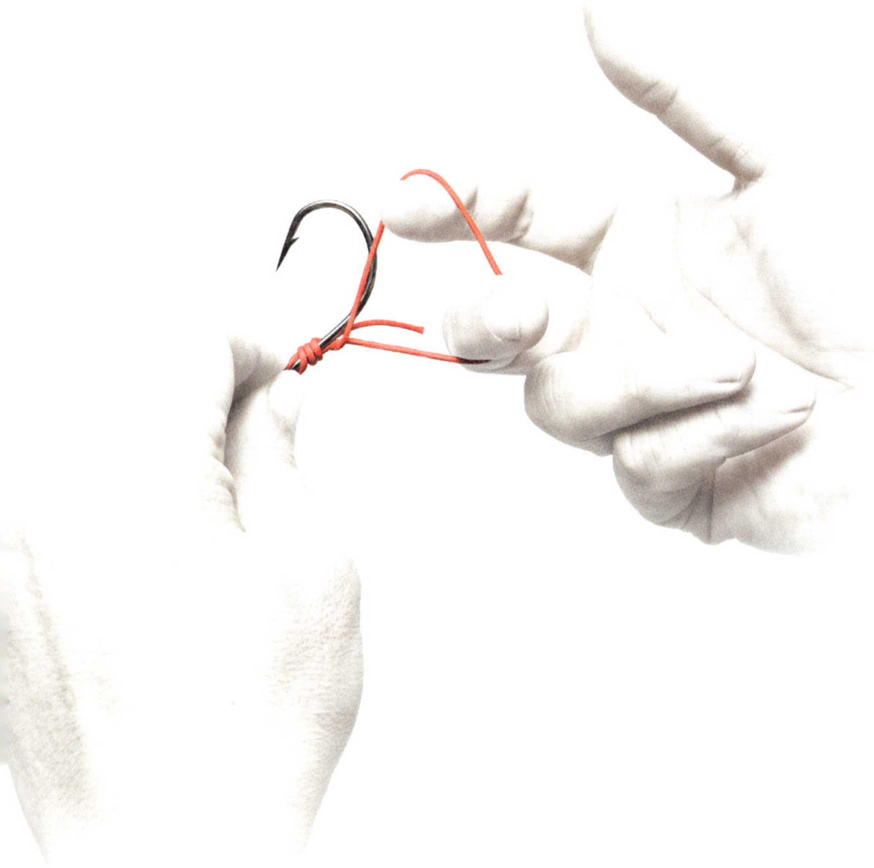

전 세계 낚시인이 애용하는 **최강 묶음법 51** 엄선
그중 **필수 묶음법 19**는 동영상으로!

낚시는 낚싯줄에 바늘을 묶는 것에서부터 출발한다. 그래서 낚시를 하기 전에 가장 먼저 해야 하는 것이 낚시채비 만들기다. 낚시장비와 소품은 사서 쓸 수 있지만 채비는 낚시인이 직접 만들어서 쓸 수밖에 없다. 낚시채비를 만들기 위해 꼭 익혀야 할 것이 묶음법 또는 매듭법이다.

묶음법(매듭법)에는 바늘에 줄을 묶는 방법, 줄과 도래를 묶는 방법, 줄과 줄을 연결하는 방법, 기타 줄을 낚싯대나 릴 그 밖의 도구에 묶는 방법 등이 있다. 이런 묶음법 가운데 쉽고 필수적인 묶음법은 낚시 입문기에 반드시 익혀야 하며, 어려운 고급 묶음법도 향후 지속적인 연습을 통해 숙련시켜 나가야 한다.

요즘은 과거와 달리 다양하게 묶어진 바늘채비들이 상품으로 나와 있지만, 그 채비 역시 자신의 낚싯줄에 연결하려면 매듭을 지어 묶는 수밖에 없으므로 묶음법을 모르고선 낚시가 불가능한 것이다.

이 책에 소개한 낚싯줄 묶음법은 51가지다. 그중엔 중세시대 유럽에서 개발된 것도 있고, 2000년대 이후 아주 최근에 개발된 것도 있다. 어쨌든

오늘날 전 세계의 낚시인들이 가장 널리 사용하고 그 강도와 실용성이 완벽하게 검증된 묶음법만 엄선하였다. 이 책에 실리지 않은 낚시묶음법들도 다수 있지만 강도가 약하거나 극히 한정된 낚시에만 쓰여 실용성이 떨어지는 것으로 판단하여 게재하지 않았다.

이 책의 구성은 제1편 낚싯바늘 묶음법, 제2편 낚싯줄 연결법, 제3편 도래 및 루어 연결법, 제4편 기타 묶음법으로 이뤄져 있다. 그중 가장 많이 쓰이는 19개의 기초 묶음법은 동영상으로 만들어서 독자들이 더 쉽게 익힐 수 있도록 하였다. 19개 동영상은 이 책 목차에 QR코드를 인쇄하여 스마트폰으로 찍어서 언제 어디서나 볼 수 있게 하였다. 이 19개 묶음법만 완벽하게 익혀도 민물, 바다, 루어낚시는 물론 PE라인과 더블라인을 사용하는 첨단 바다루어낚시까지 불편 없이 즐길 수 있을 것이다.

책의 말미에는 본문에서 익힌 각종 묶음법을 활용하여 만들 수 있는 실전 낚시채비를 일러스트로 소개하였는데 낚시현장에서 많은 도움이 될 것으로 믿는다.

낚시 필수 묶음법 19편의 동영상 강의를 맡아서 해주신 「루어낚시 첫걸음」의 저자 조홍식 박사에게 깊은 감사를 드린다. 그리고 끝없는 실험과 시행착오를 거쳐 묶음법의 정수들을 고안해내신 동서양의 선배낚시인들께 존경과 감사를 표하고 싶다.

2024년 10월 21일
낚시춘추 편집부 일동

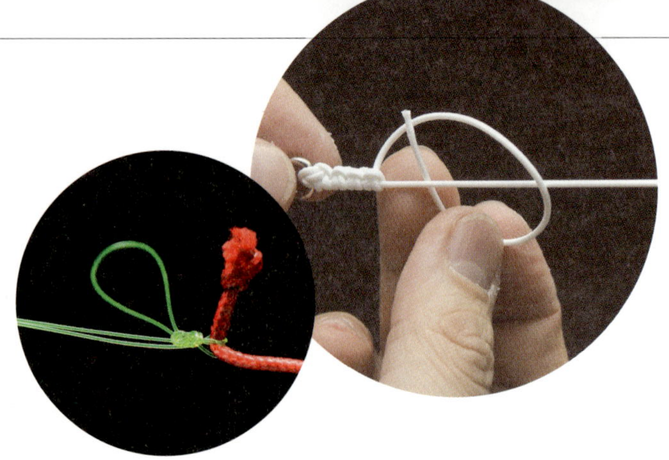

contents

동영상 QR코드
스마트폰으로 찍어주세요!
필수 묶음법 19가지의
동영상을 보실 수 있습니다.

Part 1 낚싯바늘 묶음법

바깥돌리기

가장 기본적인 바늘 묶음법으로서 낚시인이라면 필수적으로 익혀야 할 매듭법이다. 묶는 방법도 간단하고 강도도 높다. 민물낚시와 바다낚시에서 두루 쓰인다.

1. 가장 간단하고 쉬운 바늘 묶음법의 기초다.
2. 바늘이 떨어져 나간 경우, 현장에서 바로 바늘을 묶을 수 있는 매듭방식이다.

〈참고〉
바늘귀와 낚싯줄(목줄)이 직접 닿지 않도록 4단계에서 필히 자투리줄을 바늘귀와 목줄 사이로 끼운 뒤 조여주어야 매듭강도가 높아진다.

중요도	★★★★★
매듭강도	★★★★★
난이도	간단

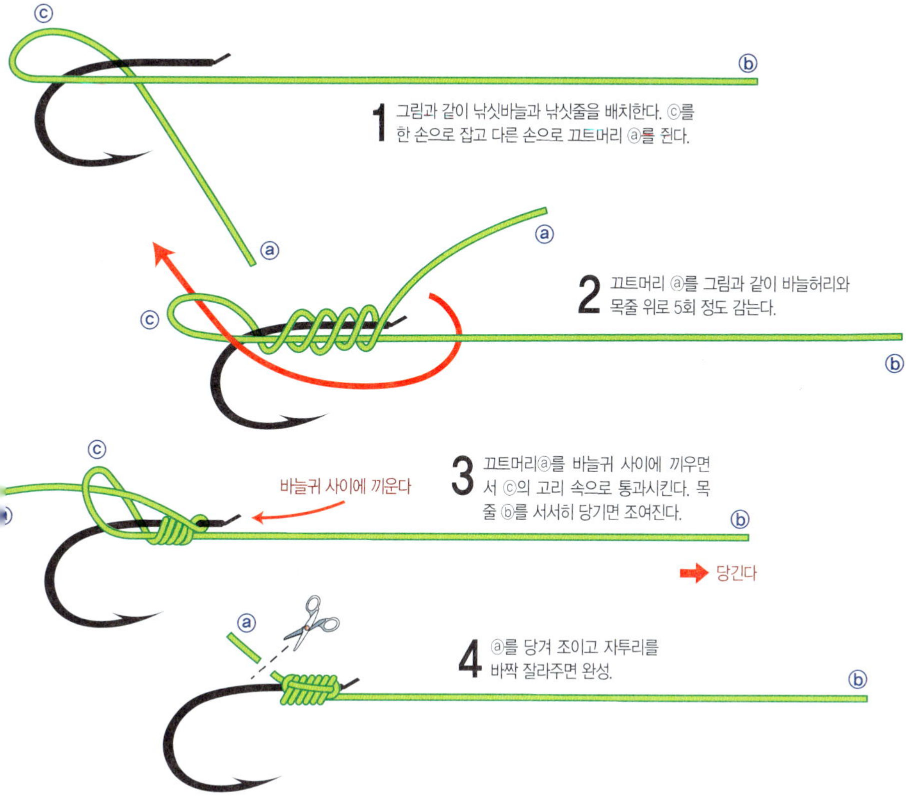

ⓒ   ⓑ

ⓐ

1 그림과 같이 낚싯바늘과 낚싯줄을 배치한다. ⓒ를 한 손으로 잡고 다른 손으로 끄트머리 ⓐ를 쥔다.

ⓐ

ⓒ

2 끄트머리 ⓐ를 그림과 같이 바늘허리와 목줄 위로 5회 정도 감는다.

ⓑ

ⓒ

바늘귀 사이에 끼운다

3 끄트머리ⓐ를 바늘귀 사이에 끼우면서 ⓒ의 고리 속으로 통과시킨다. 목줄 ⓑ를 서서히 당기면 조여진다.

ⓑ

➡ 당긴다

ⓐ

4 ⓐ를 당겨 조이고 자투리를 바짝 잘라주면 완성.

ⓑ

귀 모양에 따른 바늘의 종류

귀바늘과 구멍바늘

바늘에서 낚싯줄을 묶는 부위를 가리켜 바늘귀라고 부르는데 바늘귀의 형태는 크게 두 가지가 있다.

우선 바늘허리의 끝을 눌러 납작하게 만든 귀를 가진 바늘은 '귀바늘'이라 부른다. 일본과 한국 등 동양에서 사용돼온 귀바늘은 붕어낚시나 바다낚시에 주로 쓰인다.

그리고 바늘허리를 둥글게 휘어 고리형태로 만들어 붙인 '구멍바늘'이 있다. 구멍바늘은 서양에서 유래된 루어낚시나 플라이낚시에 쓰인다.

루어낚시용 구멍바늘은 구멍의 방향이나 각도가 다양하다. 일반적인 횡방향의 바늘구멍은 미노우에 달아 앞뒤로 움직이도록 만든 것이지만, 스푼 등에 달아 좌우로 움직일 수 있도록 한 종방향의 바늘구멍도 있다. 한편 납작하게 만든 귀에 구멍을 뚫어서 와이어 줄이나 합사를 묶어 쓸 수 있게 만든 돌돔바늘도 있다.

바깥돌리기

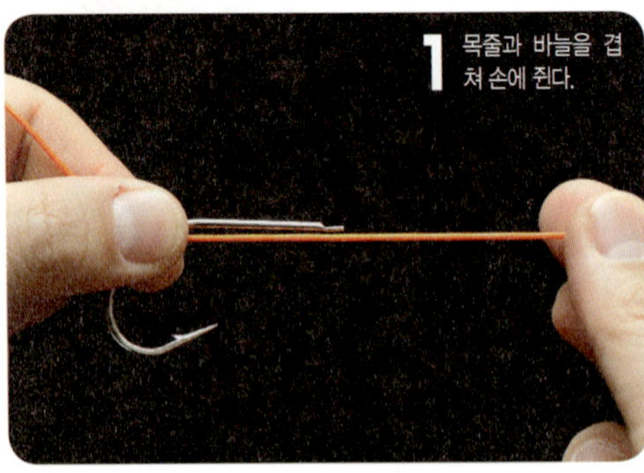

1 목줄과 바늘을 겹쳐 손에 쥔다.

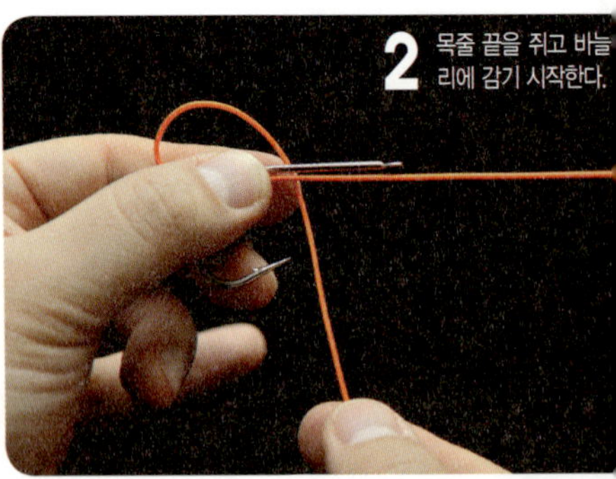

2 목줄 끝을 쥐고 바늘에 감기 시작한다.

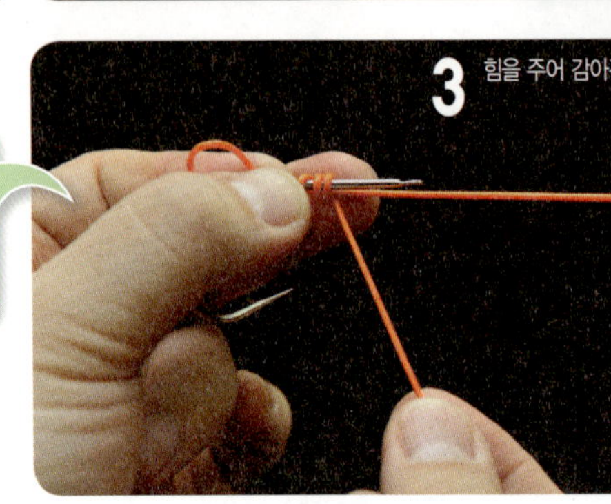

3 힘을 주어 감아간다

흐트러지지 않토록 꼭 쥐어주세요

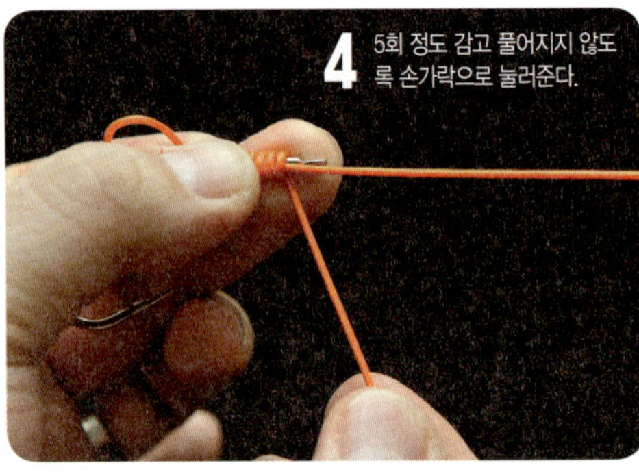

4 5회 정도 감고 풀어지지 않도록 손가락으로 눌러준다.

5 목줄 끝을 반 퀴만 감는다.

6 바늘귀와 목줄 사이로 지나도록 한다.
마지막에는 필히 바늘귀와 목줄 사이로 넣어주세요

7 끄트머리를 고리 속으로 통과시킨다.

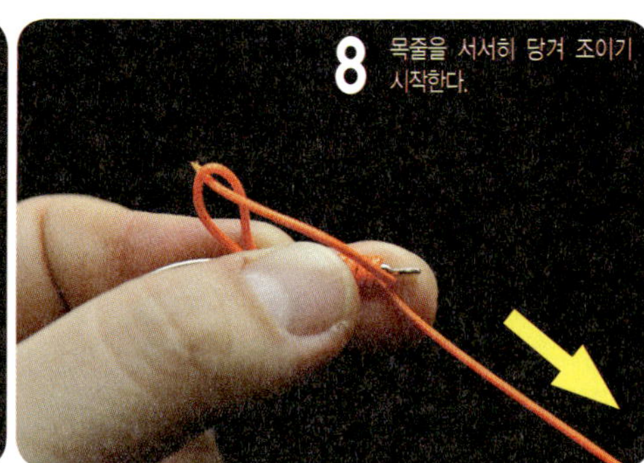

8 목줄을 서서히 당겨 조이기 시작한다.

9 매듭이 고르게 조여지도록 주의하여 조인다.

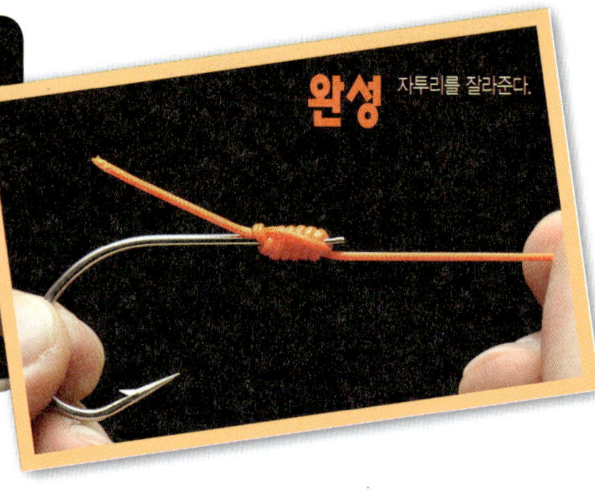

완성 자투리를 잘라준다.

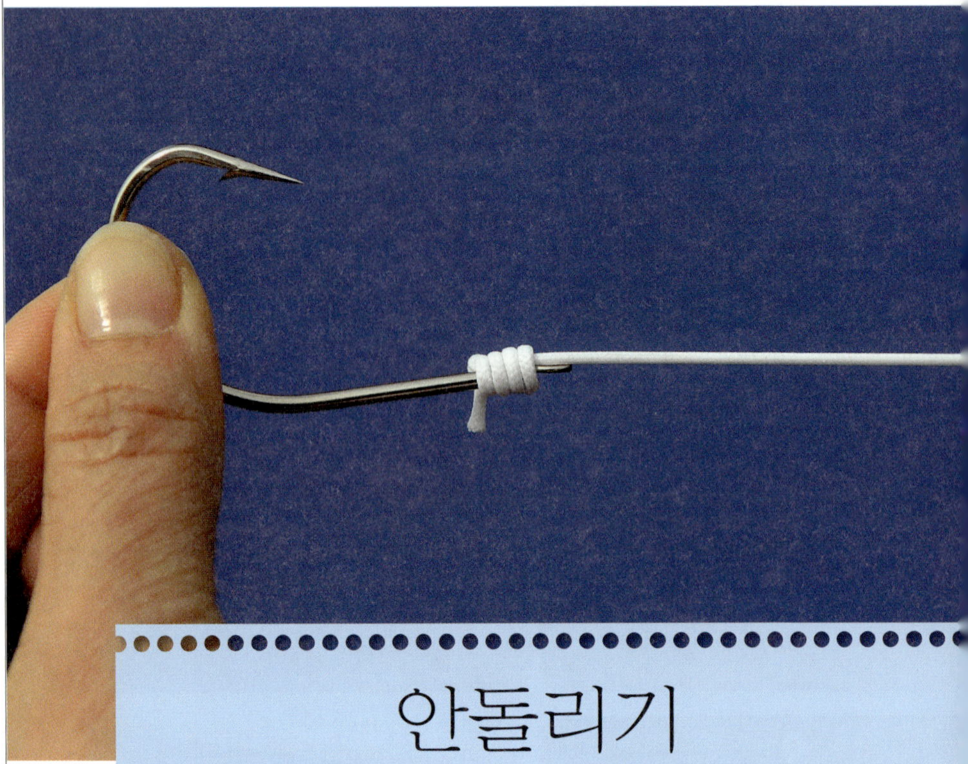

안돌리기

바깥돌리기와 마찬가지로 가장 기초적인 바늘묶음법이다. 민물과 바다를 막론하고 활용도가 매우 넓은데, 목줄 길이가 어느 정도 긴 채비에 적합한 특성을 가지고 있다.

1. 기초적인 묶음법으로 간단하고 쉽지만 약간의 숙달을 요한다.
2. 낚시 현장에서 바로 바늘을 묶을 수 있는 매듭방식이다.
3. 너무 작은 바늘이나 허리가 짧은 바늘의 경우에 묶기 불편할 수 있다.

〈참고〉
❶ 바깥돌리기에 비해 약간 시간이 더 걸린다.
❷ 최종 마무리 작업 시 목줄이 바늘의 안쪽으로 오도록 해야 바늘귀에 의한 목줄의 상처를 예방하고 챔질 성공률도 높아진다.

중요도	★★★★★
매듭강도	★★★★
난이도	간단

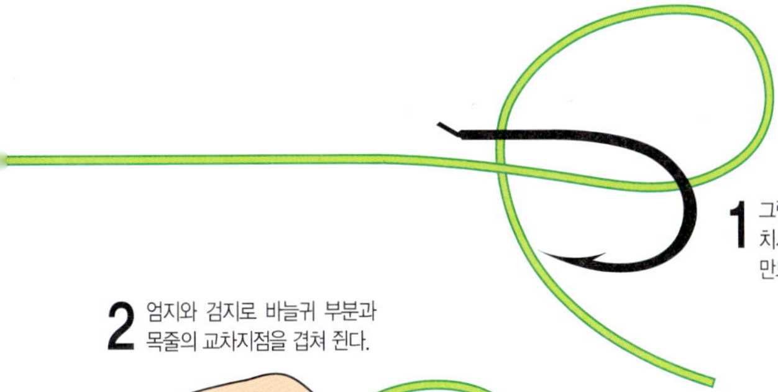

1 그림과 같이 낚싯바늘과 목줄을 배치시키되 고리의 크기를 좀 크게 만드는 게 작업하기 쉽다.

2 엄지와 검지로 바늘귀 부분과 목줄의 교차지점을 겹쳐 쥔다.

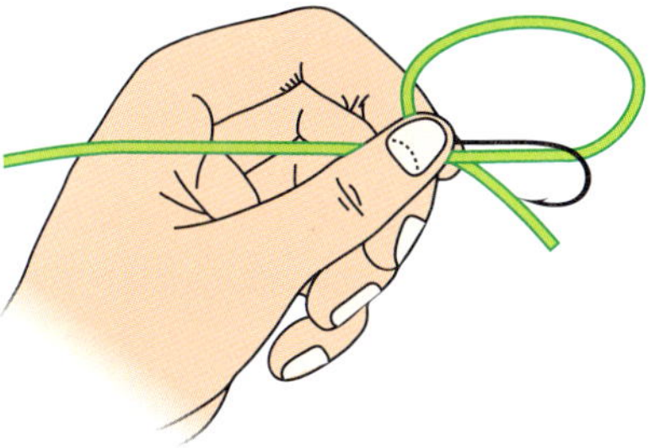

3 줄 끄트머리로 바늘과 줄을 동시에 감기 시작한다.

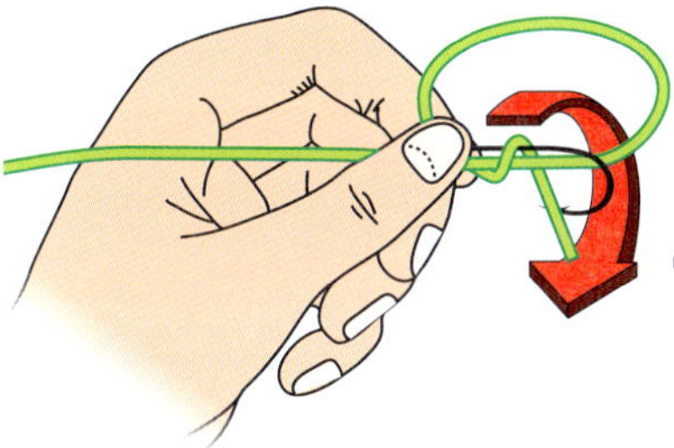

4 그림의 화살표 방향으로 5~6회 돌려 감는다.

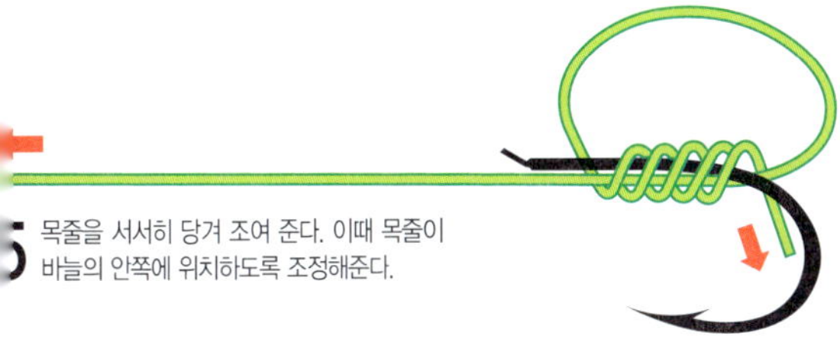

5 목줄을 서서히 당겨 조여 준다. 이때 목줄이 바늘의 안쪽에 위치하도록 조정해준다.

6 자투리를 잘라주면 완성.

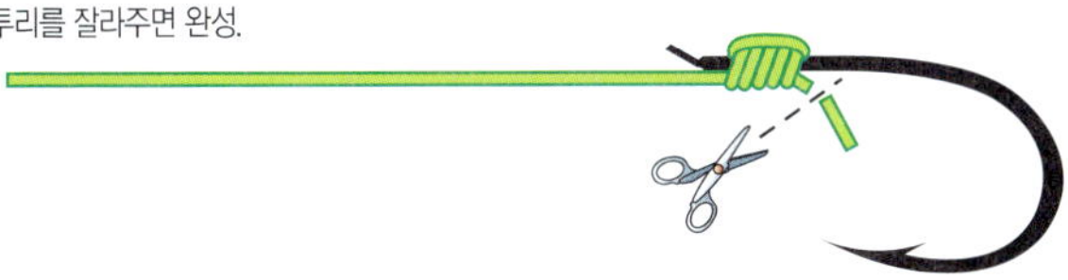

안돌리기

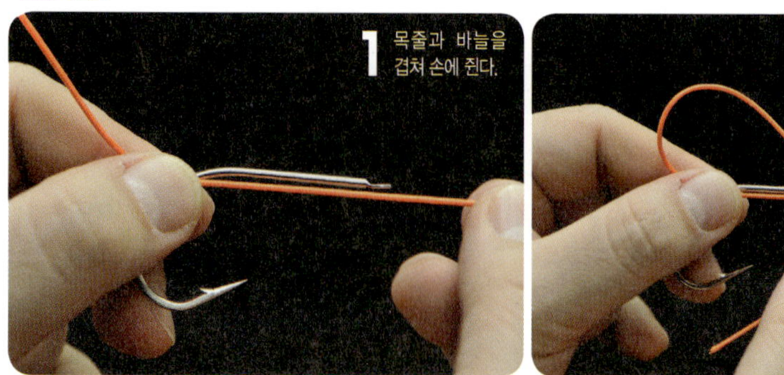

1 목줄과 바늘을 겹쳐 손에 쥔다.
2 목줄을 바늘허리 돌려 고리를 만든

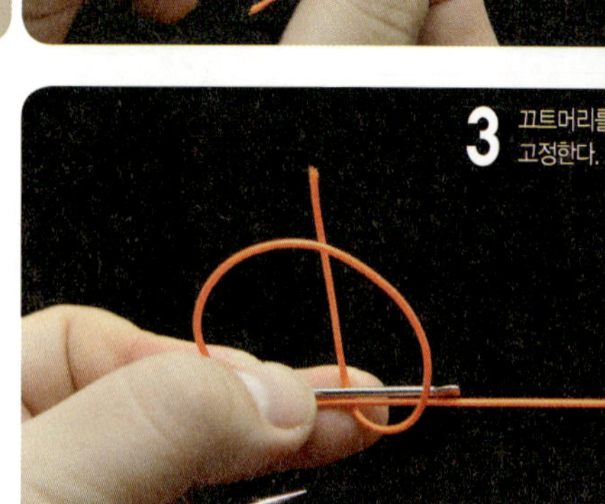

3 끄트머리를 고정한다.

한 바퀴 한 바퀴 풀리지 않게!

4 고리 속을 통과시키며 축에 감기 시작한다.

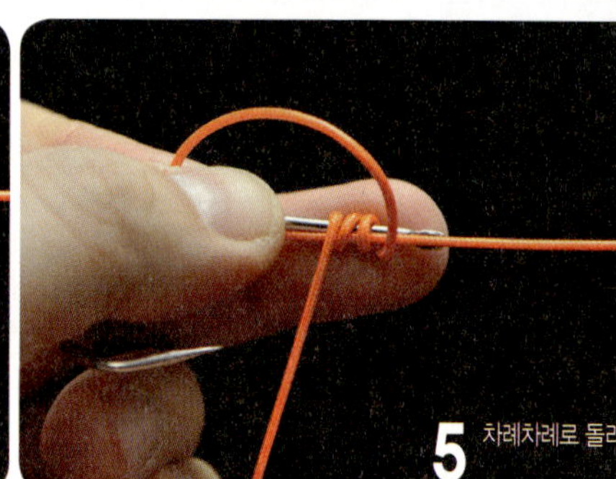

5 차례차례로 돌리

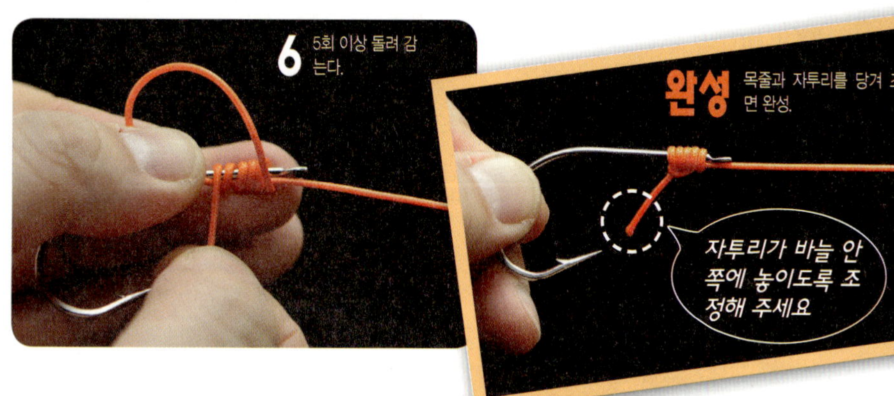

6 5회 이상 돌려 감는다.
완성 목줄과 자투리를 당겨 조면 완성.
자투리가 바늘 안쪽에 놓이도록 조정해 주세요

정중동(靜中動)의 붕어낚시
-화천 파로호에서 붕어의 어신을 받은 낚시인이 힘차게 챔질하고 있다.
예민한 어신을 캐치해야 하는 붕어낚시에선 정밀한 묶음법이 요구된다.

Part 1 낚싯바늘 묶음법 ③

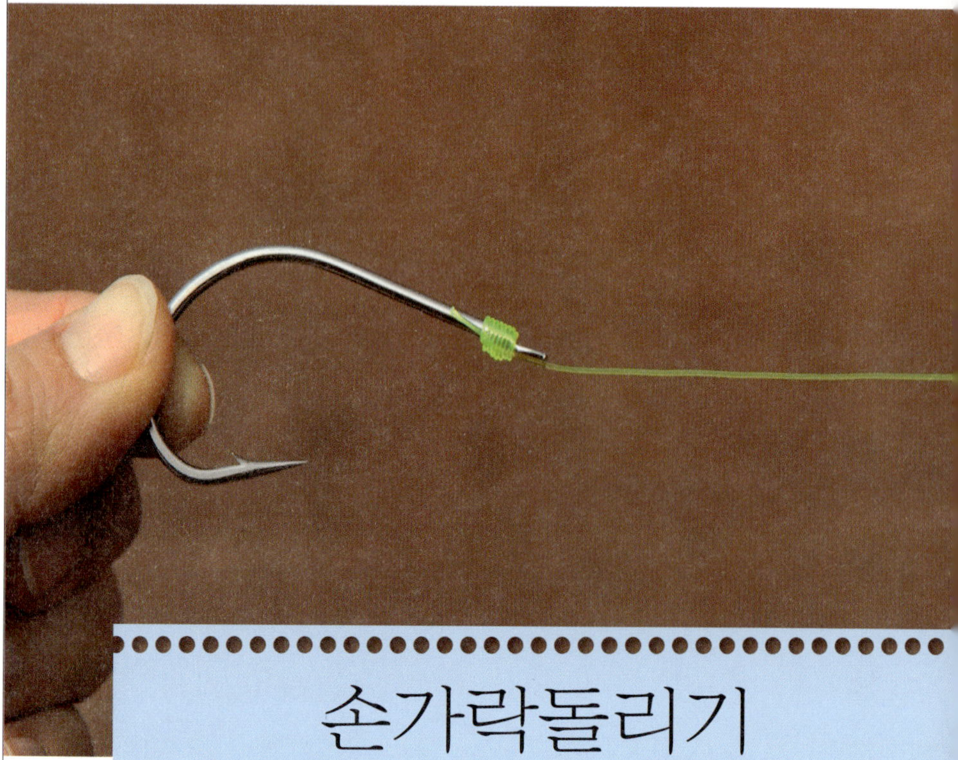

손가락돌리기

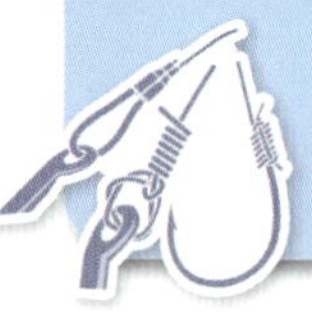

낚싯바늘 묶기의 결정판이다. 베테랑 낚시인이 즐겨 사용하는 방법으로 초보자들은 얼마간의 연습을 요하는 고급 묶음법이다. 확실하게 익혀둔다면 어두운 밤에 불빛 없이도 손끝의 감각만으로 바늘을 묶을 수 있다.

1. 모든 장르의 낚시채비에서 활용된다.
2. 바늘의 교환이 잦은 낚시, 섬세한 목줄을 사용하는 낚시 등에 유용하다.
3. 익숙해지면 눈으로 보지 않고도 묶을 수 있으므로 꼭 익혀두어야 할 바늘 묶음법이다.
4. 여러 바늘 묶음법 중 고급에 속하며 숙달되기까지 어느 정도의 연습을 요한다.
5. 조여줄 때, 잘라버리는 자투리에 장력이 걸리므로 목줄에 손상을 줄 우려가 없어 아주 가는 줄을 사용하는 낚시에 알맞다.
6. 자투리가 좌우로 튀어나오지 않고 바늘축과 나란히 있으므로 미끼 꿰기에 어려움이 전혀 없다.

중요도	★★★★★
매듭강도	★★★★★
난이도	중급

1 목줄과 바늘을 그림과 같이 쥔다. 목줄을 한 번 돌려 직경이 6cm 정도 되는 고리를 만들어둔다.

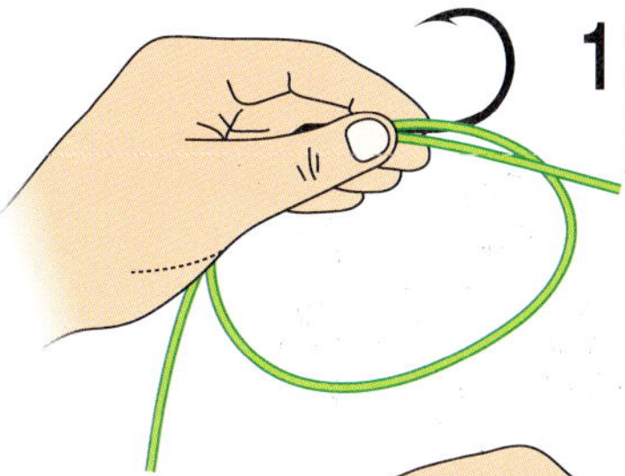

2 한 손의 검지와 중지를 고리 안에 넣고 ⓐ와 ⓑ에 걸친다.

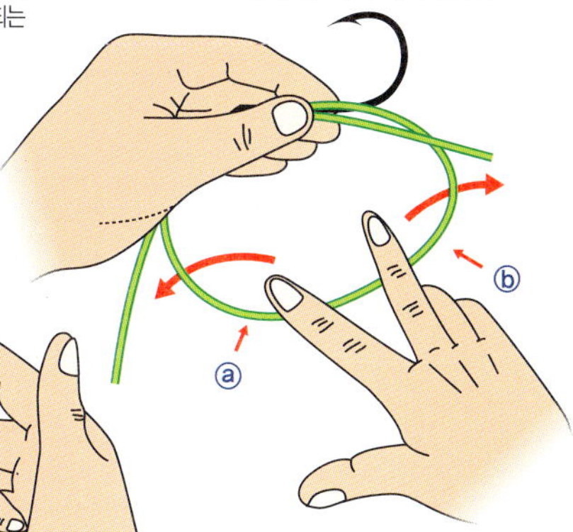

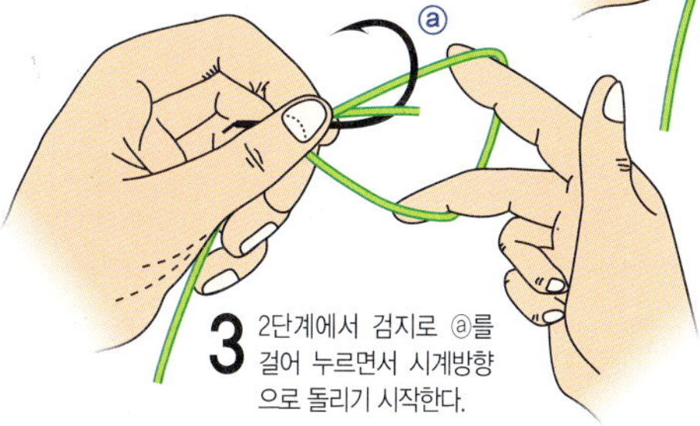

3 2단계에서 검지로 ⓐ를 걸어 누르면서 시계방향으로 돌리기 시작한다.

4 검지를 세워 ⓐ로부터 손가락이 이탈되는 것을 방지하면서 그림과 같이 돌려간다.

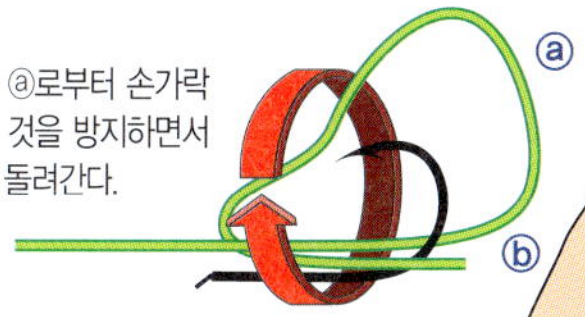

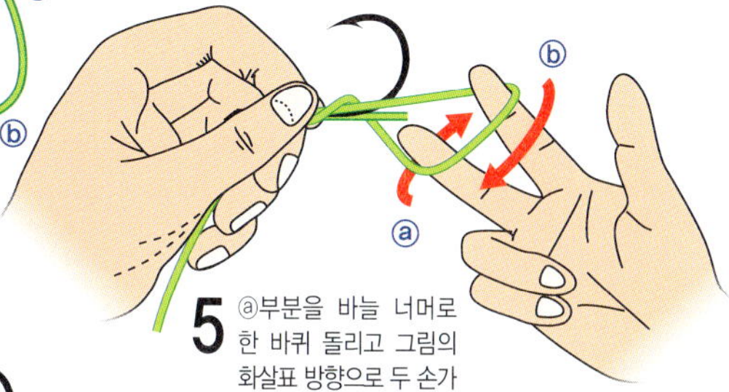

5 ⓐ부분을 바늘 너머로 한 바퀴 돌리고 그림의 화살표 방향으로 두 손가락의 방향을 뒤집어준다.

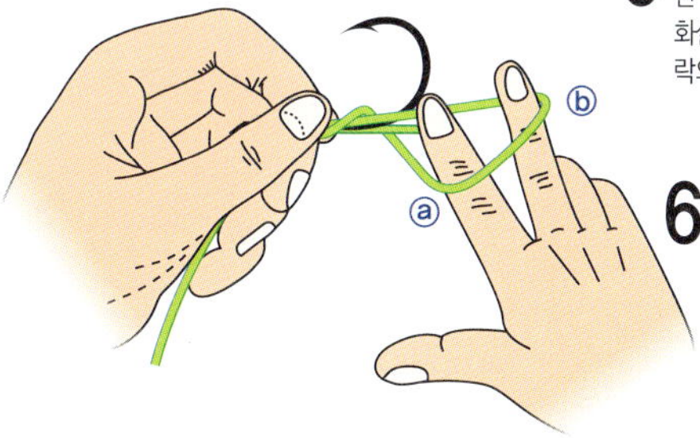

6 검지와 중지의 위치가 바뀌면 2단계로 돌아가는데, 다시 3~5단계를 4~5회 반복해 준다.

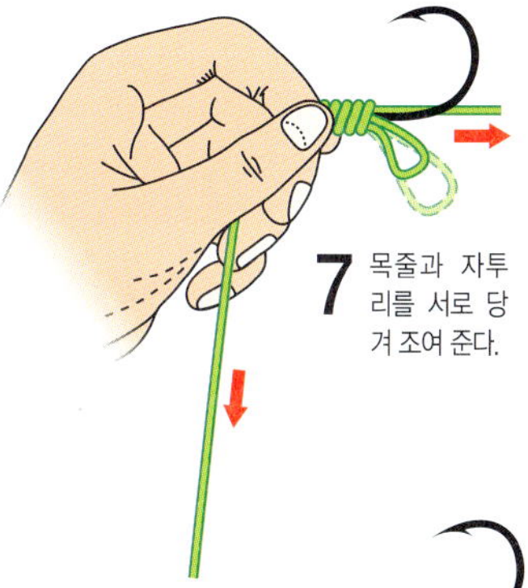

7 목줄과 자투리를 서로 당겨 조여 준다.

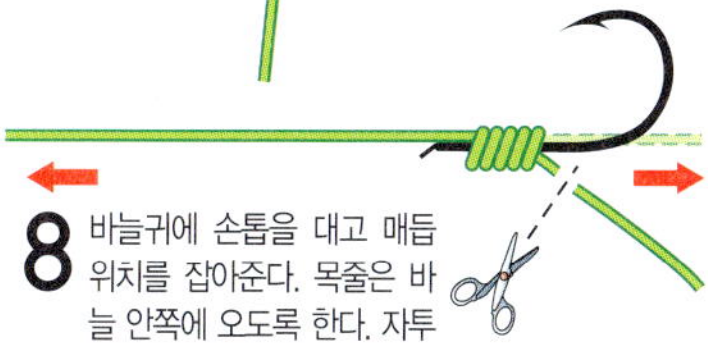

8 바늘귀에 손톱을 대고 매듭 위치를 잡아준다. 목줄은 바늘 안쪽에 오도록 한다. 자투리를 잘라내면 완성.

<참고>
❶ 손가락을 이용하는 방법이 처음에는 어색하지만, 연습을 통해 익숙해지면 손쉽고 정확하게 바늘을 묶을 수 있다.
❷ 작은 바늘을 사용하거나 굵은 목줄을 사용하는 경우라면 묶기 불편하다.
❸ 최종 마무리 시에 목줄이 낚싯바늘의 안쪽으로 오도록 조정해준다.

17

손가락돌리기

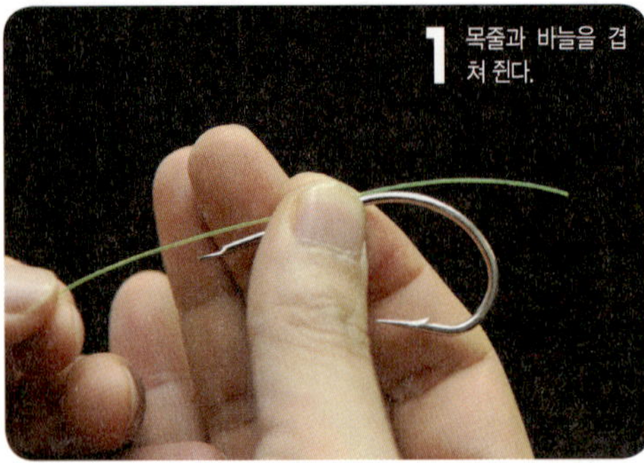

1
목줄과 바늘을 겹
쳐 쥔다.

2
목줄을 한 바퀴
직경 6~8cm 정
고리를 만든다.

3
왼손에 겹쳐 쥔 부분은
같다.

왼쪽 겹쳐
쥔 부분을
잘 살펴보세요

4
만들어진 고리 속으로 검지
와 중지를 끼워 넣는다.

5
검지를 이용해 고리를 돌려
감는다. 바늘과 바늘 위의 목
줄을 동시에 감는다.

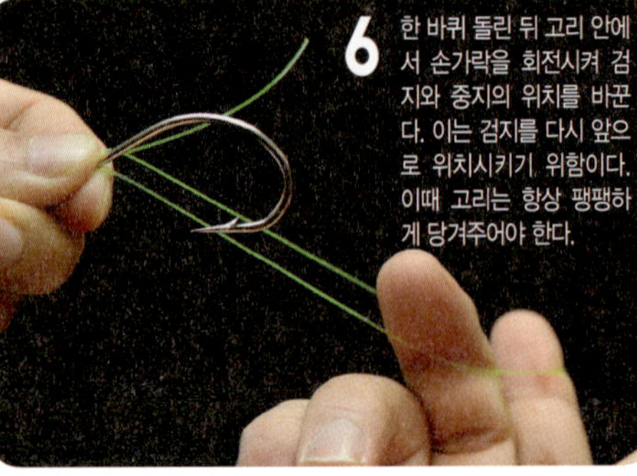

6
한 바퀴 돌린 뒤 고리 안에
서 손가락을 회전시켜 검
지와 중지의 위치를 바꾼
다. 이는 검지를 다시 앞으
로 위치시키기 위함이다.
이때 고리는 항상 팽팽하
게 당겨주어야 한다.

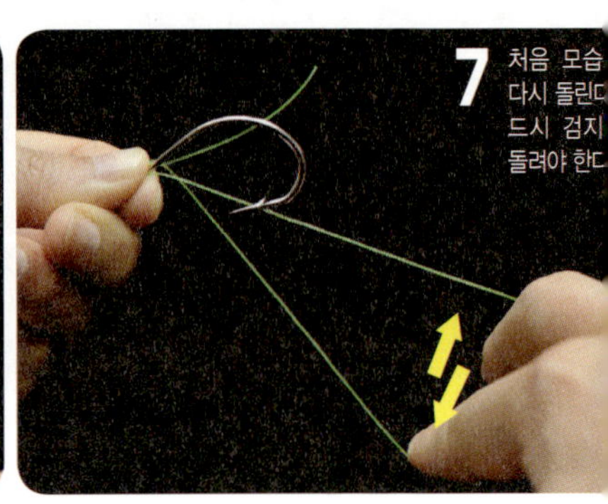

7
처음 모습
다시 돌린다
드시 검지
돌려야 한다

다시 검지를 들어 5~7번 과정대로
손가락을 회전시킨다.

9 한 번 감을 때마다 고리 안에서 검지와
중지를 교차시키며 5회 이상 반복한다.

고리에서 검지를 빼고 감긴 부
위가 고르게 되도록 눌러주며
동시에 왼손을 밀어올려 매듭
부분을 감싸쥔다. 이때 중지는
고리 안에 남겨두어 고리를 팽
팽하게 당겨주어야 감긴 부위
가 흐트러지지 않는다.

11 왼손으로 매듭부분을 완전히 감싸서
흐트러지지 않도록 고정한다.

목줄의 본줄을 서서히 당겨
조이기 시작한다.

13 자투리 쪽도 당겨 조인다.

양쪽으로 강하게 당겨 조여준다. 당기는 과정에서 목줄이
바늘귀 위로 오게 한다.

완성 자투리를 잘라내면 완성.

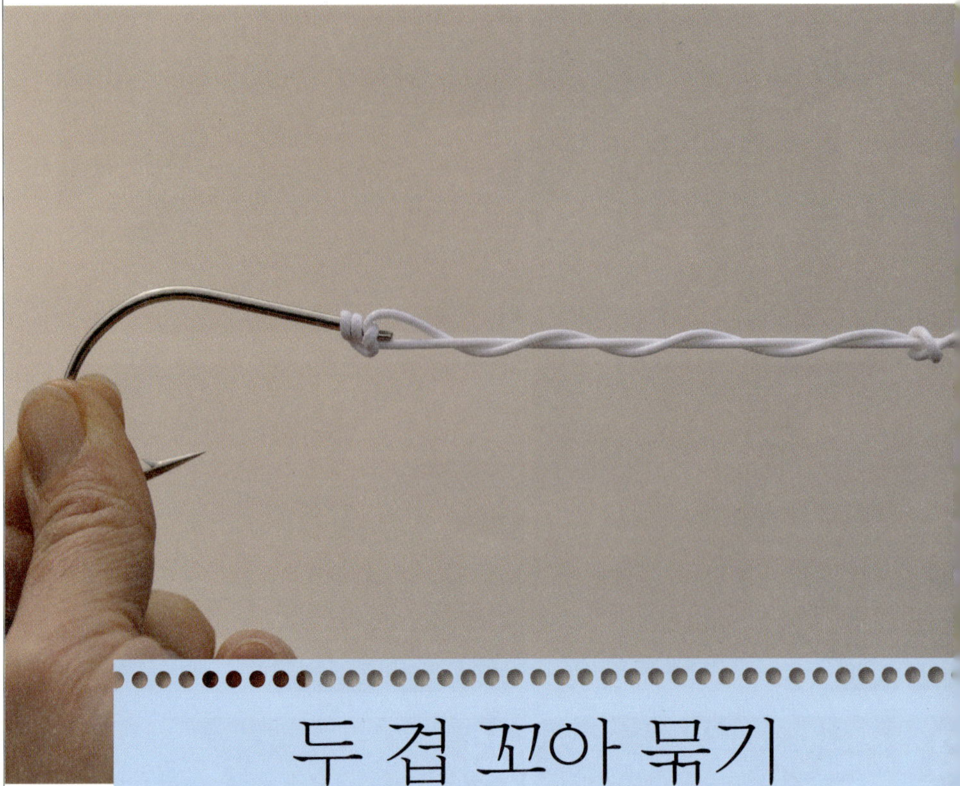

두 겹 꼬아 묶기

이빨이 날카로운 대상어를 노릴 때 바늘이 묶인 목줄을 두 겹으로 하여 보강하기 위한 방법이다. 바늘귀가 달린 일반적인 낚싯바늘에 케블라와 같은 신소재 목줄을 묶는 경우에도 사용할 수 있다.

1. 대형 어종, 이빨이 날카로운 어종을 낚는 경우에 목줄의 끊어짐을 어느 정도 예방하기 위한 보강방법의 하나이다. 주로 배낚시에 사용된다.

2. 나일론 소재의 굵은 목줄은 물론 케블라와 같은 신소재 합사 목줄을 사용하는 경우에도 알맞다.

3. 낚싯바늘을 묶으면서 바로 위 목줄을 두 겹으로 보강하도록 되어 있다.

4. 매듭법이 간단하고 빠르며 강도도 뛰어나다.

5. 살아있는 생미끼를 사용하는 경우에 알맞다.

중요도	★★★
매듭강도	★★★★★
난이도	중급

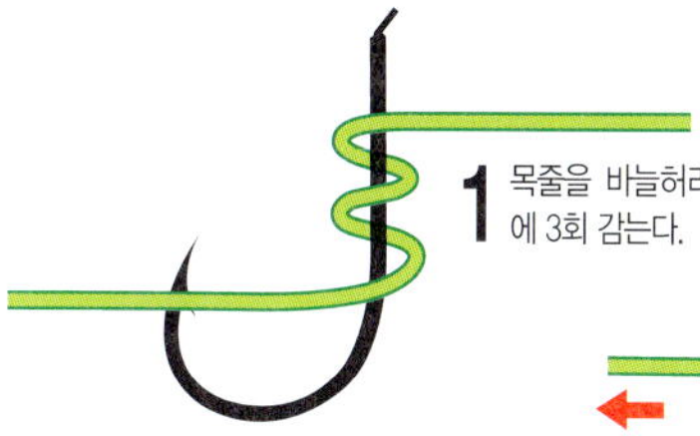

1 목줄을 바늘허리에 3회 감는다.

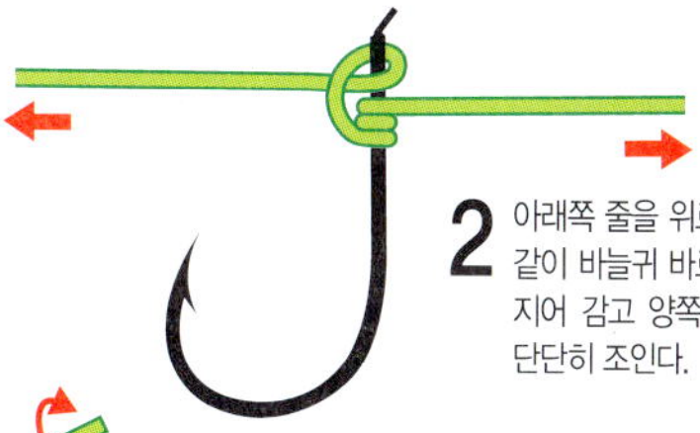

2 아래쪽 줄을 위로 올려 그림과 같이 바늘귀 바로 아래에 매듭 지어 감고 양쪽으로 잡아당겨 단단히 조인다.

3 낚싯바늘을 고정하고 양쪽 줄을 팽팽히 하면서 각각 줄을 비벼 꼰다.

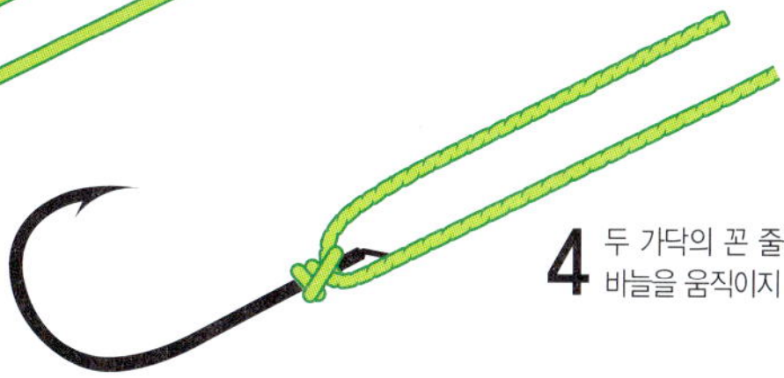

4 두 가닥의 꼰 줄을 한 손에 쥐고서 바늘을 움직이지 않도록 고정한다.

5 꼰 줄을 서서히 풀어주면 두 가닥이 서로 자연스럽게 감긴다.

6 짧은 끄트머리 줄을 목줄 본줄 위로 그림과 같이 감아 매듭짓기 시작한다.

7 3회 정도 감아주고 위로 당겨 단단히 조인다.

8 자투리를 잘라 내면 완성.

두 겹 꼬아 묶기

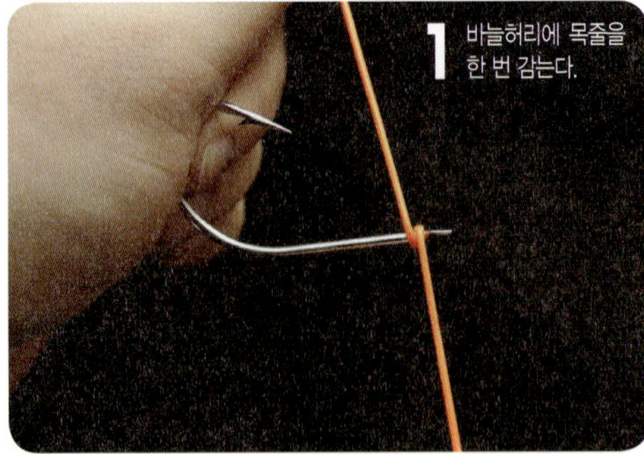

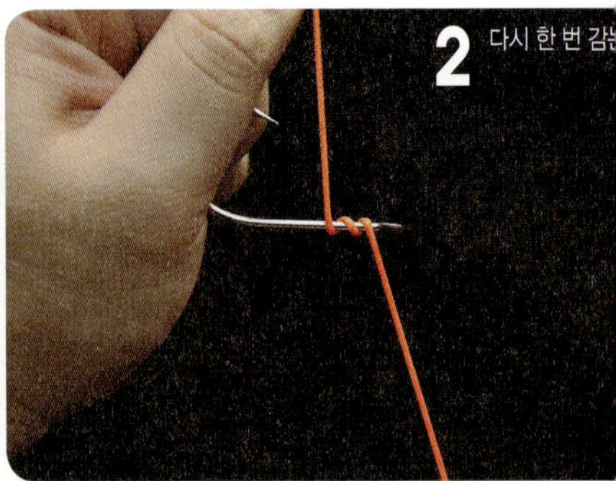

왼손으로 꽉 쥐어
풀어지지 않게 고정!

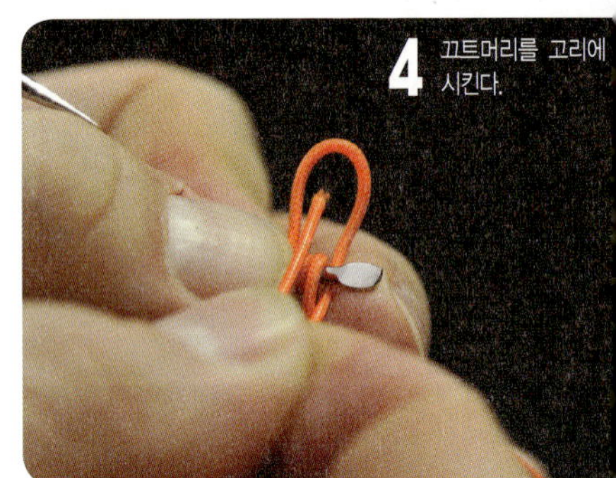

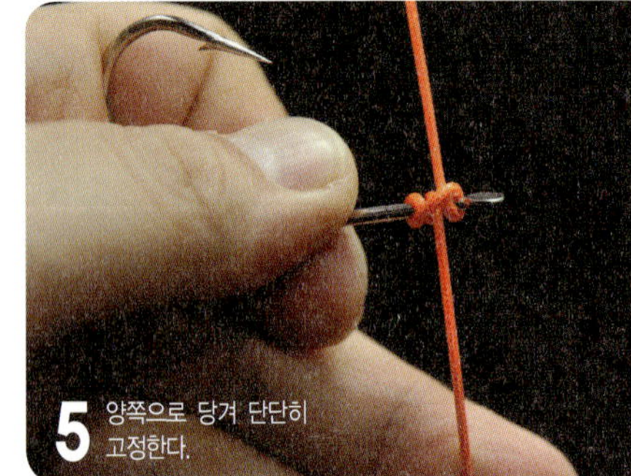

〈참고〉
❶ 매듭을 짓는 동안 양손으로 줄을 쥐고
당겨줘야 하므로 낚싯바늘을 어딘가에 걸
어두고 작업하는 게 편리하다.
❷ 바늘허리에 목줄을 감을 때 장력이 유지
되도록 계속 당겨주어야 매듭강도가 유지
되며 풀리지 않는다.

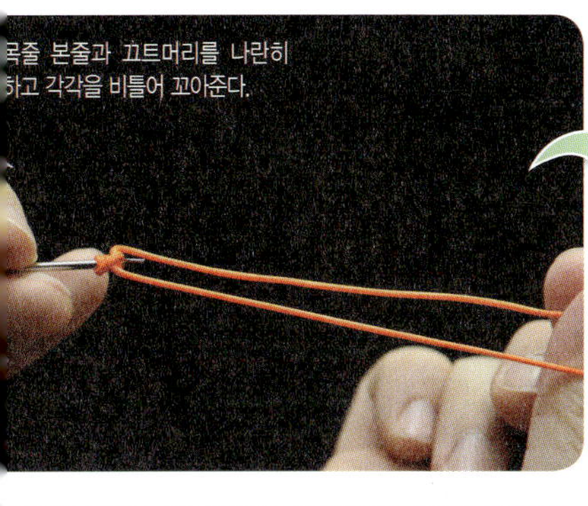
목줄 본줄과 끄트머리를 나란히
하고 각각을 비틀어 꼬아준다.
촘촘하게
꼬이도록
충분히 비틀어
주세요

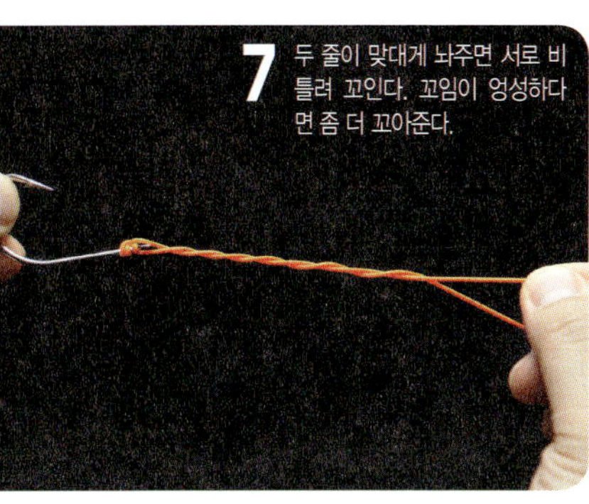
7 두 줄이 맞대게 놔주면 서로 비
틀려 꼬인다. 꼬임이 엉성하다
면 좀 더 꼬아준다.

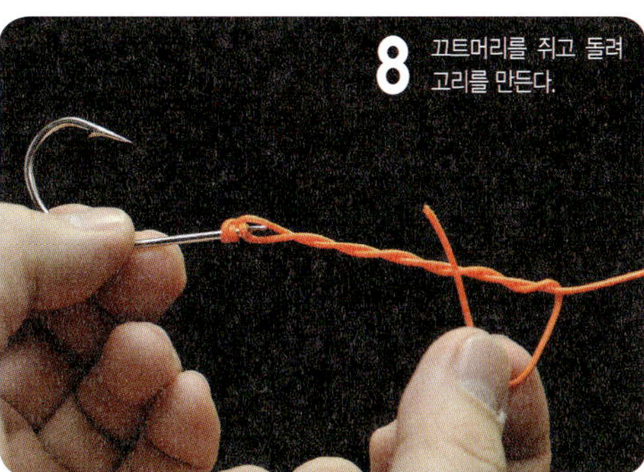
8 끄트머리를 쥐고 돌려
고리를 만든다.

9 유니노트 방식(안돌리기)으로
매듭을 짓기 시작한다.

10 3회 정도 감으면 적당하다.

단단히 조인다.
완성 자투리를 자른다.

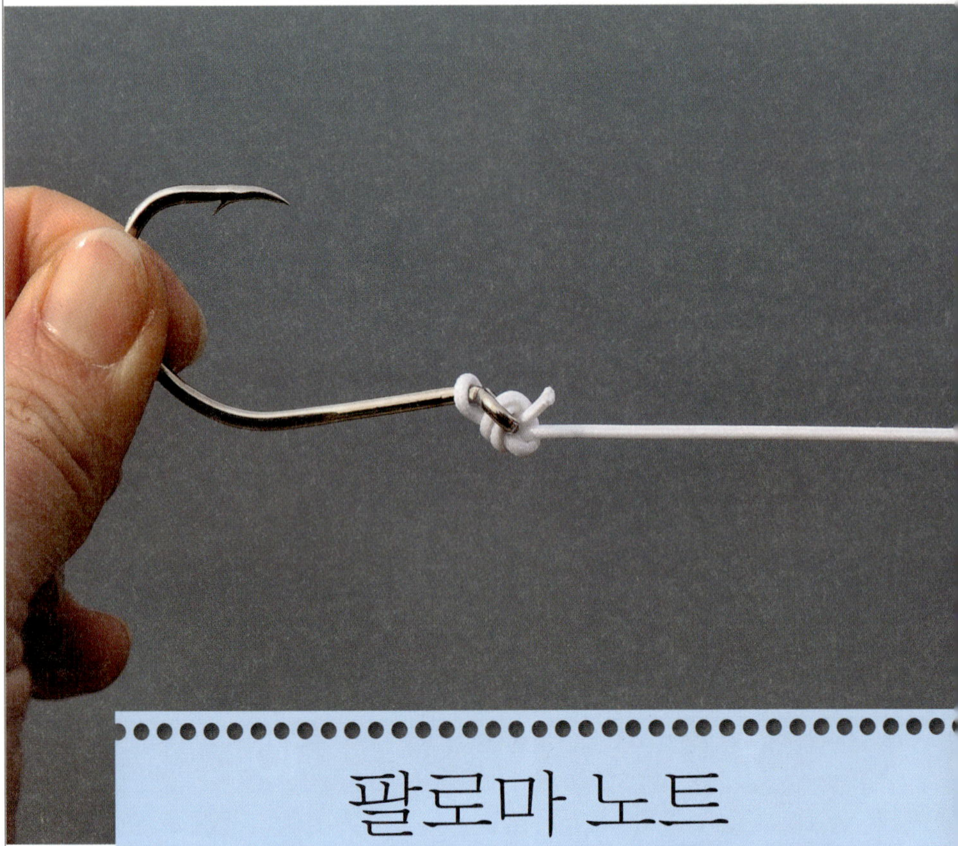

팔로마 노트

루어낚시용 훅 또는 플라이 훅과 같이 바늘귀 대신 구멍이 있는 바늘을 묶는 방법 중 가장 쉽고 간편한 매듭법이 팔로마노트(Paloma knot)다. 또 도래나 루어의 맬고리에 직접 낚싯줄을 연결할 때도 간편하게 사용하는 만능 매듭법이다.

1. 바늘귀대신 구멍이 있는 바늘을 묶을 때 요긴하게 사용되는 기초적인 매듭법이다.
2. 목줄의 소재를 가리지 않고 널리 사용할 수 있는 매듭법의 하나이다.
3. 매듭법이 간단하지만 민물낚시(루어낚시)에 전반적으로 두루 통용될 정도의 실용강도를 가지고 있다.
4. 다른 어떤 매듭법보다 빠르다.

중요도	★★★★★
매듭강도	★★★★
난이도	간단

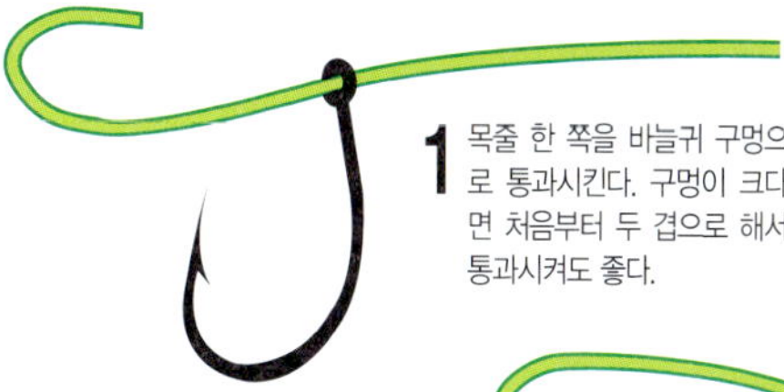

1 목줄 한 쪽을 바늘귀 구멍으로 통과시킨다. 구멍이 크다면 처음부터 두 겹으로 해서 통과시켜도 좋다.

2 그림과 같이 구멍에 목줄이 두 겹이 되도록 한다.

3 두 겹의 목줄을 그림과 같이 고리 형태로 만든다.

4 한 번 매듭짓되 너무 조이지 말고, ⓐ를 아래로 끌어내린다.

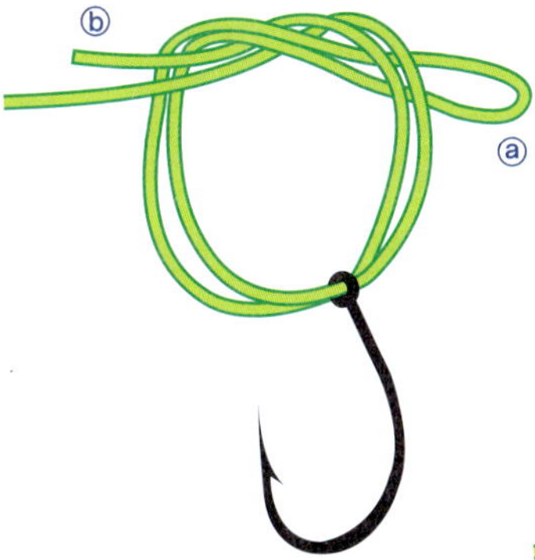

5 ⓐ 고리 속으로 바늘을 통과시키고, 두 겹인 ⓑ를 함께 쥐고서 당겨 조인다.

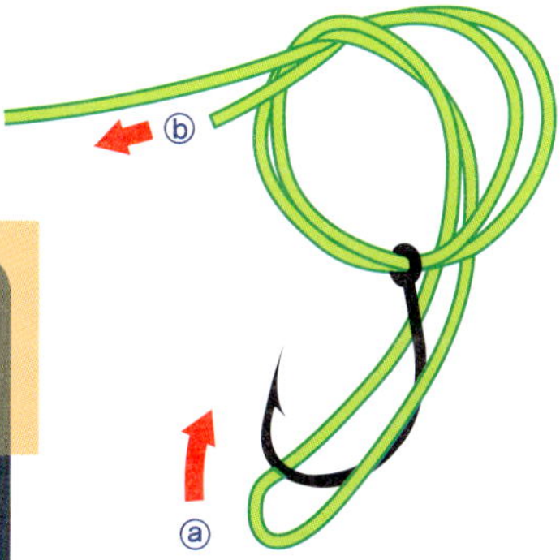

6 자투리를 잘라내면 완성.

〈참고〉
❶ 바늘구멍이 완전하게 닫혀있지 않은 오픈아이(Open eye)형태의 고리바늘에는 적합하지 않다.
❷ 돌돔낚시와 같은 바다낚시에서 케블라 목줄로 매듭짓는 경우는 밀려 풀어지는 것을 방지하기 위해서라도 매듭 위쪽 목줄 부위에 자투리를 이용해 하프히치(45 페이지 참조)를 해 주는 등, 별도 보강이 필요하다.

팔로마 노트

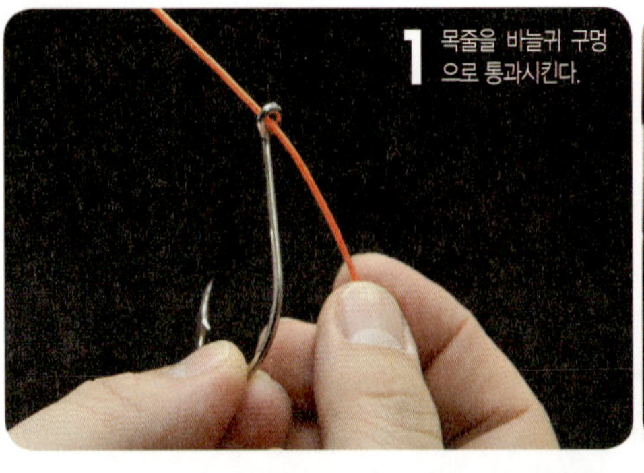
1 목줄을 바늘귀 구멍
으로 통과시킨다.

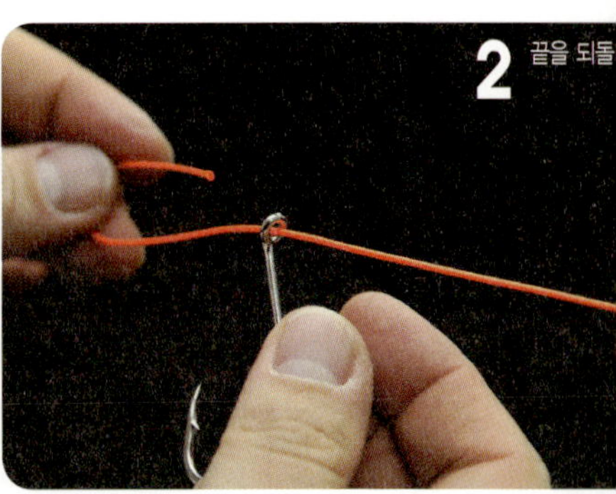
2 끝을 되돌

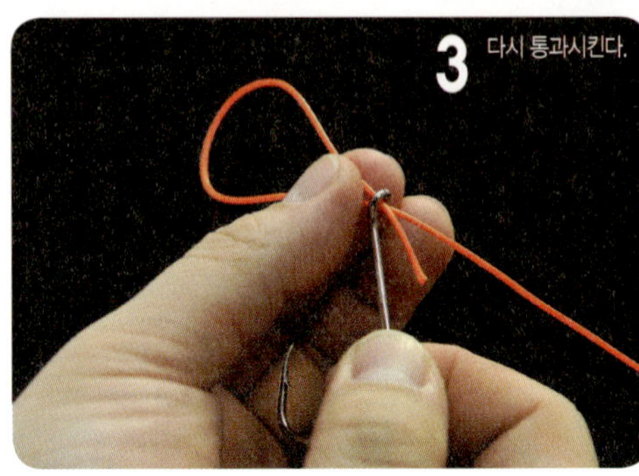
3 다시 통과시킨다.

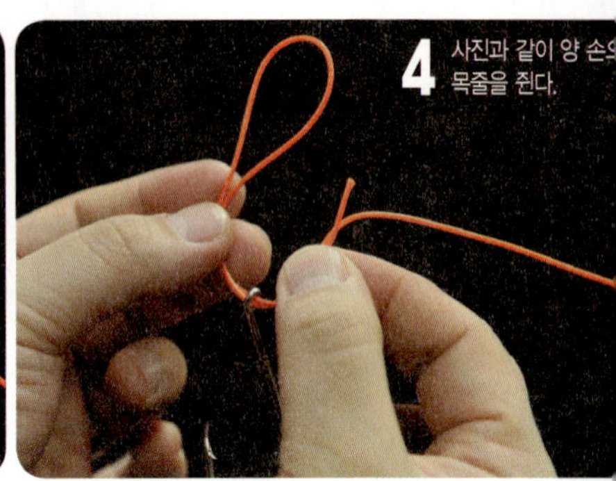
4 사진과 같이 양 손으
목줄을 쥔다.

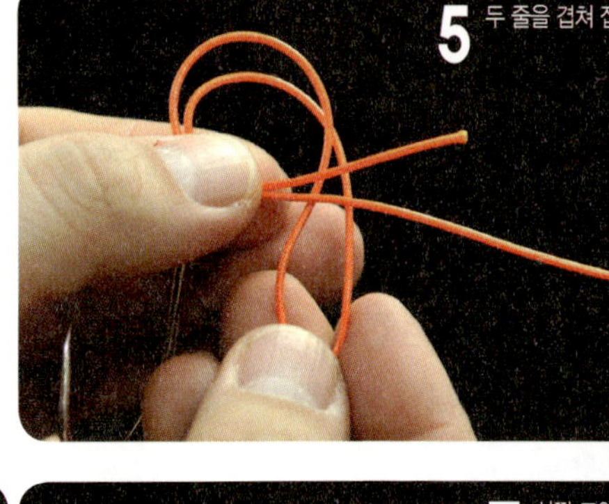
5 두 줄을 겹쳐 잡

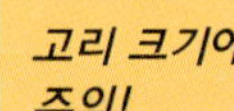
고리 크기에
주의!

6 한 번 매듭을 짓는다.

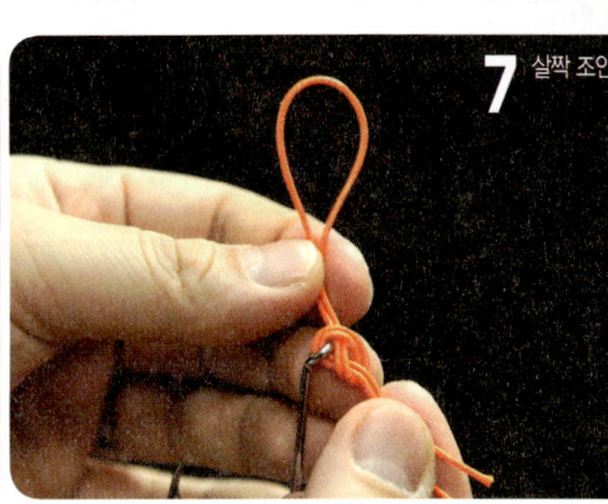
7 살짝 조

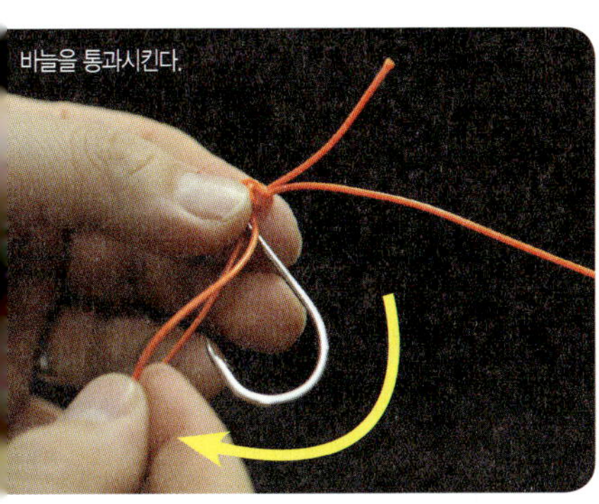

8 고리 부분을 바늘의 뒤편으로 돌리고,

바늘을 통과시킨다.

10 목줄 본줄과 자투리를 서서히 당겨서 고리를 조이기 시작한다.

고리에 매듭이 지도록 당긴다.

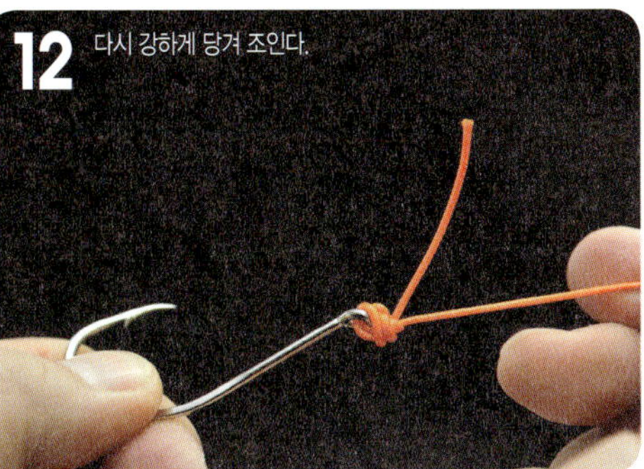

12 다시 강하게 당겨 조인다.

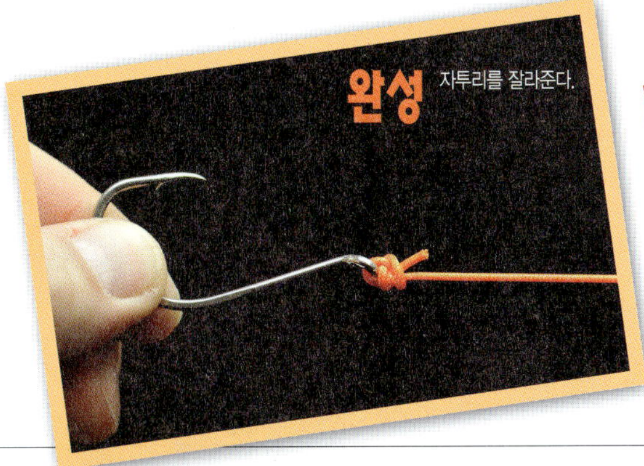

완성 자투리를 잘라준다.

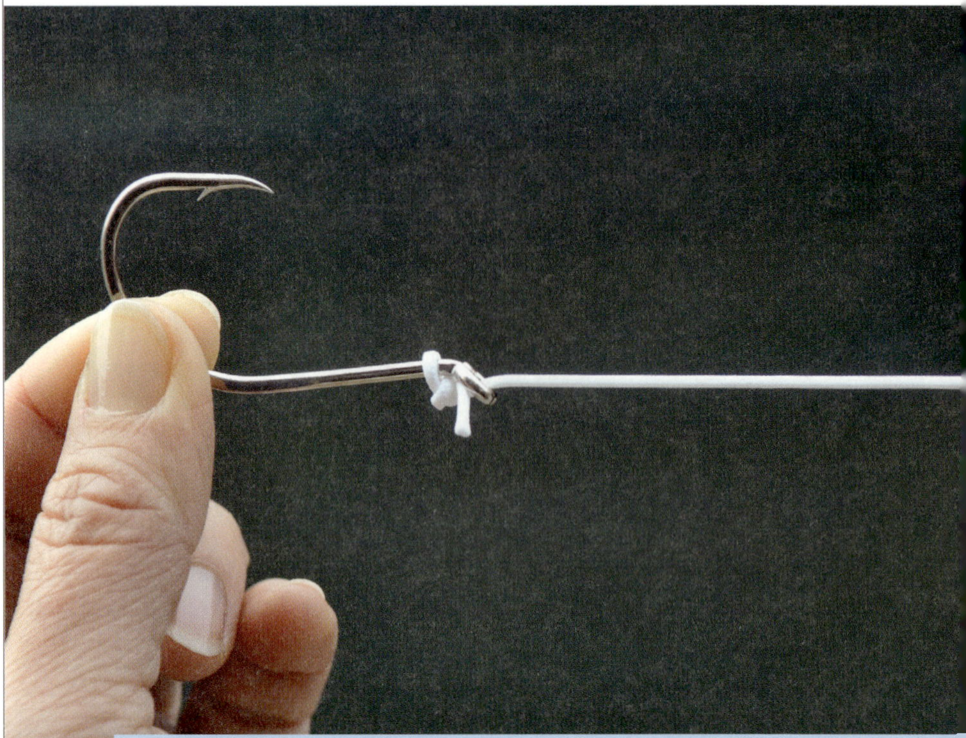

터르 노트

터르 노트(Turle knot)는 주로 플라이 훅과 같이 작은 구멍의 바늘을 맬 때 사용하는 방법으로서 아주 가는 목줄, 매듭의 크기, 매듭부위의 자유도가 필요한 경우에 선택하는 방법이다.

1. 플라이 훅 중에서 주로 드라이 플라이를 매듭지을 때 자주 사용한다.
2. 매우 가는 티펫(플라이 피싱의 목줄 선단 부분)을 사용하는 경우에도 간단한 매듭이므로 매듭강도의 저하가 적다.
3. 매듭 자체가 간단하고 매듭눈도 작고 더욱이 자유도나 유연성이 좋아 수면에 뜨는 드라이플라이의 자세를 유지해 주는 데 최적이다.

중요도	★★★
매듭강도	★★★
난이도	간단

1 티펫 끝부분을 플라이 훅에 통과시킨다.

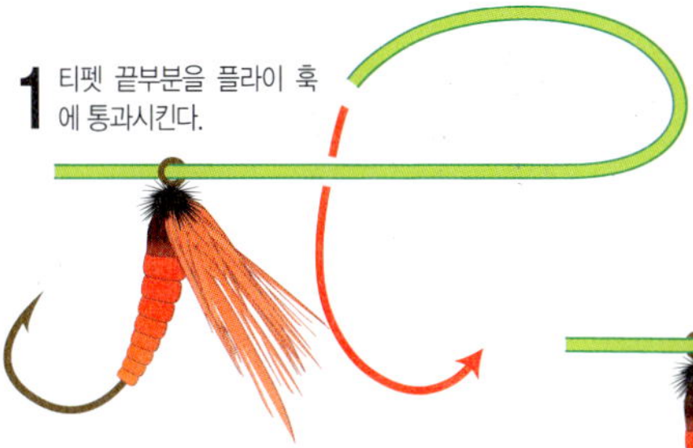

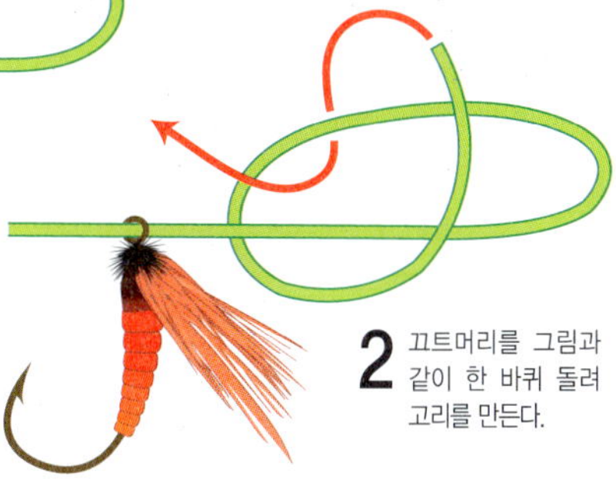

2 끄트머리를 그림과 같이 한 바퀴 돌려 고리를 만든다.

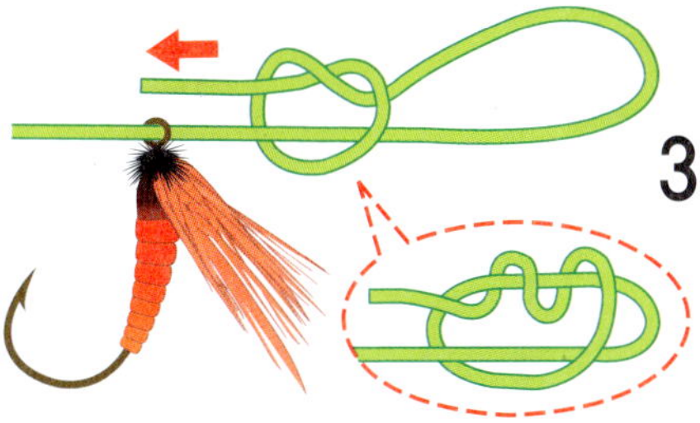

3 한 번 감아 매듭을 짓는다. 매듭이 풀어질까 우려가 된다면 두 번 감아 매듭을 지어도 좋다.

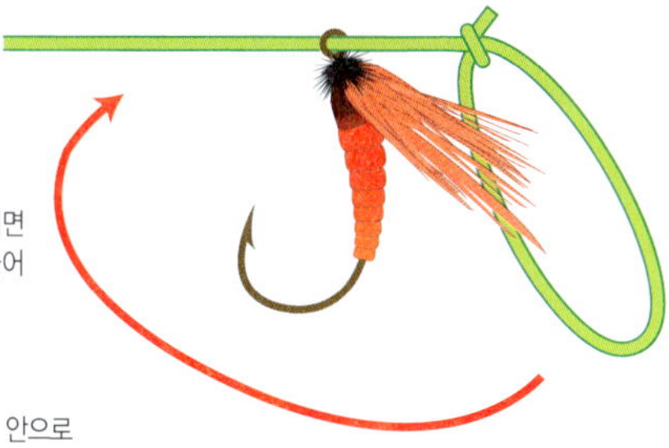

4 매듭을 조이면 고리가 만들어진다.

5 그림과 같이 고리 안으로 바늘을 통과시킨다.

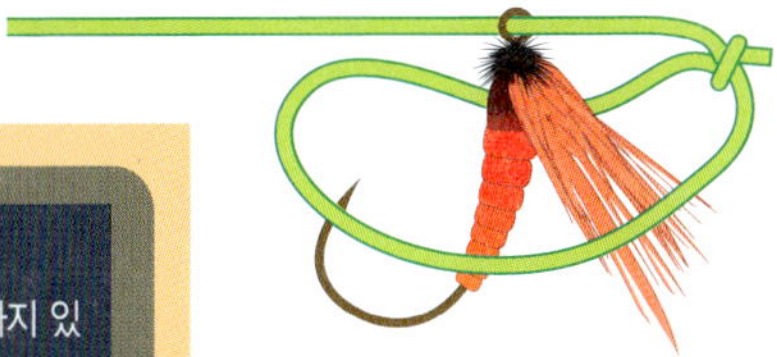

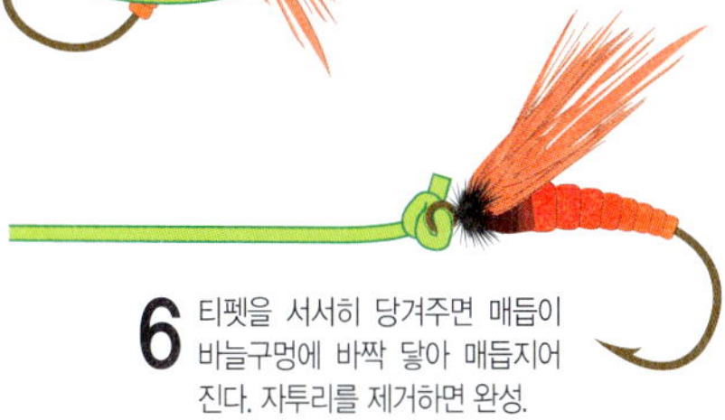

6 티펫을 서서히 당겨주면 매듭이 바늘구멍에 바짝 닿아 매듭지어진다. 자투리를 제거하면 완성.

〈참고〉

❶ 플라이 훅을 묶는 방법은 여러 가지 있지만, 드라이 플라이와 같이 수면에 떠 있는 자세가 중요한 경우에는 바늘이 매듭으로 인해 티펫(목줄)과 완전히 고정되는 것보다는 자유도가 있는 편이 유리하다.

❷ 작은 플라이 훅은 매듭 크기가 문제가 될 수 있으므로 매듭 크기가 작은 것이 유리하다.

터르 노트

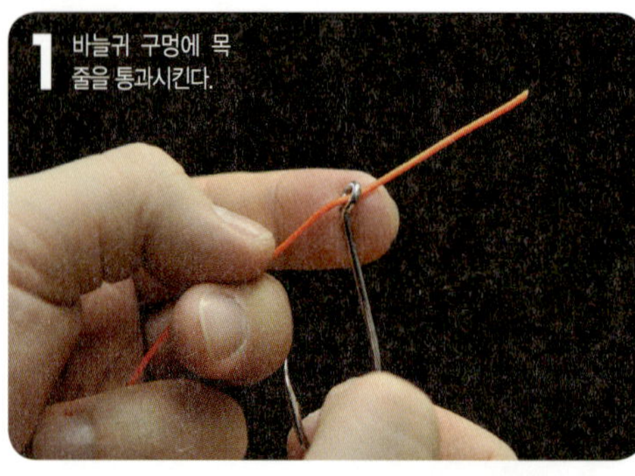

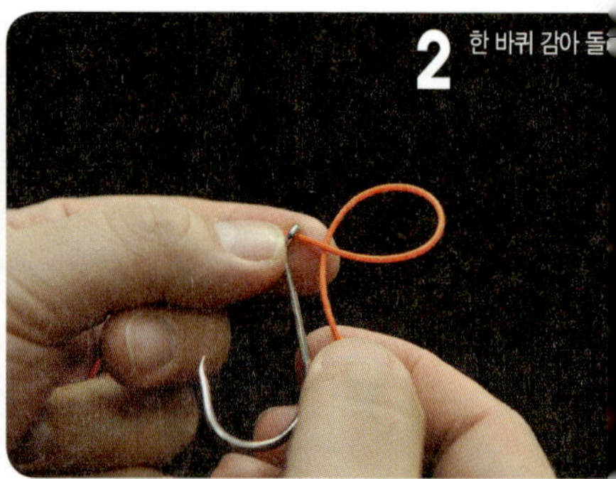

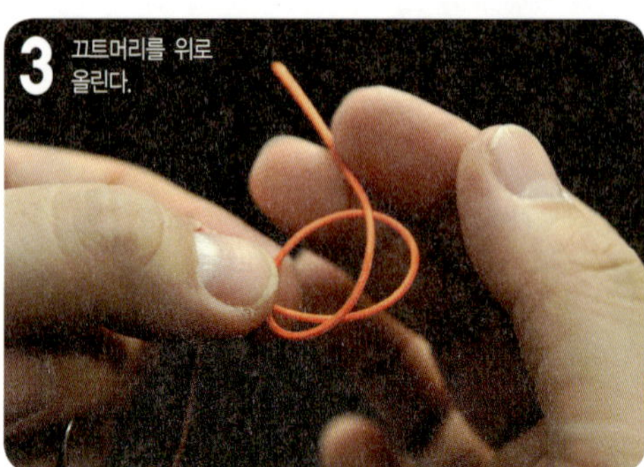

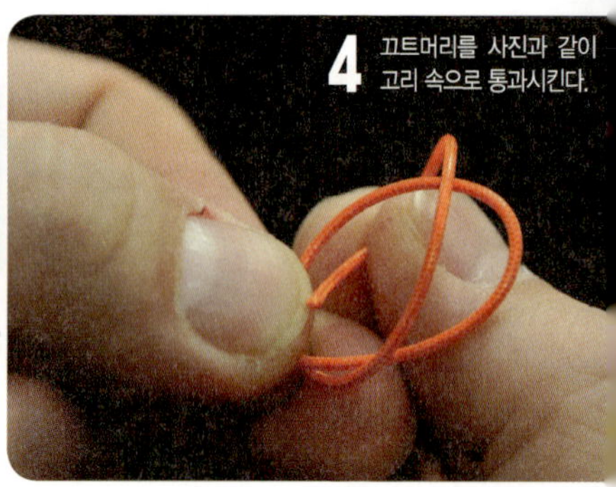

끄트머리 줄을
한 번 더 돌려
묶어도 좋아요!

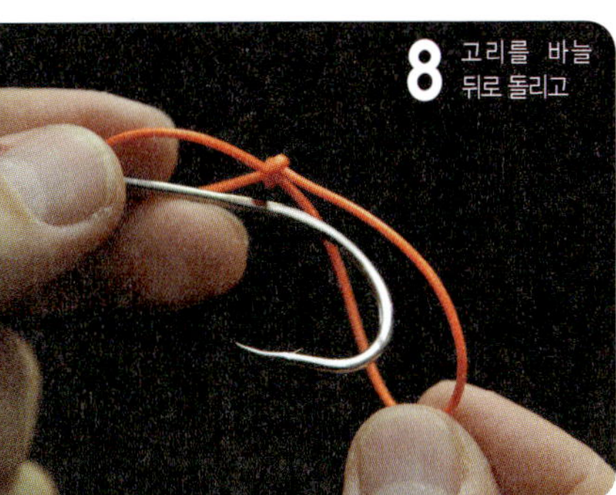

7 고리가 만들어졌다.

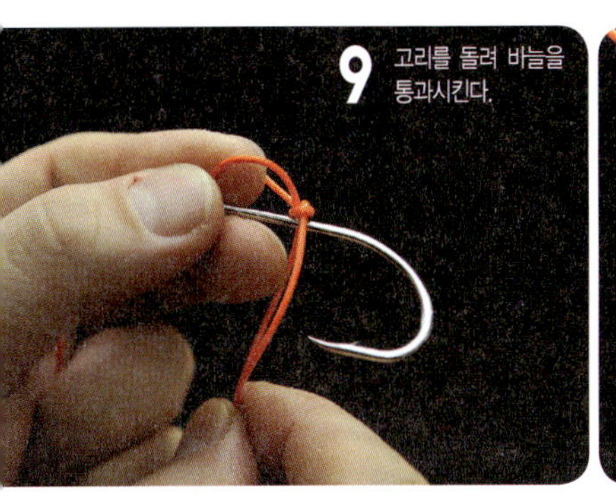

8 고리를 바늘 뒤로 돌리고

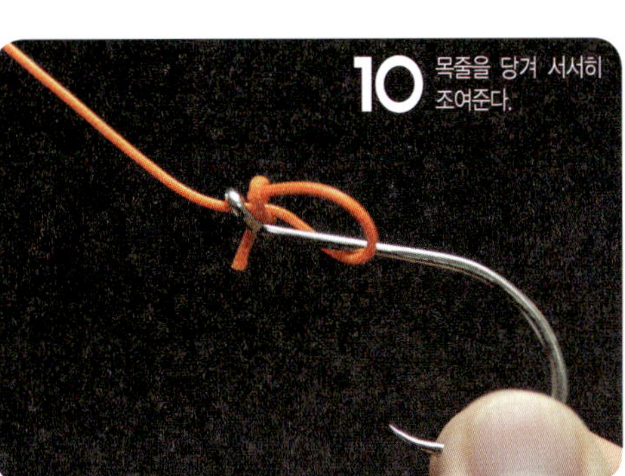

10 목줄을 당겨 서서히 조여준다.

고리를 돌려 바늘을 통과시킨다. (**9**)

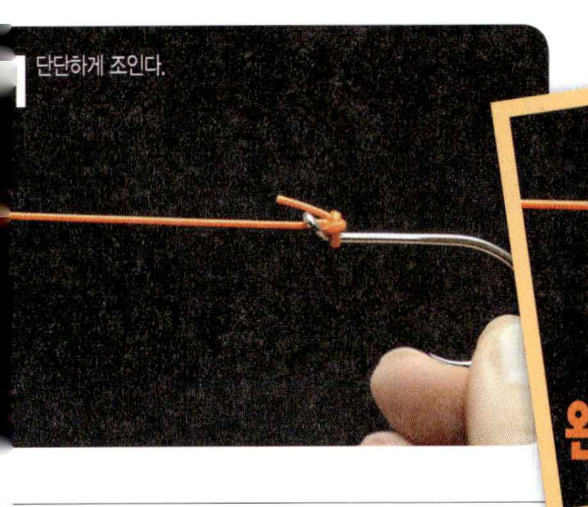

1 단단하게 조인다.

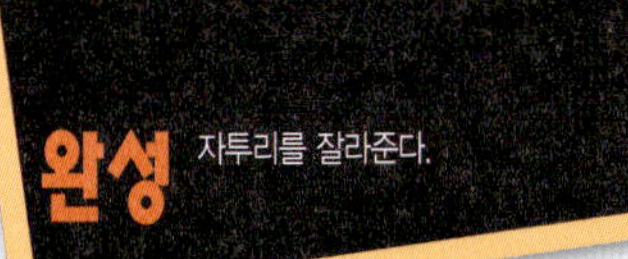

완성 자투리를 잘라준다.

다운샷 리그 바늘묶음

일본의 배스프로가 고안해 낸 다운샷 리그는 배스낚시나 바다루어낚시에서 빼놓을 수 없는 기본적인 채비방법이다. 낚싯바늘을 묶으면서 바늘 아래에 부착할 봉돌을 고려해 자투리를 길게 남긴다고 생각하면 무난하다.

1. 루어낚시에서 다운샷 리그를 만드는 낚싯바늘 묶음법으로 가장 간단하고 무리가 없는 방법이다.

2. 간편하고 빠르게 낚싯바늘과 봉돌 부착이 가능한 채비를 만들 수 있다.

3. 바늘귀 구멍이 있는 루어낚시용 바늘을 묶는 팔로마 노트를 그대로 활용한다.

4. 팔로마 노트를 활용하므로 매듭눈이 작고 자투리 줄을 바늘귀 구멍에 통과시키는 데 무리가 없어 바늘이 정확하게 낚싯줄에 대해 직각으로 위치하게 만들기에도 적합하다.

중요도	★★★★★
매듭강도	★★★★
난이도	간단

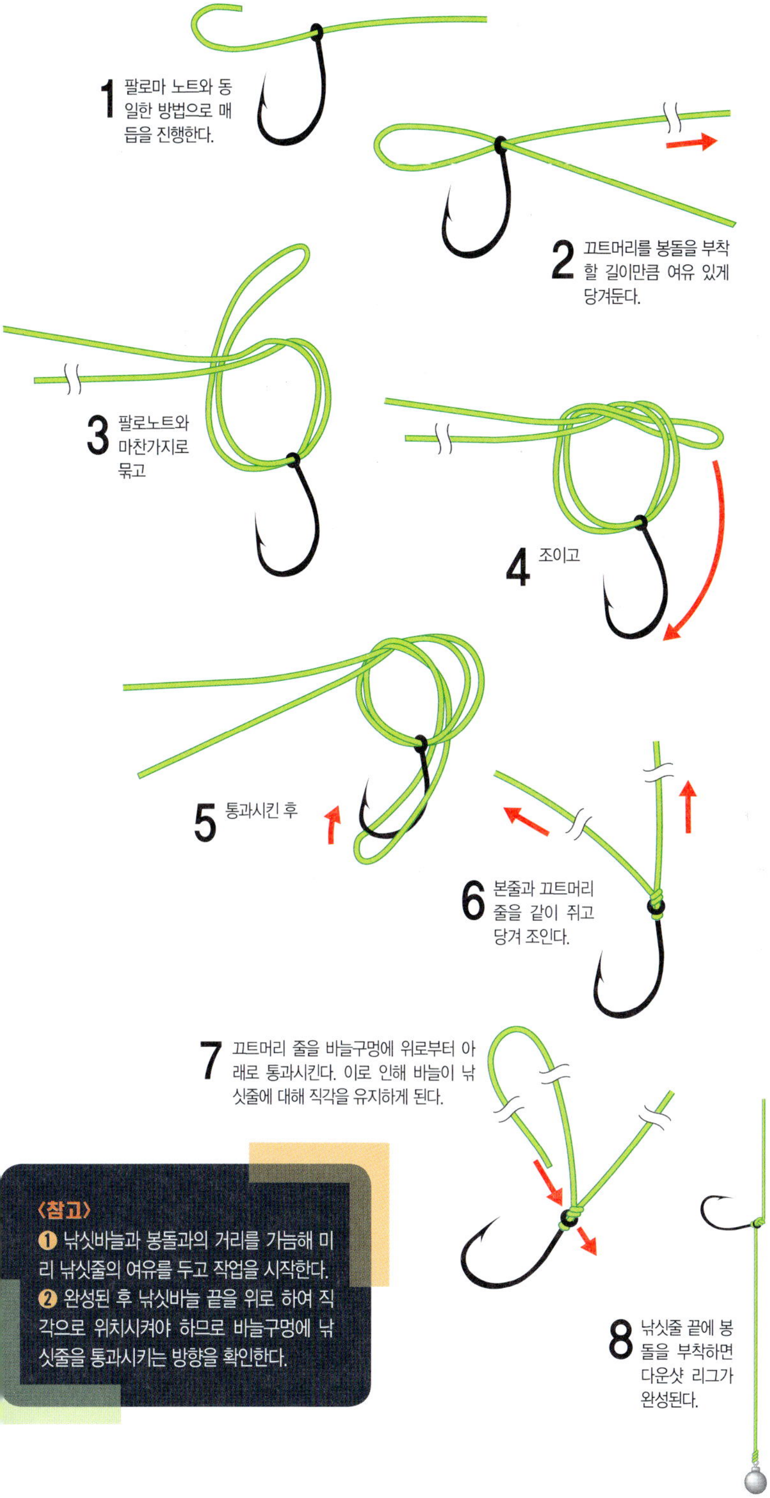

1 팔로마 노트와 동일한 방법으로 매듭을 진행한다.

2 끄트머리를 봉돌을 부착할 길이만큼 여유 있게 당겨둔다.

3 팔로노트와 마찬가지로 묶고

4 조이고

5 통과시킨 후

6 본줄과 끄트머리 줄을 같이 쥐고 당겨 조인다.

7 끄트머리 줄을 바늘구멍에 위로부터 아래로 통과시킨다. 이로 인해 바늘이 낚싯줄에 대해 직각을 유지하게 된다.

8 낚싯줄 끝에 봉돌을 부착하면 다운샷 리그가 완성된다.

〈참고〉
❶ 낚싯바늘과 봉돌과의 거리를 가늠해 미리 낚싯줄의 여유를 두고 작업을 시작한다.
❷ 완성된 후 낚싯바늘 끝을 위로 하여 직각으로 위치시켜야 하므로 바늘구멍에 낚싯줄을 통과시키는 방향을 확인한다.

다운샷 리그 바늘묶음

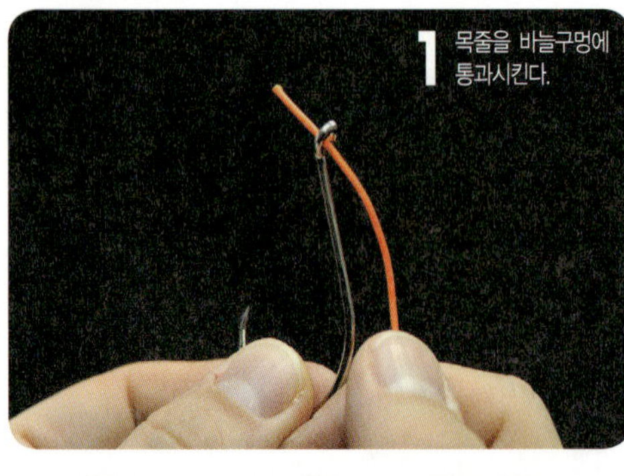
1 목줄을 바늘구멍에 통과시킨다.

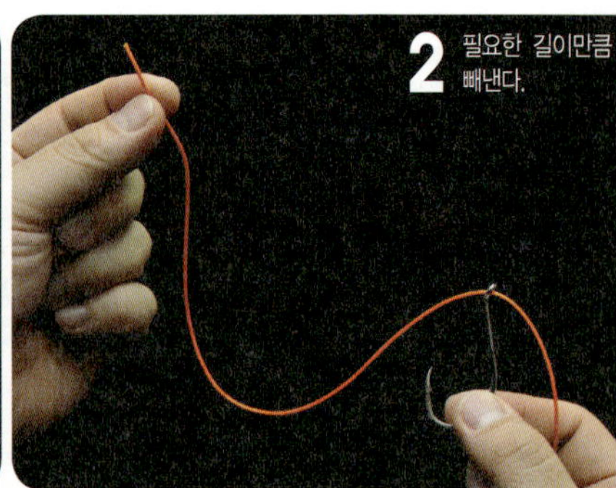
2 필요한 길이만큼 빼낸다.

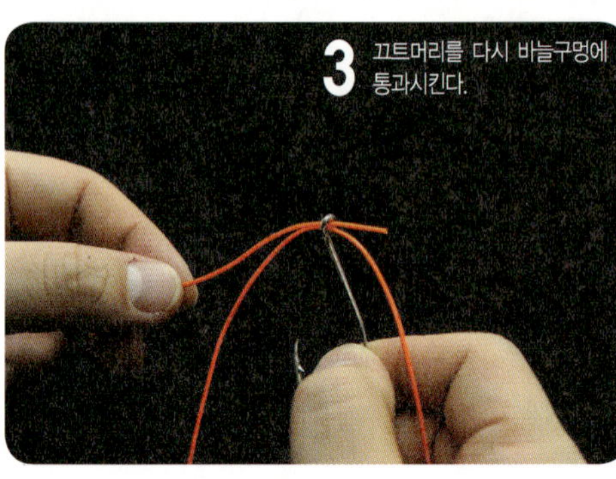
3 끄트머리를 다시 바늘구멍에 통과시킨다.

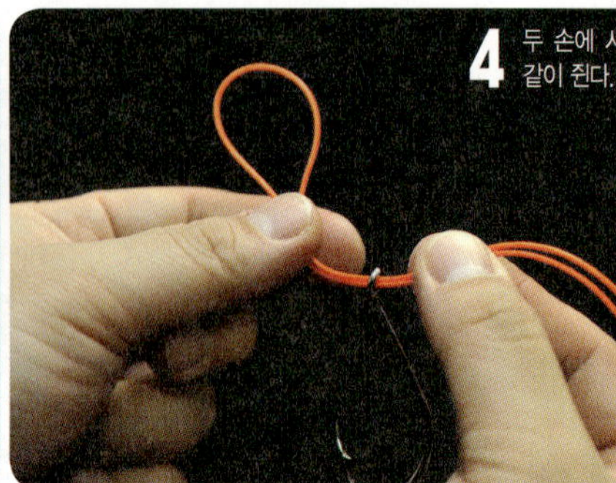
4 두 손에 ㅅ 같이 쥔다.

5 팔로마 노트 방식으로 매듭을 짓기 시작한다.

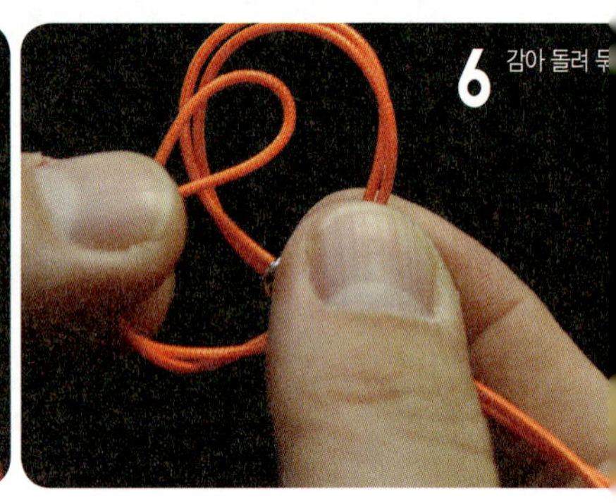
6 감아 돌려 두

7 살짝 당겨준다.

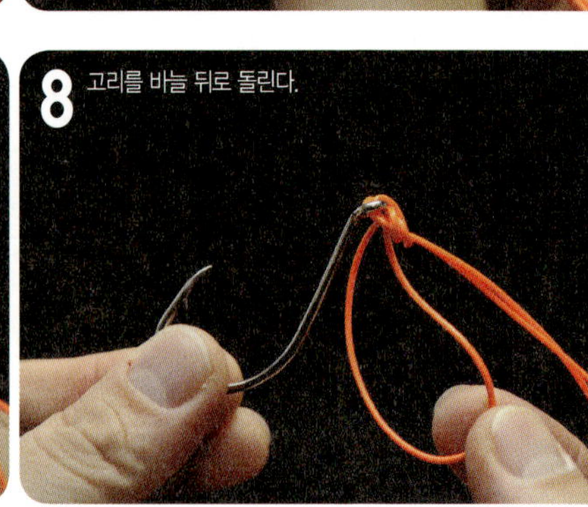
8 고리를 바늘 뒤로 돌린다.

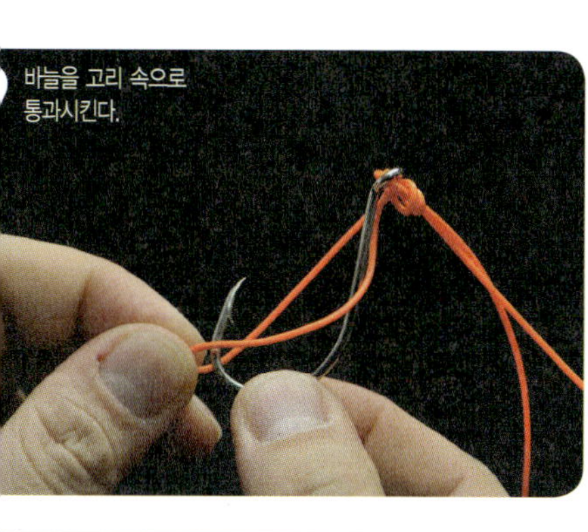

바늘을 고리 속으로
통과시킨다.

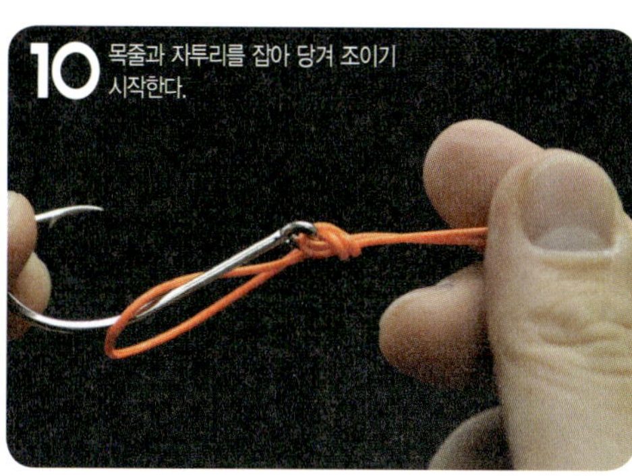

10 목줄과 자투리를 잡아 당겨 조이기
시작한다.

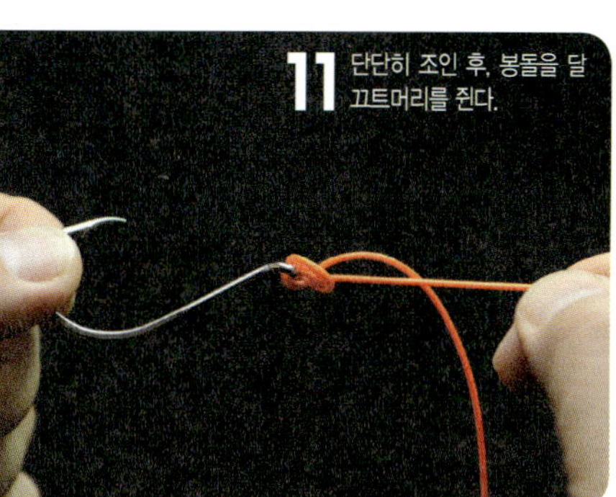

11 단단히 조인 후, 봉돌을 달
끄트머리를 쥔다.

12 바늘귀 구멍에 다시 통과시키되
방향에 주의한다.

13 잡아당겨 빼낸다.

완성 아래쪽 끄트머리 줄에 봉돌
을 단다.

Part 1 낚싯바늘 묶음법 ⑧ – 구멍바늘용

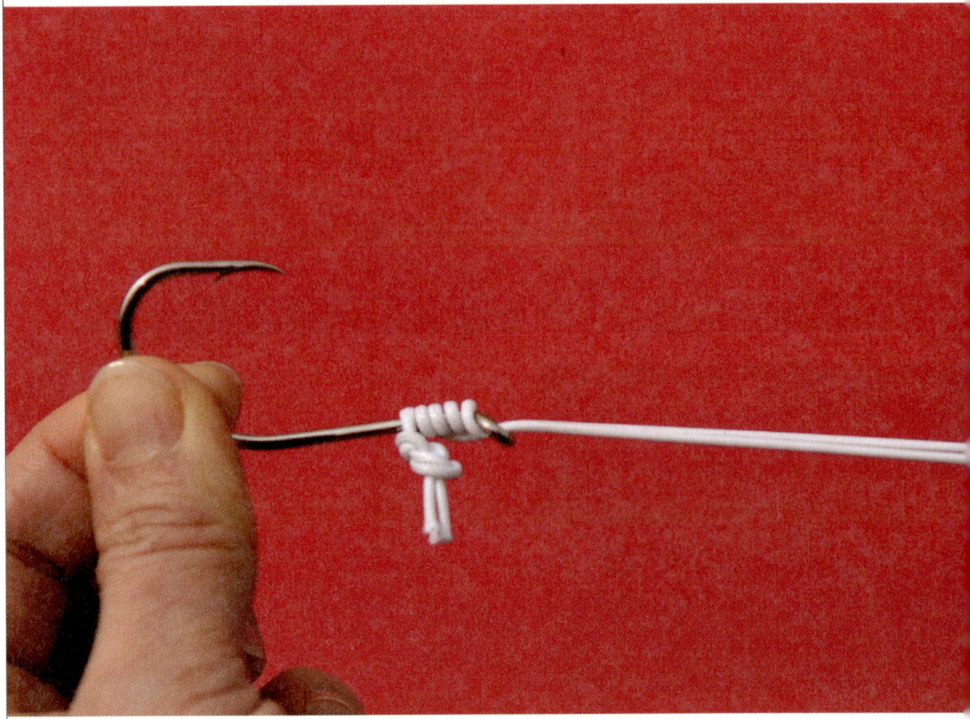

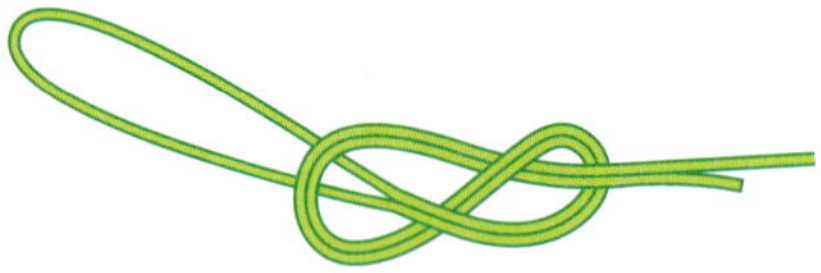

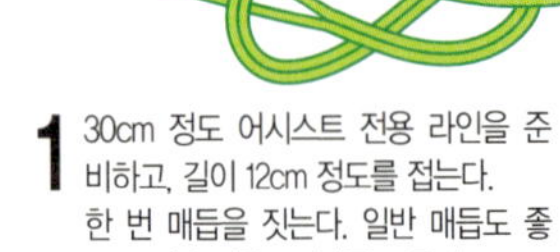

1 30cm 정도 어시스트 전용 라인을 준비하고, 길이 12cm 정도를 접는다. 한 번 매듭을 짓는다. 일반 매듭도 좋고 그림과 같은 8자매듭도 좋다.

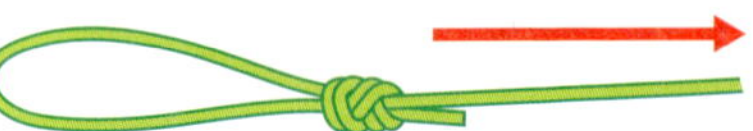

2 먼저 적당히 조인 후에 고리 속에 손가락을 넣어 몇 번이고 강하게 당겨 조인다.

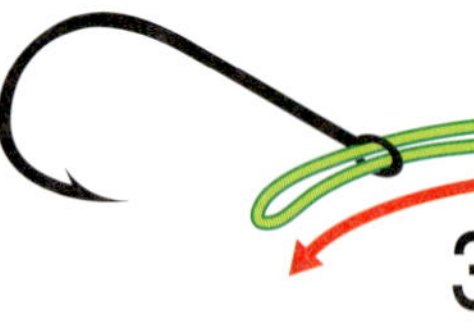

3 자투리를 자르고 바늘의 바깥쪽으로부터 바늘귀 구멍에 고리를 밀어 넣는다.

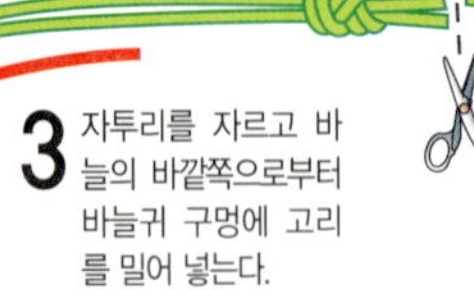

4 고리 부분을 바늘에 씌우듯 통과시킨다.

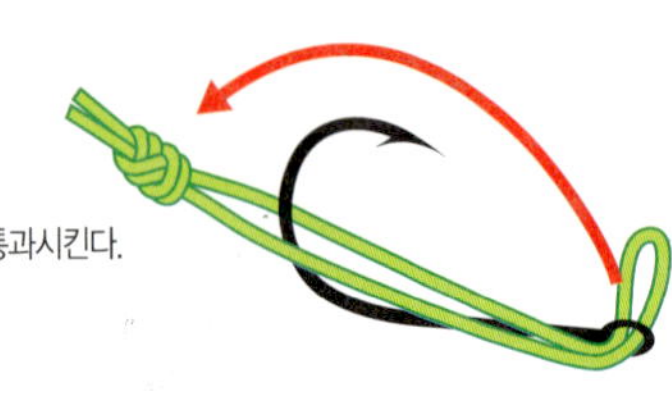

어시스트 훅 묶음 A

지깅에서 필수적으로 사용하는 어시스트 훅을 지그와 연결시키는 방법 중 가장 기본적인 것이다. 쉽고 빨라서 실전용으로 적합하다. 케블라와 같은 특수한 섬유로 만들어진 강력한 어시스트 전용 라인과 어시스트 훅을 연결하는 방법이다. 어시스트 전용라인은 메이커마다 다양하게 발매되고 있지만 뻣뻣하지 않고 부드러운 소재로 만들어진 것이 사용하기에 편리하다.

※기타 용도 : 고리바늘에 케블라 등 신소재 목줄을 연결하는 경우에 전반적으로 사용 가능.

1. 지깅용 어시스트 훅을 지그에 연결시키기 위한 일종의 목줄 매듭방법이다.

2. 지그의 위쪽 맬고리에 연결한다.

3. 어시스트용 연결법 중에서 가장 쉽고 빠른 방법으로 현장 실전용으로 적합하다.

4. 어시스트 라인으로 고리를 만들어 이를 바늘에 거는 간단한 구조다.

5. 바늘에 감는 횟수를 변경하면 목줄의 길이를 어느 정도 임의로 조정할 수 있으므로, 낚시 도중 지그를 교환하더라도 적당한 길이를 맞춰주기에 좋다.

중요도	★★★★★
매듭강도	★★★★
난이도	간단

5 처음엔 바늘 허리 부분에 고리를 교차시켜 얽는다.

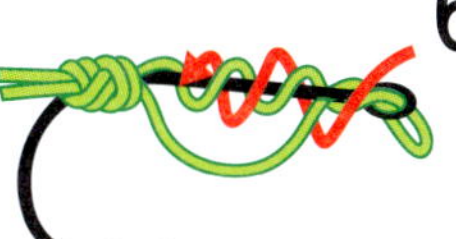

6 두 번째부터는 고리의 한쪽만을 이용해 단순히 바늘 축에 빙빙 감아간다.
최저 3회는 감아야 한다. 감는 횟수는 만들고자 하는 목줄 길이에 따르는 것이 좋다.

7 손가락으로 정리해 가며 바늘구멍 쪽으로 밀착시킨다.

8 고리와 바늘을 잡고 강하게 당겨 조인다.
고리를 지그의 맬고리에 연결하면 OK.

〈참고〉

❶ 어시스트 라인으로 고리를 만들 때의 매듭은 풀리지 않도록 확실히 조여주어야 한다.

❷ 굵은 어시스트 라인이 2중으로 통과해도 문제가 없을 정도로 바늘귀(훅 아이)가 큰 어시스트 훅을 사용하도록 한다.

어시스트 훅 묶음 A

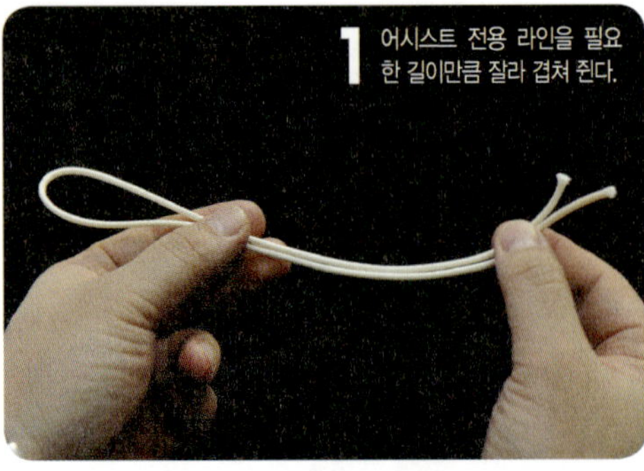

1 어시스트 전용 라인을 필요한 길이만큼 잘라 겹쳐 쥔다.

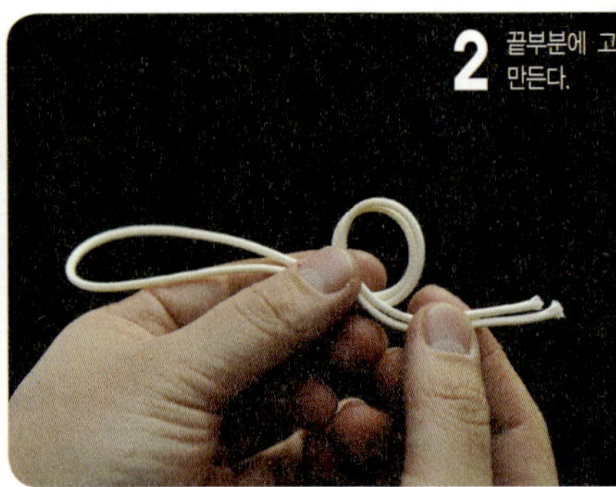

2 끝부분에 고[리를] 만든다.

3 겹쳐 쥐고 비틀고

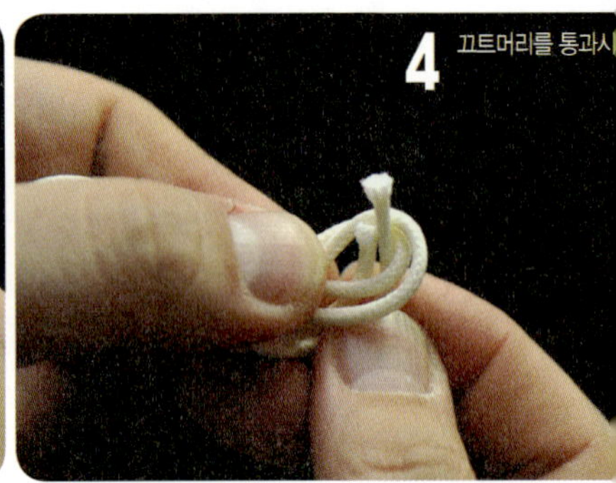

4 끄트머리를 통과시[킨다]

5 조여주면 8자매듭이다.

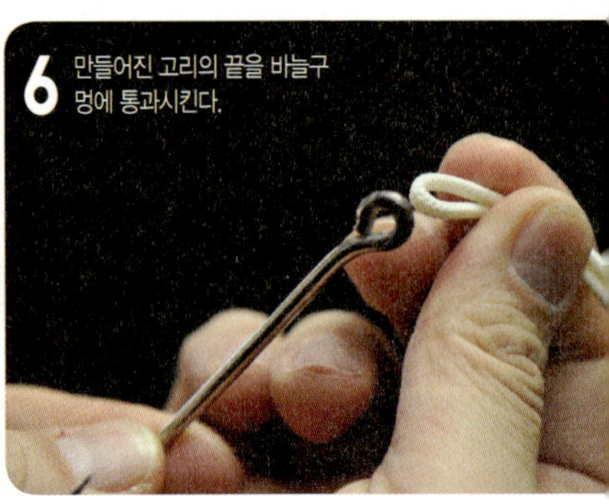

6 만들어진 고리의 끝을 바늘구멍에 통과시킨다.

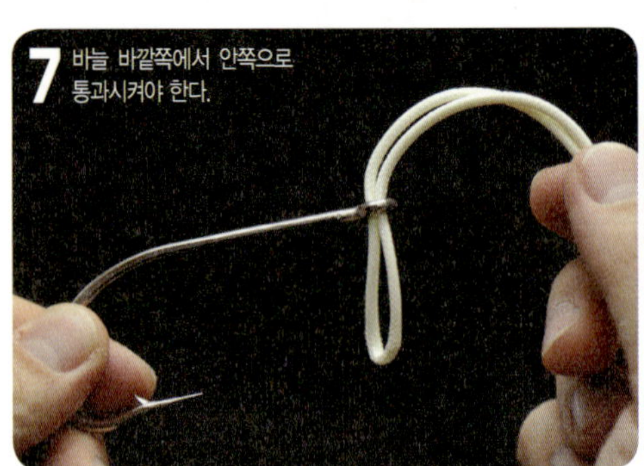

7 바늘 바깥쪽에서 안쪽으로 통과시켜야 한다.

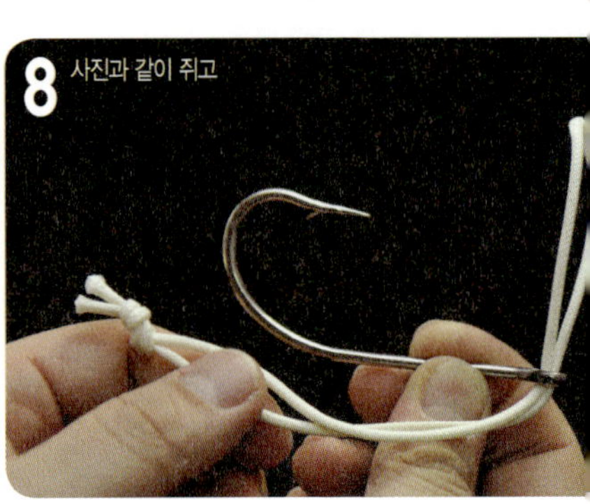

8 사진과 같이 쥐고

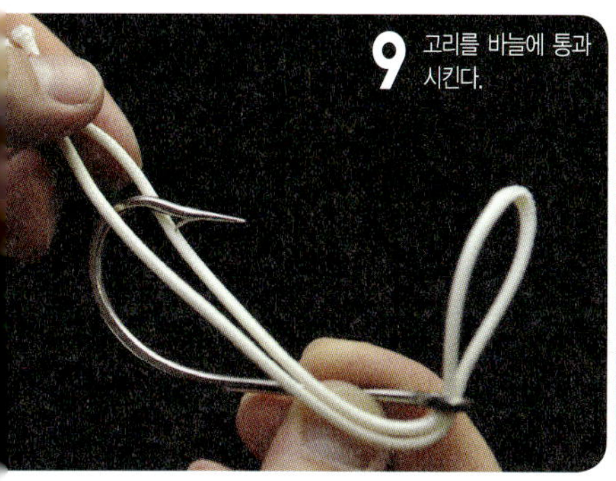

9 고리를 바늘에 통과시킨다.

10 고리의 한 쪽 줄만 이용해 바늘 허리에 감기 시작한다.

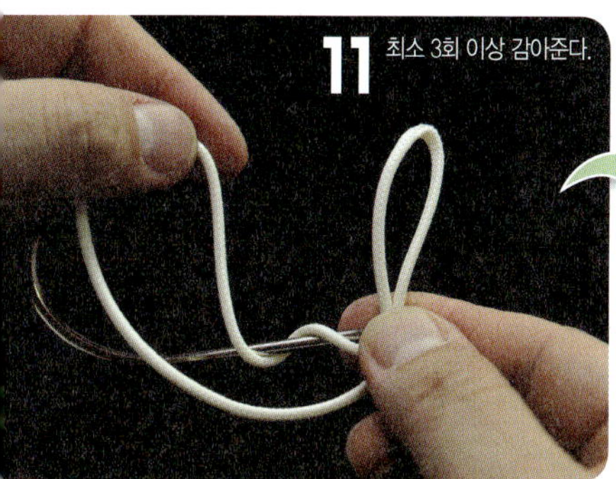

11 최소 3회 이상 감아준다.

12 어시스트 목줄을 겹쳐 쥐고 당긴다.

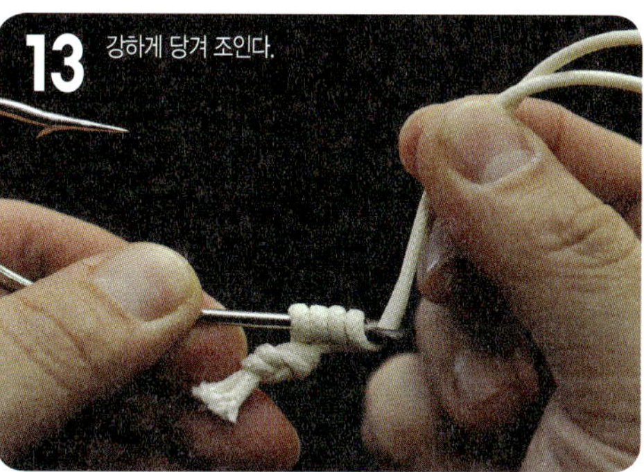

13 강하게 당겨 조인다.

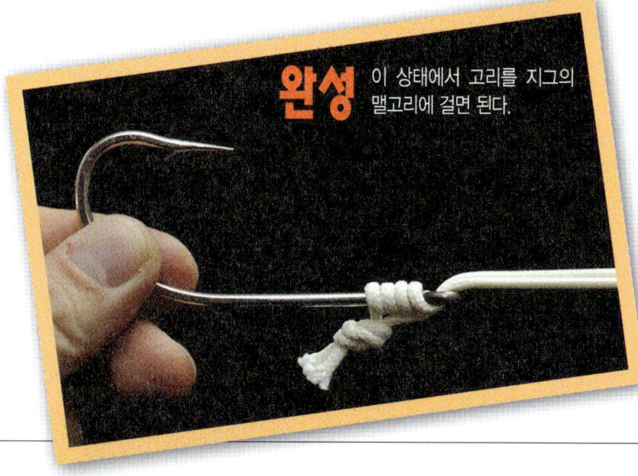

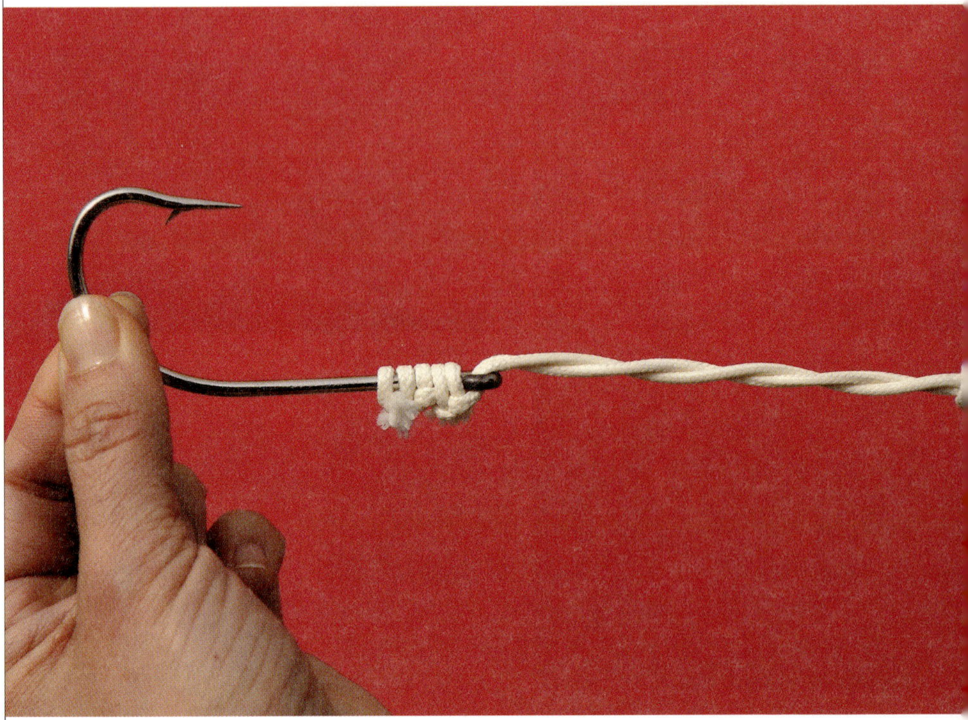

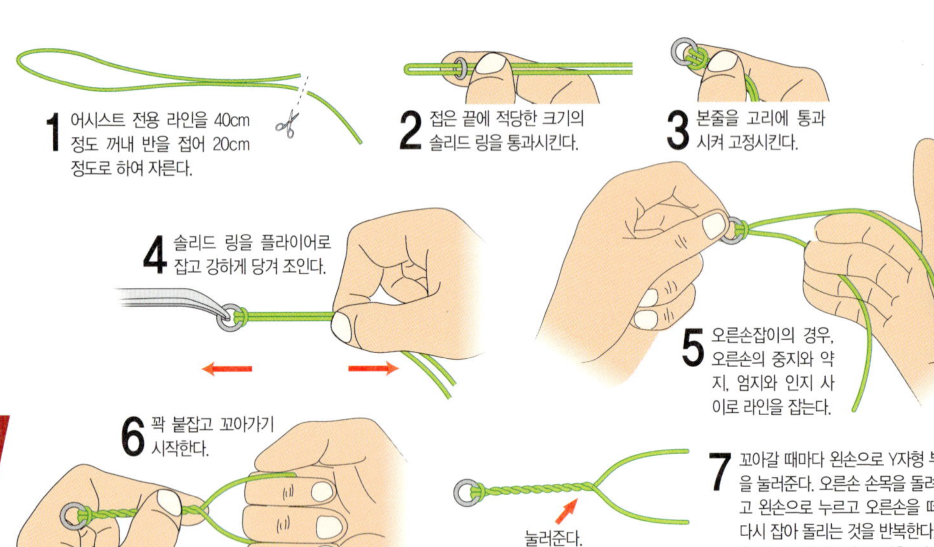

1 어시스트 전용 라인을 40cm 정도 꺼내 반을 접어 20cm 정도로 하여 자른다.

2 접은 끝에 적당한 크기의 솔리드 링을 통과시킨다.

3 본줄을 고리에 통과 시켜 고정시킨다.

4 솔리드 링을 플라이어로 잡고 강하게 당겨 조인다.

5 오른손잡이의 경우, 오른손의 중지와 약 지, 엄지와 인지 사 이로 라인을 잡는다.

6 꽉 붙잡고 꼬아가기 시작한다.

눌러준다.

7 꼬아갈 때마다 왼손으로 Y자형 부 을 눌러준다. 오른손 손목을 돌려 고 왼손으로 누르고 오른손을 따 다시 잡아 돌리는 것을 반복한다. 원하는 길이만큼만 꼬임을 넣으 된다.

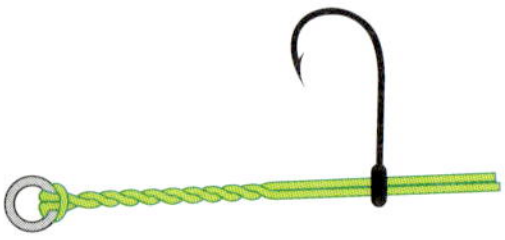

8 라인의 끝쪽을 같이 잡아 에 통과시킨다. 반드시 바늘 으로부터 통과시켜야 한다.

어시스트 훅 묶음 B

지깅에서 어시스트 훅을 지그와 연결시키는 여러 가지 방법 중 최강의 묶음법이다. 케블라와 같은 기타 특수한 섬유로 만들어진 강력한 어시스트 전용 라인을 가리지 않고 사용할 수 있다.

※기타용도 : 고리바늘에 케블라 등 신소재 목줄을 연결하는 경우에 전반적으로 사용 가능

1. 지깅용 어시스트 훅을 지그에 연결시키기 위한 어시스트 전용 매듭방법이다.

2. 지그의 위쪽 맬고리에 접속시켜 논 스플릿 링에 연결한다.

3. 묶는 타입의 어시스트용 연결법 중에서 최강의 방법이다.

4. 어시스트 라인 부분에 꼬임을 넣어 전체적으로 빳빳함을 부여해 어시스트 훅이 지그에 엉키는 것을 감소시키고 강도는 향상시킨다.

5. 바늘 등 기타 특별한 도구를 사용하지 않으므로 낙시터 현장에서도 쉽게 묶을 수 있다.

6. 어시스트용 목줄의 종류(심이 들어있는 타입, 들어있지 않은 타입 등)에 상관없이 제작 가능하다.

중요도	★★★★
매듭강도	★★★★★
난이도	중급

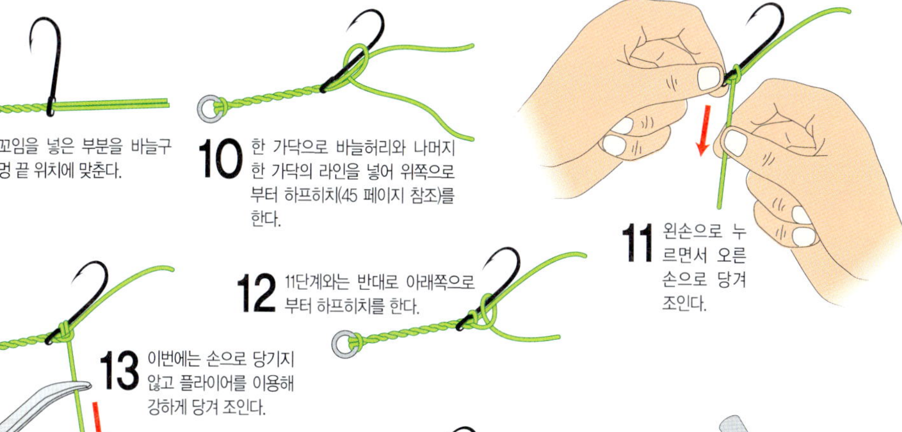

꼬임을 넣은 부분을 바늘구멍 끝 위치에 맞춘다.

10 한 가닥으로 바늘허리와 나머지 한 가닥의 라인을 넣어 위쪽으로부터 하프히치(45 페이지 참조)를 한다.

11 왼손으로 누르면서 오른손으로 당겨 조인다.

12 11단계와는 반대로 아래쪽으로부터 하프히치를 한다.

13 이번에는 손으로 당기지 않고 플라이어를 이용해 강하게 당겨 조인다.

14 이번에는 다른 한 가닥을 이용해 바늘축 위로만 상하 교대로 3회 하프히치를 행한다.

15 세 번 모두 플라이어로 당겨 조여야 한다.

16 여분의 자투리를 잘라내고 끄트머리가 풀리지 않도록 라이터로 살짝 지진다. 보강을 위해 매니큐어를 매듭부분에 발라주면 좋다. 완성.

어시시트 훅 묶음 B

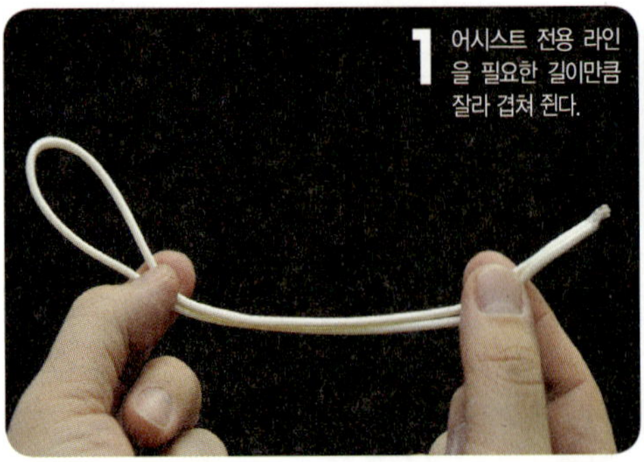

1 어시스트 전용 라인을 필요한 길이만큼 잘라 겹쳐 쥔다.

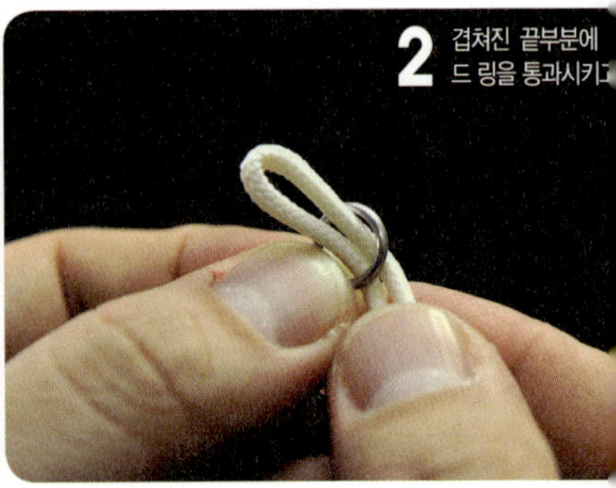

2 겹쳐진 끝부분에 드 링을 통과시키고

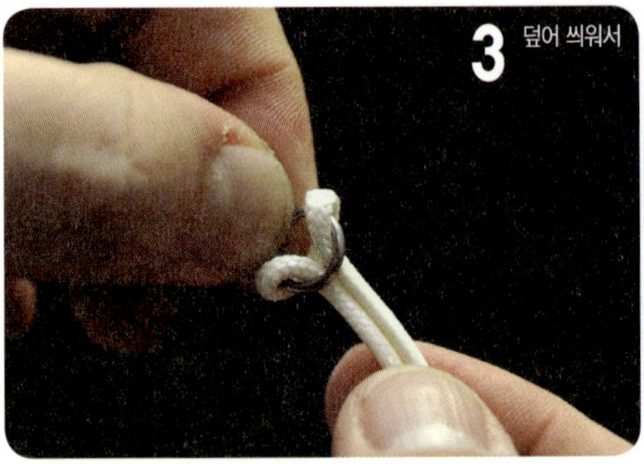

3 덮어 씌워서

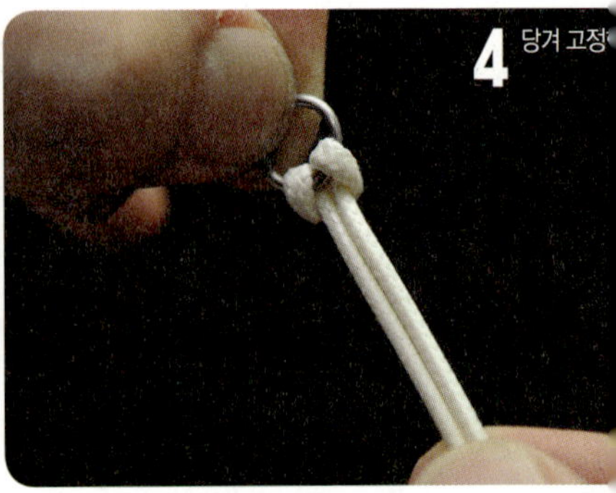

4 당겨 고정

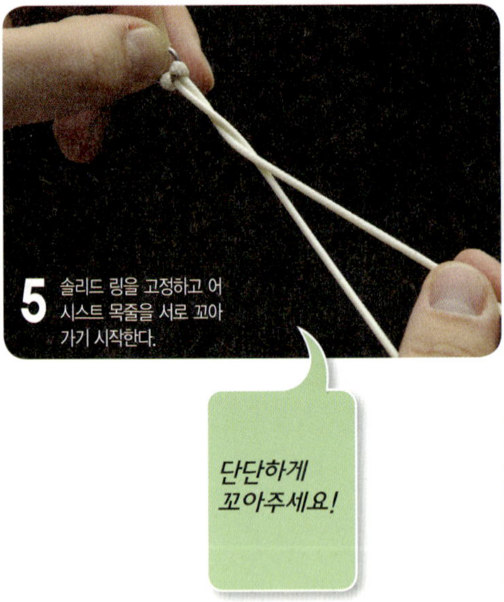

5 솔리드 링을 고정하고 어시스트 목줄을 서로 꼬아가기 시작한다.

단단하게 꼬아주세요!

6 단단히 꼬아주어야 한다.

7 겹쳐 쥔 상태 늘 안쪽에서 쪽으로 바늘 에 통과시킨다

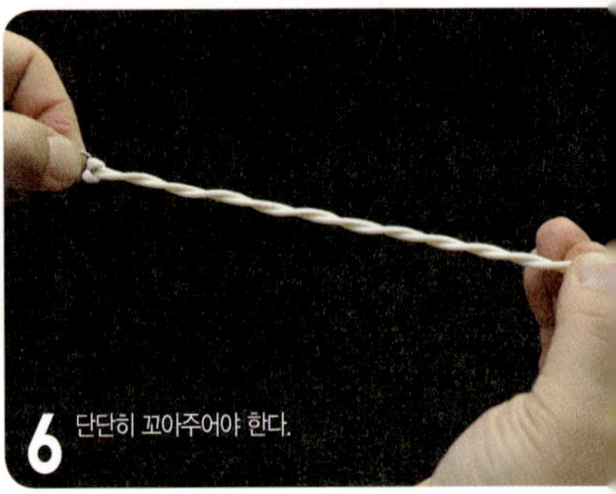

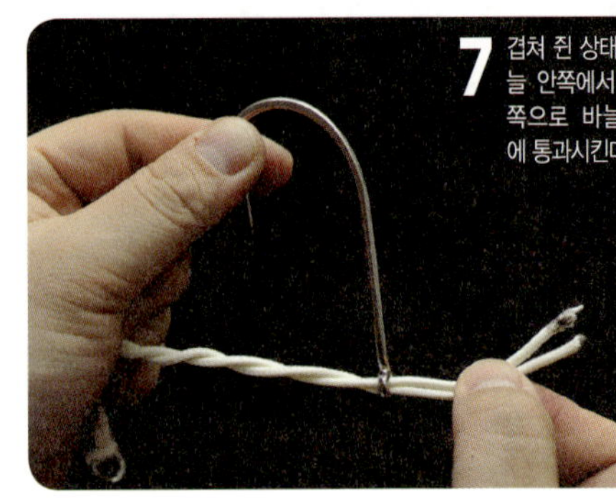

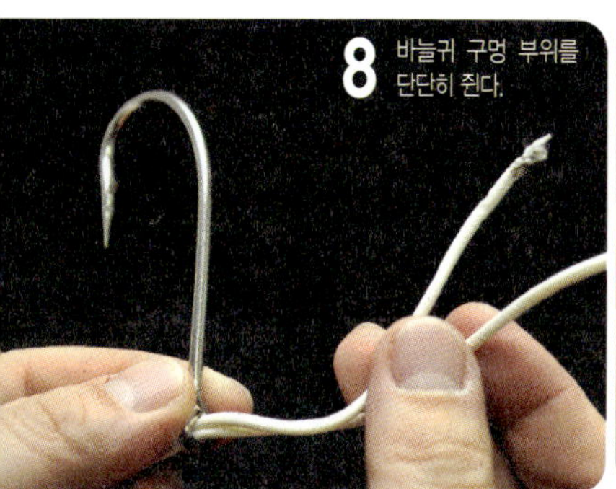

8 바늘귀 구멍 부위를 단단히 쥔다.

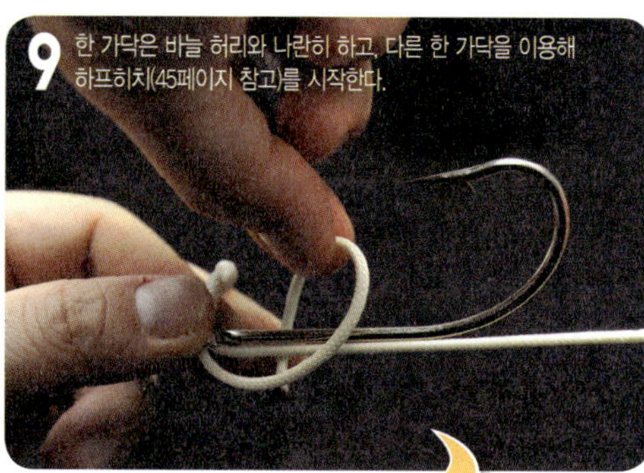

9 한 가닥은 바늘 허리와 나란히 하고, 다른 한 가닥을 이용해 하프히치(45페이지 참고)를 시작한다.

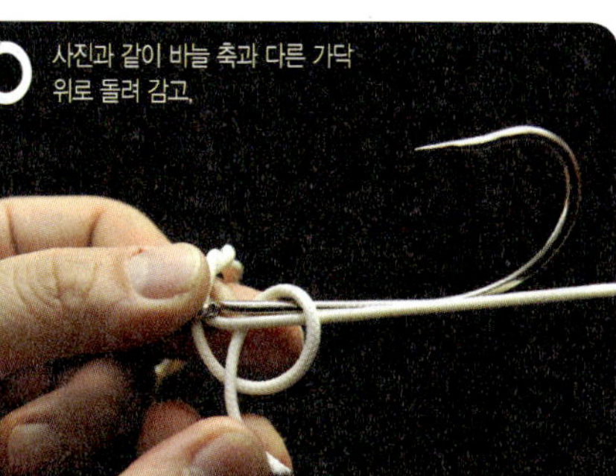

사진과 같이 바늘 축과 다른 가닥 위로 돌려 감고,

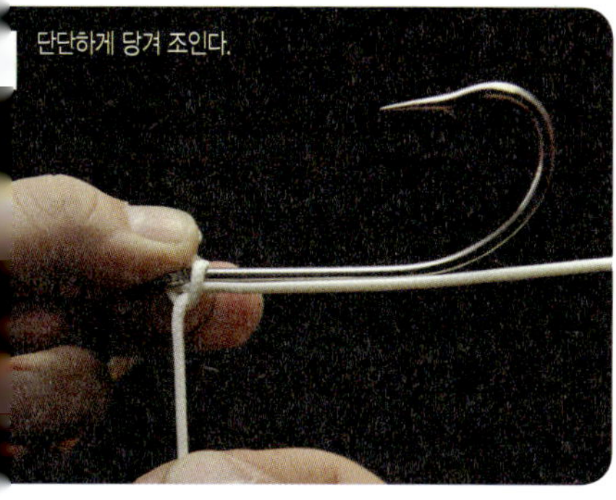

단단하게 당겨 조인다.

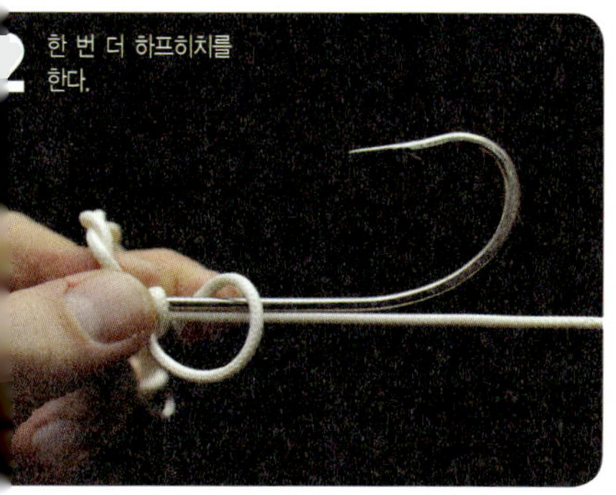

한 번 더 하프히치를 한다.

〈참고〉

❶ 꼬임을 넣는 작업에 다소간 숙달이 필요하지만, 꼬임이야말로 이 어시스트 묶음의 최대특징이므로 반복연습을 통해 익숙해지도록 한다.

❷ 굵은 어시스트 라인이 2중으로 통과해도 문제가 없을 정도로 바늘귀(훅 아이)가 큰 어시스트 훅을 사용하도록 한다.

13 당겨 조여준다.
14 이번에는 다른 가닥을 이용해 바늘 축에만 하프히치를 한다.
15 감아 돌리고,
16 단단하게 조인다.
17 한 번 더 하프히 치를 한다.
18 단단하게 당겨 조
19 방향을 바꿔 다시 한 번 하프히치를 하고 단단하 게 당긴다.
완성 각각의 자투리를 자 라이터로 지져준다.

하프 히치

하프 히치(Half hitch)란 굵은 줄 위에 가는 줄을 한 번 돌려 매는 것을 의미한다. 낚시 채비에서는 하프 히치를 연속으로 실시하여 매듭을 보강하거나 또는 원줄 표면을 보호 하려는 목적 등으로 사용한다.

하프 히치는 그 자체로 완전한 매듭은 아 니며 매듭을 보강하기 위해 묶는 일종의 '반 매듭'이다. 당기는 장력이 없어져도 저절로 풀리지 않는 온매듭과 달리 한 차례의 하프 히치를 실시한 것만으로는 풀어질 우려가 있으므로 '반매듭', '가매듭', '한 번 매듭' 등 으로 불리기도 한다.

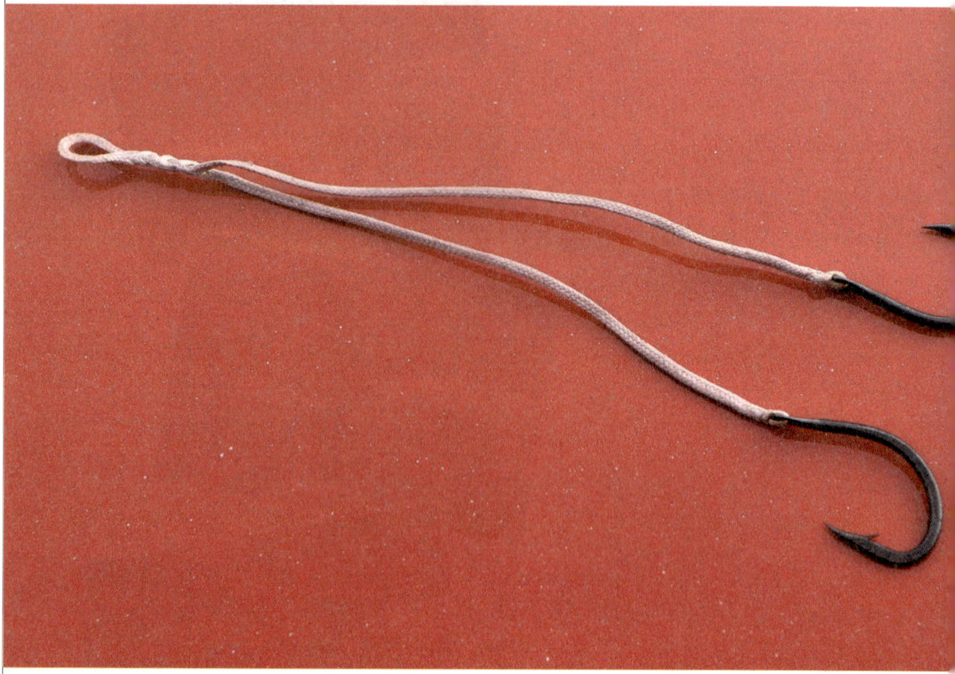

1단계 케블라합사 자르기

1 케블라합사를 쌍바늘채비의 길이에 맞게 자른다. 참갯지렁이
바늘 26~28cm, 보라성게용은 22cm 길이로 잘라준다. 케블라
를 자를 때는 가위보다 문구용 칼이 편하다.

2 케블라합사의 속심을
빼낸다.

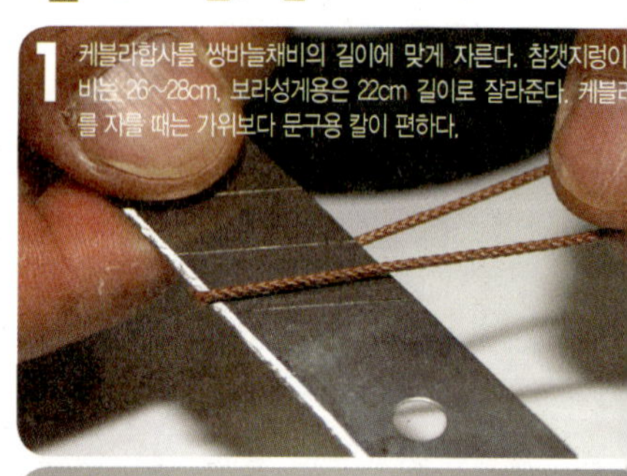

<참고>
❶ 준비물 : 돌돔용 혈(穴)바늘(12~14
호), 속심케블라합사(12호나 15호), 코
바늘(小 또는 小小)
❷ 이 묶음법에서 코바늘은 자투리
합사를 깔끔하게 집어넣는 마무리작
업에만 쓰인다.

혈바늘 묶음

코바늘(편직바늘)을 사용해 돌돔낚시용 혈바늘(구멍바늘)에 속심케블라합사를 묶는 방법이다. 돌돔낚시에서 필수묶음법이다.

. 대단히 빠르고 간편하며 접착제를 사용하지 않으므로 케블라합사의 강도가 손상되지 않는다.
. 두 개의 낚싯바늘을 코바늘처럼 사용하여 빠르게 엮는다.
. 원래 일본에서 외바늘채비 묶음법으로 개발했으나 제주도 낚시인들이 쌍바늘 묶음으로 개량하면서 이 방법을 고안해냈다.

케블라합사 속의 심을 빼낸다.

코바늘을 준비한다.

중요도	★★★★★
매듭강도	★★★★★
난이도	중급

2단계 　두 바늘에 케블라합사 넣어 교직으로 엮기

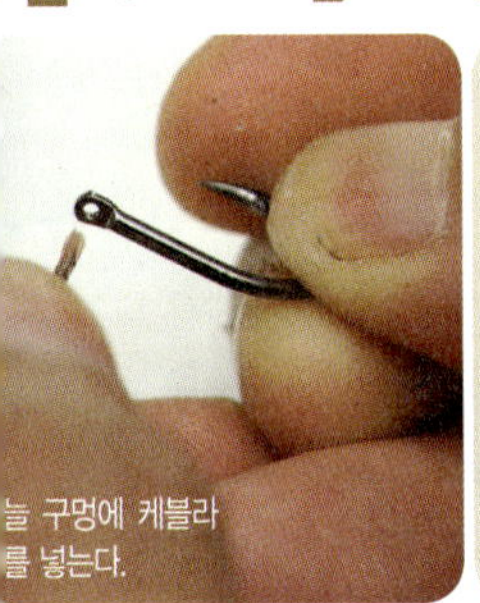

늘 구멍에 케블라를 넣는다.

2 합사에 바늘 두 개를 모두 관통한다.

3 바늘구멍 끝에서 1cm 정도 위치의 합사에 나머지 한 바늘을 찔러 넣는다. 이때 합사의 정중앙을 관통할 수 있도록 주의해야 하는데, 너무 한 쪽으로 치우치게 꽂으면 얇은 쪽의 합사가 찢어져 버릴 수 있다.

를 관통하여 바늘을 빼낸다. 바늘이 를 빠져나올 땐 엄지와 검지로 합사를 살살 문질러주면 쉽게 빠진다.

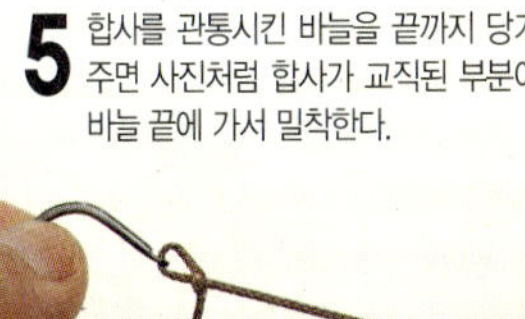

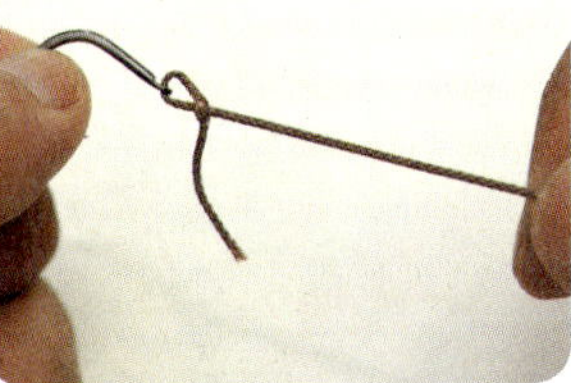

5 합사를 관통시킨 바늘을 끝까지 당겨주면 사진처럼 합사가 교직된 부분이 바늘 끝에 가서 밀착한다.

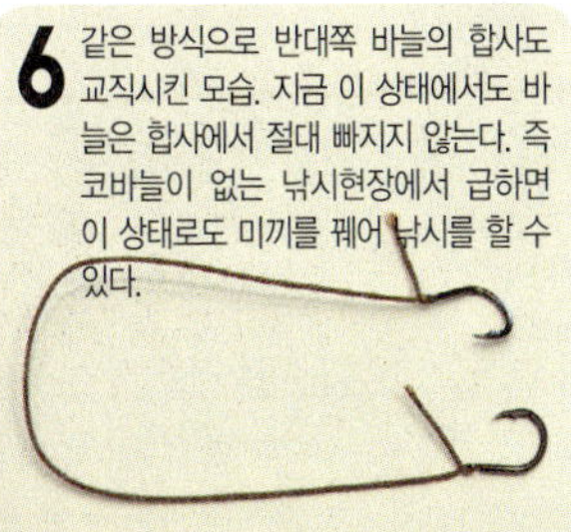

6 같은 방식으로 반대쪽 바늘의 합사도 교직시킨 모습. 지금 이 상태에서도 바늘은 합사에서 절대 빠지지 않는다. 즉 코바늘이 없는 낚시현장에서 급하면 이 상태로도 미끼를 꿰어 낚시를 할 수 있다.

3단계 코바늘 사용하여 자투리 합사 밀어 넣기

1 코바늘을 합사에 찔러 넣는 위치는 자투리합사 길이의 2배쯤 되는 거리가 좋다. 즉 자투리 합사가 1.5cm이므로 바늘에서 약 3cm 거리에 코바늘을 찔러 넣는다. 그 이유는 코바늘이 들어가는 합사 부위가 길수록 나중에 합사를 도톰하게 모아줬을 때 그 속의 공간이 넓어져서 자투리합사가 쉽게 빠져나오기 때문이다.

2 코바늘 끝을 합사에 대고 살짝 찔러서 을 합사 속에 넣천히 밀어 올린다.

3 코바늘이 바늘에 거의 닿았을 때 밖으로 빼낸다.

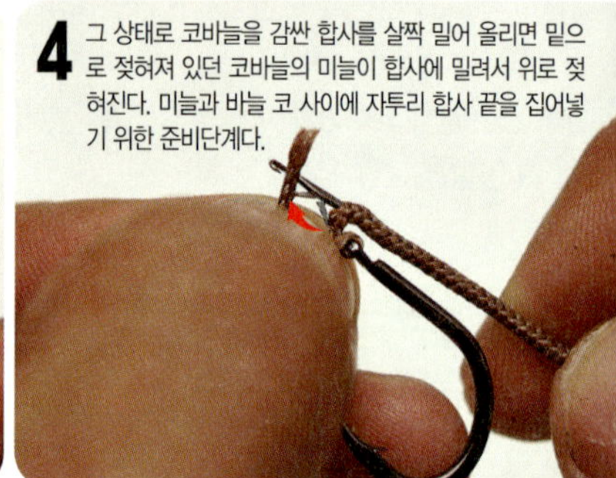

4 그 상태로 코바늘을 감싼 합사를 살짝 밀어 올리면 밑으로 젖혀져 있던 코바늘의 미늘이 합사에 밀려서 위로 젖혀진다. 미늘과 바늘 코 사이에 자투리 합사 끝을 집어넣기 위한 준비단계다.

5 미늘과 바늘 코 사이에 자투리 합사 끝을 집어넣는다. 자투리 합사 끝에서 4~5mm 부분이 코바늘에 걸쳐지는 게 좋다.

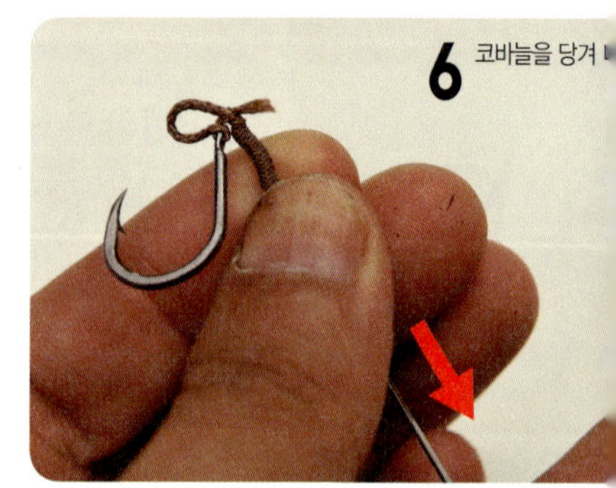

6 코바늘을 당겨

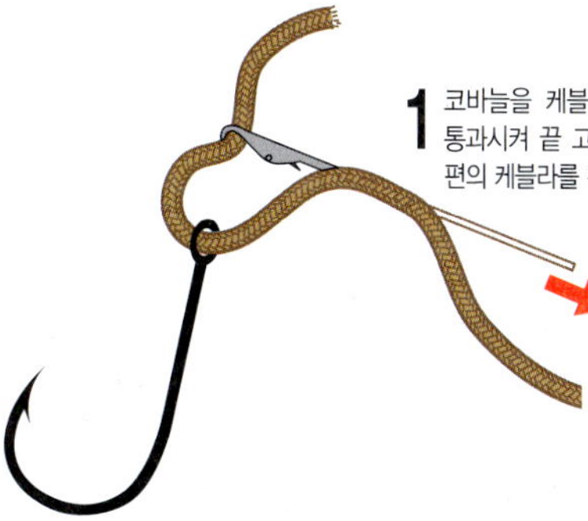

1 코바늘을 케블라 속으로 통과시켜 끝 고리에 건너편의 케블라를 건다.

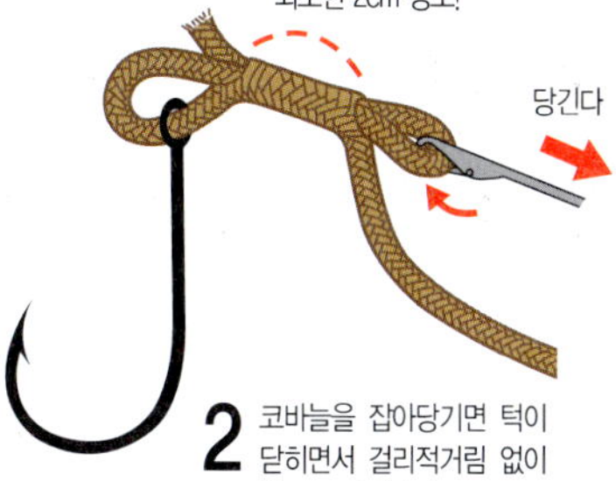

당긴다

최소한 2cm 정도!

당긴다

2 코바늘을 잡아당기면 턱이 닫히면서 걸리적거림 없이 앞으로 당겨진다.

3 케블라가 케블라 속으로 완전히 관통된 모습.

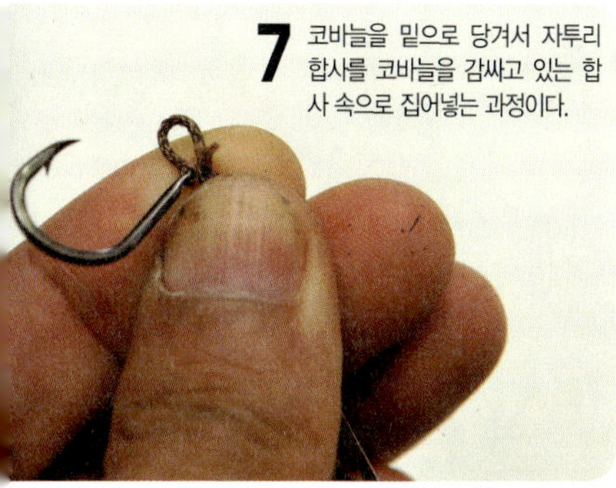

7 코바늘을 밑으로 당겨서 자투리합사를 코바늘을 감싸고 있는 합사 속으로 집어넣는 과정이다.

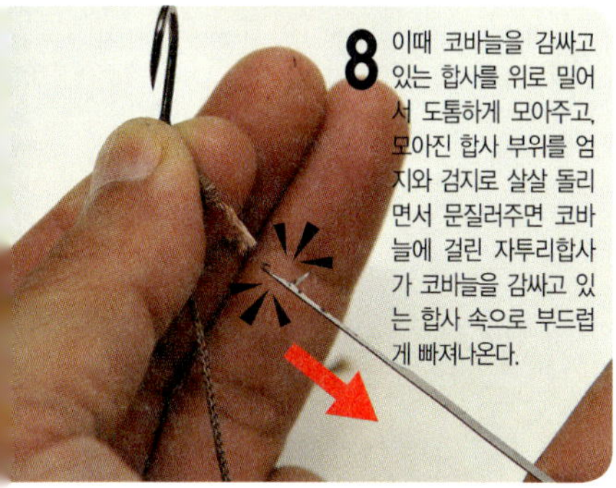

8 이때 코바늘을 감싸고 있는 합사를 위로 밀어서 도톰하게 모아주고, 모아진 합사 부위를 엄지와 검지로 살살 돌리면서 문질러주면 코바늘에 걸린 자투리합사가 코바늘을 감싸고 있는 합사 속으로 부드럽게 빠져나온다.

9 자투리합사가 코바늘을 감싸고 있던 합사 속을 관통하여 빠져나온 상태. 도톰하게 뭉쳐진 합사를 손으로 훑어 내리면 가늘게 펴지면서 자투리합사는 완전히 합사 속으로 파묻혀 보이지 않게 된다.

4단계 고리 만들기

※마지막으로 스크루도래에 걸기 위한 고리를 만든다. 이 단계도 코바늘 없이 낚싯바늘만 가지고 할

1 바늘채비를 반으로 접은 뒤 한쪽 바늘을 고리의 묶음이 될 부분에 꽂아 넣은 다음

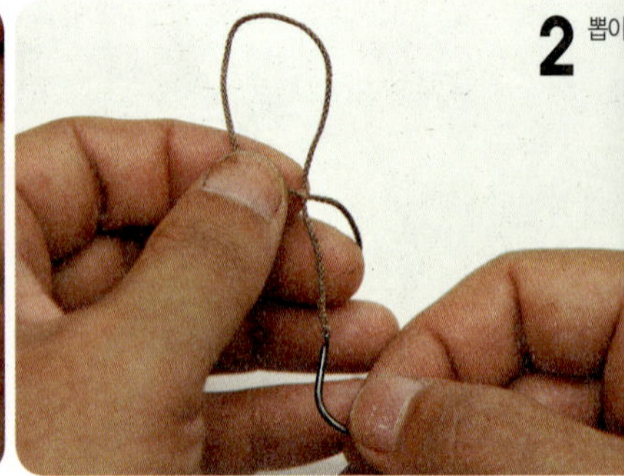

2 뽑아

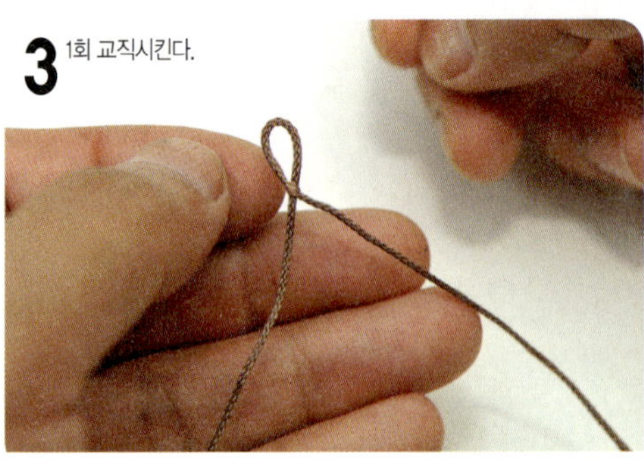

3 1회 교직시킨다.

4 다음에는 반대쪽 바늘을 1회 교직된 부분 바로 밑에 꽂아 넣은 다음.

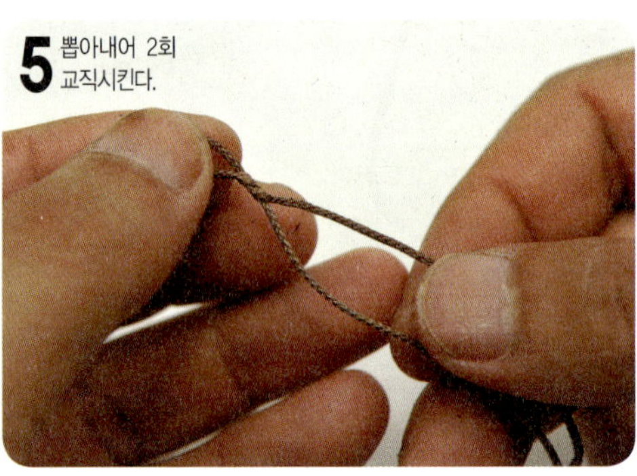

5 뽑아내어 2회 교직시킨다.

6 같은 요령으로 또 한 번 교직시켜 총 3~4회 교직시키면 고성. 2회만 교직하면 낚시현장에서 바늘채비가 강하게 당겨졌교직 부분이 밀려올라가 고리가 작아져버리기 때문에 꼭 3상 교직시켜야 한다.

7 그러나 사진처럼 간단묶어버려도 된다. 이 경듭부위가 굵기 때문에꽂이로 바늘채비를 걸게에 관통시킬 때 성가을 약간 부수고 나온다점이 있기는 하나 무사될 정도이며, 참갯지쓸 때는 아무 상관없다.

추자도의 감성돔

–제주 추자군도에서 61cm 초대형 감성돔을 낚은 목포 낚시인 김영길씨.
가는 낚싯줄로 대어와 상대하는 감성돔낚시에서 매듭 강도는 아주 중요하다.

개량 와이어 목흔들림 묶음

'플레미시 아이(Flemish eye)'라고도 부르는 와이어 목흔들림 묶음은 와이어 합사(合絲)를 이용하여 고리바늘을 묶는 방법 중 한 가지이다. 특별한 도구를 사용하지 않고 현장에서도 간단하게 바늘을 묶을 수 있는 장점을 가지고 있다. 돌돔낚시는 물론, 다금바리 등 날카로운 이를 가진 대형 어류를 낚는 경우에 와이어 합사를 사용한다면 익혀두어야 할 방법이다.

1. 돌돔낚시바늘을 묶는 방법 중 대표적인 목흔들림 묶음법을 변형시킨 개량된 방법이다.

2. 일반적인 와이어 목흔들림 묶음법보다 꼬임 횟수가 적어 수월하게 만들 수 있다.

3. 일반적인 와이어 목흔들림 묶음법은 바늘의 귀 구멍을 통과시킨 고리의 크기를 조절하기가 어려우나 개량된 방법은 수월하다.

4. 숙달되면 와이어 자체의 꼬임을 잘 이용해 모양새 좋게 묶을 수 있다.

중요도	★★★
매듭강도	★★★★★
난이도	중급

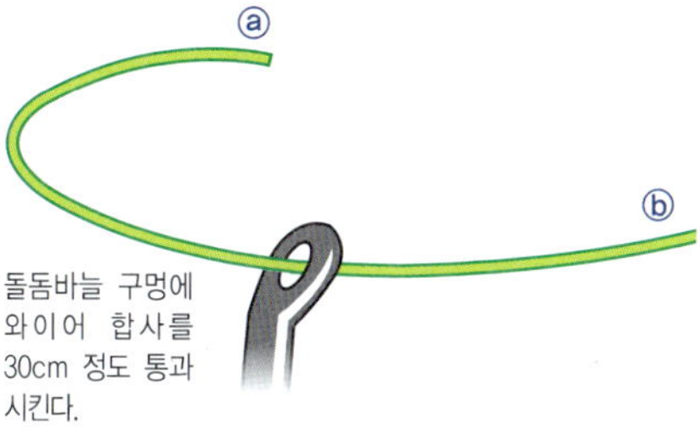

ⓐ

ⓑ ⓐ ⓑ

1 돌돔바늘 구멍에 와이어 합사를 30cm 정도 통과시킨다.

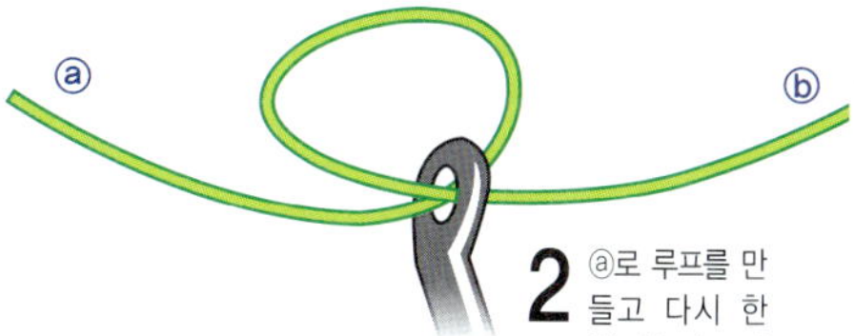

2 ⓐ로 루프를 만들고 다시 한 번 바늘귀 구멍에 통과시킨다.

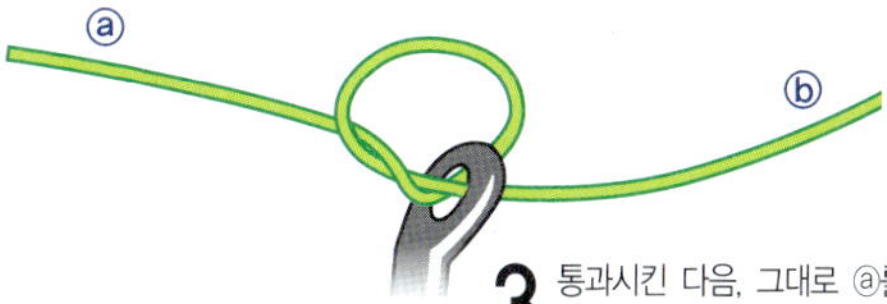

ⓐ ⓑ

3 통과시킨 다음, 그대로 ⓐ를 이용하여 한 번 매듭을 만든다. 이때 만들고자 하는 고리의 크기보다 조금 작게 잡아당겨두도록 한다. 와이어는 반발력이 커 도중에 고리 크기가 커져버리기 때문이다.

4 다시 한 번 고리 속으로 매듭을 만든다. 이 과정에서 만들고자 하는 고리(↓)의 크기를 결정한다.

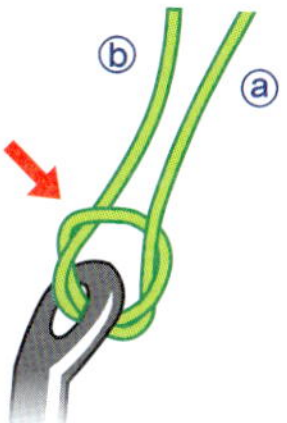

ⓑ ⓐ

5 4단계까지의 과정에서는 와이어가 자연스럽게 구부러져 있지만, 여기에서 처음으로 각도를 주어 확실히 접어 구부린다. ⓐ를 그림처럼 바깥쪽부터 와이어 고리에 통과시키고 힘껏 잡아당긴다.

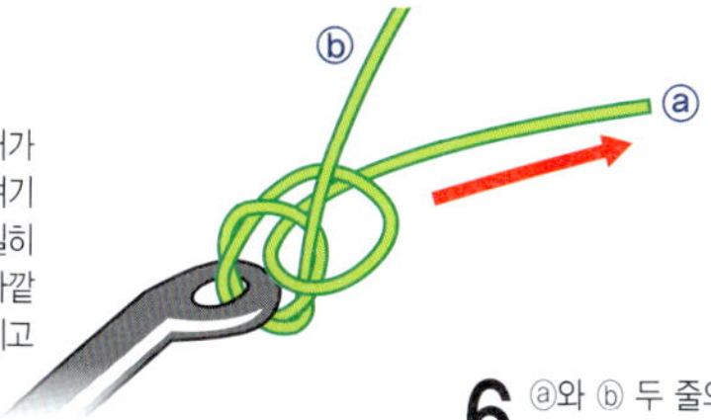

ⓑ ⓐ

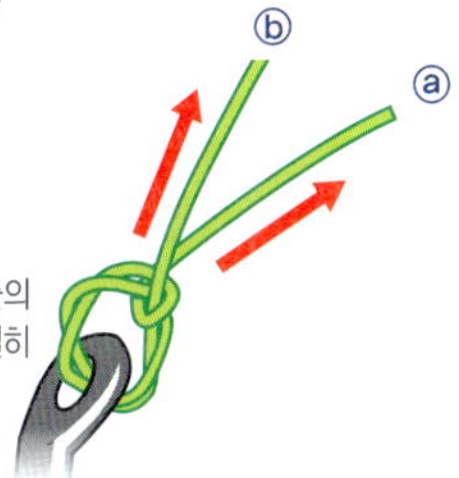

6 ⓐ와 ⓑ 두 줄의 와이어를 확실히 당겨 조인다.

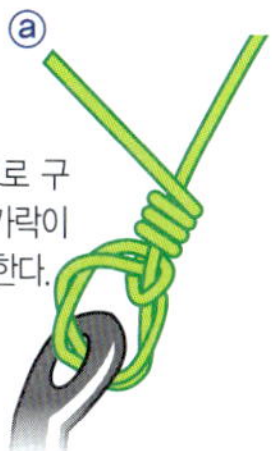

ⓑ ⓐ

ⓐ

7 자투리 쪽 ⓐ를 메인 와이어 ⓑ에 대해 직각으로 구부리면서 감아 올라간다. 익숙하지 않으면 손가락이 아프지만 확실히 구부려 빈틈없이 감아올려야 한다.

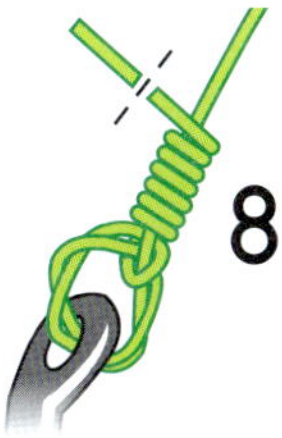

8 빈틈없이 밀착시켜 최저 5회는 감아야 한다. 감는 횟수는 많으면 많을수록 좋다. 니퍼를 이용해 자투리 ⓐ를 잘라 완성.

개량 와이어 목훈들림 묶음

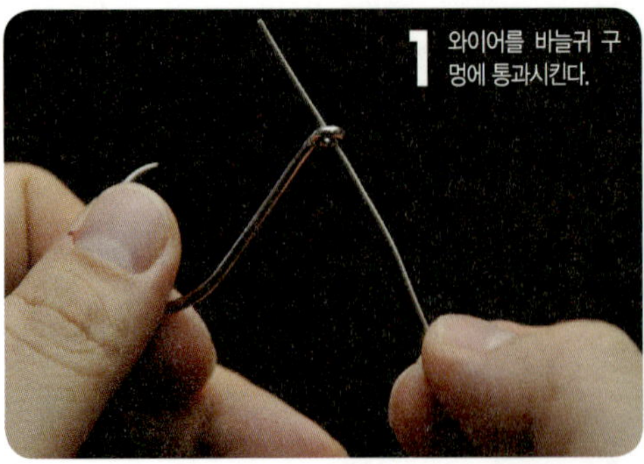

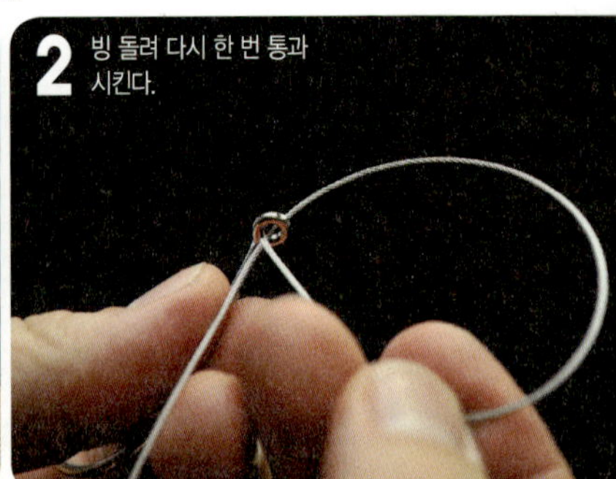

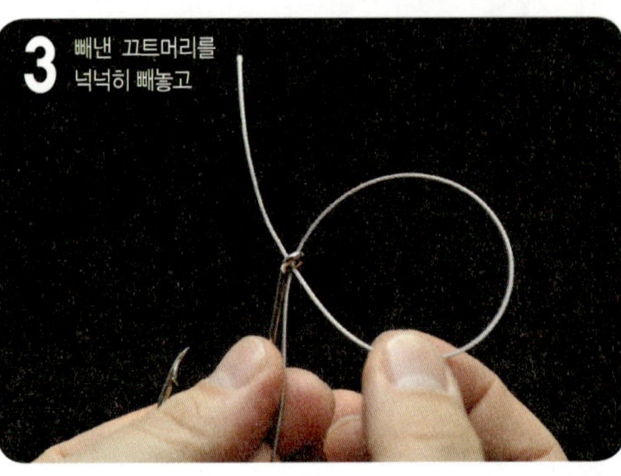

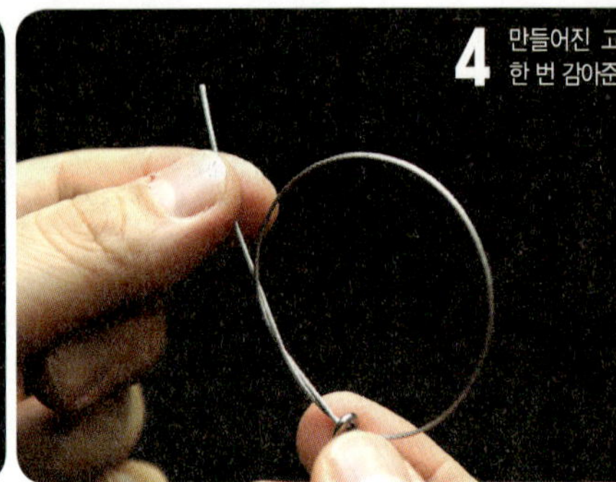

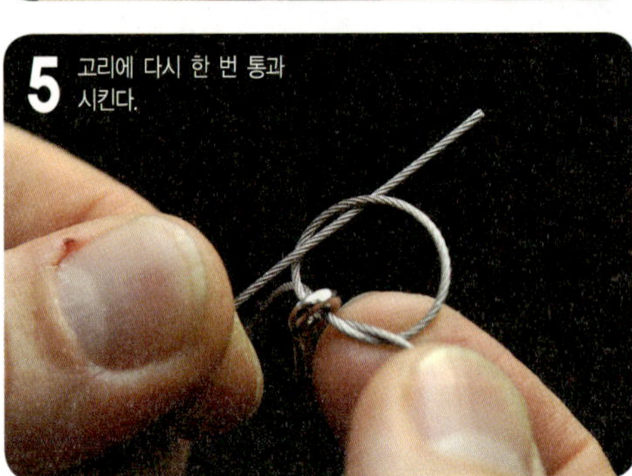

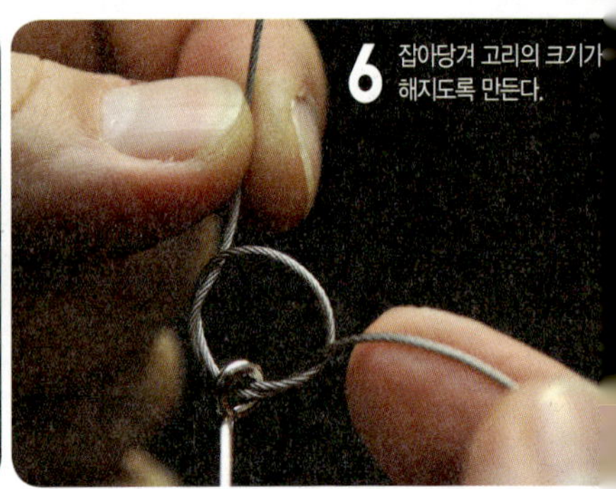

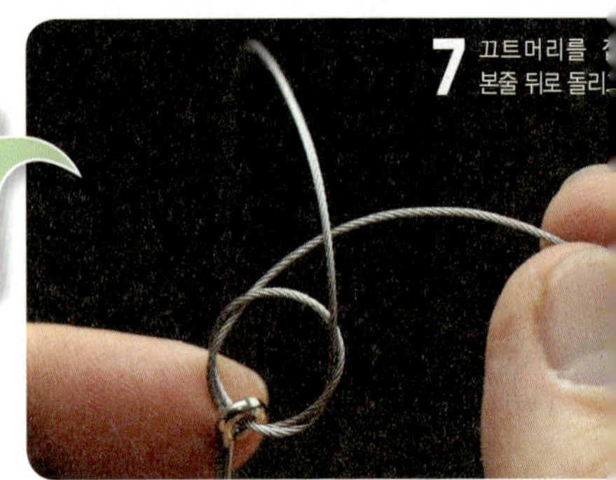

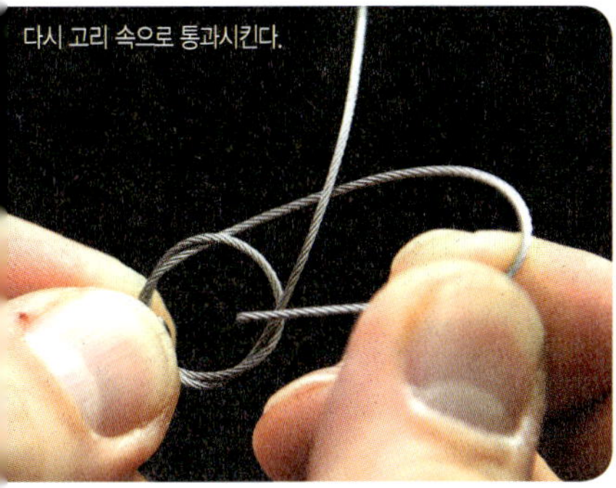

다시 고리 속으로 통과시킨다.

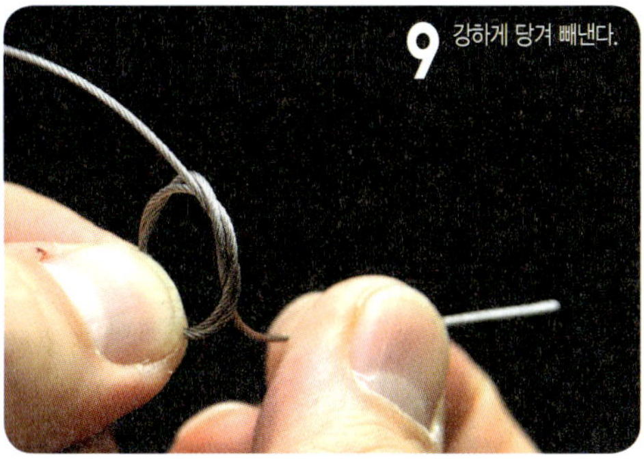

9 강하게 당겨 빼낸다.

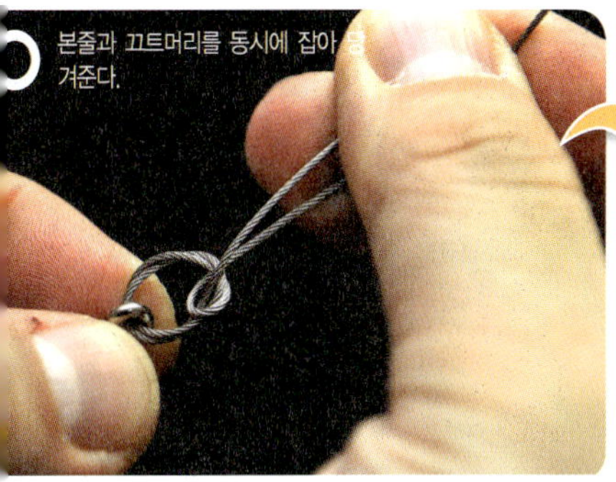

본줄과 끄트머리를 동시에 잡아 당겨준다.

11 끄트머리를 단단하게 쥐고 본줄 위로 강하게 돌려준다.

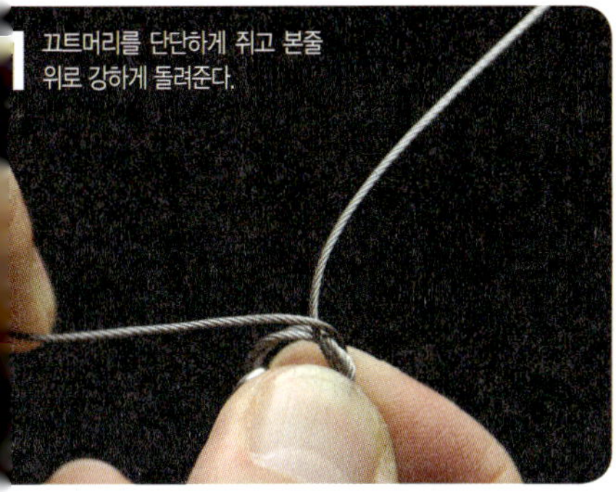

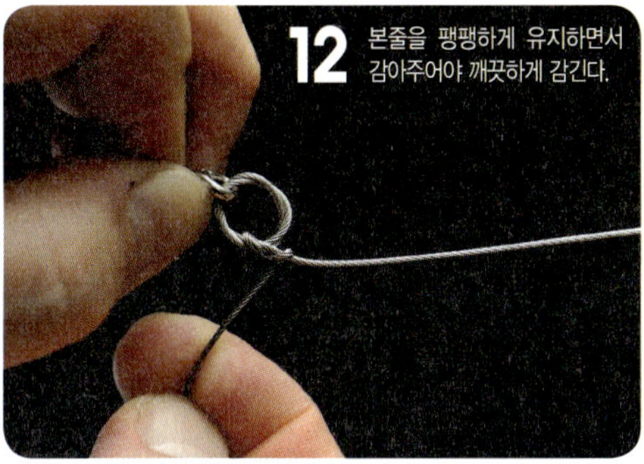

12 본줄을 팽팽하게 유지하면서 감아주어야 깨끗하게 감긴다.

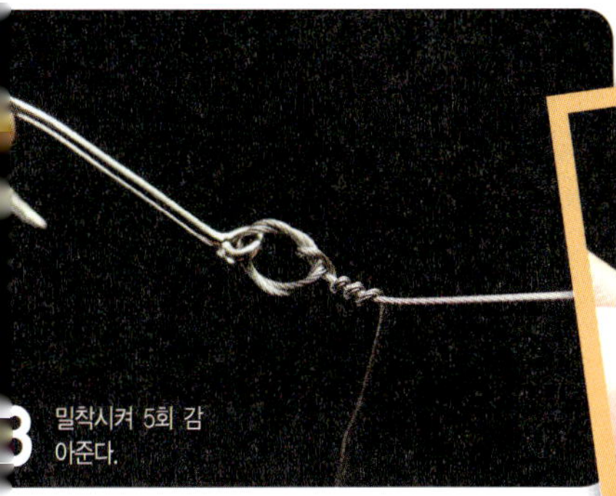

13 밀착시켜 5회 감 아준다.

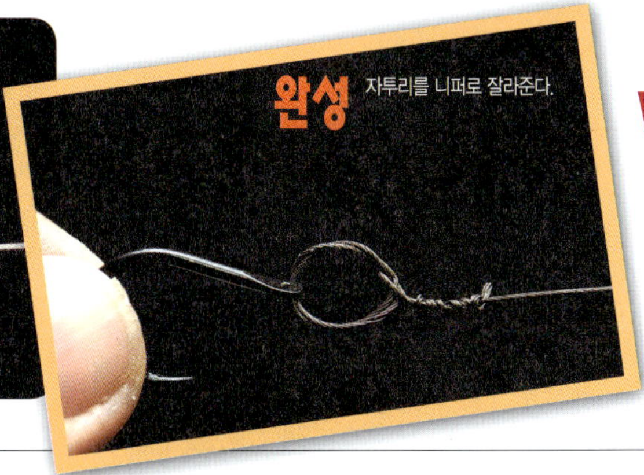

완성 자투리를 니퍼로 잘라준다.

간편 와이어 목흔들림 묶음

와이어 목줄 전용 도구를 활용하여 간편하고 확실하게 바늘이나 도래를 연결하는 방법이다. 숙련자나 초보자 간 강도의 차이가 없어 신뢰성도 크다. 대형 새치와 참치를 포획하는 구미와 일본의 어부들은 매듭보다 슬리브를 활용하고 있다.

※기타 용도 : 돌돔바늘은 물론, 대물용 고리바늘 또는 대형 도래에 와이어를 연결하는 경우나 굵은 쇼크리더를 연결하는 경우에 전반적으로 사용 가능.

1. 강한 이빨을 갖고 있는 다금바리, 대형 돌돔 채비나 트롤링에 사용한다.
2. 묶는 방법이 번거로운 '플레미시 아이(와이어 목흔들림 묶음)'를 간단하게 대체하는 방법으로 강도, 편리성 등이 돋보인다.
3. 와이어만이 아니라 강도 100파운드 이상의 굵은 나일론 줄(쇼크리더)을 사용할 때도 효과적으로 활용할 수 있다.

중요도	★★★★★
매듭강도	★★★★★
난이도	간단

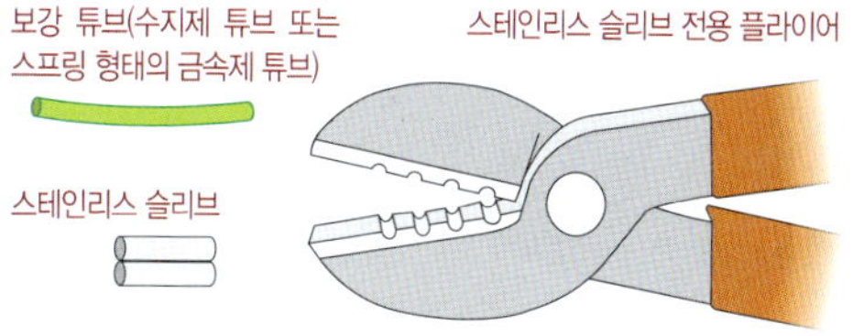

1 전용도구를 준비한다. 적당한 대용품을 사용하면 강도가 절반도 나오지 않으므로 필히 주의하여 선택하도록 한다.

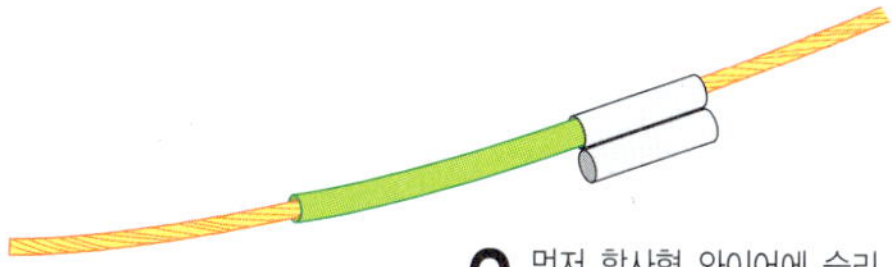

2 먼저 합사형 와이어에 슬리브를 통과시키고 다음에 보강 튜브를 통과시킨다.

3 돌돔바늘(대형 바늘)의 귀 구멍에 와이어의 한쪽 끝 ⓐ를 통과시키되 보강 튜브도 같이 통과되도록 한다.

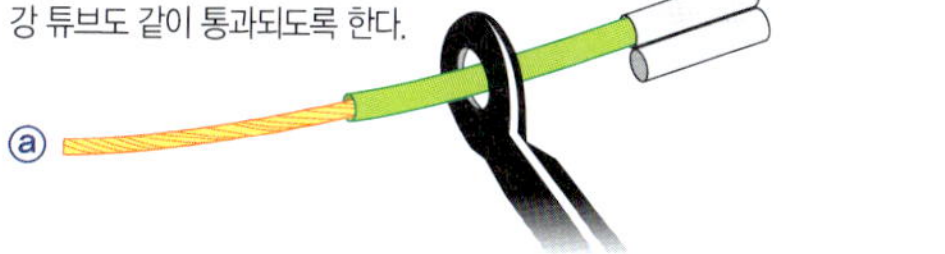

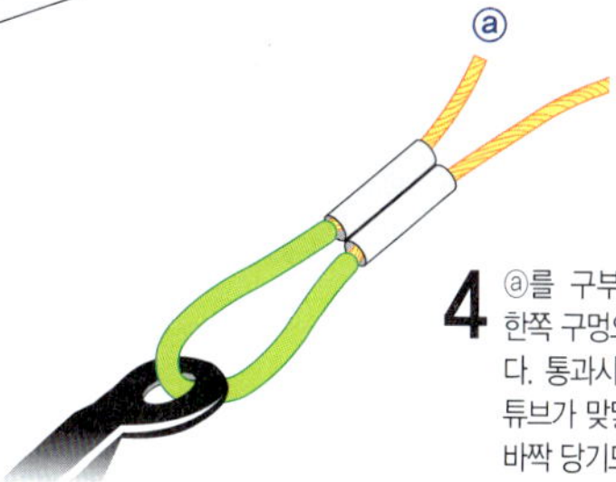

4 ⓐ를 구부려 슬리브의 한쪽 구멍으로 통과시킨다. 통과시킬 때는 보강 튜브가 맞닿을 정도까지 바짝 당기도록 한다.

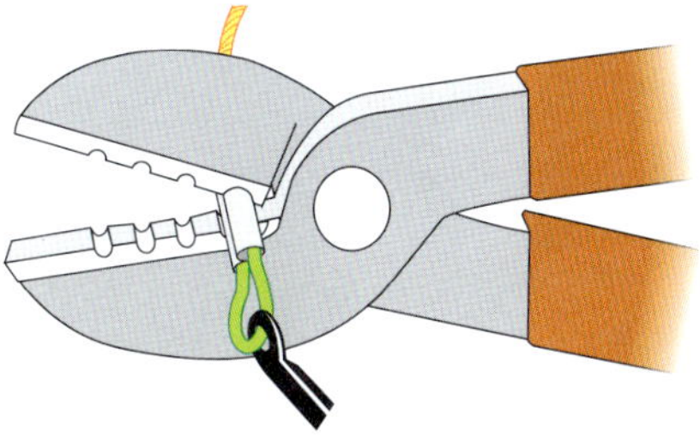

5 필히 전용 플라이어로 슬리브를 눌러 와이어를 고정한다.

〈참고〉

❶ 슬리브와 슬리브 전용 플라이어를 구비해야만 한다.

❷ 묶고자 하는 와이어의 굵기에 맞춰 정확한 사이즈의 슬리브를 사용해야 충분한 강도가 발휘된다는 점에 유의한다.

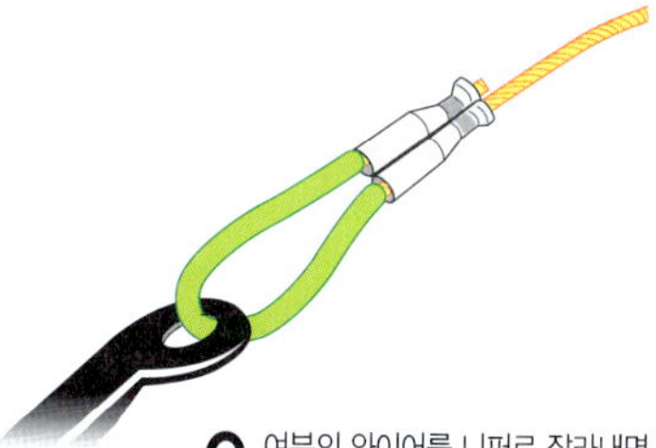

6 여분의 와이어를 니퍼로 잘라내면 완성. 하나의 슬리브로 충분한 강도가 보장되지만 혹시 불안하다고 느끼는 경우에는 처음부터 슬리브를 하나 더 넣어 연이어 사용해도 좋다.

간편 와이어 목흔들림

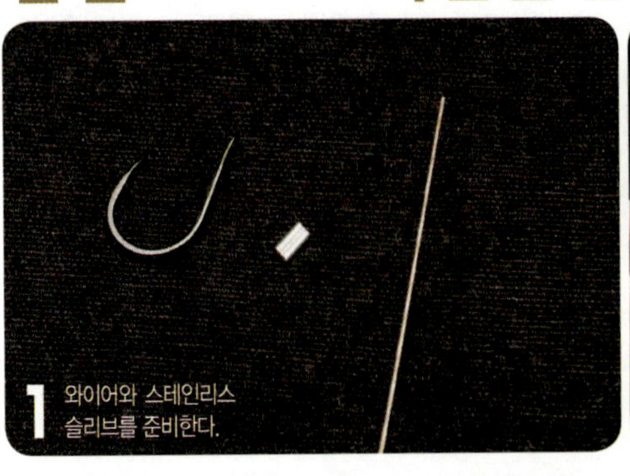

1 와이어와 스테인리스 슬리브를 준비한다.

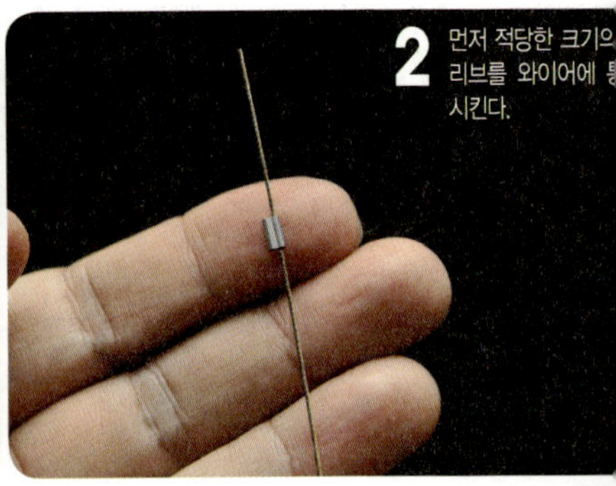

2 먼저 적당한 크기의 리브를 와이어에 통과시킨다.

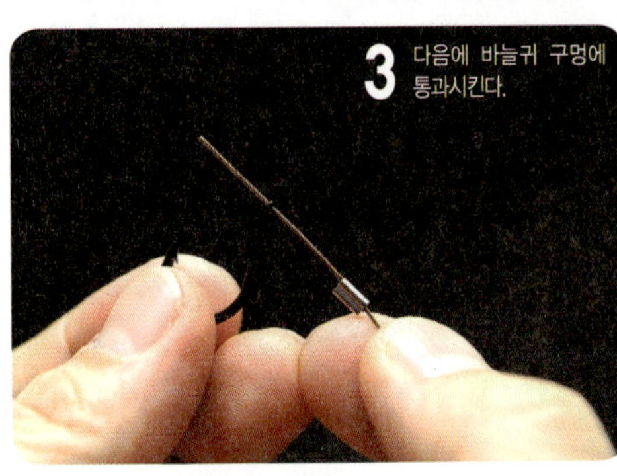

3 다음에 바늘귀 구멍에 통과시킨다.

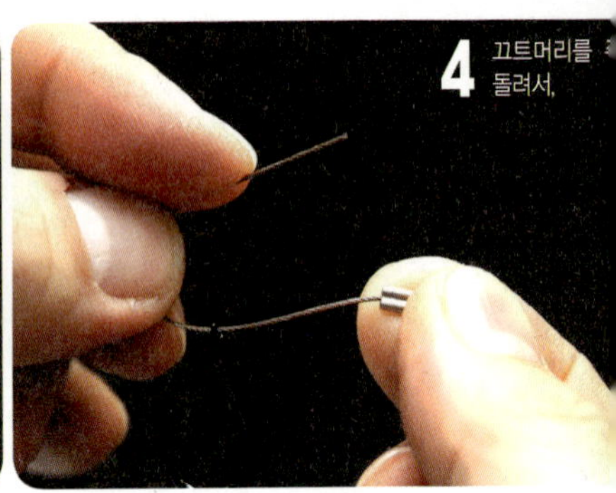

4 끄트머리를 돌려서,

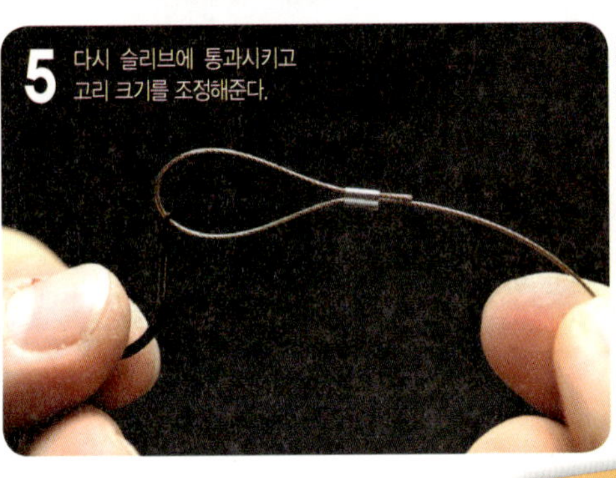

5 다시 슬리브에 통과시키고 고리 크기를 조정해준다.

6 스테인리스 슬리브 전용 프레스 플라이어를 사용해 슬리브를 압착한다.

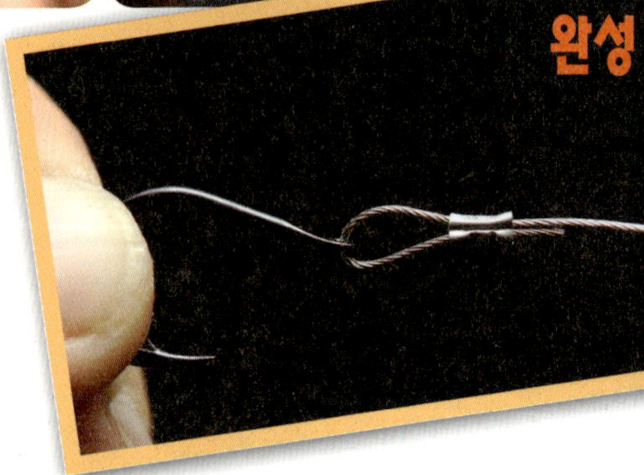

완성

...안 만재도에서 돌돔을 뽑아 올리는 역동적 순간. 소라를 부술 정도로 강한
...을 가진 돌돔을 낚기 위해 케블라합사나 와이어로 묶은 초강력 목줄채비를 사용한다.

Part **2**

낚싯줄 연결법

블러드 노트

오랜 역사를 가진 줄과 줄의 연결법으로서 여러 가지 매듭법 중에서 가장 확실한 방법이다. '피'를 의미하는 블러드라는 명칭은 중세의 수도사들이 기도에 사용한 자해용 채찍 끝부분의 매듭에서 유래하고 있기 때문이다.

1. 나일론 및 플로로카본과 같은 일반 낚싯줄과 낚싯줄의 연결방법 중에서 가장 대표적인 매듭방법이다.

2. 원줄과 목줄의 연결과 같이 굵기가 서로 다른 낚싯줄의 연결에도 적합하다.

3. 약간의 숙달이 필요한 연결방법이지만, 매듭강도가 매우 높아 신뢰할 수 있다.

4. 자투리가 매듭의 중간에 나와 있어서 낚싯대의 가이드에 대한 저항이 적다는 장점을 가지고 있다.

중요도	★★★★★
매듭강도	★★★★★
난이도	중급

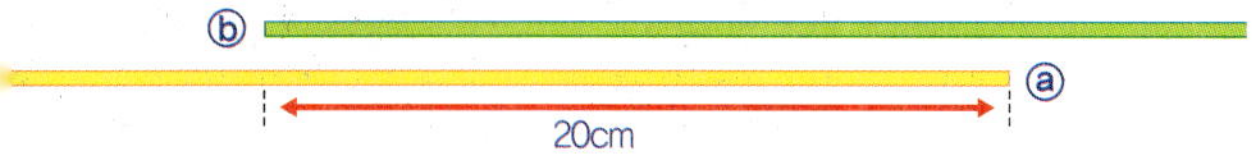

1 서로 매듭지을 두 줄을 20cm 정도 교차되도록 한다.

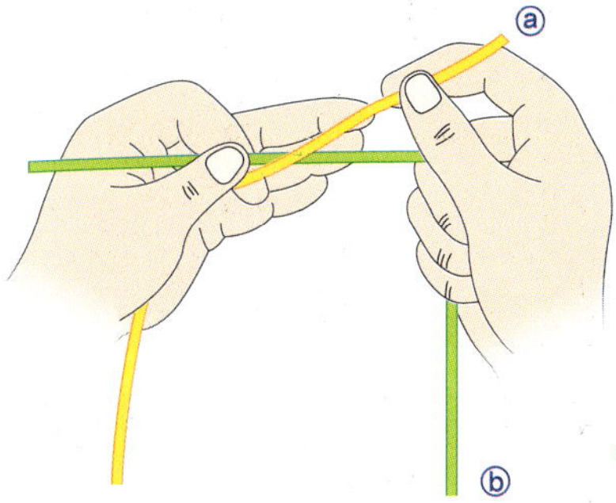

2 교차된 두 줄의 중간부분을 왼손 엄지와 검지로 쥐고, 오른손 중지, 약지, 소지로 ⓑ줄을 거머쥔다. 오른손 엄지와 검지로 ⓐ줄을 ⓑ줄 위로 넘기기 시작한다.

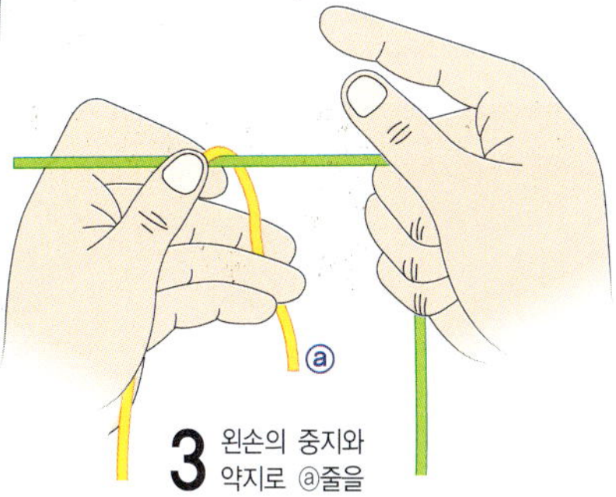

3 왼손의 중지와 약지로 ⓐ줄을 건네받는다.

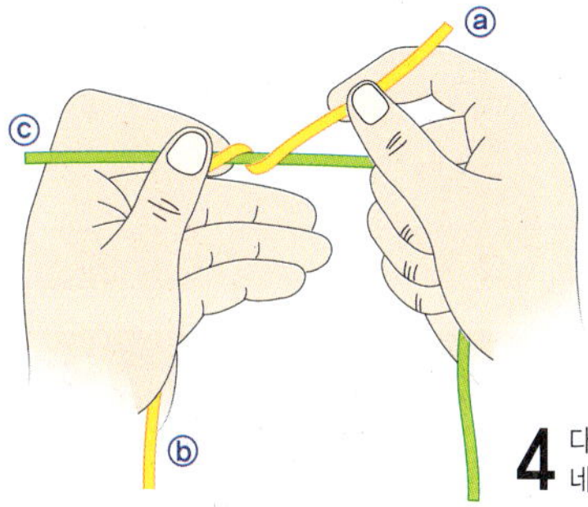

4 다시 오른손 엄지와 검지로 ⓐ줄을 건네받아 계속해서 ⓑ줄 위로 넘긴다.

5 2단계~4단계를 5~6회 반복한다. 다음에 ⓐ줄의 끄트머리를 두 줄 사이 중간부분에 끼운다.

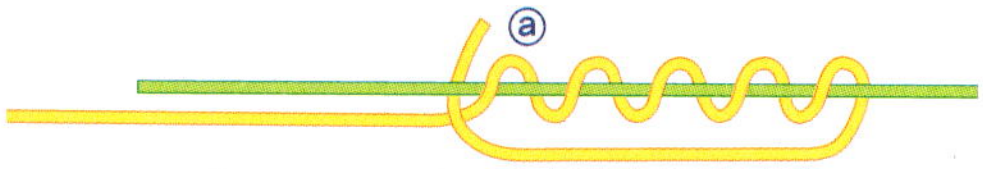

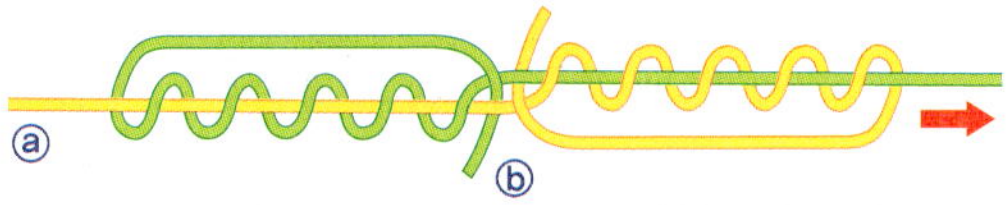

6 이번에는 왼손과 오른손의 역할을 바꿔 ⓑ줄을 ⓐ줄 위에 마찬가지로 5~6회 감고 가운데로 돌려 끼운다.

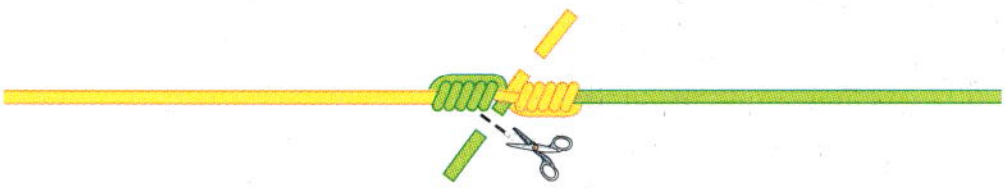

7 가운데에서 두 끄트머리가 빠지지 않도록 주의하면서 양쪽을 서서히 당겨 조이고 자투리를 자르면 완성이다.

〈참고〉

❶ 어설프게 묶으면 풀려버리므로 확실한 매듭을 위해 어느 정도의 숙달을 요한다.

❷ PE 라인과 같이 표면이 미끄러운 합사를 묶는 데는 적당하지 않다.

블러드 노트

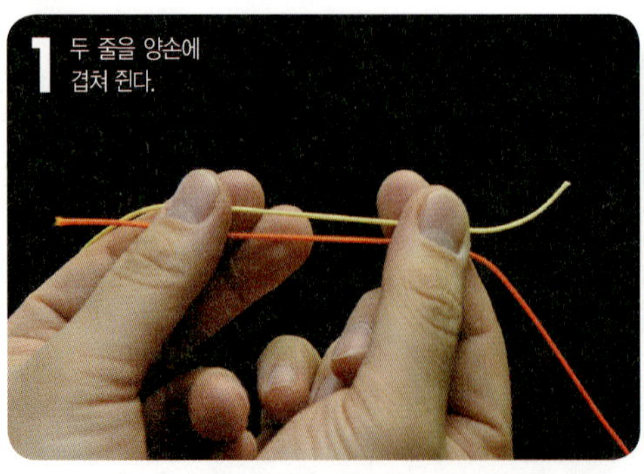

1
두 줄을 양손에
겹쳐 쥔다.

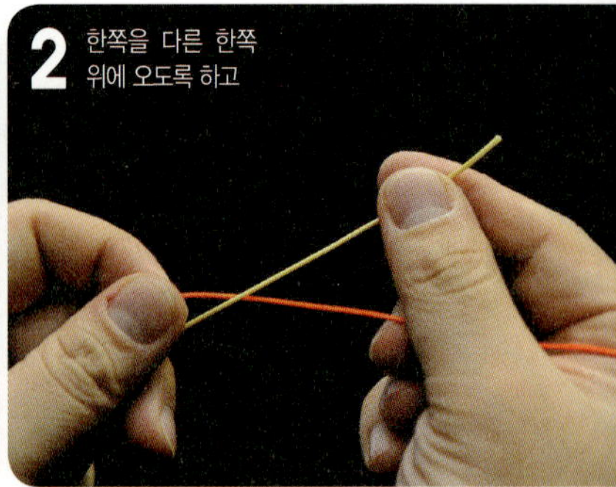

2
한쪽을 다른 한쪽
위에 오도록 하고

3
서로 감기 시작한다.

4
낚싯줄의 굵기에 따라 디
만 5~6회 정도 감아준다.

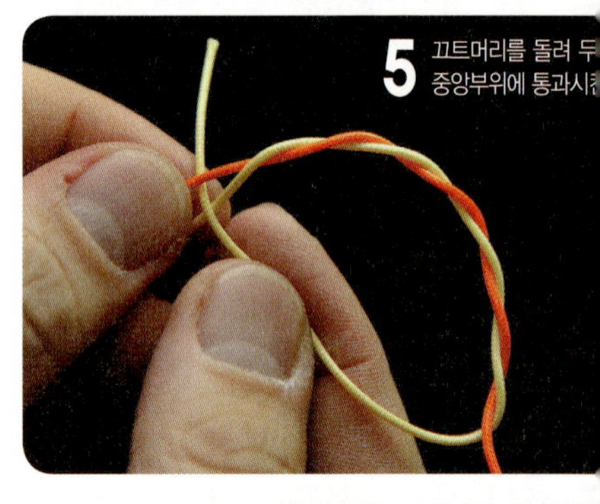

5
끄트머리를 돌려 두
중앙부위에 통과시

흐트러지지
않도록 주의!

6
한 손(오른손)으로 감긴 부위를 흐트러지지 않도록
단단히 쥐고 반대쪽을 감기 시작한다.

7
마찬가지로 5~6회 감는다.

끄트머리를 돌려서

9 두 줄의 중앙부위에 반대 방향으로 통과시킨다.

10 두 줄이 서로 감긴 상태이다.

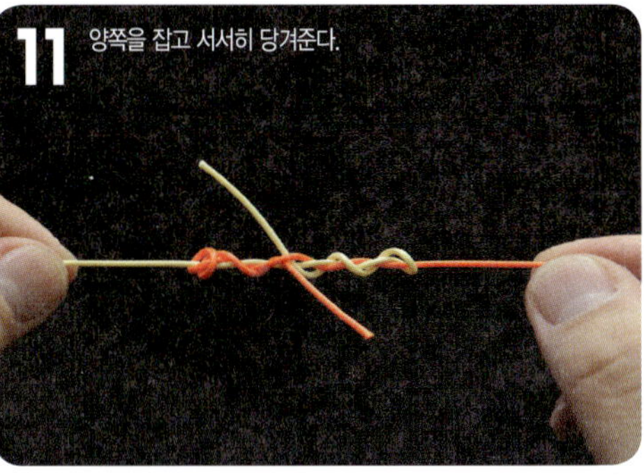
11 양쪽을 잡고 서서히 당겨준다.

12 단단히 조인다.

완성 자투리를 자른다.

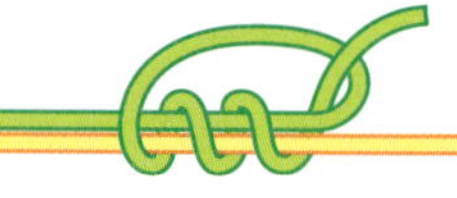

1 두 줄을 겹쳐서 한쪽 줄을 다른 줄에 3회 이상 안돌리기(유니노트)로 묶는다.

2 그리고 나머지 줄도 같은 방법으로 3회 이상 돌려 묶는다. 낚싯줄이 가는 경우나 표면이 매끄러워 밀릴 우려가 있다면 감는 횟수를 2배 늘린다.

3 양쪽 줄을 서서히 맞당기면 두 매듭이 가운데로 모인다.

4 자투리를 잘라 내면 완성.

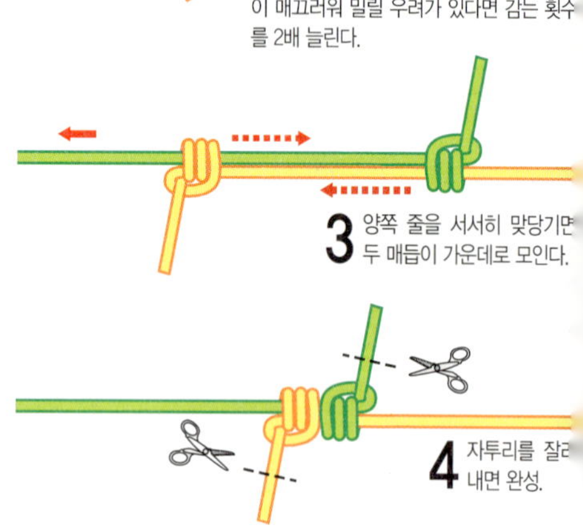

〈참고〉

❶ 서로 다른 소재의 줄이나 PE 라인과 같이 표면이 미끄러운 소재의 줄을 연결할 때는 감는 횟수를 늘려야 풀어지지 않는다.

❷ 매듭을 조이기 시작할 때 줄 위로 움직이는 매듭눈이 레일 위를 달리는 기차 같다고 하여 기차매듭이라고 부른다.

❸ 자투리가 양쪽으로 나와 있는 관계로, 릴낚싯대를 사용하는 경우 가이드에 걸리는 저항이 커 불편할 수 있다.

❹ 유니노트는 도래의 연결 등에도 널리 통용되고 있다.

기차매듭

확실하고 강도가 높은 줄과 줄의 연결법의 대표적인 것이 기차매듭(유니노트)이다. 낚싯줄만이 아니라 어느 상황에서 어떤 소재의 줄이라도 매듭강도가 확실한 매듭으로 간편하게 묶을 수 있다.

※기타용도 : 낚싯줄 이외 각종 줄의 연결에 전반적으로 사용.

1. 낚싯줄뿐만 아니라 다양한 줄과 줄의 연결에서 가장 기초적이고 안전한 연결방법이다.

2. 서로 굵기가 다른 낚싯줄의 연결에도 적합하다.

3. 매듭과 매듭이 서로 부딪쳐 풀리지 않아 강도가 매우 강하다.

4. 방법이 매우 쉬우므로 누구나 금방 익숙해질 수 있다.

중요도	★★★★★
매듭강도	★★★★★
난이도	간단

1 줄을 양손에 겹쳐 [쥔]다.

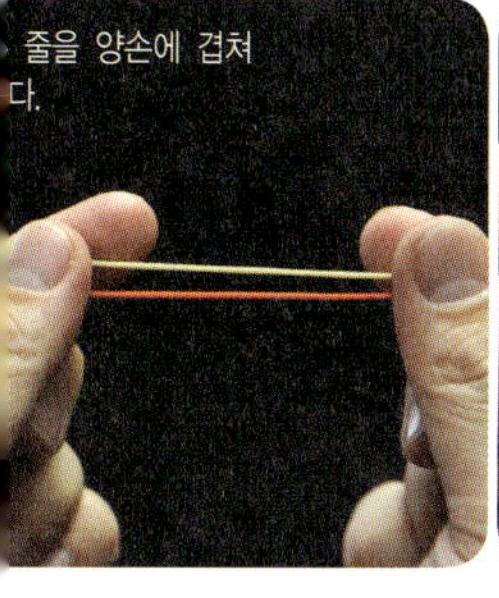

2 한쪽을 다른 한쪽 위에서 고리를 만들어준다.

3 끄트머리를 고리 속으로 통과시킨다. 낚싯줄의 굵기에 따라 다르지만 5회 정도가 적당하다.

4 [당]겨서 조인다.

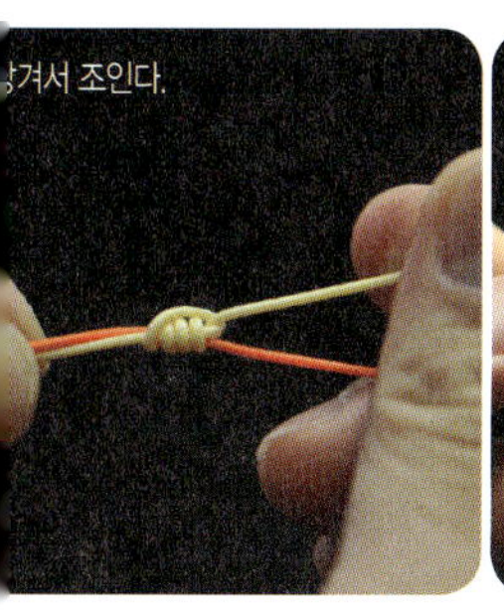

5 반대방향도 마찬가지로 고리를 만들어 당겨 조인다.

Part 2 낚싯줄 연결법 ③

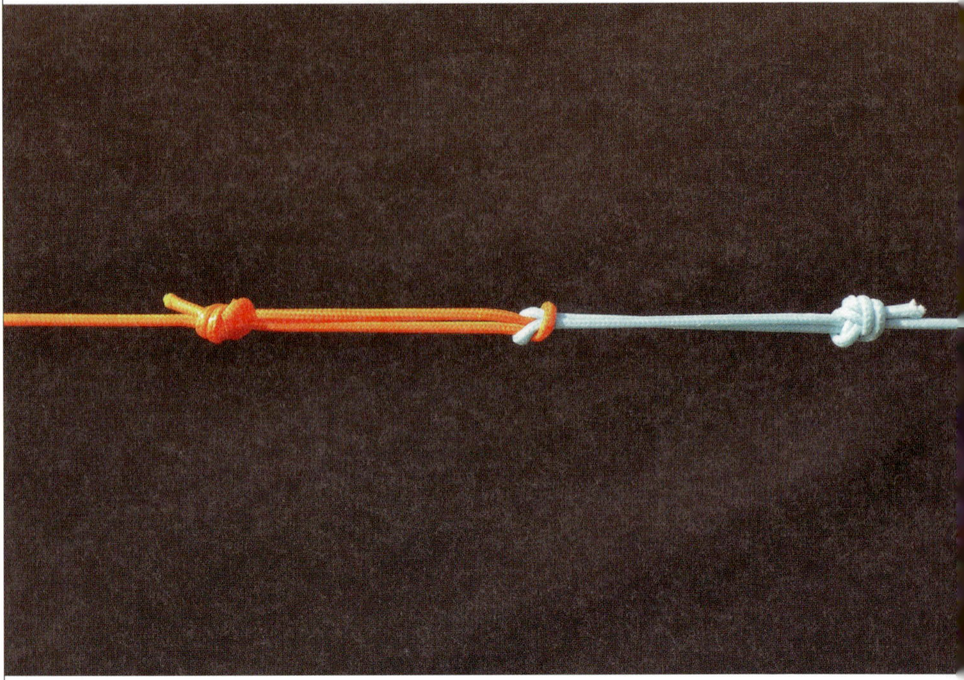

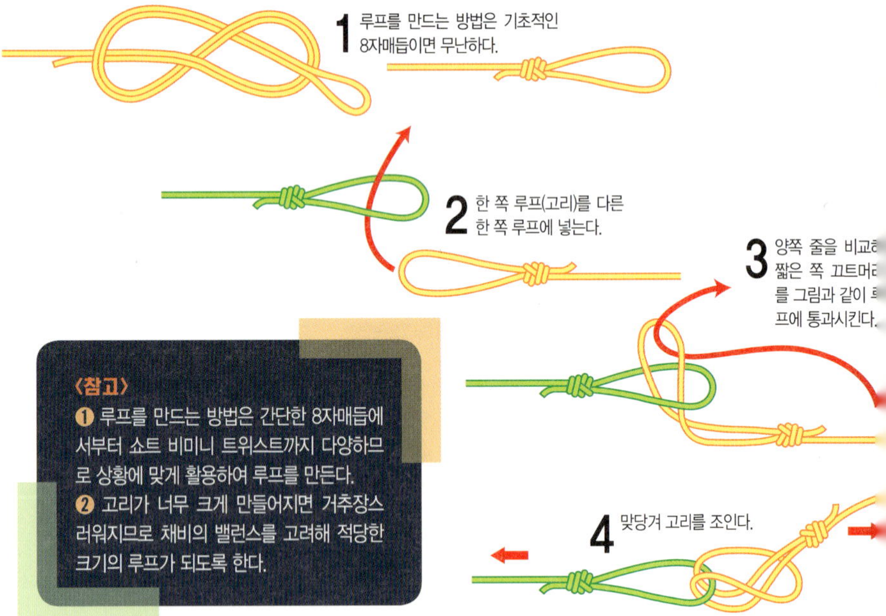

1 루프를 만드는 방법은 기초적인
8자매듭이면 무난하다.
2 한 쪽 루프(고리)를 다른
한 쪽 루프에 넣는다.
3 양쪽 줄을 비교
짧은 쪽 끄트머
를 그림과 같이
프에 통과시킨다.
4 맞당겨 고리를 조인다.

〈참고〉

❶ 루프를 만드는 방법은 간단한 8자매듭에서부터 쇼트 비미니 트위스트까지 다양하므로 상황에 맞게 활용하여 루프를 만든다.

❷ 고리가 너무 크게 만들어지면 거추장스러워지므로 채비의 밸런스를 고려해 적당한 크기의 루프가 되도록 한다.

루프 투 루프

줄 끝에 작은 루프(고리)를 만들어 고리와 고리를 이용해 연결하는 방식이다. 플라이낚시에서는 플라이 라인과 리더 라인의 접속을 위하여 플라이 라인 끝부분에 별도의 고리를 부착(접착)하고 리더 라인에만 고리를 만들어 연결한다.

※기타용도 : 원줄과 목줄의 직결, PE 라인과 PE 라인의 연결에도 쓰인다.

1. 플라이 라인과 리더라인의 연결은 물론, 일반적인 낚시채비에서 원줄과 목줄, 기둥줄과 가짓줄의 연결에 사용한다.

2. 플라이 피싱 외에도 민물, 바다를 막론하고 거의 모든 채비에 활용되는 연결법이다.

3. 직결법과 달리 상황에 맞춰 리더라인(목줄)의 교환이 자유롭다.

4. 직결 매듭에 비해 강도가 뛰어나고 무엇보다도 현장에서 목줄 교환이 가능하다는 장점이 있다.

중요도	★★★★★
매듭강도	★★★★★
난이도	간단

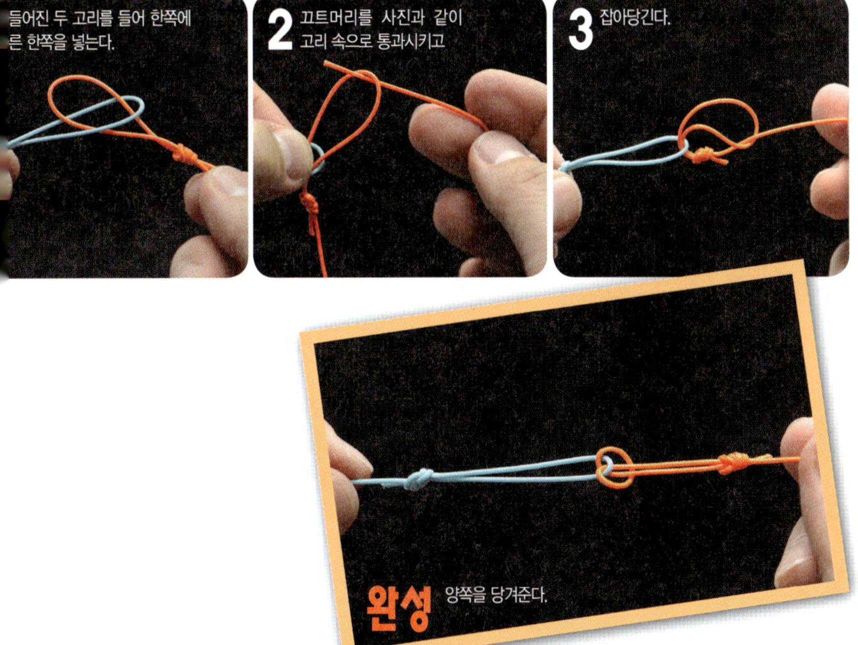

미하라 직결

두 줄을 연결하는 기초적인 매듭법의 한 가지다. 강한 장력이 걸리는 부위나 대물낚시 등에는 적당하지 않지만 일반적인 실용강도는 충분하다. 외과의사들이 수술을 하고 봉합할 때 매듭짓는 방법이라서 서전스 노트(Surgeon's knot)라는 이름이 붙었는데 후에 일본의 갯바위낚시인 미하라 겐사쿠(三原憲作)씨가 서전스 노트의 약한 강도를 보완한 미하라 직결법을 고안했다.

1. 갯바위 찌낚시 등에서 원줄과 목줄을 직결할 때 사용한다.

2. 매듭법이 간단하고 빠르다는 점이 최대의 장점이다. 낚시 도중에 불의로 원줄이 끊긴 경우 현장에서 신속하게 연결하는 경우에 적합하다.

3. 기타 낚싯줄 직결법에 비해 매듭눈이 짧지만 굵은 것이 단점이다.

중요도	★★★★★
매듭강도	★★★★
난이도	간단

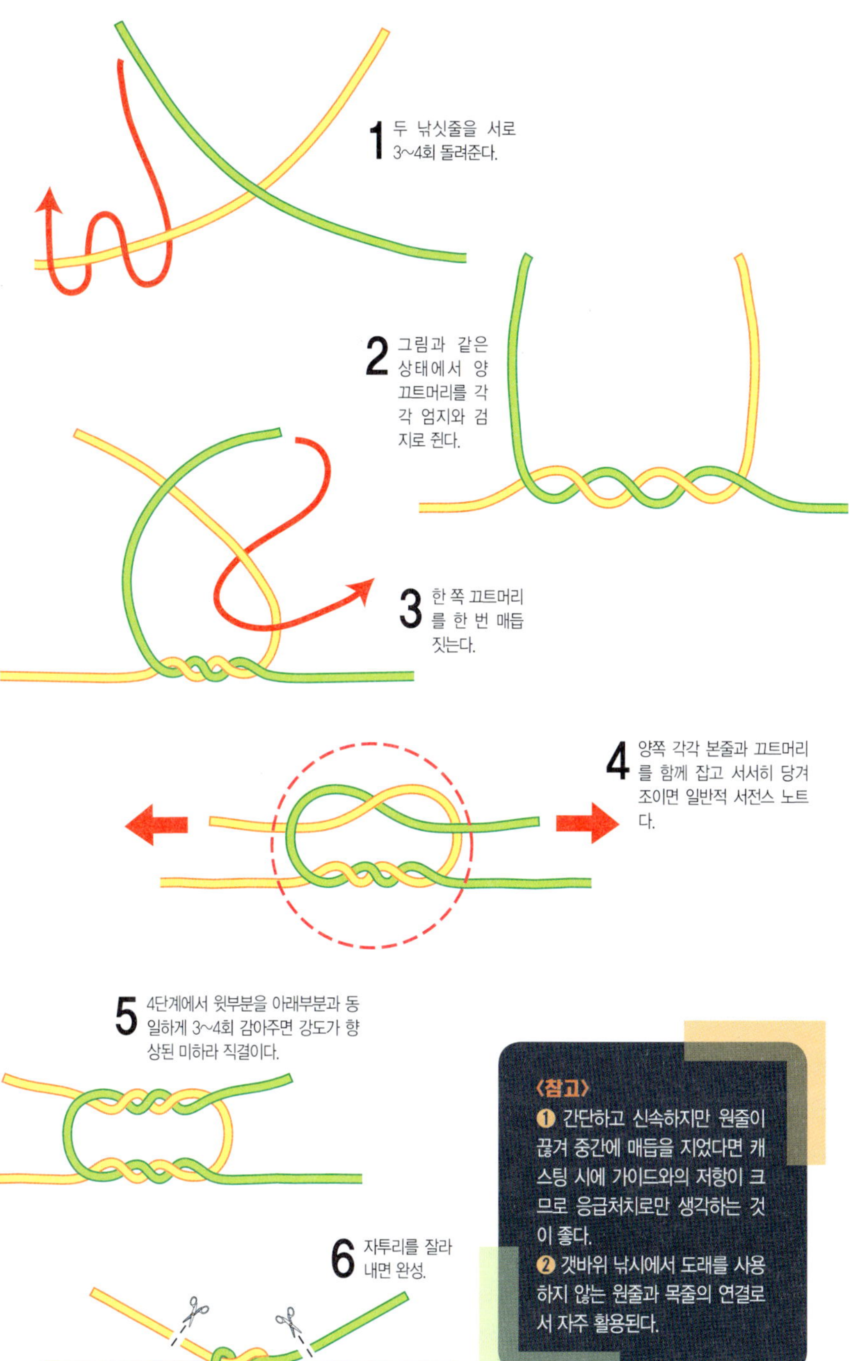

1 두 낚싯줄을 서로 3~4회 돌려준다.

2 그림과 같은 상태에서 양 끄트머리를 각각 엄지와 검지로 쥔다.

3 한 쪽 끄트머리를 한 번 매듭 짓는다.

4 양쪽 각각 본줄과 끄트머리를 함께 잡고 서서히 당겨 조이면 일반적 서전스 노트다.

5 4단계에서 윗부분을 아래부분과 동일하게 3~4회 감아주면 강도가 향상된 미하라 직결이다.

6 자투리를 잘라내면 완성.

<참고>
❶ 간단하고 신속하지만 원줄이 끊겨 중간에 매듭을 지었다면 캐스팅 시에 가이드와의 저항이 크므로 응급처치로만 생각하는 것이 좋다.
❷ 갯바위 낚시에서 도래를 사용하지 않는 원줄과 목줄의 연결로서 자주 활용된다.

미하라 직결

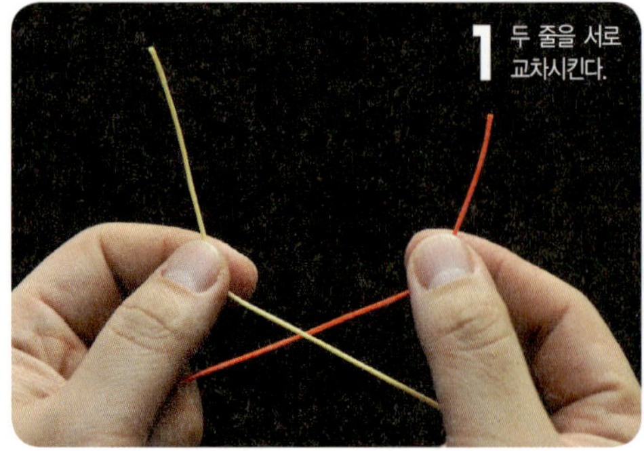

1 두 줄을 서로 교차시킨다.

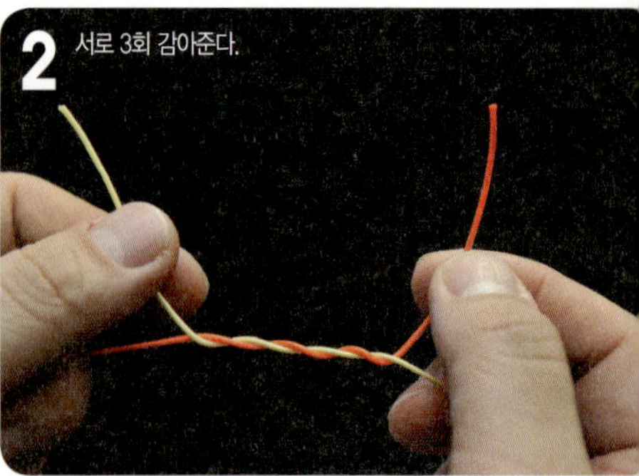

2 서로 3회 감아준다.

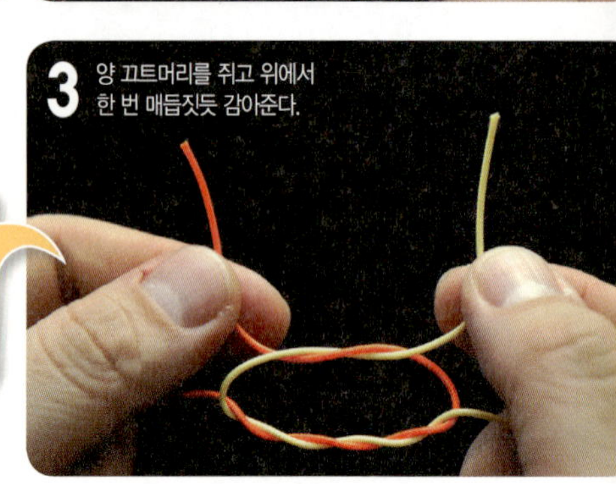

3 양 끄트머리를 쥐고 위에서 한 번 매듭짓듯 감아준다.

이 상태로 조이면 단순한 서전스 노트예요

4 더 감아 처음 감는 횟수와 마찬가지로 3회 감기도록 한다.

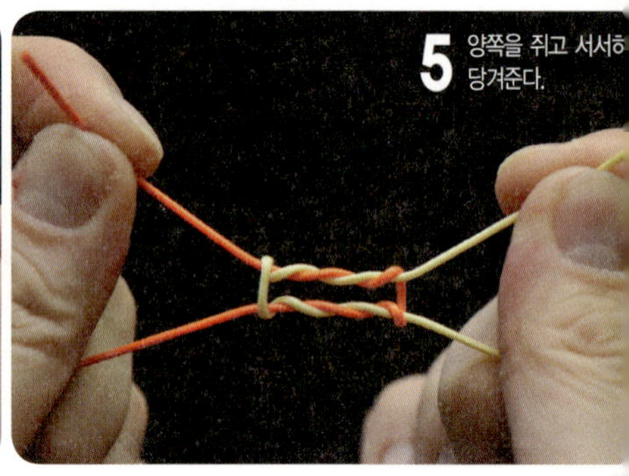

5 양쪽을 쥐고 서서히 당겨준다.

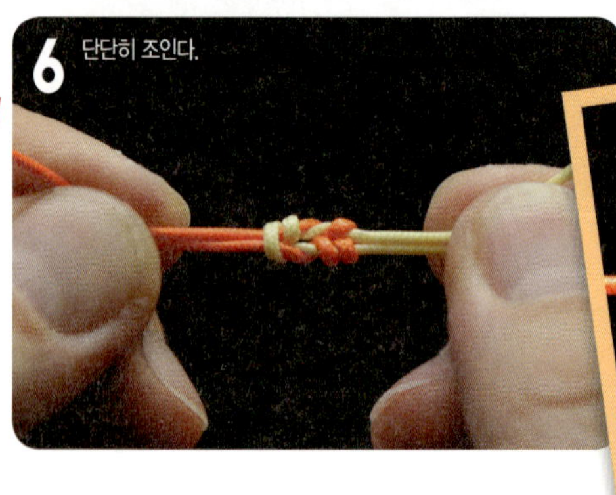

6 단단히 조인다.

완성 각각의 자투리를 잘라준다.

라인 시스템이란?

라인 시스템(Line system)이란 주로 루어낚시 채비에서 사용되는 용어로서 원줄과 목줄의 연결 형태, 해당 매듭법, 채비 길이 등 전체를 가리킨다.

단순히 원줄에 목줄을 직접 매듭지어 연결한 것도 넓게 보면 라인 시스템이라고 부를 수 있지만, 일반적으로는 원줄보다 굵은 목줄(쇼크 리더)을 쓸 때 강력한 충격에도 원줄이 끊어지지 않게 보강하여 연결하는 것을 라인 시스템이라 한다. 일반적인 형태는 '원줄–더블라인–쇼크리더'의 순서로 각각 특수한 매듭법으로 연결한다. 최근 무매듭의 마찰계 연결법이 등장함에 따라 더블라인이 생략되는 케이스도 있다.

라인 시스템의 종류

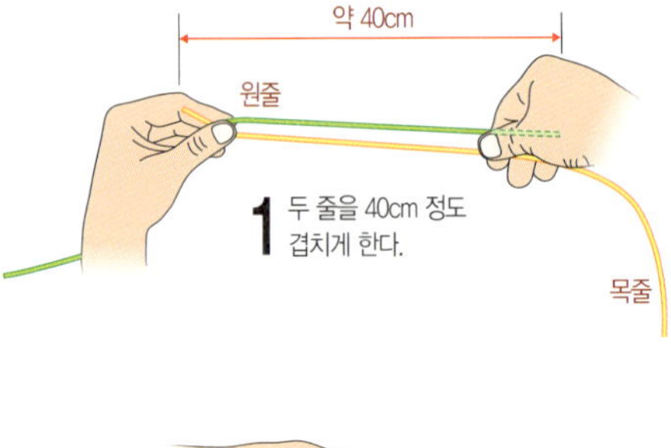

1 두 줄을 40cm 정도 겹치게 한다.

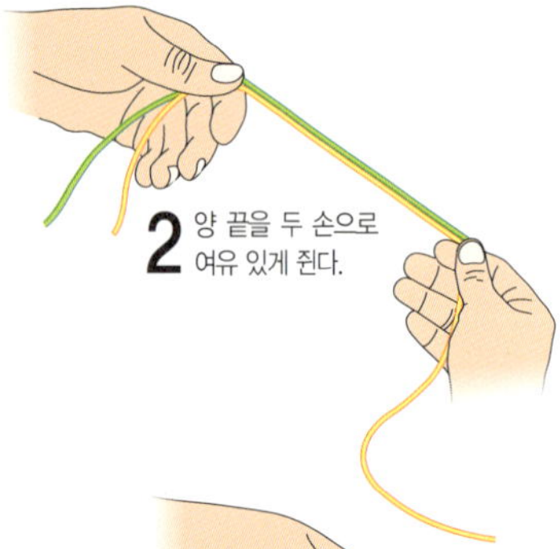

약 40cm
원줄
목줄

2 양 끝을 두 손으로 여유 있게 쥔다.

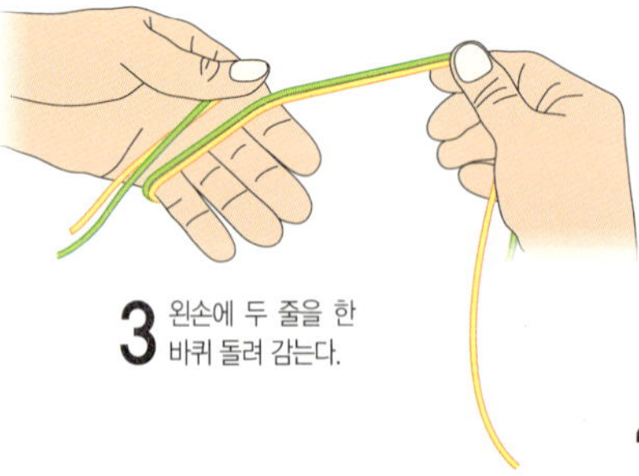

3 왼손에 두 줄을 한 바퀴 돌려 감는다.

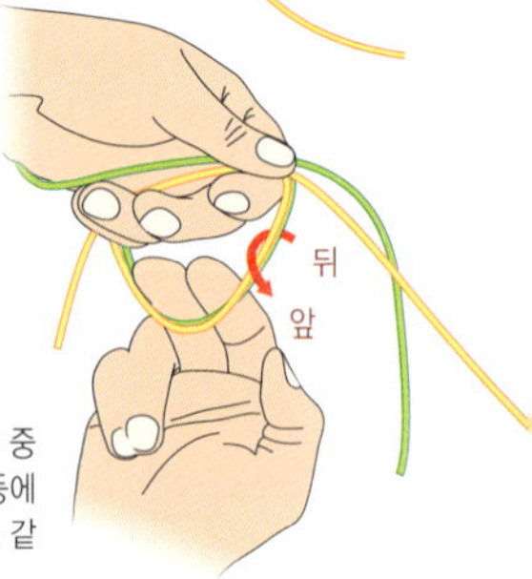

4 오른손 검지와 중지로 왼손 손등에 위치한 두 줄을 같이 잡아당긴다.

뒤
앞

겹8자 묶음

단순하게 두 줄을 8자로 엮어 묶는 방법이다. 낚싯줄만이 아니라 재봉실과 같은 일반적인 실이나 끈을 묶는 경우에도 두루 사용되고 있는 방법이다. 너무 긴 줄은 묶을 수 없다는 제약도 따른다.

. 누구나 쉽게 매듭지을 수 있는 범용성이 있다.

. 매듭강도를 생각하기보다 일단 서로 연결한다는 의미가 강하지만 의외로 매듭강도도 강하다.

. 줄의 굵기가 서로 달라도 특별한 문제없이 잘 연결된다.

. 갯바위낚시에서 도래를 사용하지 않고 원줄과 목줄을 직결하는 경우에 가장 간단한 방법으로 사용한다.

. 매듭눈이 그다지 크지 않다.

. 목줄이 너무 길면 매듭짓는 데 힘이 들므로 긴 목줄을 사용한다면 적합지 않다.

중요도	★★★
매듭강도	★★★
난이도	간단

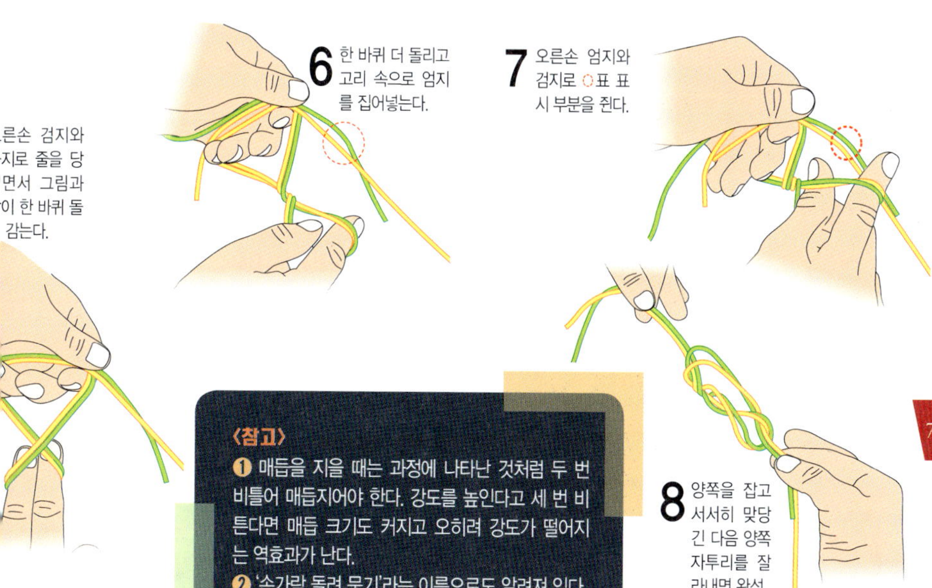

겹8자 묶음

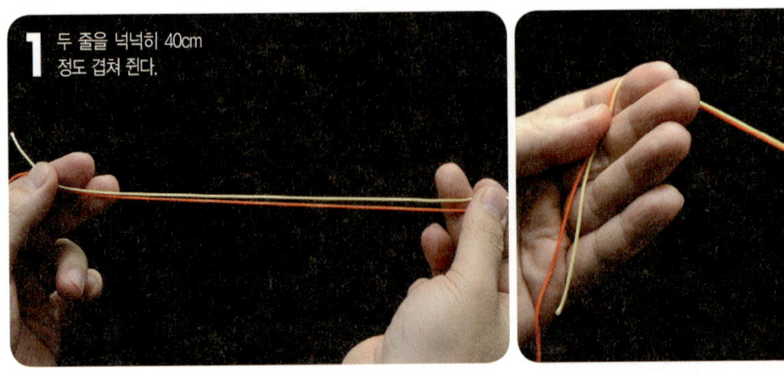
1
두 줄을 넉넉히 40cm
정도 겹쳐 쥔다.

2
왼손에 겹쳐 집

여유있게 감아줄 것

3
손가락 위로 한 바퀴 돌린다.

4
오른손으로 고리 속에 손가락을 넣고,

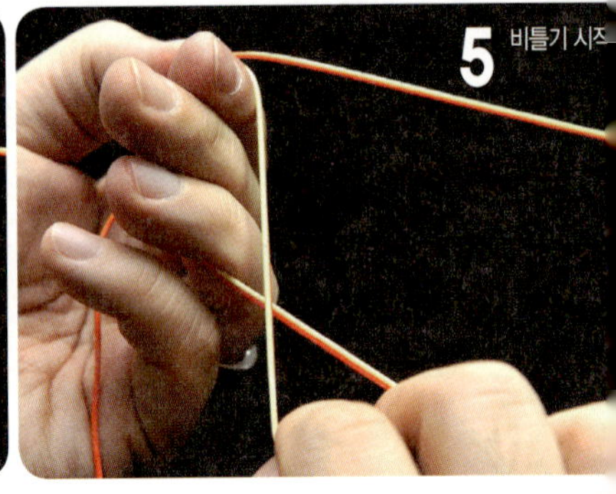
5
비틀기 시

6
완전히 두 바퀴 돌려준다.

7
반대편 겹쳐진 줄을

8 고리 속으로 당겨 빼낸다.

끝까지 다 빼낸다.

10 양쪽을 겹쳐 쥐고 서서히 당긴다.

단단하게 조인다.

완성 자투리를 잘라준다.

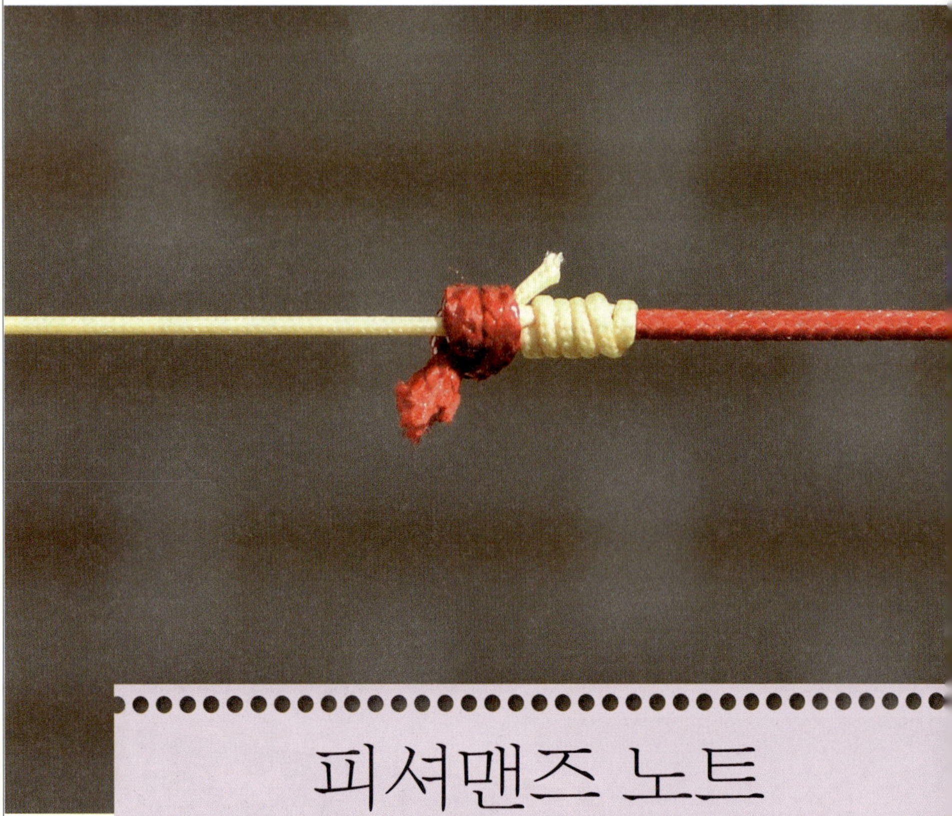

피셔맨즈 노트

굵은 쇼크리더(목줄)를 가는 원줄과 연결하기 위한 매듭법이다. 매듭으로 인해 만들어진 자투리가 모두 원줄 방향으로 나오게 되므로 캐스팅 시에 낚싯대의 가이드에 대한 저항이 없어 롱 캐스팅하기에 적합한 매듭법이다.

1. 매듭 자투리가 모두 원줄 방향으로 나오므로 캐스팅 저항이 적고 스무드하게 낚싯줄이 풀린는 것이 최대의 장점이다. 그래서 백사장 던질낚시와 같이 힘줄을 연결하는 채비에서 매듭에 의가이드의 저항을 최소화하기에 최적이다.

2. 중량급 이상의 바다 루어낚시에서 쇼크리더를 활용하는 채비에 적합하다.

3. 풀릴 위험이 거의 없고 매듭강도가 높다.

4. 원줄과 목줄의 굵기 차이가 커도 문제없다.

중요도	★★★
매듭강도	★★★★★
난이도	중급

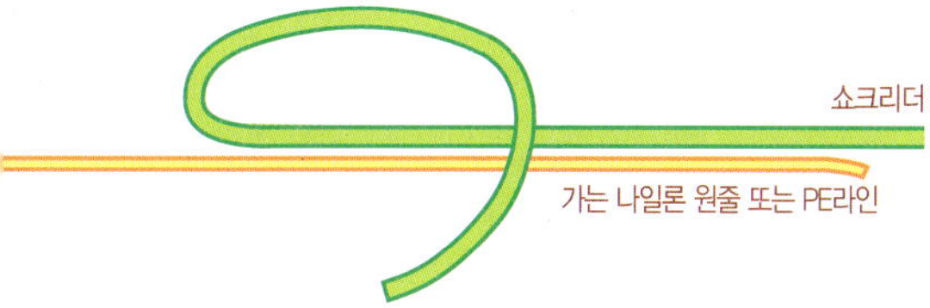

1 쇼크리더와 원줄을 나란히 한 후, 쇼크리더로 고리를 만든다.

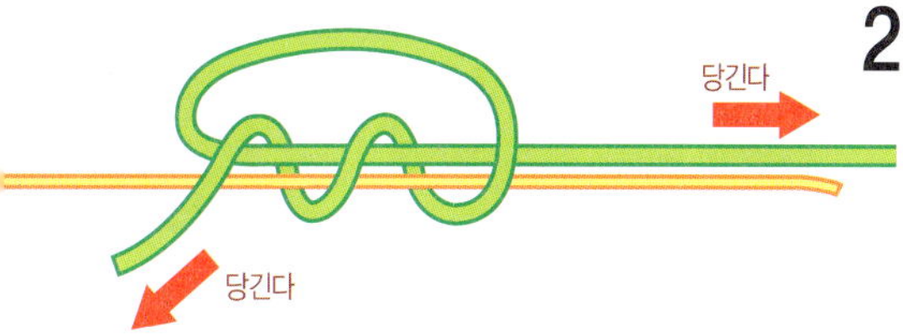

2 그림과 같이 두 번 이상 돌려 매듭짓는다. 쇼크리더만 양쪽으로 당겨 묶되 가운데로 통과하는 원줄이 꼬이지 않도록 주의해 당겨야 한다.

3 원줄을 쇼크리더 위로 4~5회 감되 쇼크리더의 매듭과 1.5cm 이상 여유 간격을 둔다.

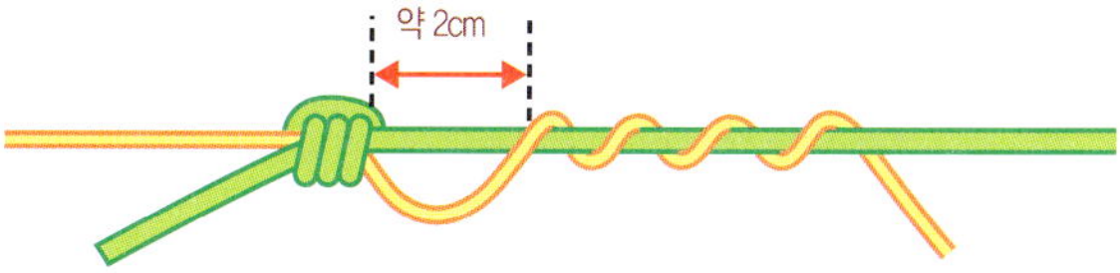

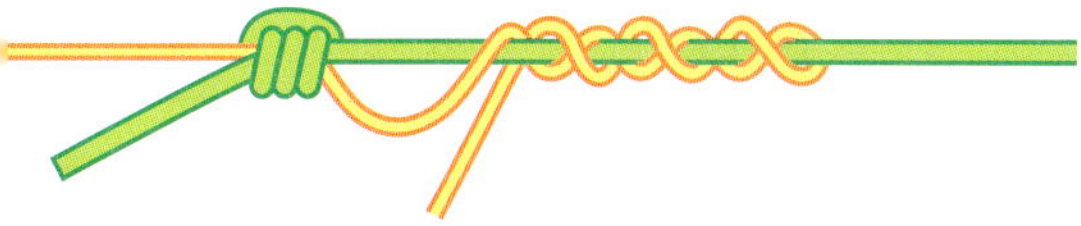

4 원줄을 감는 방향을 바꿔 다시 4~5회 감아 오되 먼저 감은 사이사이를 지나도록 한다.

5 원줄 끄트머리를 최초에 여유 간격을 두었던 고리 속으로 넣어 그림과 같이 쇼크리더 위로 두 번 감아준다.

6 ⓐ, ⓑ, ⓒ 세 방향으로 매듭이 가지런히 되도록 주의하면서 천천히 당겨 조인다. 쇼크리더 자투리, 원줄 자투리를 잘라주면 완성.

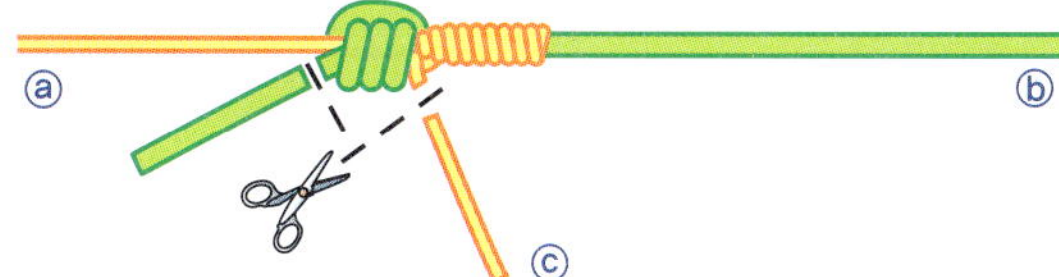

〈참고〉

❶ 다른 연결법에 비해 과정이 복잡하지만 캐스팅을 주로 하는 낚시라면 이 방법이 적합하다.

❷ 나일론 원줄을 사용할 때 적합한 방법으로, 만약 PE 라인을 원줄로 사용한다면 이 과정을 개선한 '개량 피셔맨즈 노트'로 묶어야 풀릴 우려가 없다.

피셔맨즈 노트

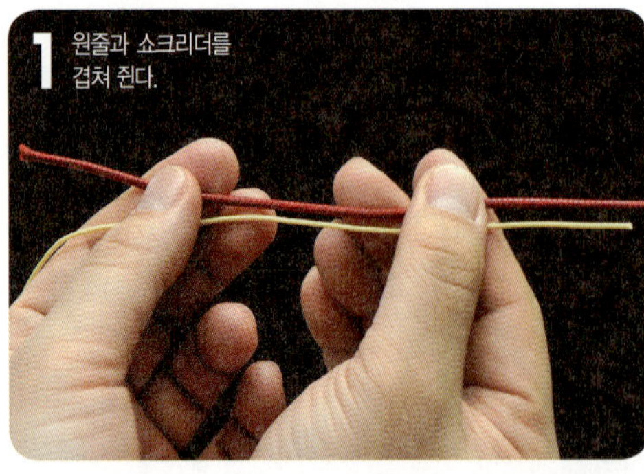

1 원줄과 쇼크리더를 겹쳐 쥔다.

2 쇼크리더를 먼저 사진과 같이 돌려 고리를 만든다.

3 고리 속으로 두 번 안돌리기로 감는다.

4 조

5 원줄을 쇼크리더 위에 사진과 같이 고리 모양의 여유분을 남기고 감기 시작한다.

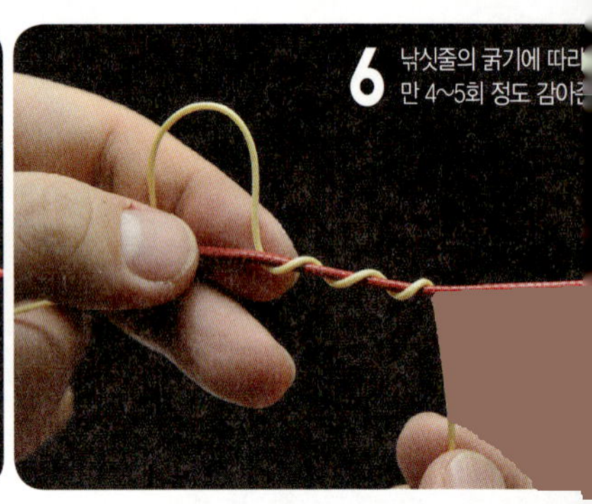

6 낚싯줄의 굵기에 따라 만 4~5회 정도 감아준

7 다시 4~5회 감아 내

끄트머리를 처음에 남겨둔
여유 공간으로 넣는다.

두 번 감는다.

10 먼저 원줄의 본줄을 당기고
자투리도 당겨 조인다.

양쪽으로 당겨 단단하게 조인다.

완성 자투리를 잘라준다.

스파이더 히치

더블라인을 만드는 기초적인 방법으로 배우기 쉬워 누구나 간단히 만들 수 있다. 주로 나일론 원줄을 이용해 더블라인을 만들고자 하는 경우에 사용하는데, PE 라인을 사용하게 되면서 그 사용빈도가 줄어들었다.

1. 더블라인을 만드는 가장 간단한 방법으로 현장에서 빠르게 만들 수 있다.

2. 나일론 라인에 적합한 방법으로 PE 라인으로 매듭지으면 밀려 풀리기 쉽다.

3. 끝고리를 만들 때나 목줄을 이중으로 하여 보강하고자 하는 경우에 활용한다.

4. 나일론이나 플로로카본의 가는 줄을 이용하여 도래나 루어를 연결할 때 보강의 목적으로 사용한다.

중요도	★★★
매듭강도	★★★
난이도	간단

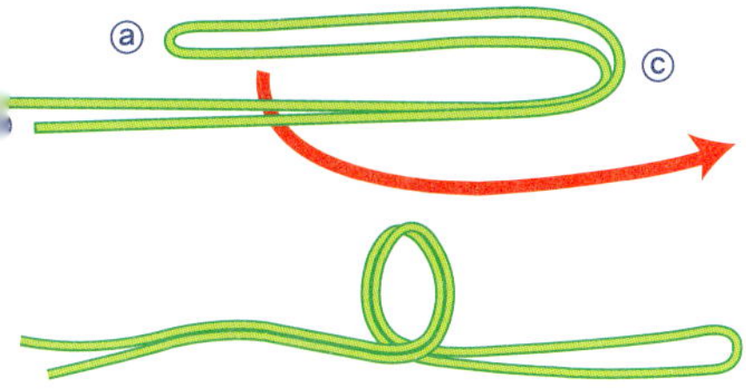

1 길이 50~60cm 정도로 한 번 접은 후 중간 지점에서 직경 2~3cm 정도의 고리를 만들어 쥔다.

2 그림과 같이 교차지점을 왼손 엄지와 검지로 쥐면 된다.

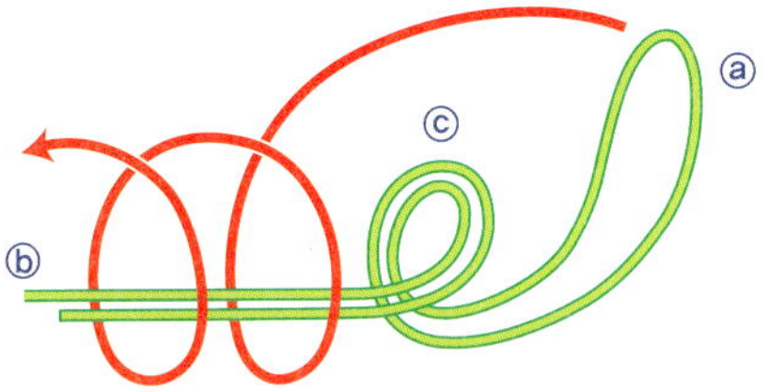

3 ⓐ를 잡고 왼손 엄지 둘레로 감아주기 시작한다.

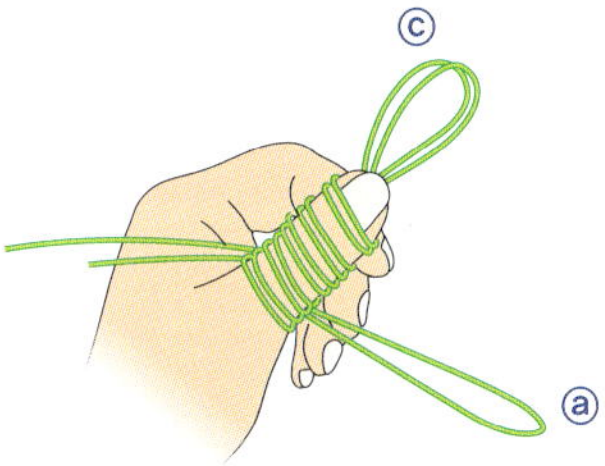

4 엄지 둘레에 4~5회 감는다.

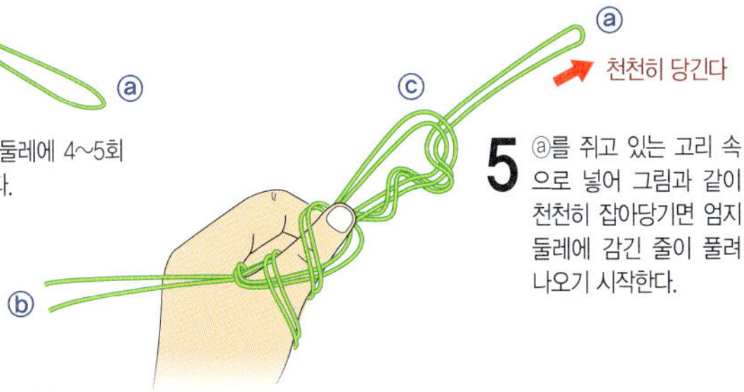

5 ⓐ를 쥐고 있는 고리 속으로 넣어 그림과 같이 천천히 잡아당기면 엄지 둘레에 감긴 줄이 풀려 나오기 시작한다.

천천히 당긴다

<참고>
❶ 손가락 고리를 만들어 줄 때 너무 크게 고리를 만들지 말아야 한다.
❷ 만들어지는 더블라인의 길이가 처음에는 조절하기 쉽지 않지만 몇 번만 연습하면 쉽게 가늠할 수 있다.

6 ⓐ와 ⓑ를 잡고 서서히 당겨주면 얽힌 부분이 줄어들면서 매듭이 지어진다.

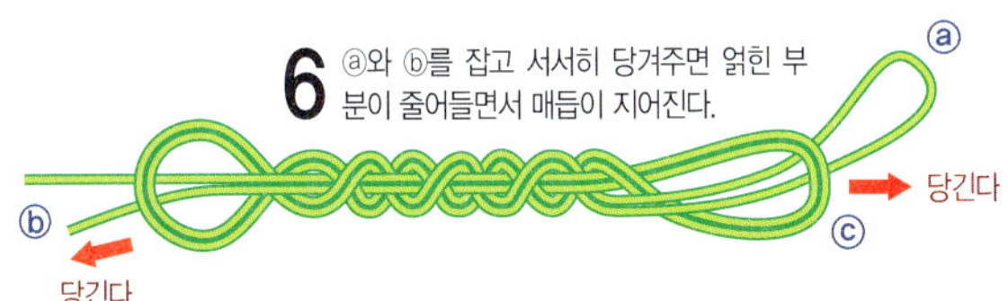

당긴다

당긴다

7 단단히 조이고 자투리를 잘라주면 완성.

스파이더 히치

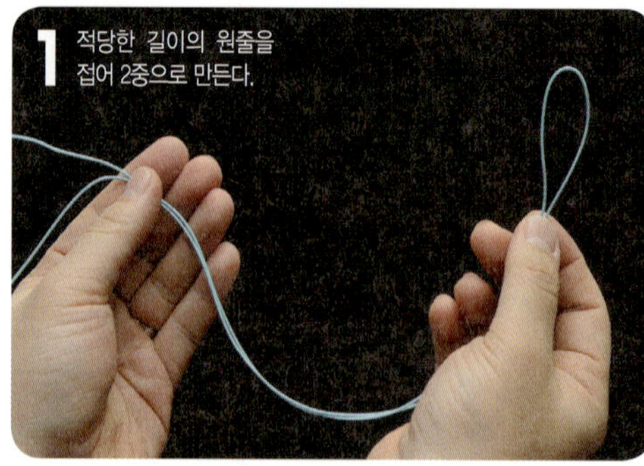

1 적당한 길이의 원줄을 접어 2중으로 만든다.

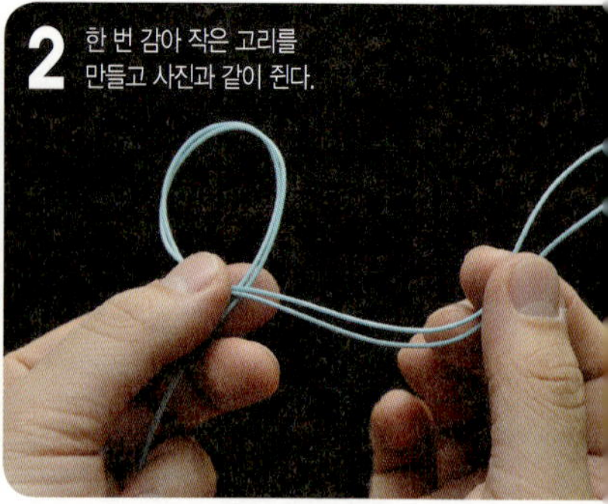

2 한 번 감아 작은 고리를 만들고 사진과 같이 쥔다.

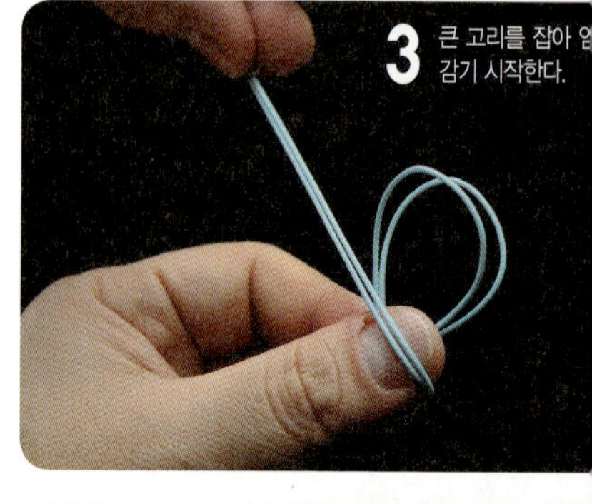

3 큰 고리를 잡아 엄 감기 시작한다.

4 감는 횟수는 4∼5회가 적당하다.

5 끝부분을 조 속으로 넣는

6 서서히 잡아당겨 빼낸다.

엄지 둘레에 감긴 줄이
차례로 딸려 나온다.

서서히 매듭이
지어지기 시작한다.

매듭이 뭉쳐버리지 않도록
천천히 조이기 시작한다.

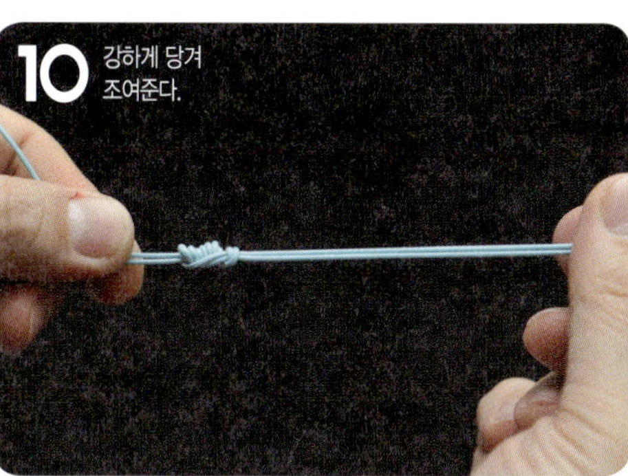

10 강하게 당겨
조여준다.

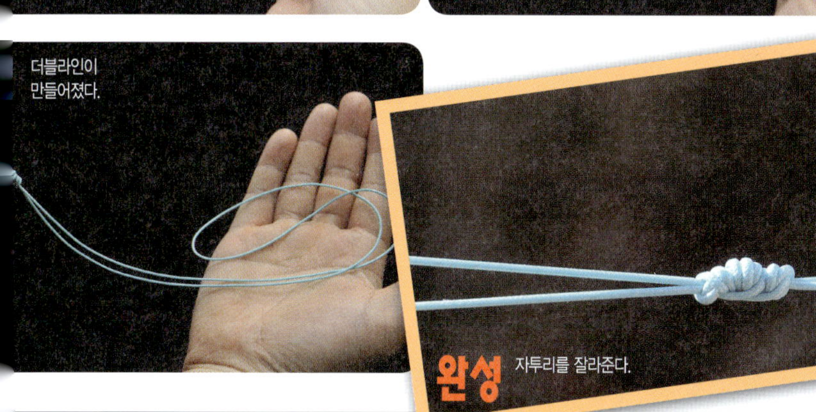

더블라인이
만들어졌다.

쇼트 비미니 트위스트

비미니 트위스트의 간편버전인 쇼트 비미니 트위스트(Short Bimini twist)는 PE 라인을 원줄로 사용하는 낚시에서 기초적이고 편리한 원줄+목줄 연결방법이다. 더블라인을 만드는 방법 중에선 비미니 트위스트가 가장 보편화된 방법이지만 묶는 과정에서 양손과 양발까지 사용하는 번거로움이 있다. 그래서 본격적인 대물낚시가 아닌 소형어 낚시나 에깅에서는 쇼트 비미니 트위스트가 더 적합하다.

※기타용도 : 낚싯줄에 끝고리를 만드는 경우라면 언제라도 활용가능하다. PE 라인과 PE 라인을 연결하기 위한 '루프 투 루프(Loop to Loop)' 연결 시에도 활용한다. 또 가물치 루어낚시에서 프로그 루어를 직접 원줄에 묶을 때도 사용할 수 있다.

1. 에깅, 농어낚시, 록피시낚시 등 루어낚시에서 가는 PE 원줄을 사용하여 더블라인을 갖춘 라인시스템을 만들 경우에 필요하다. 낚시터 현장, 즉석에서 쇼크리더를 연결하는 경우에 시간이 걸리지 않고 편리하다.

3. 지깅 등 대물낚시에서 사용하는 비미니 트위스트의 축소판이 쇼트 비미니 트위스트다.

4. 매듭강도가 약한 PE 라인의 결점을 보완하므로 안심하고 목줄(쇼크리더)을 연결할 수 있다.

중요도	★★★★★
매듭강도	★★★★★
난이도	중급

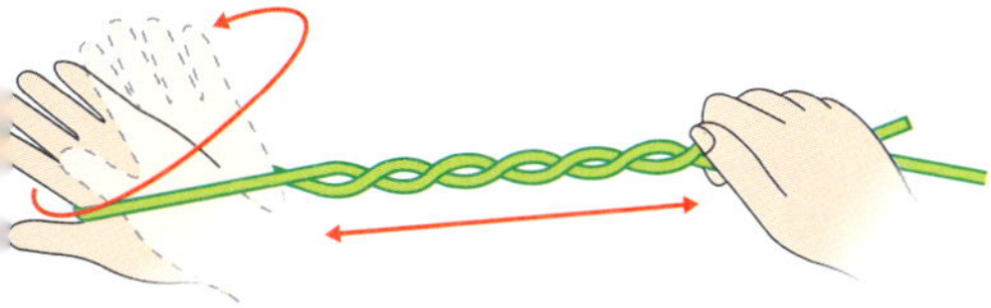

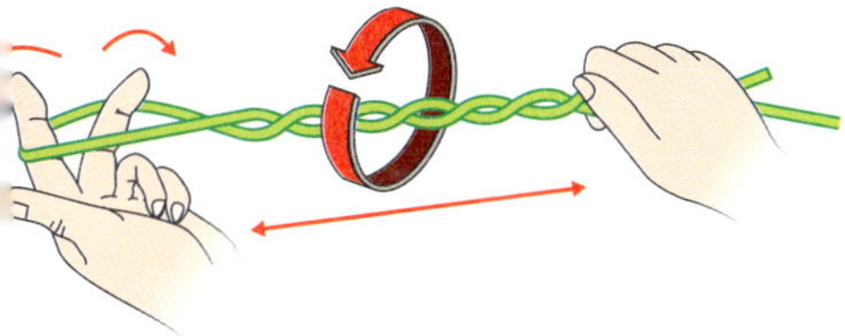

줄을 말아 잡고 고리를 만든 후 돌리기 시작한다. 20회 정도가 적당하다. A와 같이 돌리기보다는 B와 같이 손가락으로 돌리는 편이 고리 크기를 조절하기 쉬우므로 더 좋다. 고리의 길이는 10~15cm를 기준으로 하는데 원하는 크기보다 3~4cm 더 작게 만드는 것이 좋다.

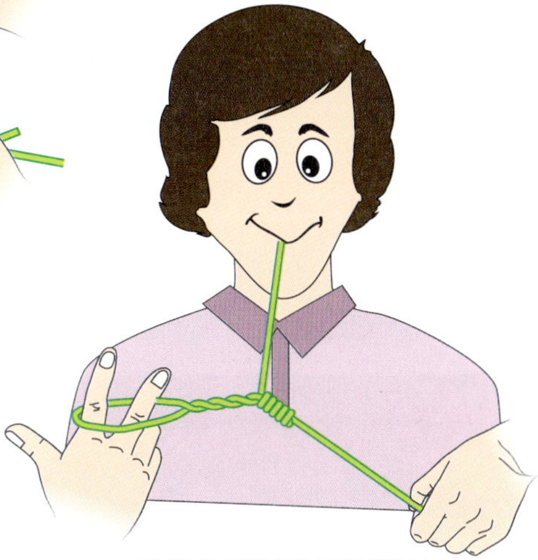

2 한 쪽 자투리 끝을 단단히 입에 문다. 원줄을 잡은 손과 입을 당겨서 꼬임을 밀착시키고 원하는 고리 크기가 되도록 한다.

3 고리 안의 손가락을 조금씩 천천히 펼쳐 가면서 이에 맞춰 입에 물고 있는 줄을 매듭 쪽으로 접근시키면 밀착된 꼬임 위로 다시 감겨 올라가기 시작한다.

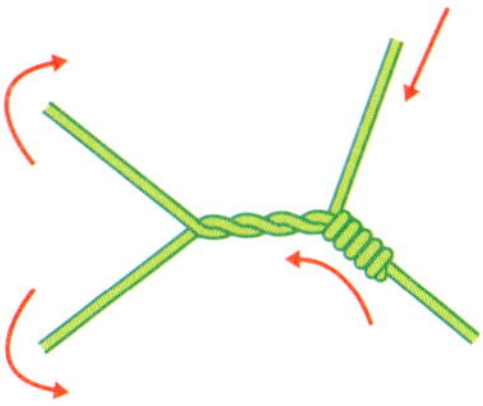

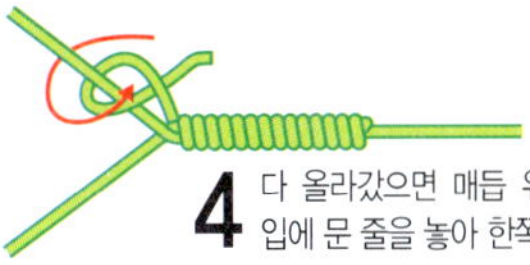

4 다 올라갔으면 매듭 위를 손가락으로 붙잡고 입에 문 줄을 놓아 한쪽에만 한 번 매듭짓는다.

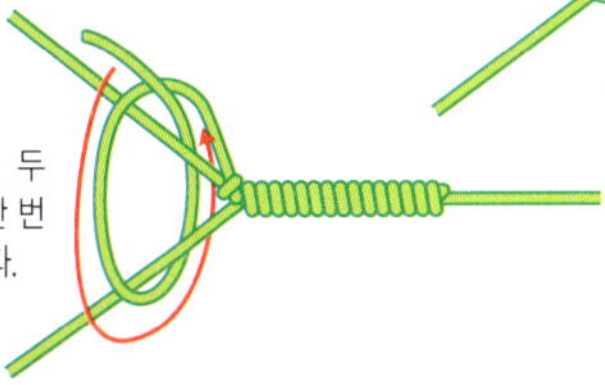

5 이번에는 두 줄 위로 한 번 매듭짓는다.

〈참고〉

❶ 처음 낚싯줄을 감아쥐고 돌릴 때, 고리 안에 넣은 손가락으로 폭을 조절하여 원하는 고리(더블라인) 크기보다 좀 더 작게 하고 돌려가야 한다. 매듭 시에 고리 크기가 조금 커지기 때문이다.

❷ 매듭이 완성되면 원줄 쪽으로 꼬임이 들어가므로 최후에 원줄을 확인하여 되풀어주도록 한다.

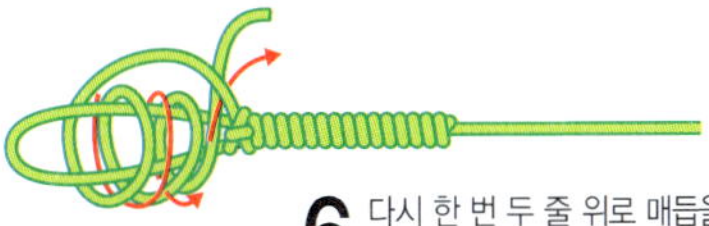

6 다시 한 번 두 줄 위로 매듭을 짓는데 이번엔 안돌리기로 2회 매듭짓는다.

7 자투리를 잘라내면 완성.

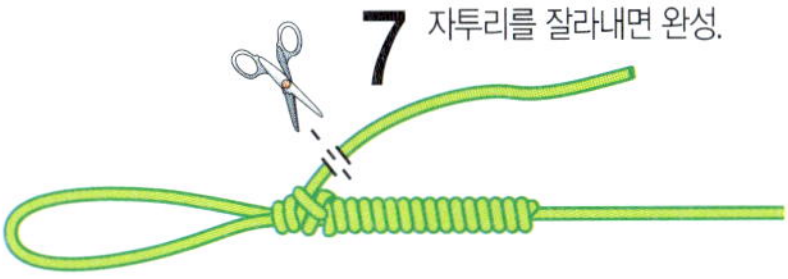

쇼트 비미니 트위스트

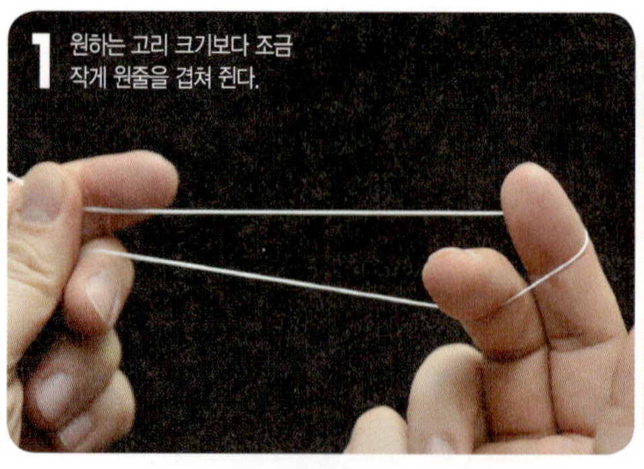

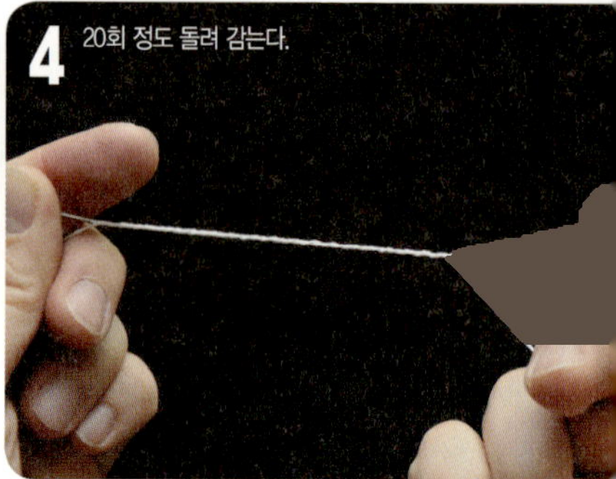

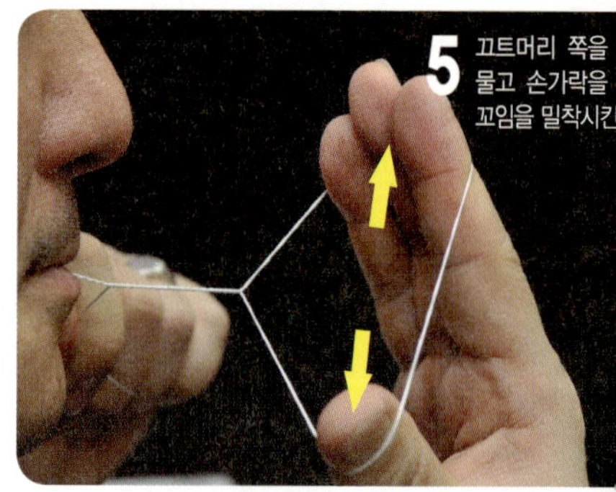

감각적으로
할 수 있도록
연습이
필요해요

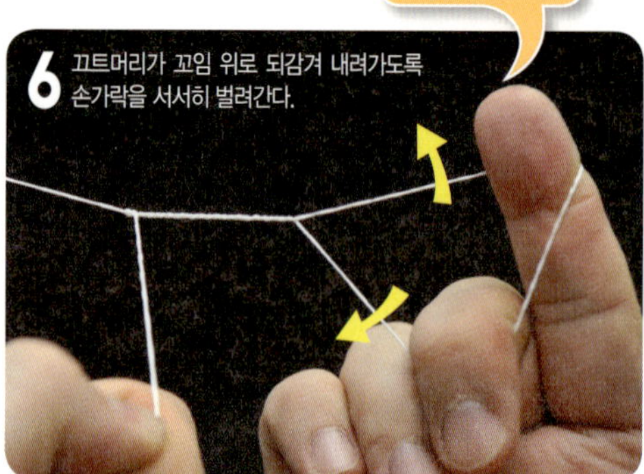

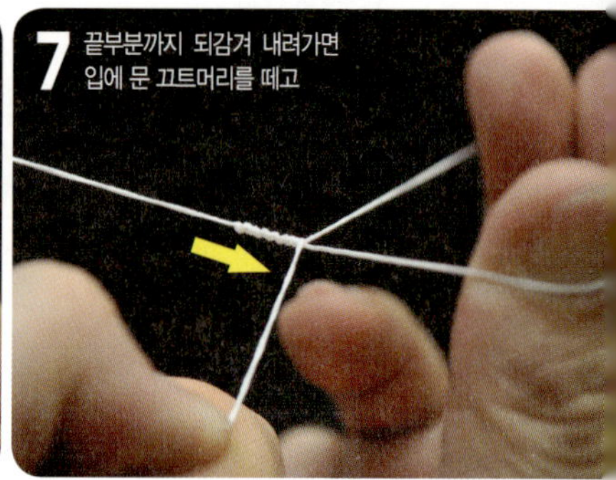

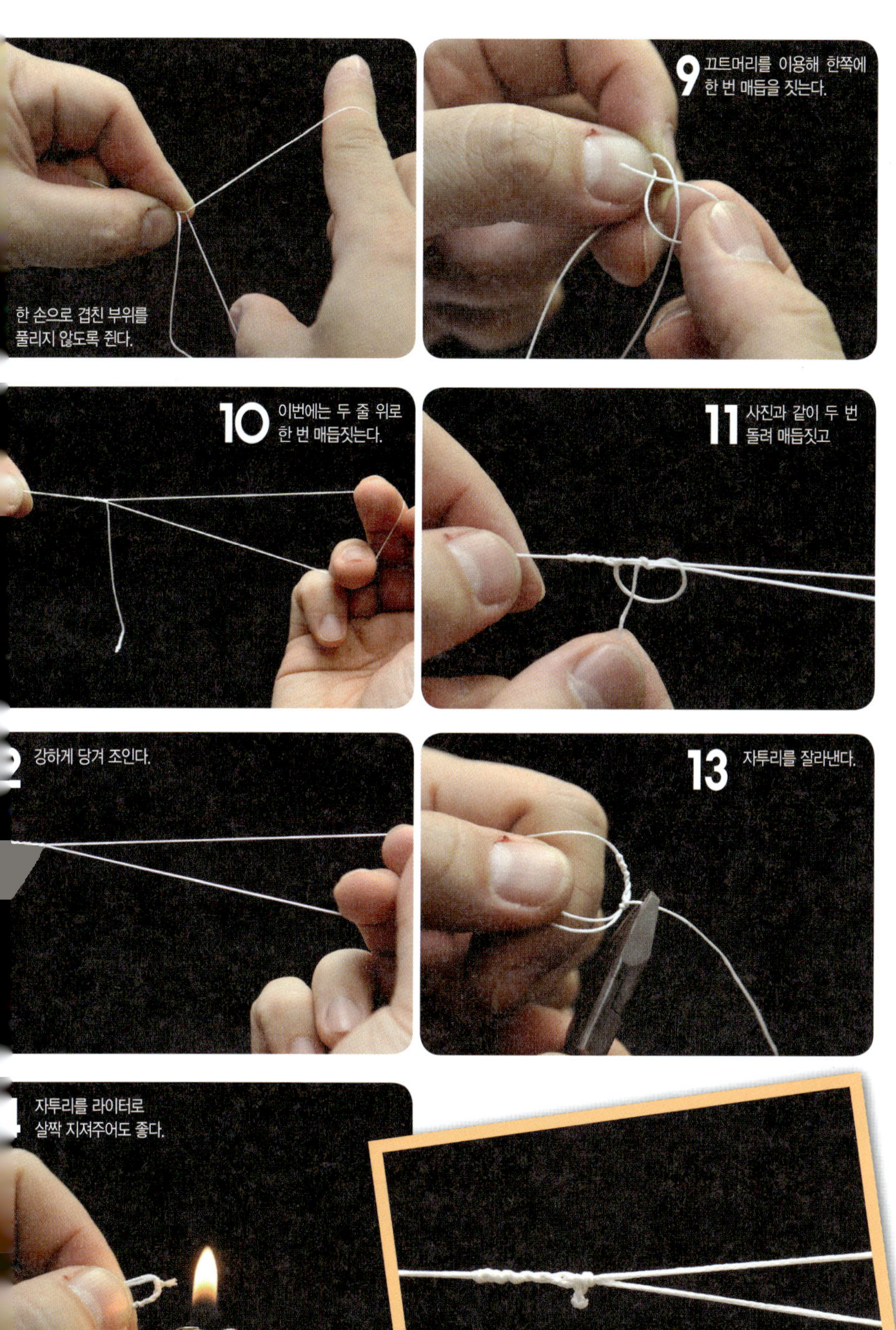

한 손으로 겹친 부위를
풀리지 않도록 쥔다.

9 끄트머리를 이용해 한쪽에
한 번 매듭을 짓는다.

10 이번에는 두 줄 위로
한 번 매듭짓는다.

11 사진과 같이 두 번
돌려 매듭짓고

강하게 당겨 조인다.

13 자투리를 잘라낸다.

자투리를 라이터로
살짝 지져주어도 좋다.

완성

비미니 트위스트

더블라인을 만드는 가장 보편적인 방법이자 매듭강도가 높은 궁극적인 방법이 비미니 트위스트다. 낚싯줄의 소재를 가리지 않아 과거부터 현재까지 가장 널리 사용되고 있다. 원줄과 쇼크리더의 굵기가 현저하게 다른 경우에 직결하면 원줄이 쉽게 끊기므로 이를 예방하기 위한 목적으로 더블라인을 만들고 쇼크리더를 연결한다.

1. 원줄과 쇼크리더의 굵기 차이가 심한 경우에 있어서 양쪽을 안심하고 연결하기 위한 전제 수단으로 더블라인을 만들 때 사용한다.

2. 바다루어낚시, 가물치낚시 등 스포츠 피싱을 목표로 하는 낚시인이면 필히 익혀두어야 할 매듭법이다.

3. 더블라인을 만드는 방법 중 가장 완벽한 방법으로 강도저하가 거의 없다.

4. 나일론 원줄은 물론 PE 라인에도 적합하다.

중요도	★★★★★
매듭강도	★★★★★
난이도	고급

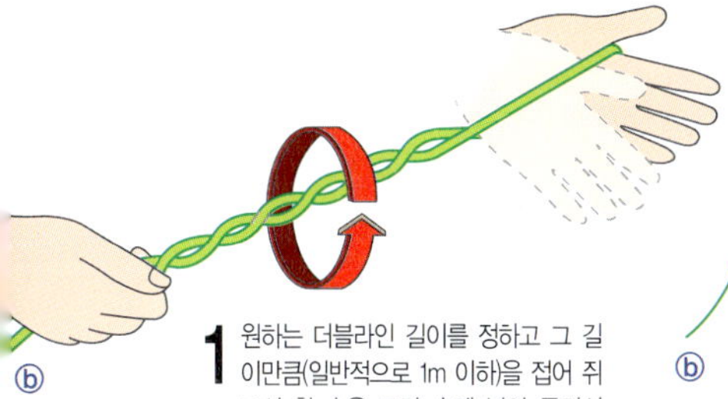

1 원하는 더블라인 길이를 정하고 그 길이만큼(일반적으로 1m 이하)을 접어 쥐고서 한 손을 고리 속에 넣어 돌려서 꼬임을 준다. 일반적으로 20~30회(PE 라인의 경우는 30~50회) 돌린다.

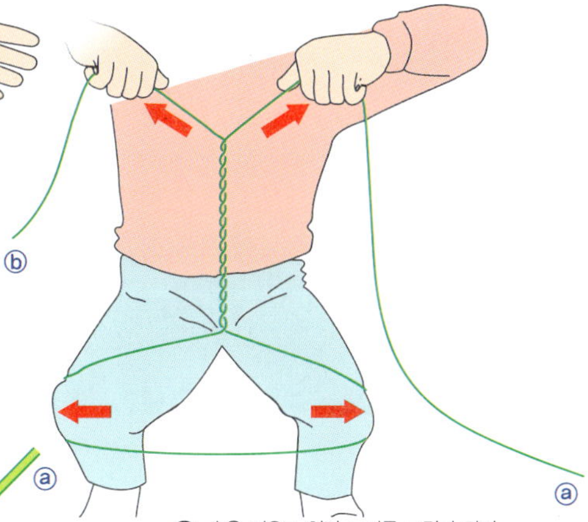

2 손을 끼우고 있던 고리를 그림과 같이 양 무릎 또는 양 발에 끼우고 두 손에 각각 낚싯줄을 쥐고서 당겨준다.

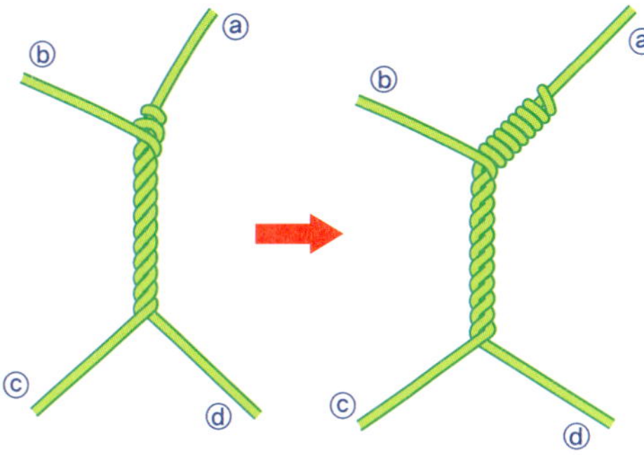

3 바짝 조여진 꼬임을 유지하면서 양발을 서서히 벌린다. 그 정도에 맞춰 끄트머리 ⓑ를 쥔 손을 풀어주면 바짝 조여진 꼬임 위로 ⓑ가 그림과 같이 저절로 감겨든다.

4 꼬임 위로 ⓑ가 완전히 감기면 고리의 한 쪽 ⓒ줄 위에 한 바퀴 돌려 묶는다. 이때 ⓐ쪽에 2~3단계에 의해 발생한 꼬임이 들어가 있으므로 천천히 반대로 돌려 꼬임을 풀어주는 것을 잊지 말아야 한다.

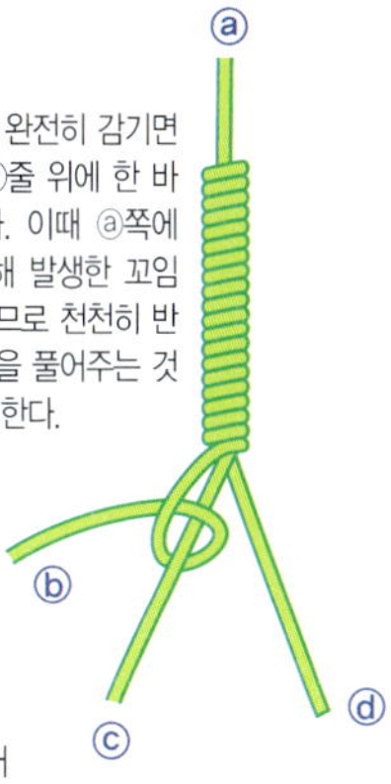

5 다시 한 번, 끄트머리 줄을 이용해 그림과 같이 단단히 매듭짓고

6 다시 한 번 두 줄 위로 매듭을 짓는데 이번에 안돌리기로 2회 매듭짓는다.

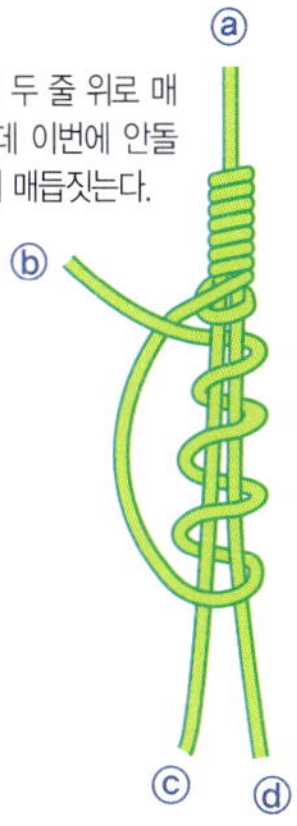

7 자투리를 자르면 완성.

〈참고〉

❶ 처음 낚싯줄을 감아쥐고 돌릴 때, 고리 안에 넣은 손가락으로 폭을 조절하여 원하는 고리(더블라인) 크기보다 좀 더 작게 하고 돌려가야 한다. 매듭 시에 고리 크기가 조금 커지기 때문이다.

❷ 매듭이 완성되면 원줄 쪽으로 꼬임이 들어가므로 최후에 원줄을 확인하여 되풀어주도록 한다.

비미니 트위스트

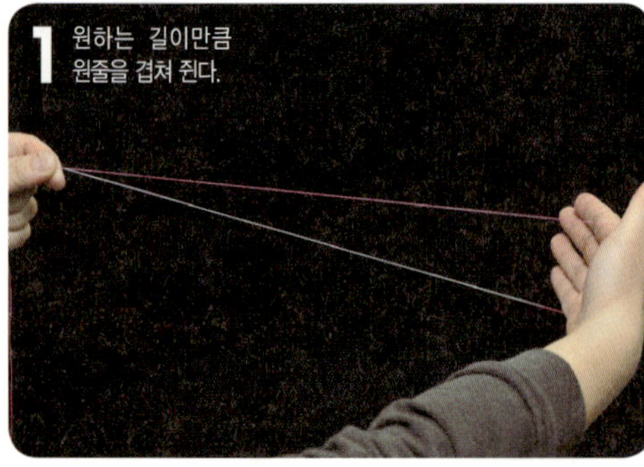

1
원하는 길이만큼
원줄을 겹쳐 쥔다.

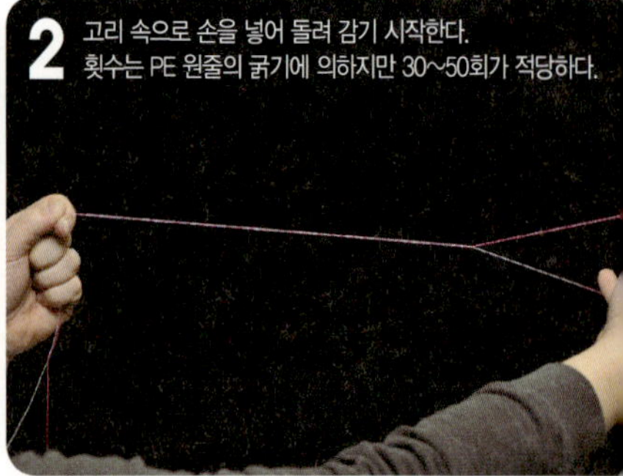

2
고리 속으로 손을 넣어 돌려 감기 시작한다.
횟수는 PE 원줄의 굵기에 의하지만 30~50회가 적당하다.

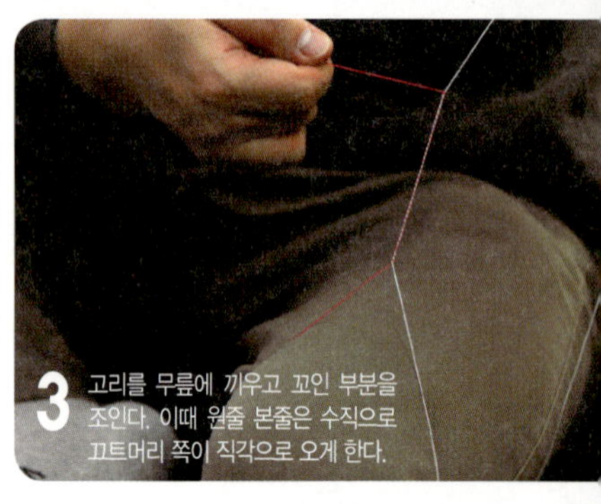

3
고리를 무릎에 끼우고 꼬인 부분을
조인다. 이때 원줄 본줄은 수직으로
끄트머리 쪽이 직각으로 오게 한다.

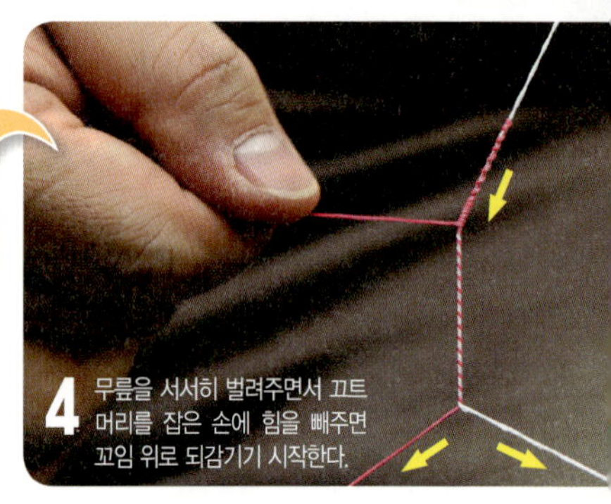

처음에는
여유있게, 이후
점차 밀착시켜
되감기게 하세요

4
무릎을 서서히 벌려주면서 끄트
머리를 잡은 손에 힘을 빼주면
꼬임 위로 되감기기 시작한다.

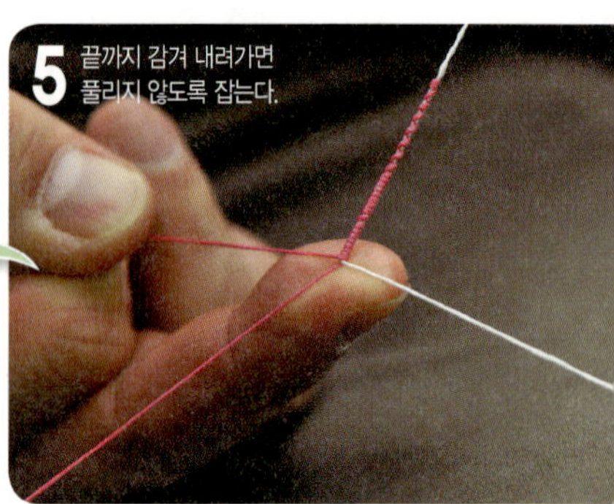

5
끝까지 감겨 내려가면
풀리지 않도록 잡는다.

풀리지 않도록
주의하세요

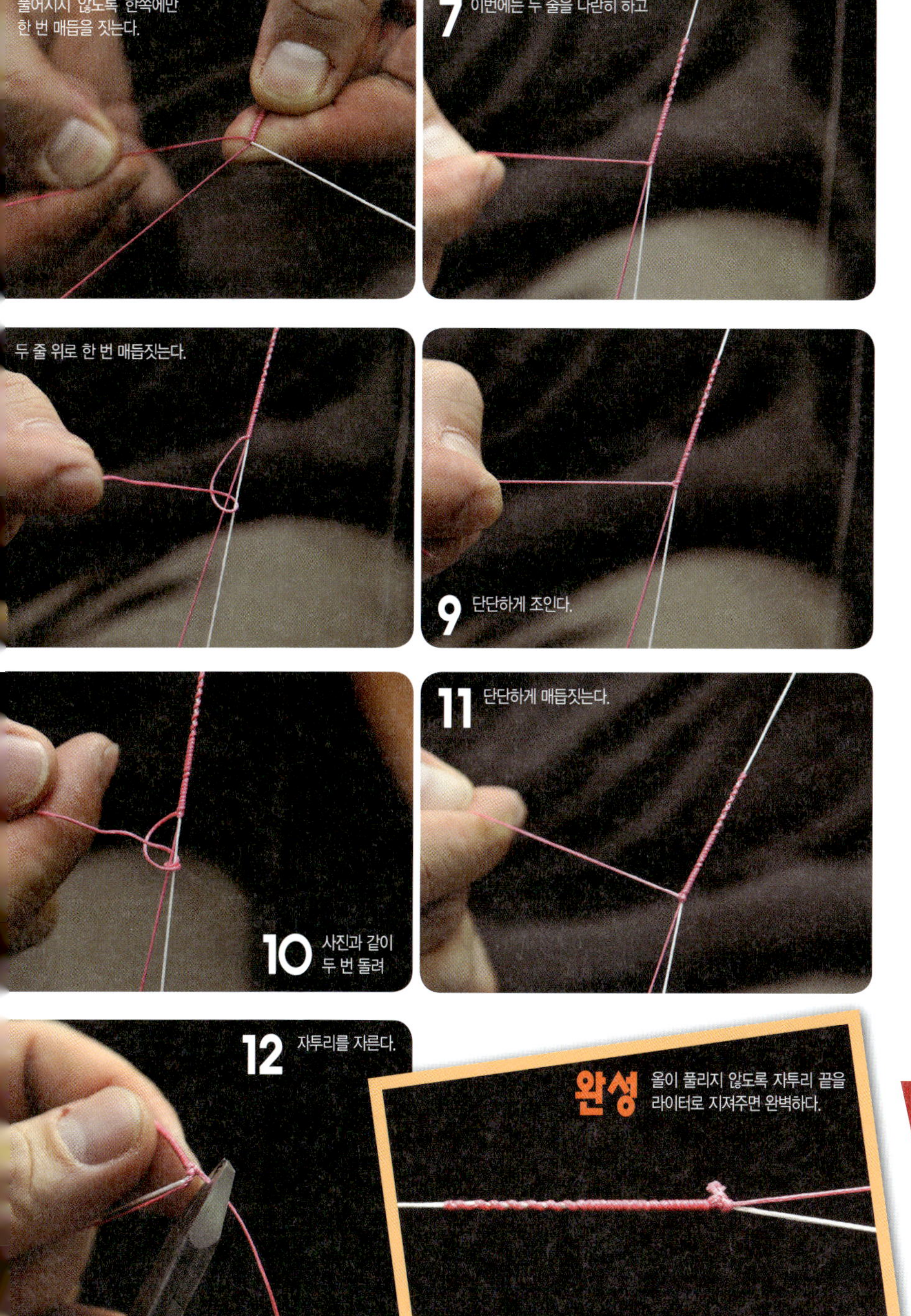

풀어지지 않도록 한쪽에만
한 번 매듭을 짓는다.

7 이번에는 두 줄을 나란히 하고

두 줄 위로 한 번 매듭짓는다.

9 단단하게 조인다.

10 사진과 같이
두 번 돌려

11 단단하게 매듭짓는다.

12 자투리를 자른다.

완성 올이 풀리지 않도록 자투리 끝을
라이터로 지져주면 완벽하다.

스프레드 스플라이스

스프레드 스플라이스(Spread splice)는 바다낚시 빅게임에서 강도를 우선시하기 위한 방법으로 채용한 매듭법이다. 합사의 발달이 미미하던 시절에 최강의 더블라인 계열 매듭방법이었다. 꼬임이 발생하지 않고 머리를 땋는 방법과 대동소이하여 쉽게 이해되는 매듭법이지만 작업시간이 길고 숙련된 사람과 그렇지 않은 사람의 매듭강도 차이가 커 상당한 숙련이 필요한 방법이다.

1. 빅게임 트롤링, 바다의 대물 루어낚시 등 강력한 힘을 요하는 낚시에서 더블라인을 만들 때 활용한다. 매듭강도를 최우선으로 하는 경우에 선택한다.

3. 땋아놓은 부분에 의해 힘이 분산되는 효과가 있어서 더블라인을 만드는 매듭법 중에서 가장 강력한 매듭강도를 가지고 있다.

4. 숙련자와 초보자의 매듭강도가 극적으로 차이가 날 수 있는 까다로운 방법으로 숙련되기까지 어느 정도의 시간을 요한다.

5. 매듭 과정에서 꼬임이 들어가지 않아 낚싯줄이 전혀 손상을 입지 않는다.

중요도	★★★
매듭강도	★★★★★
난이도	고급

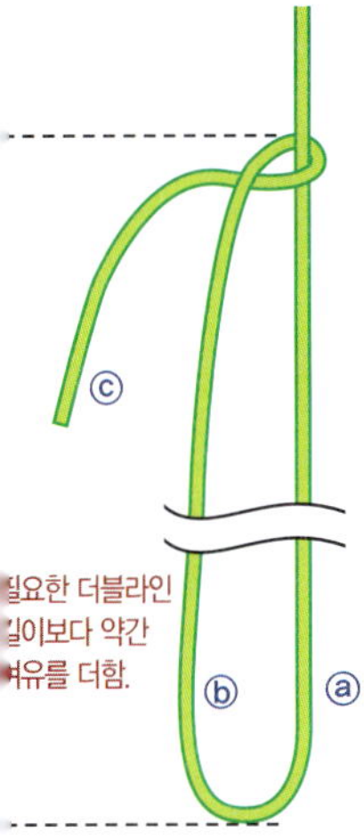

만들고자 하는 더블라인의
길이를 고려해 그보다 여유
를 가지고 낚싯줄을 접고 끄
트머리를 그림과 같이 원줄
에 감는다. 이때 원줄을 고정
시켜 팽팽히 해두어야 한다.

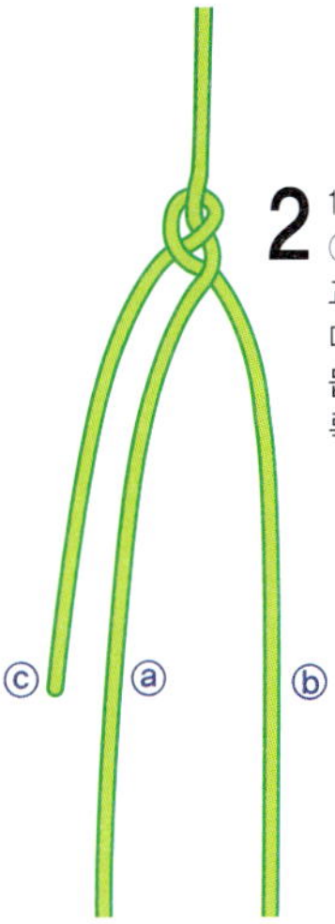

2 1단계에서 ⓐ를
ⓑ의 위로 넘겨
교차시킨다. 이
때 힘을 주어 매
듭이 조여지도
록 해야 한다.

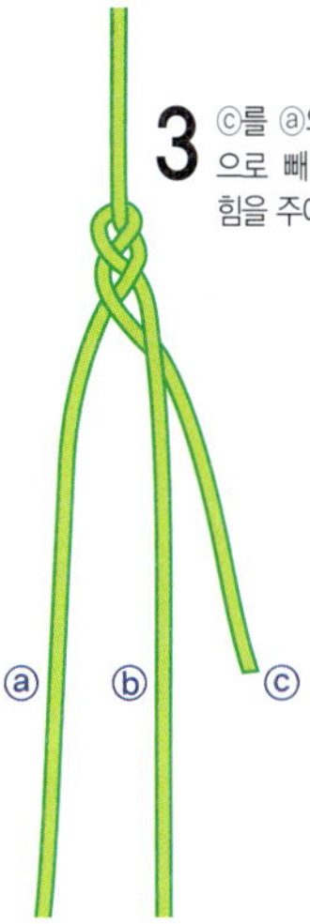

3 ⓒ를 ⓐ의 위로 넘겨 교차시키고 ⓑ 밑
으로 빼낸 모습이다. 역시 마찬가지로
힘을 주어 당겨 조여주어야 한다.

4 1단계~3단계와 같은
방식으로 머리를 땋
듯 진행해 간다. 매회
힘을 주어 당겨서 매
듭이 단단해지도록
주의한다. 최소 30회
(PE라인의 경우 60
회)를 반복한다. 끄트
머리 ⓒ가 그림과 같
이 되었을 때 멈추고
매듭을 지어 풀리지
않도록 한다.

5 단단히 당겨
조인다.

6 그림과 같이
다시 한 번 매
듭을 짓는다.

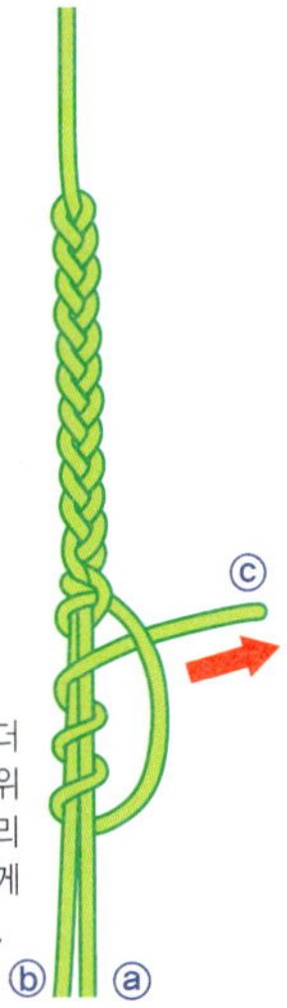

7 마지막으로 더
블라인 부분 위
로 3회 안돌리
기로 확실하게
매듭지어준다.

8 자투리를 잘라
주면 완성.

〈참고〉

❶ 고급 PE 라인이 바다의 대물낚시에 보급되면서 스프레드 스
플라이스는 상대적으로 매듭 시간이 짧은 비미니 트위스트에 밀
려 그 용도가 줄어들었다.

❷ 매듭 과정에 시간이 많이 걸리는 것이 결점이다.

❸ 머리를 땋는 방법으로 진행할 때, 매회 한 가닥씩 확실하고 단
단하게 당겨주어야 만족할 만한 강도가 나타난다.

❹ 완성된 후 땋아진 부분을 손가락으로 훑어보아 헐겁게 움직인
다면 매듭에 실패한 것이므로 잘라내고 다시 매듭지어야 한다.

스프레드 스플라이스

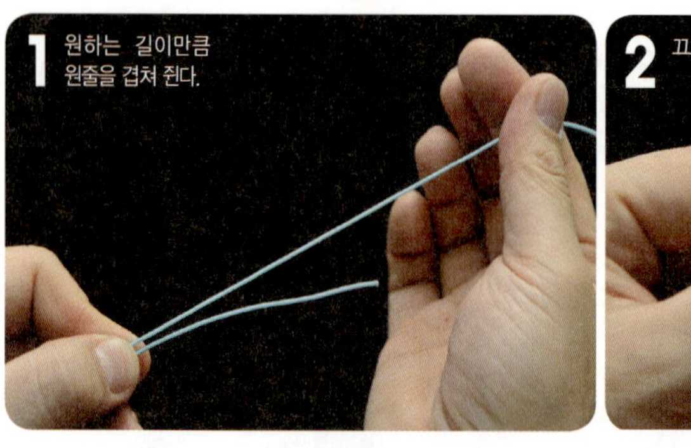

1 원하는 길이만큼 원줄을 겹쳐 쥔다.

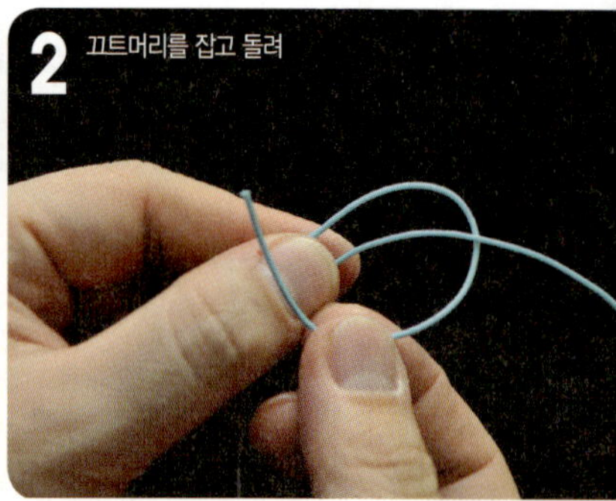

2 끄트머리를 잡고 돌려

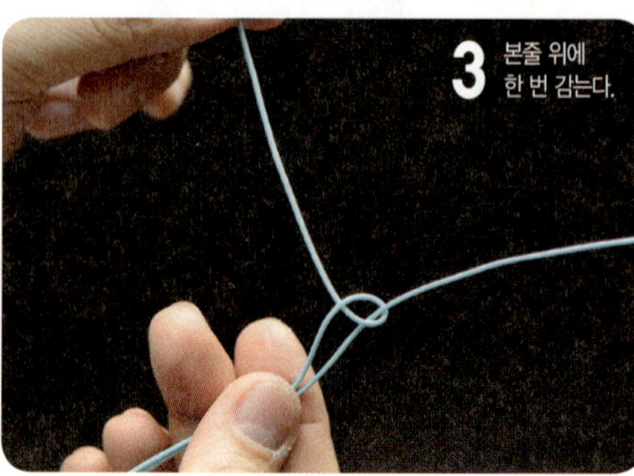

3 본줄 위에 한 번 감는다.

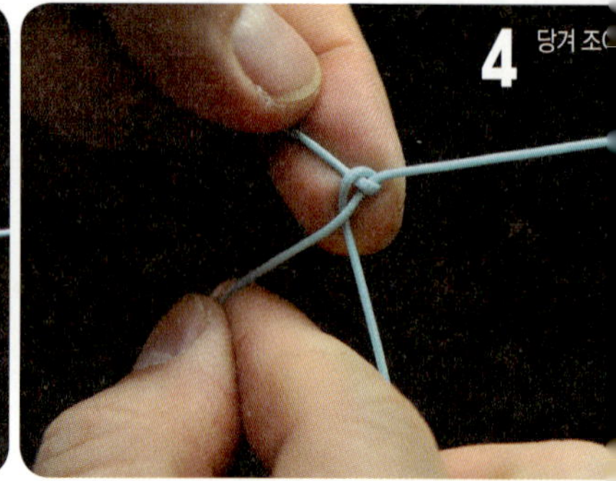

4 당겨 조(...)

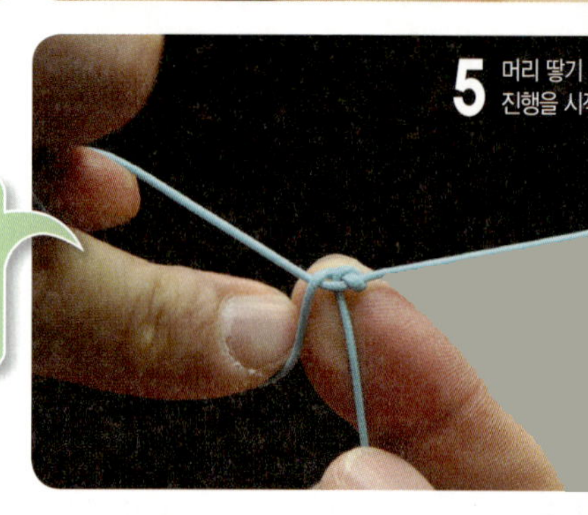

5 머리 땋기 진행을 시(...)

6 한 땀 한 땀 강하게 해주어야 한다.

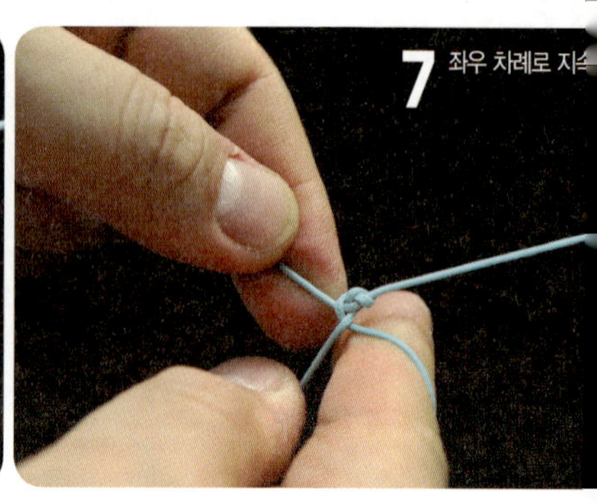

7 좌우 차례로 지속(...)

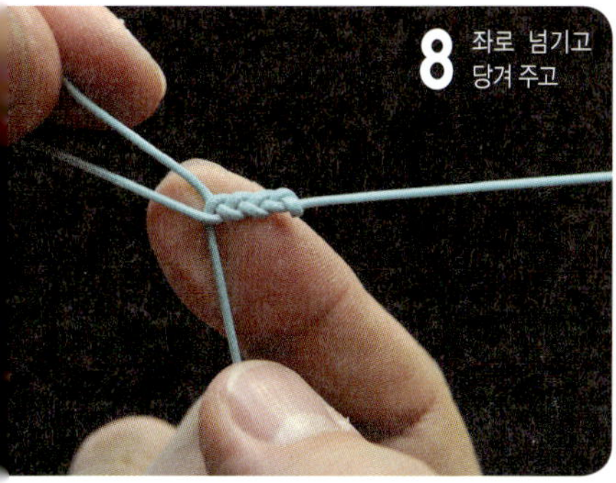

8 좌로 넘기고 당겨 주고

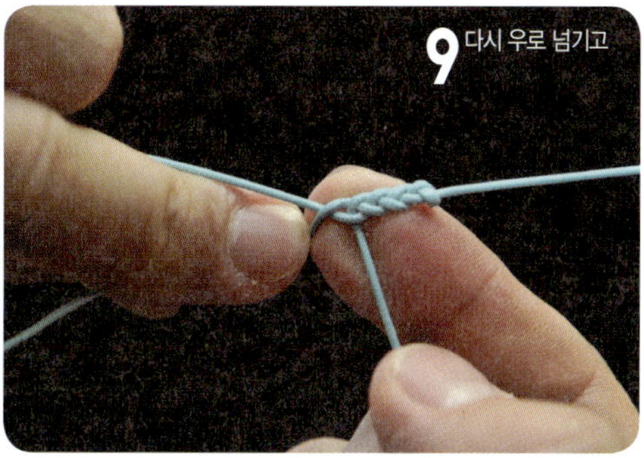

9 다시 우로 넘기고

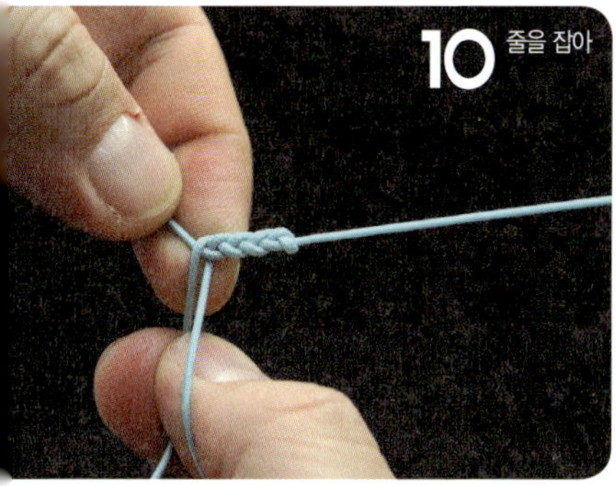

10 줄을 잡아

11 강하게 당겨주는 과정의 반복이다.

12 최소 30〜60회 반복한다. 끄트머리 줄이 왼쪽으로 나온 상태에서 멈춘다.

13 연속으로 두 번 감아 풀리지 않도록 매듭짓는다.

14 단단히 조인다.

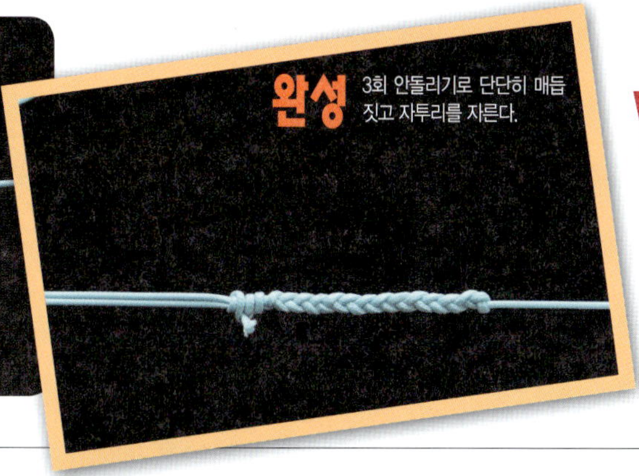

완성 3회 안돌리기로 단단히 매듭 짓고 자투리를 자른다.

더블라인 합치기

원줄에 더블라인을 만들면 그대로 쇼크리더와 연결하기도 하지만 더블라인이 흐트러지지 않도록 한 줄로 만들어 쇼크리더와 연결하는 것이 보편적이다. 특히 PE 라인을 원줄로 사용하여 더블라인을 만든 경우나 더블라인 자체를 길게 사용할 때는 필수적이다.

1. 더블라인을 쇼크리더와 연결하기 위한 준비 과정의 하나이다.

2. 더블라인을 한 줄로 합쳐줌으로써 캐스팅 시나 낚시 도중 발생할 수 있는 트러블을 방지한다 PE 라인을 사용한다면 필수과정이다.

3. 더블라인이 서로 꼬여 합쳐짐으로써 마찰력이 발생하여 인장강도가 향상되는 효과를 기대할 수 있다.

4. 가는 원줄과 굵은 쇼크리더와의 굵기 차이를 합쳐진 더블라인의 굵기로 단차를 줄여주므로 캐스팅 시에 원활함을 도모한다.

중요도	★★★★
매듭강도	★★★★★
난이도	중급

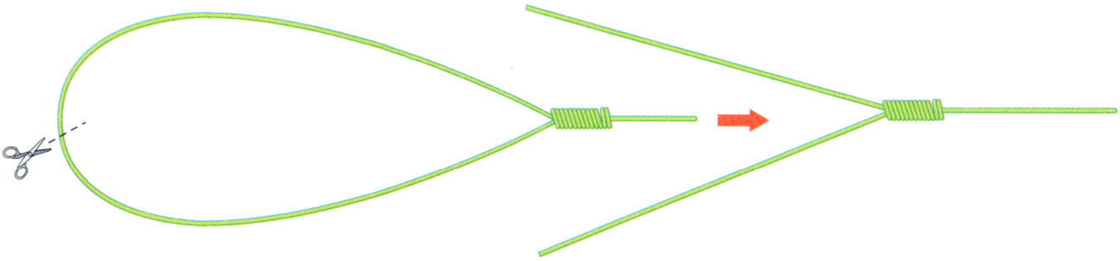

만들어진 더블라인의 중앙을
잘라 두 가닥으로 만든다.

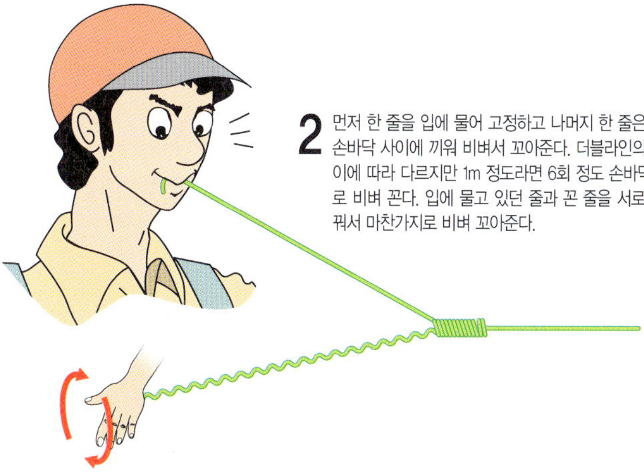

2 먼저 한 줄을 입에 물어 고정하고 나머지 한 줄은 두
손바닥 사이에 끼워 비벼서 꼬아준다. 더블라인의 길
이에 따라 다르지만 1m 정도라면 6회 정도 손바닥으
로 비벼 꼰다. 입에 물고 있던 줄과 꼰 줄을 서로 바
꿔서 마찬가지로 비벼 꼬아준다.

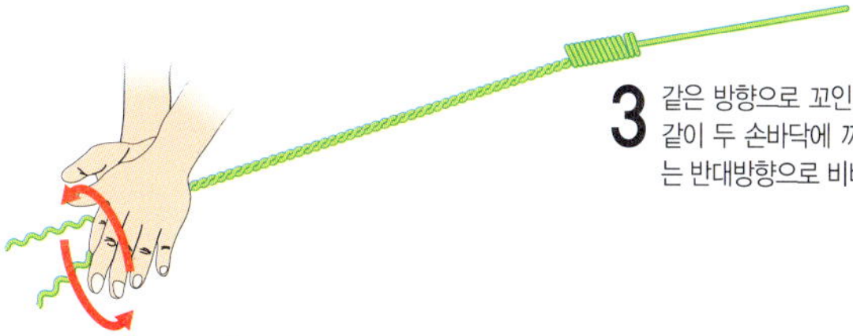

3 같은 방향으로 꼬인 두 줄을 팽팽함을 유지하면서 겹쳐 그림과
같이 두 손바닥에 끼워 잡고 이번에는 한 줄씩 꼬임을 줄 때와
는 반대방향으로 비벼 꼰다. 횟수는 동일하게 6회 정도이다.

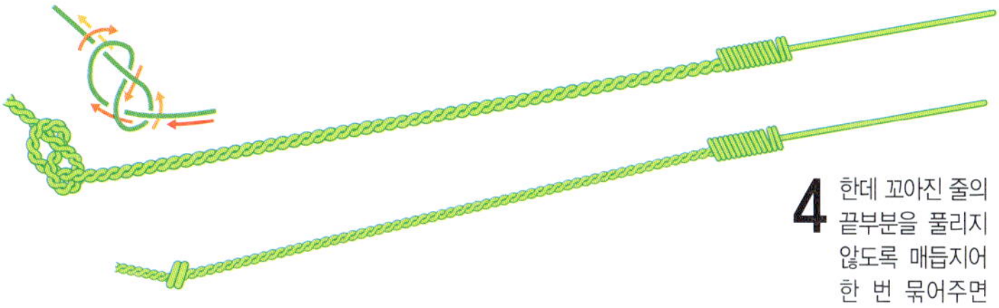

4 한데 꼬아진 줄의
끝부분을 풀리지
않도록 매듭지어
한 번 묶어주면
완성.

〈참고〉
❶ 각각 한 가닥씩 꼬임을 넣고 합쳐줄 때 꼬임이 균일해지도록 항상 팽팽한
상태를 유지해 주어야 한다.
❷ 처음 더블라인을 만들 때, 자투리를 더블라인 길이만큼 길게 두고 작업하
면 트리플라인을 만들 수도 있다. 이때는 세 가닥에 각각 꼬임을 주어 합친다.

더블라인 합치기

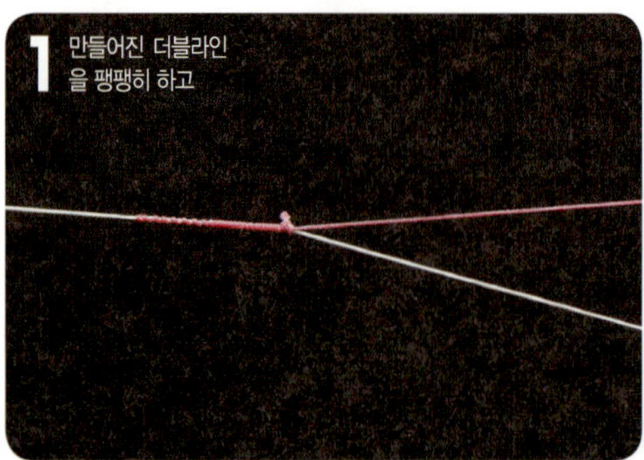

1 만들어진 더블라인을 팽팽히 하고

2 가운데를 잘라 두 줄로 만든다.

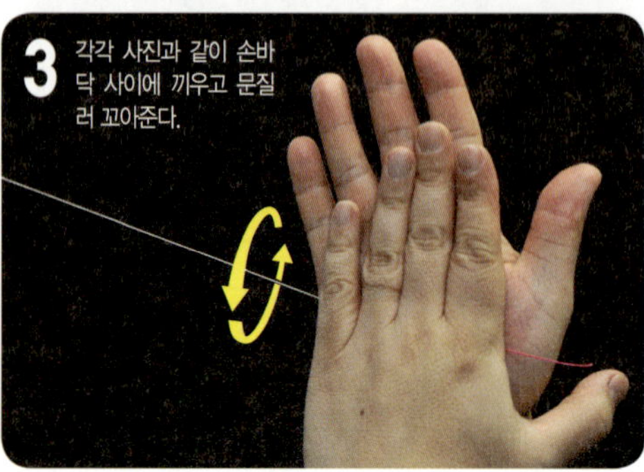

3 각각 사진과 같이 손바닥 사이에 끼우고 문질러 꼬아준다.

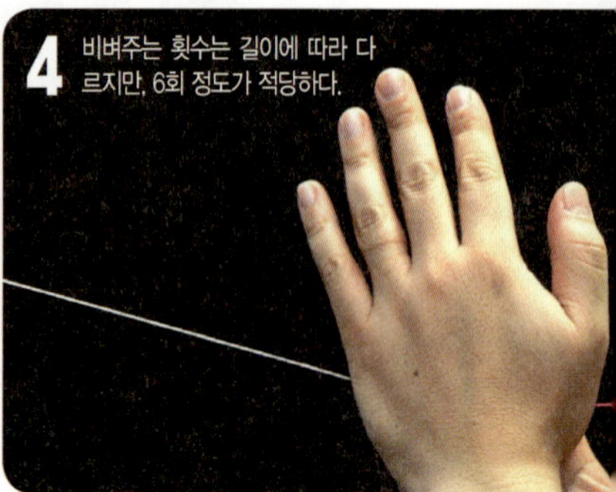

4 비벼주는 횟수는 길이에 따라 다르지만, 6회 정도가 적당하다.

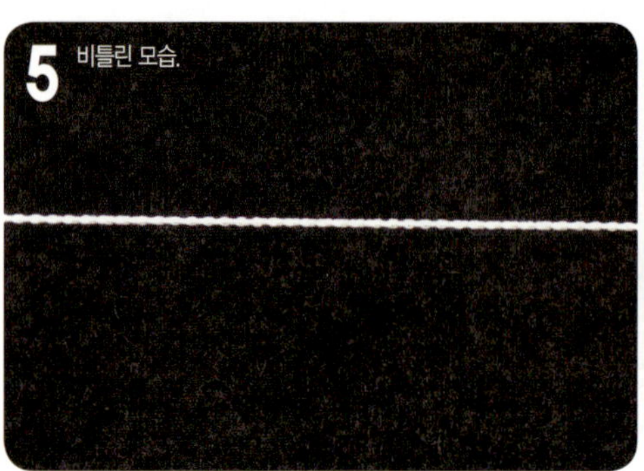

5 비틀린 모습.

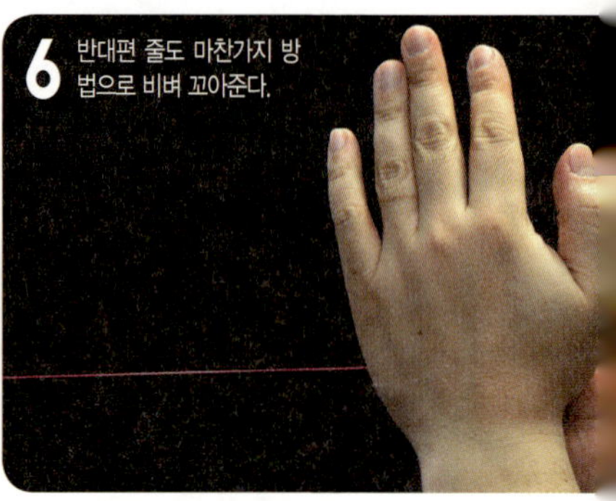

6 반대편 줄도 마찬가지 방법으로 비벼 꼬아준다.

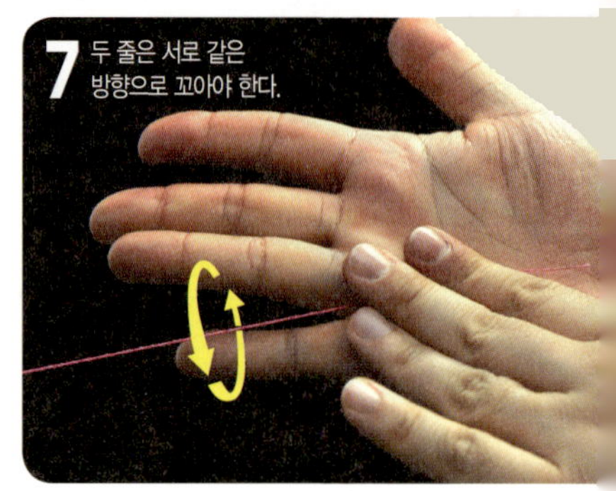

7 두 줄은 서로 같은 방향으로 꼬아야 한다.

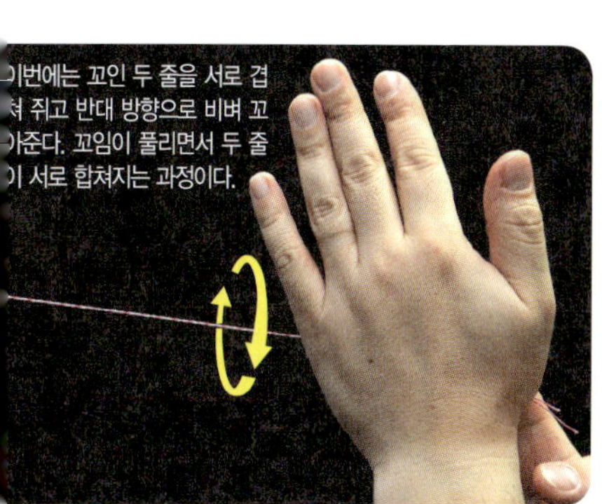

이번에는 꼬인 두 줄을 서로 겹
쳐 쥐고 반대 방향으로 비벼 꼬
아준다. 꼬임이 풀리면서 두 줄
이 서로 합쳐지는 과정이다.

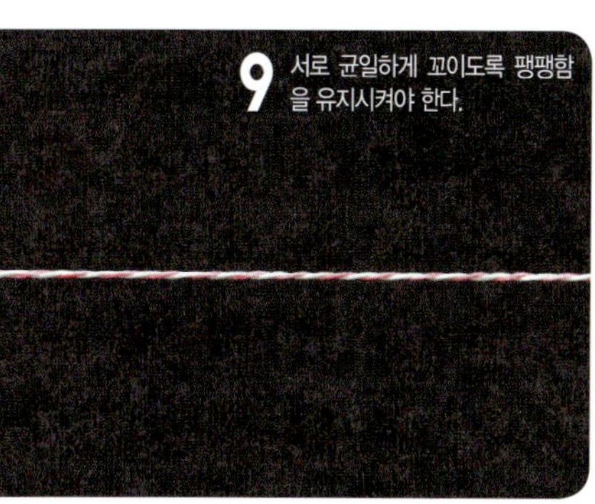

9 서로 균일하게 꼬이도록 팽팽함
을 유지시켜야 한다.

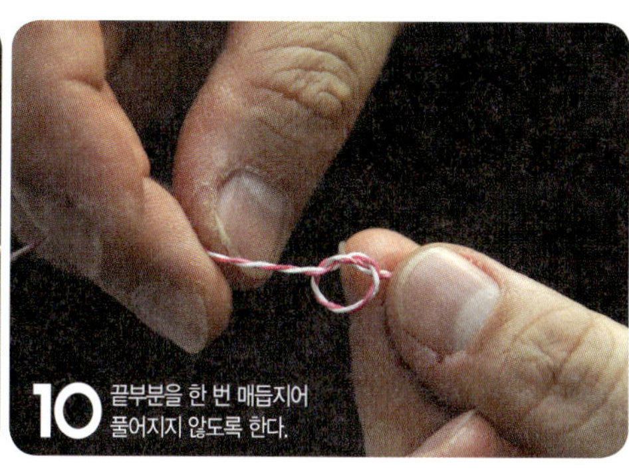

10 끝부분을 한 번 매듭지어
풀어지지 않도록 한다.

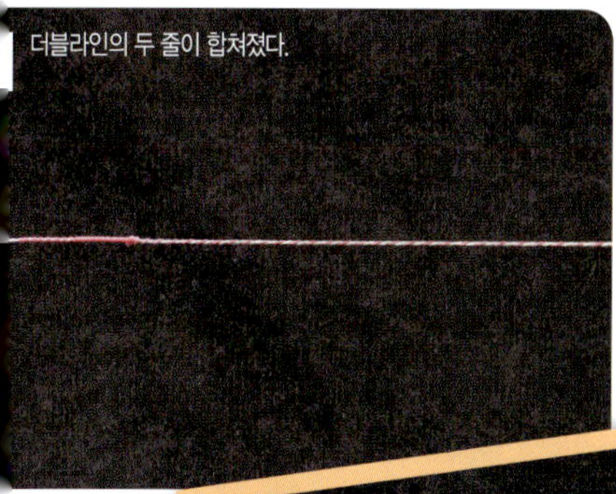

더블라인의 두 줄이 합쳐졌다.

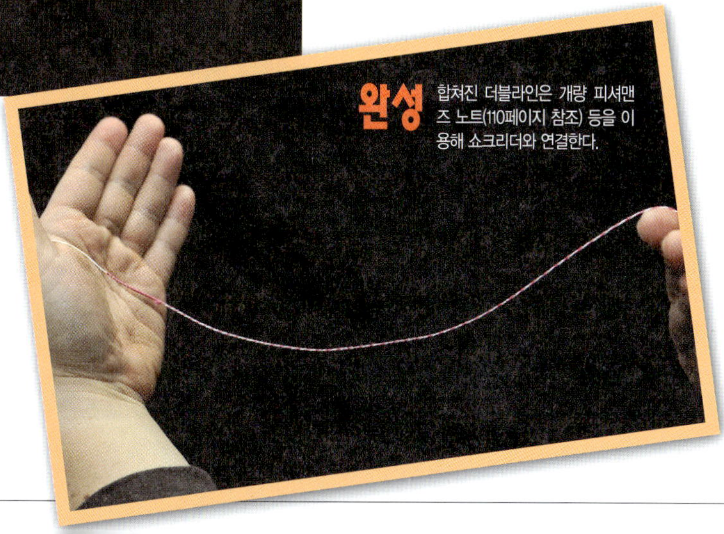

완성 합쳐진 더블라인은 개량 피셔맨
즈 노트(110페이지 참조) 등을 이
용해 쇼크리더와 연결한다.

캐스팅 PE 노트

PE 라인이 대중화되면서 PE 라인과 나일론 (또는 플로로카본) 라인의 접속방법으로 초기에 등장한 방법 중 한 가지다.

PE 라인 등장 초기에 당시까지 일반적으로 사용하던 주요 라인시스템 방법인 얼브라이트 묶음으로는 PE 라인이 미끄러져 빠져버리기 쉬운 단점이 있었다. 이를 극복하기 위해 고안된 방법이다.

1. 사용하는 쇼크리더(목줄)는 나일론이나 플로로카본 모두 적합하다.

2. 강한 장력이 요구되는 지깅과 같은 대물낚시에는 적합하지 않다.

3. PE 원줄과 쇼크리더와의 굵기 차가 큰 경우에는 적합하지 않다.

4. 더블라인이 필요한 라인시스템. 얼브라이트 묶음과 유니노트(기차매듭)를 반씩 섞어놓은 형태이다.

5. 매듭눈이 작아 캐스팅 시에 가이드 통과 저항이 적다.

6. PE 라인의 더블라인을 묶어 매듭짓는 것이 아니므로 다른 매듭방법과는 달리 밀려 풀어지는 염려가 없다.

중요도	★★★
매듭강도	★★★
난이도	간단

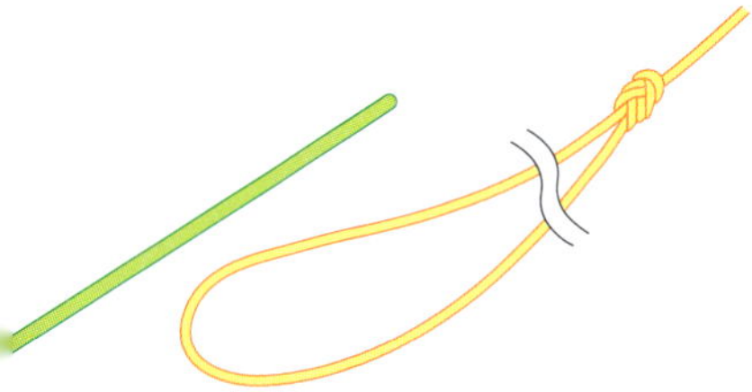

1 먼저 PE 라인(원줄)에 8자매듭 또는 쇼트 비미니 트위스트로 적당한 길이의 끝고리를 만든다.

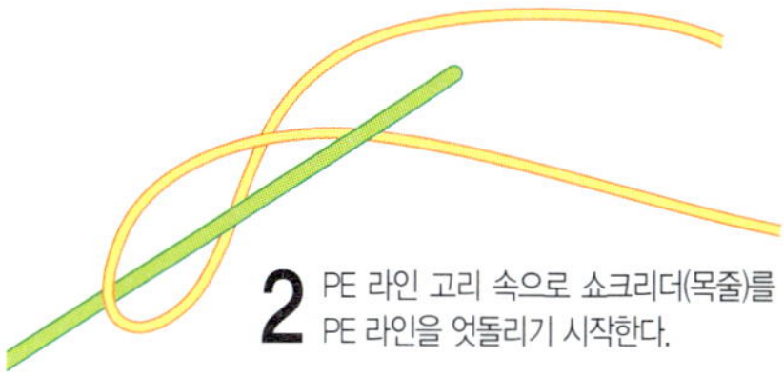

2 PE 라인 고리 속으로 쇼크리더(목줄)를 끼운 후, PE 라인을 엇돌리기 시작한다.

3 PE 라인을 쇼크리더에 대고 좌우 교대로 5~6회 엇돌려 감는다.

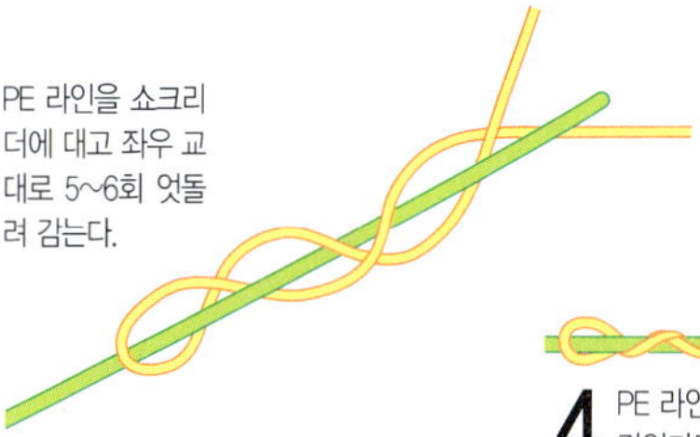

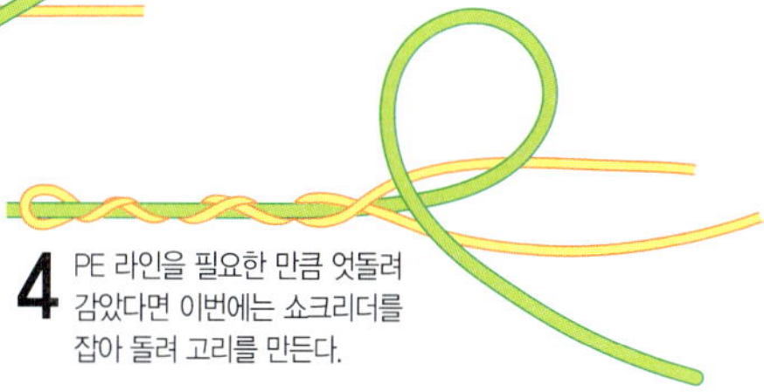

4 PE 라인을 필요한 만큼 엇돌려 감았다면 이번에는 쇼크리더를 잡아 돌려 고리를 만든다.

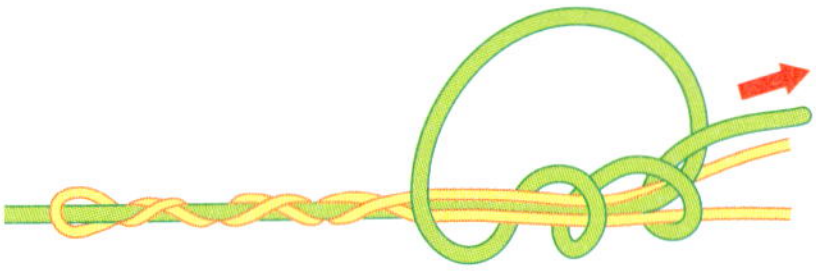

5 쇼크리더 끝을 두 가닥의 PE 라인 바깥으로 그림과 유니노트로 감아 묶는다. 횟수는 필요에 따라 3~5회가량이 적당하다.

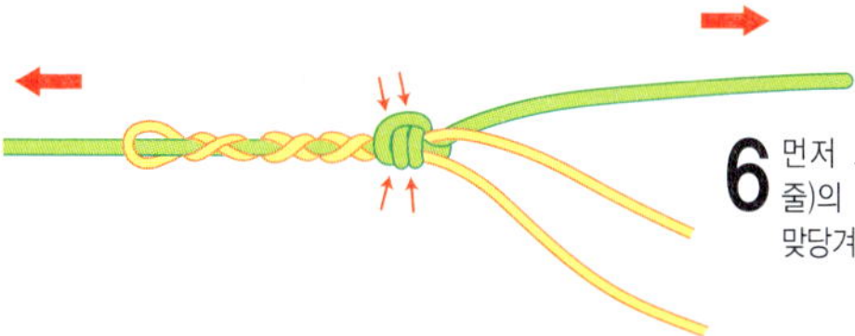

6 먼저 쇼크리더(목줄)의 양쪽을 잡고 맞당겨 조인다.

〈참고〉

❶ 쇼크리더 위에 PE 라인을 엮어 나가는 횟수는 일반적으로 5~6회가 적당하지만, 필요(PE 원줄 굵기)에 의해 가감하도록 한다.

❷ 목줄의 매듭 횟수도 필요(쇼크리더 굵기)에 의해 가감한다.

❸ 마지막 단계에서 매듭을 조일 때, PE 더블라인의 좌우 균형에 주의한다.

7 이번에는 PE 더블라인을 잡고 서서히 당겨 조인다. 이때 두 가닥의 길이 차이가 나지 않도록 조심해야 한다.

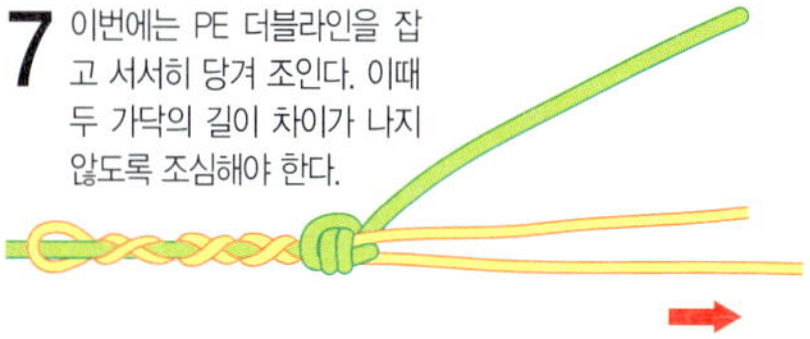

8 매듭을 고르게 조정하면서 각각의 방향을 다시 한 번 당겨 조여준다. 자투리를 잘라내면 완성.

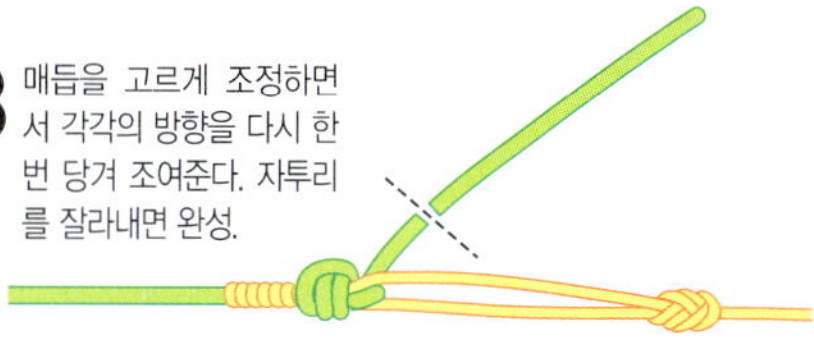

캐스팅 PE 노트

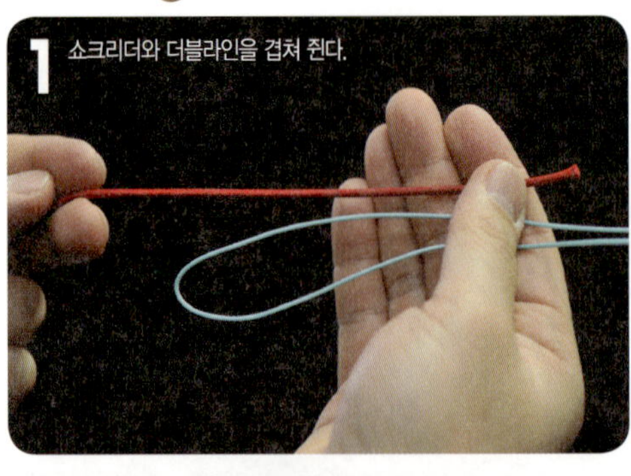
1 쇼크리더와 더블라인을 겹쳐 쥔다.

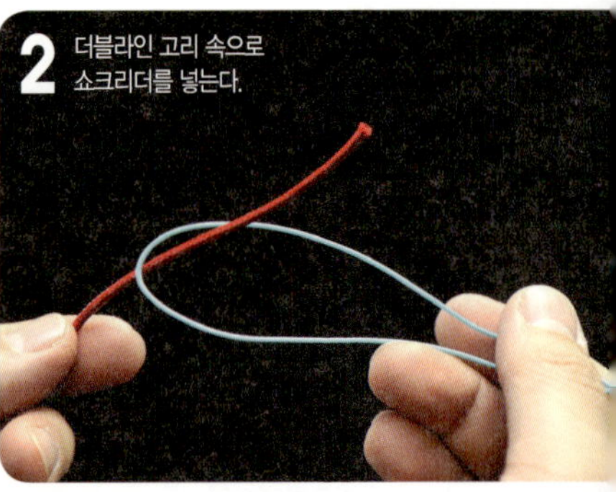
2 더블라인 고리 속으로 쇼크리더를 넣는다.

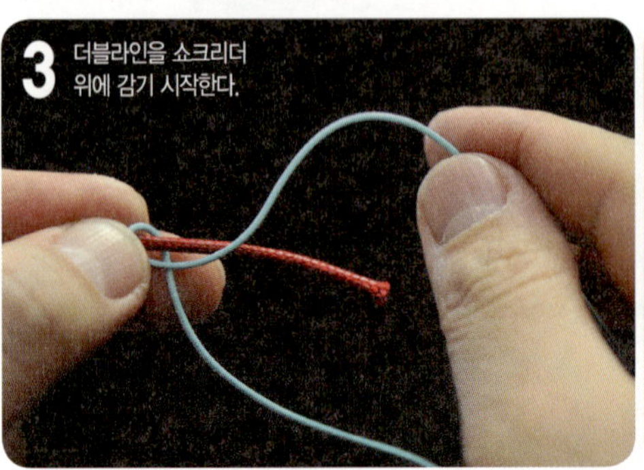
3 더블라인을 쇼크리더 위에 감기 시작한다.

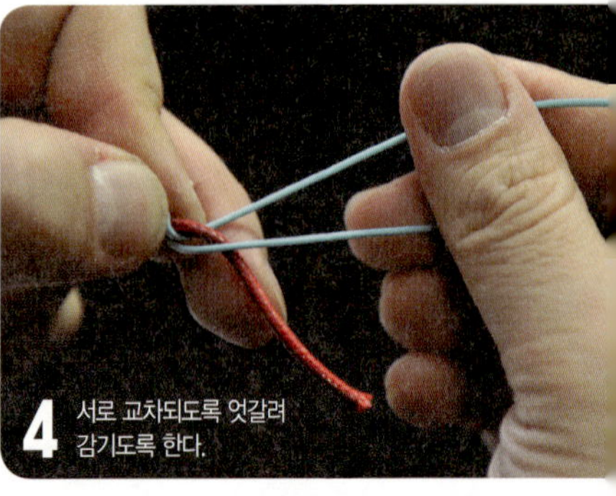
4 서로 교차되도록 엇갈려 감기도록 한다.

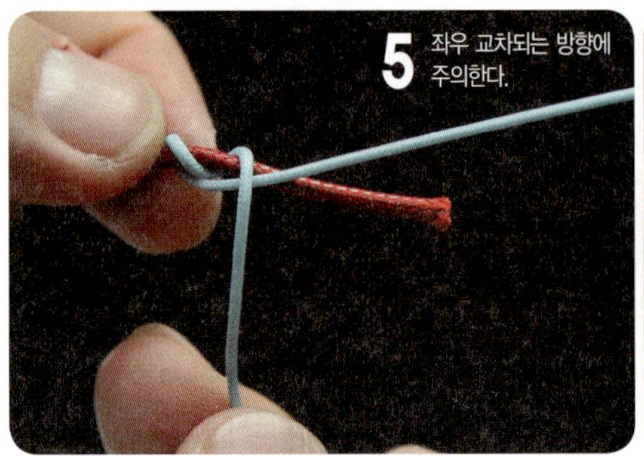
5 좌우 교차되는 방향에 주의한다.

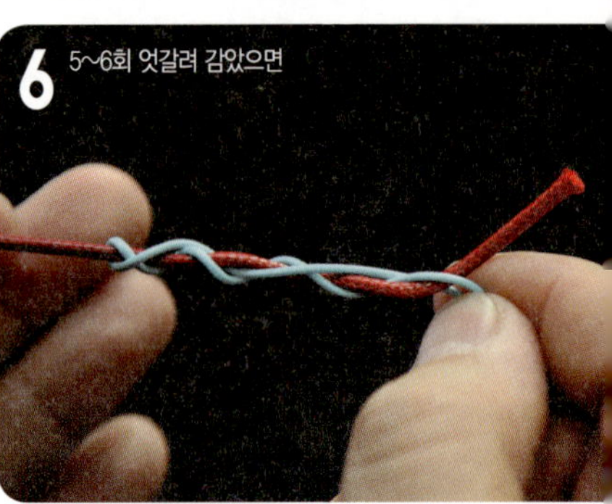
6 5~6회 엇갈려 감았으면

7 풀어지지 않도록 쥔다.

8 쇼크리더의 끄트머리를 사진과 같이 돌려 감고,

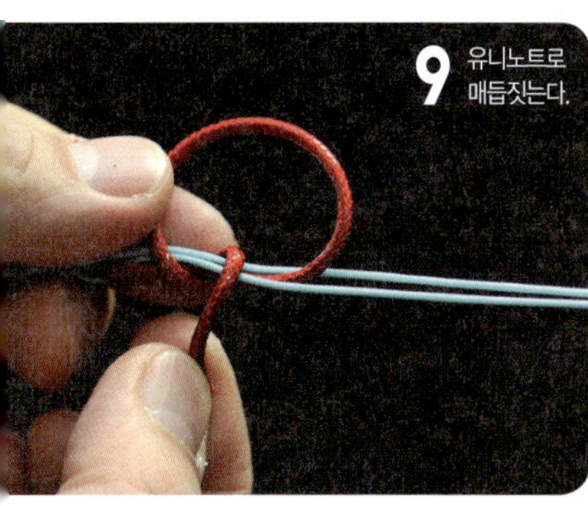

9 유니노트로 매듭짓는다.

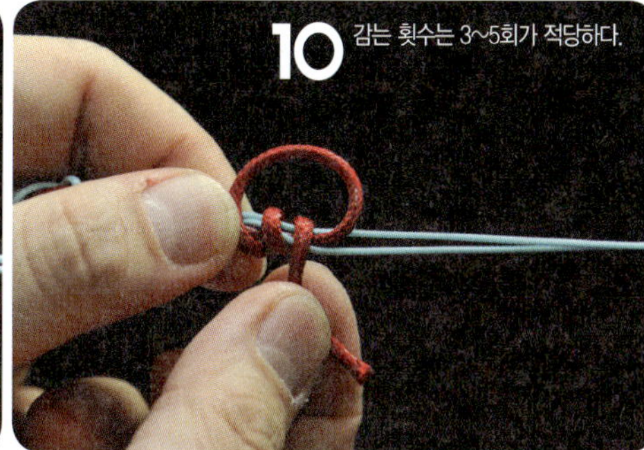

10 감는 횟수는 3~5회가 적당하다.

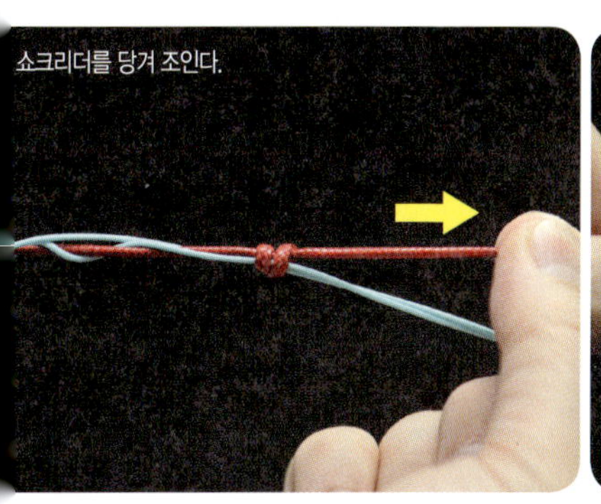

쇼크리더를 당겨 조인다.

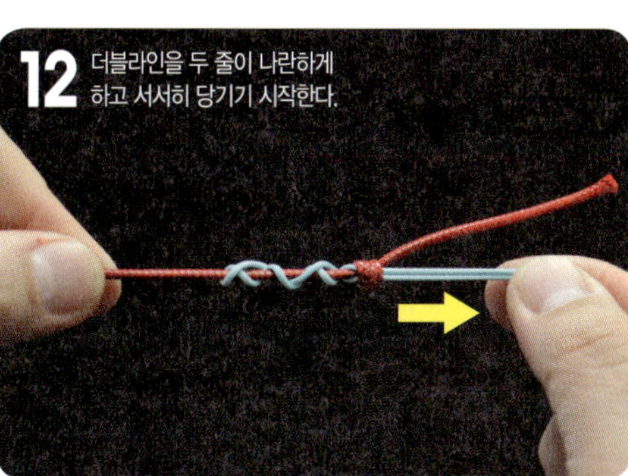

12 더블라인을 두 줄이 나란하게 하고 서서히 당기기 시작한다.

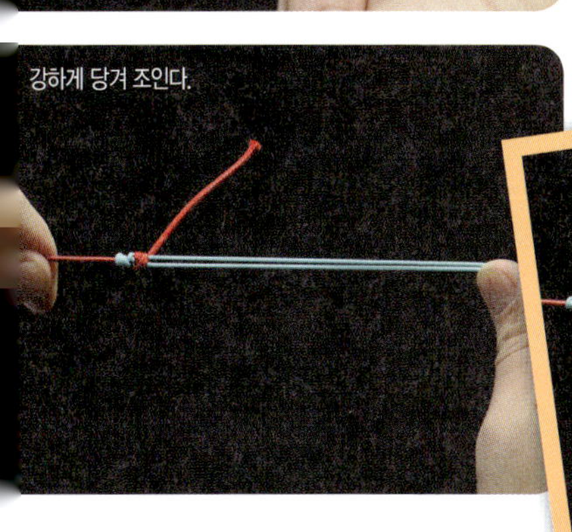

강하게 당겨 조인다.

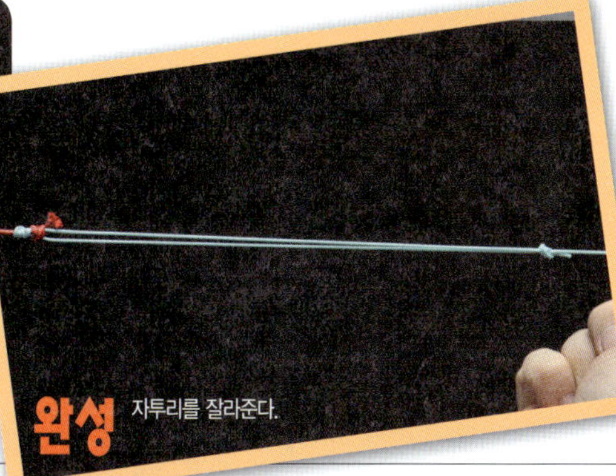

완성 자투리를 잘라준다.

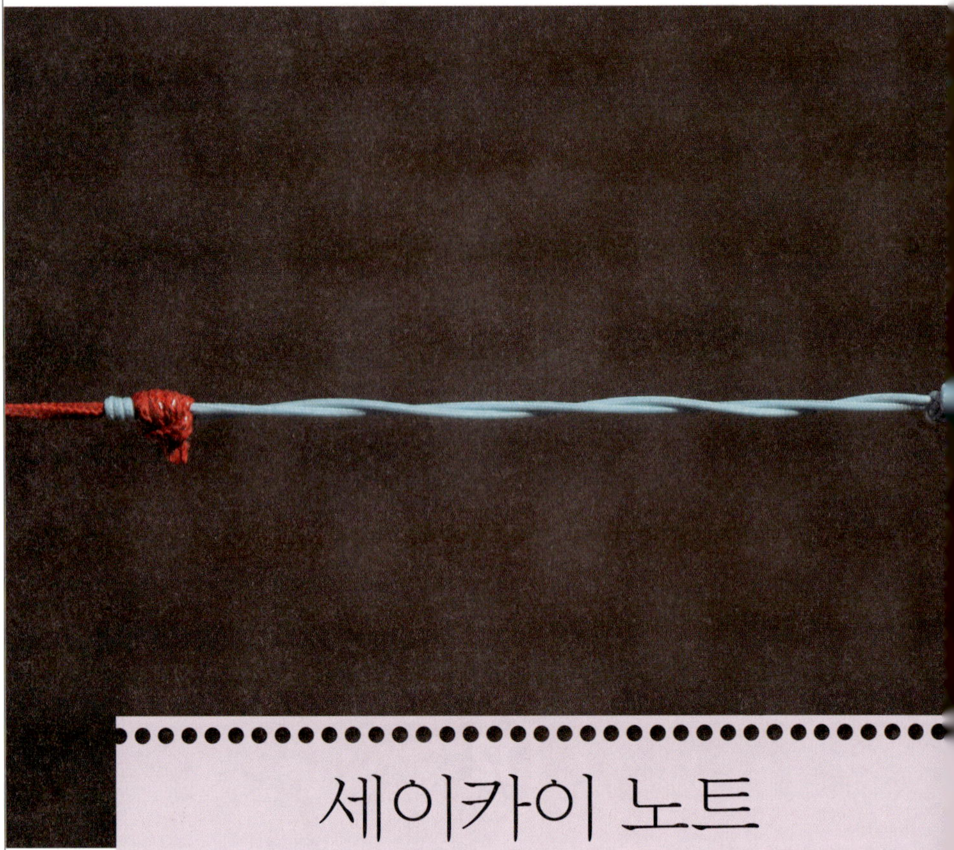

세이카이 노트

PE 라인 원줄과 나일론 또는 플로로카본 재질의 쇼크리더를 연결하는 방법 중의 한 가지로서 캐스팅 PE 노트를 개량하여 더 간편하게 만든 형태다. 일본의 유명 낚시인 무라코시 세이카이(村越 正海)씨가 고안하여 세이카이 노트라 부른다.

1. 실전적인 매듭법으로 낚시현장에서 빠르게 연결할 수 있다.

2. 더블라인이 필요한 라인시스템. 간단한 연결법인 데 반해서 결절강도가 매우 좋다.

3. 원줄 PE 0.6~2호, 쇼크리더 2~8호 정도의 채비인 농어루어낚시, 라이트지깅, 에깅 등로 경량(輕量)급 채비용으로 적합하다.

4. 부드러운 나일론 재질의 쇼크리더에 더 적합하고 뻣뻣한 플로로카본이라면 3호 정도까지가 무난하다.

중요도	★★★★★
매듭강도	★★★★
난이도	간단

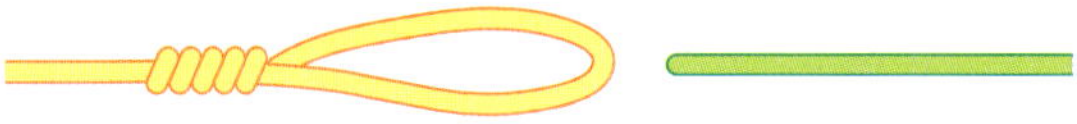

1 PE 라인에 쇼트 비미니 트위스트 등으로 10~15cm의 짧은 더블라인을 만든다.

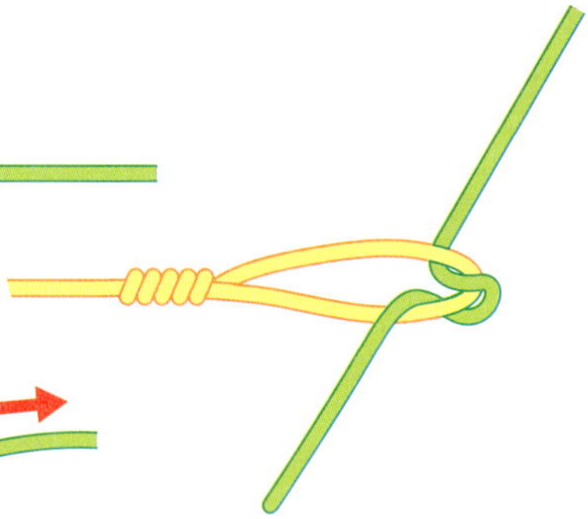

2 그림처럼 짧은 더블라인의 고리 끝에 쇼크리더를 돌려 감는다. 감는 횟수는 7~10회가 적당하다.

3 쇼크리더를 당겨서 감은 부분이 밀착되도록 한다. 이때 PE 라인이 쇼크리더와 서로 얽히게 된다. 완성 후 더블라인이 길이 차가 나면 안 되므로 주의한다.

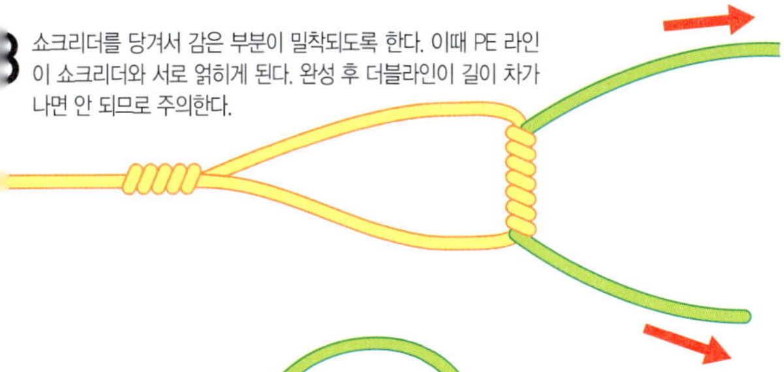

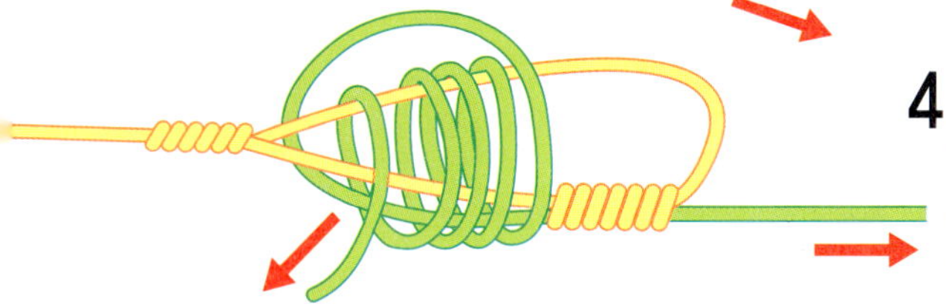

4 쇼크리더를 팽팽히 당기면 더블라인과 얽히는 부분에서 쇼크리더는 직선이 되고 그 위로 PE 라인이 말려 감기는 형상이 된다. 쇼크리더의 한쪽 끝을 이용해 더블라인 위에 유니 노트(안 돌려묶기)로 5회 매듭짓는다.

4-1 묶음 강도를 향상시키기 위해 한 방향을 감는 것보다 그림과 같이 전진 후진 각 4회를 감아 서로 얽히게 해주면 더욱 효과적이다.

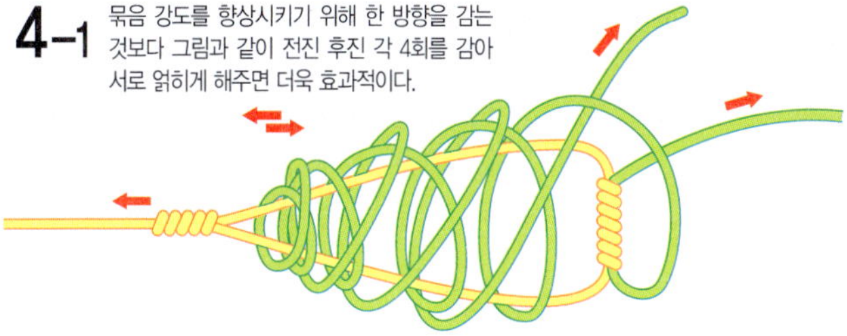

5 서로 당겨 조인다.

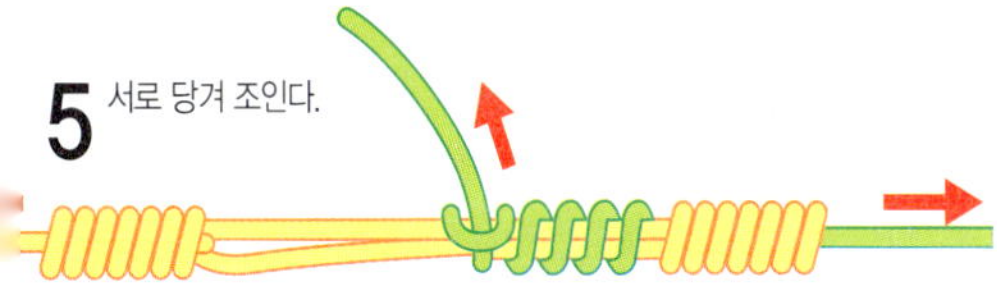

6 쇼크리더 자투리를 잘라서 완성.

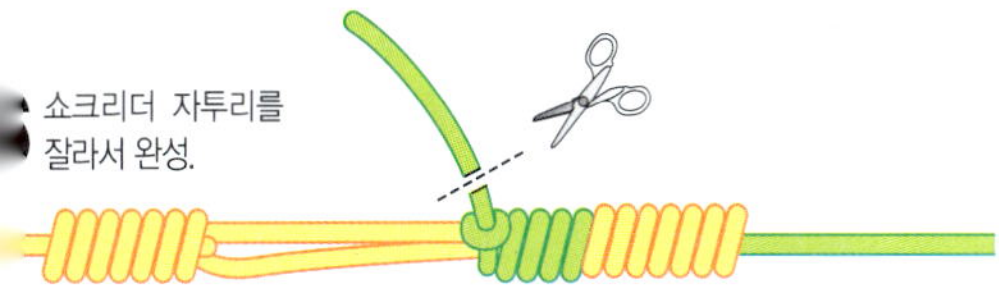

<참고>
❶ 더블라인의 길이는 10cm 정도면 충분하다.
❷ 매듭짓는 동안에 전체적으로 장력을 유지시키면 훨씬 수월하게 작업할 수 있다.
❸ 매듭의 마지막 단계에서 목줄을 매듭짓는 방법(그림4-1)에 의해 강도를 더욱 높일 수 있다.

세이카이 노트

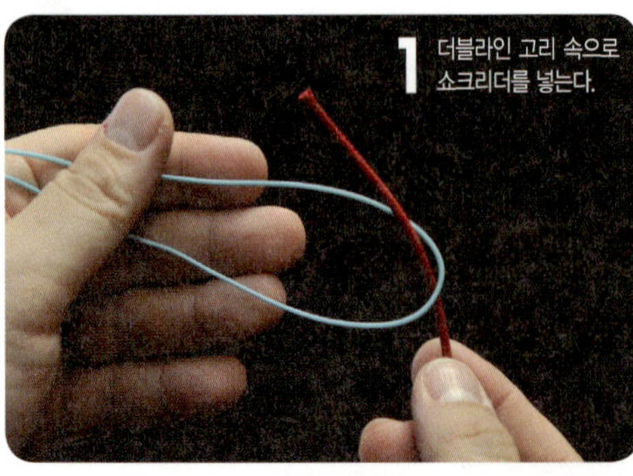
1 더블라인 고리 속으로
쇼크리더를 넣는다.

2 더블라인을 쇼크
위에 감기 시작한

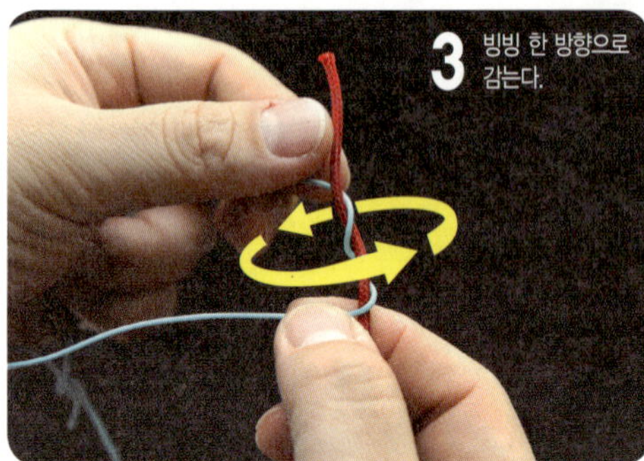
3 빙빙 한 방향으로
감는다.

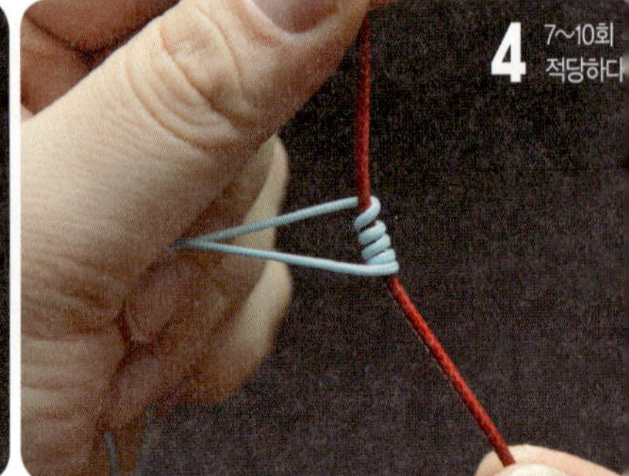
4 7~10회
적당하다

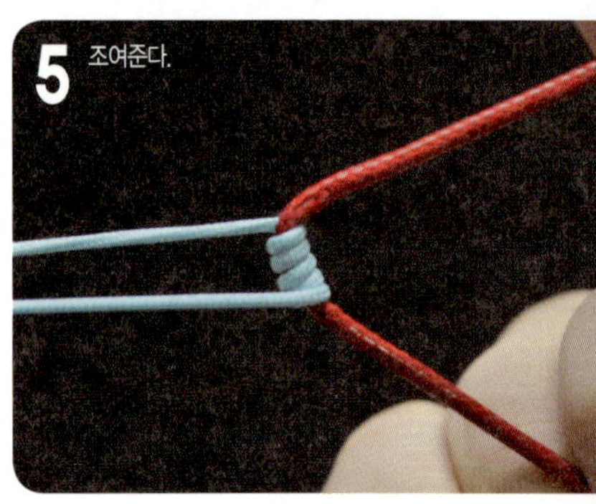
5 조여준다.

6 쇼크리더를 나란히 하여
고리를 만들고.

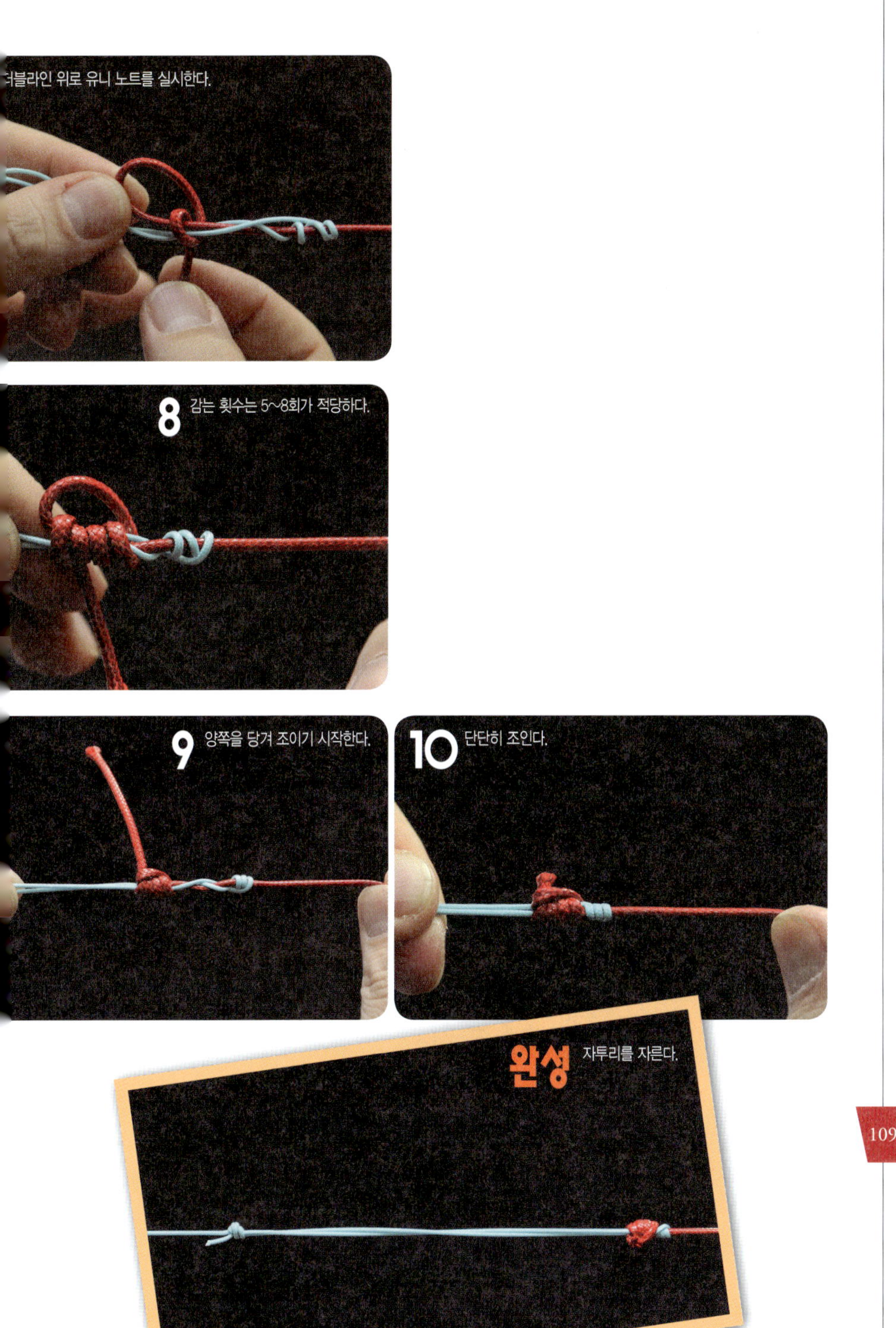
블라인 위로 유니 노트를 실시한다.
8 감는 횟수는 5~8회가 적당하다.
9 양쪽을 당겨 조이기 시작한다.
10 단단히 조인다.
완성 자투리를 자른다.

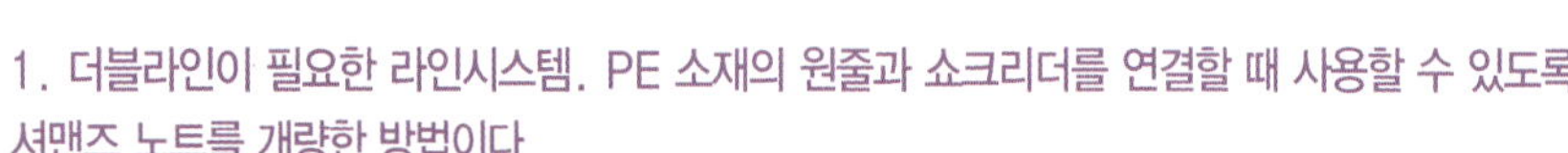

개량 피셔맨즈 노트

캐스팅 낚시에서 유용한 피셔맨즈 노트를 PE 라인 사용에 적합하도록 개량한 방법이 '개량 피셔맨즈 노트'이다. PE 라인 원줄과 쇼크리더의 연결에 마찰계 연결법이 등장해 주류를 이루고 있는 중에서도 개량 피셔맨즈 노트는 캐스팅을 주로 하는 스타일의 낚시장르에서 사용빈도가 높다.

1. 더블라인이 필요한 라인시스템. PE 소재의 원줄과 쇼크리더를 연결할 때 사용할 수 있도록 셔맨즈 노트를 개량한 방법이다.

2. GT, 참치, 부시리 톱워터 낚시 등 빅게임 캐스팅 낚시에서 인기 있는 신뢰성 높은 매듭법이다

3. PE 원줄에 먼저 더블라인을 만든 후에 쇼크리더와 접속해야 한다.

4. 표면이 미끄러운 PE 라인도 안심하고 쇼크리더와 연결할 수 있다.

5. 매듭 자투리가 원줄 방향으로 나와 있으므로 캐스팅 시에 저항이 줄어 원활한 캐스팅이 가능하다.

중요도	★★★★
매듭강도	★★★★★
난이도	중급

1 쇼크리더를 먼저 3회 감는다.

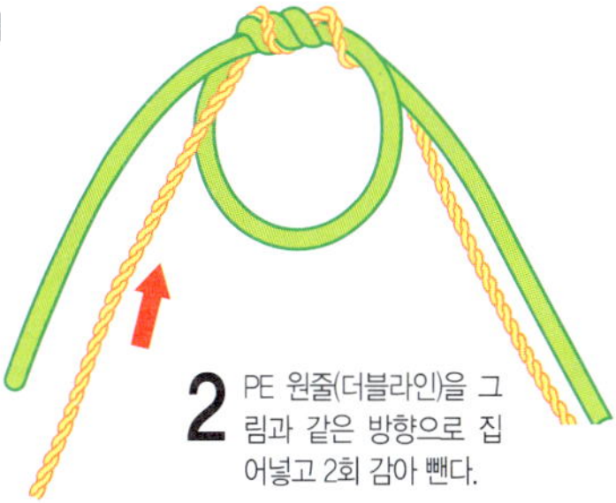

2 PE 원줄(더블라인)을 그림과 같은 방향으로 집어넣고 2회 감아 뺀다.

3 쇼크리더와 원줄을 나란히 겹쳐 잡고 천천히 당겨 쇼크리더를 조여준다. 이때 원줄(더블라인)이 매듭 속에서 직선이 되도록 주의한다.

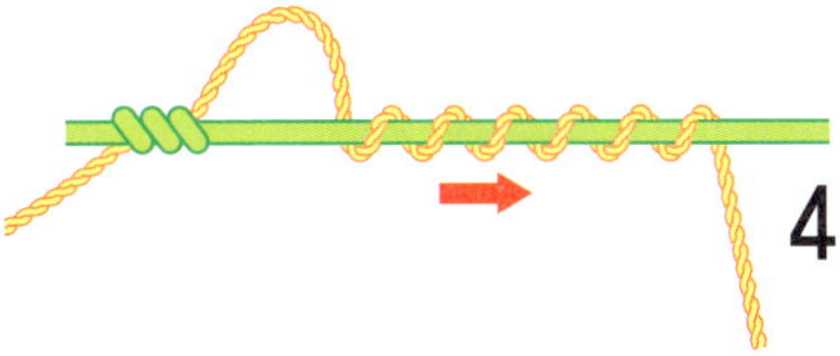

4 원줄(더블라인)의 끄트머리 쪽을 여유 있게 당겨 빼고 그림과 같이 손가락이 들어갈 정도의 큰 고리를 만든 후 쇼크리더 위에 5~6회 감는다.

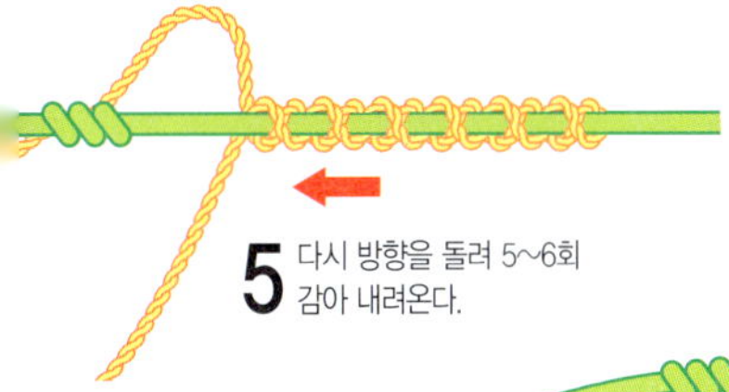

5 다시 방향을 돌려 5~6회 감아 내려온다.

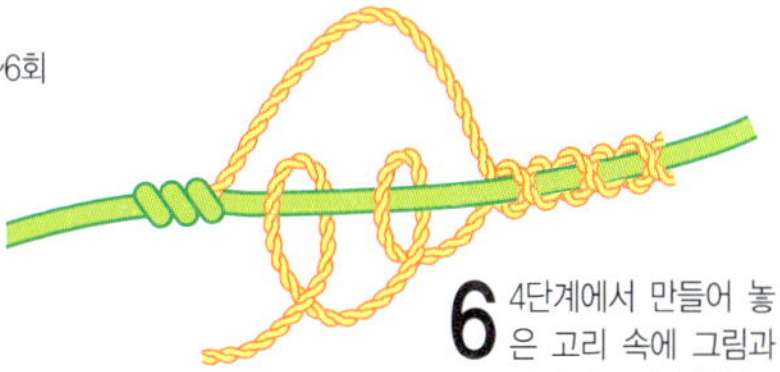

6 4단계에서 만들어 놓은 고리 속에 그림과 같이 하프히치 형식으로 두 번 매듭짓는다.

7 매듭을 조이기 전에 전체적으로 물이나 침을 발라 적셔주고 각각의 방향을 천천히 당겨 조이기 시작한다. 최후에 완전히 조여지도록 강하게 당겨준다.

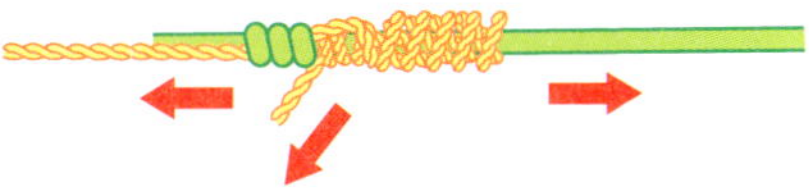

8 자투리를 잘라내고 단면을 라이터로 살짝 지져주면 완성.

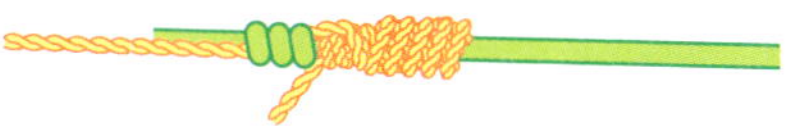

〈참고〉

❶ 쇼크리더의 자투리를 잘라내고 단면을 라이터로 살짝 지져 주어야 PE 라인의 손상을 미연에 방지할 수 있다.

❷ 매듭을 조여주기 전에 쇼크리더 위에 감긴 PE 줄에 침이나 물을 적당히 발라 주어 마찰열에 의한 강도 저하를 막도록 한다.

개량 피셔맨즈 노트

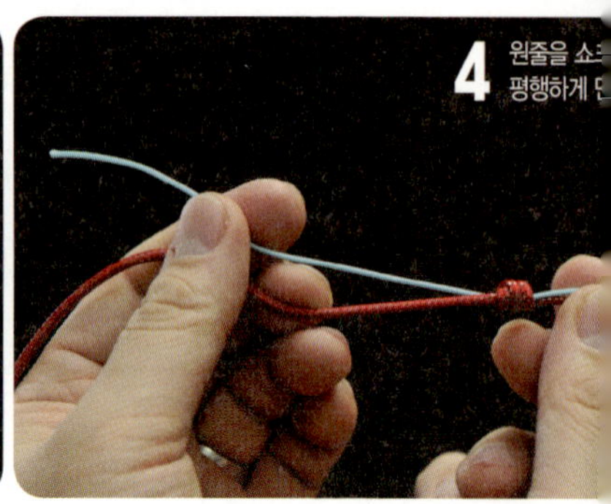

여유 공간을 확실 하게 해주세요

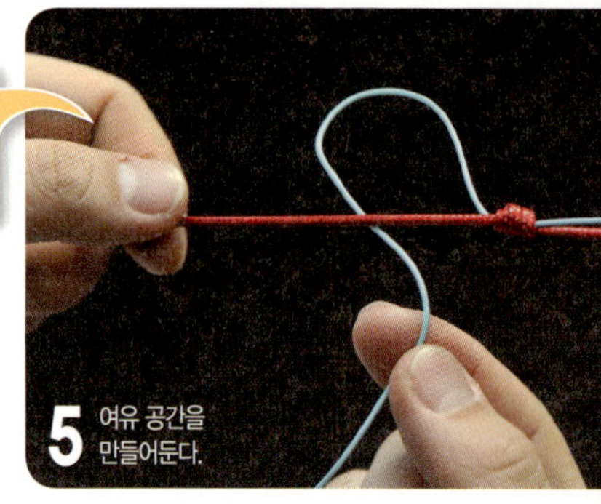

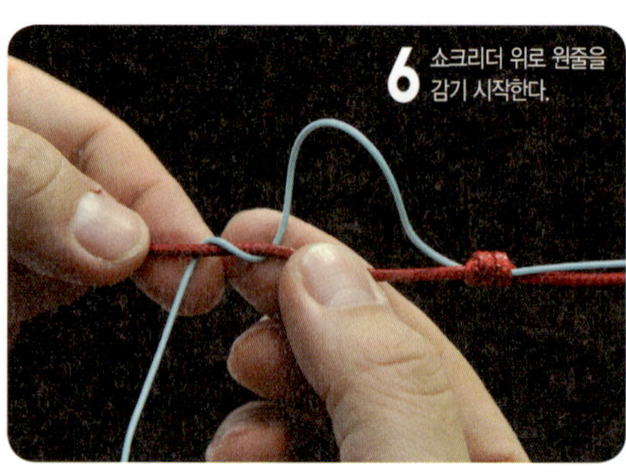

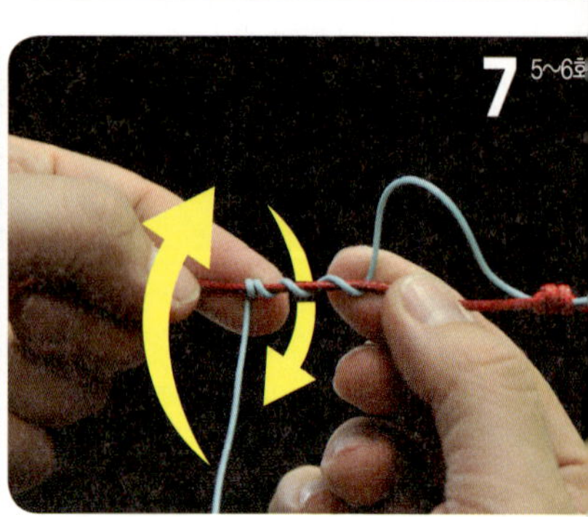

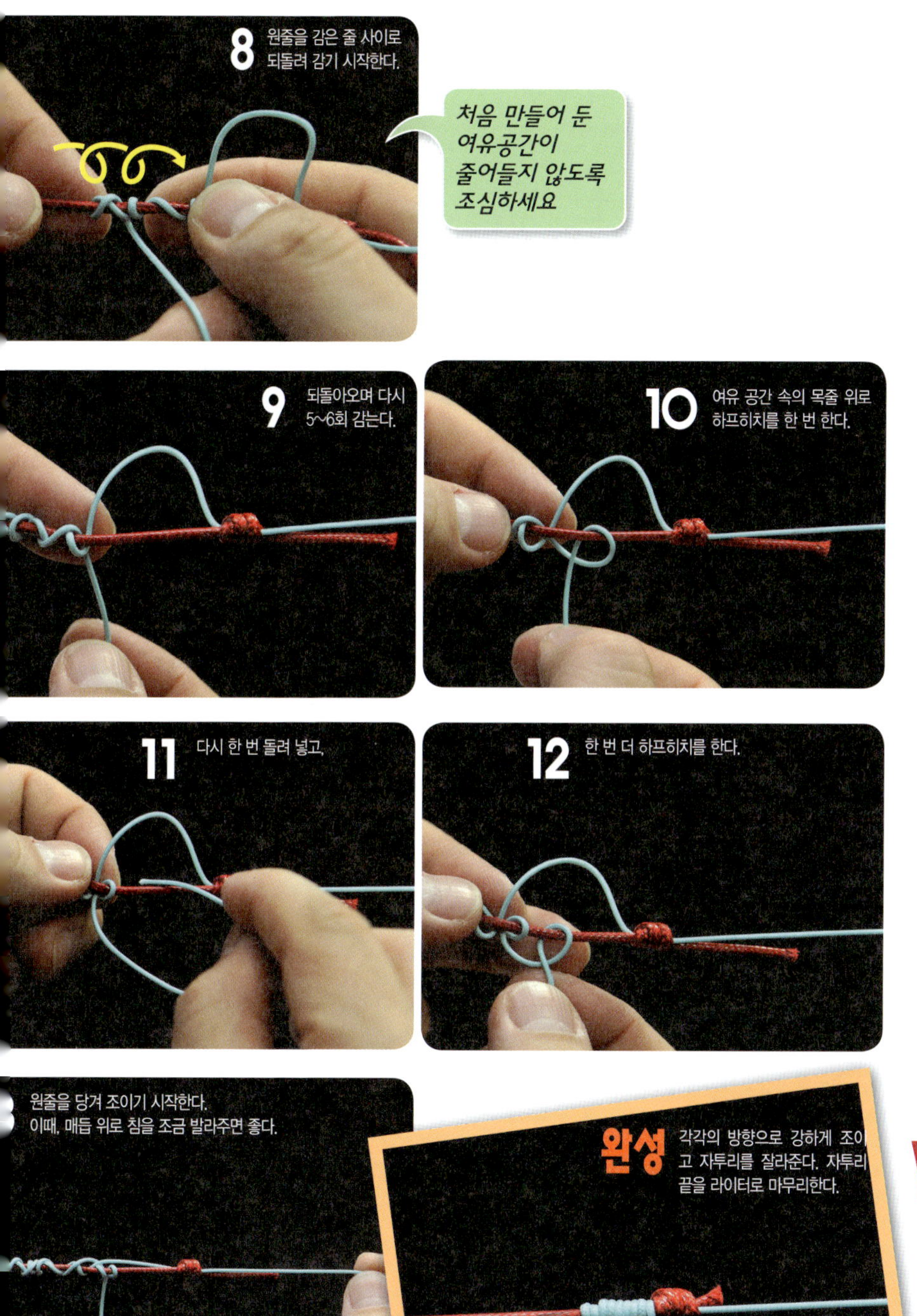

8 원줄을 감은 줄 사이로 되돌려 감기 시작한다.
처음 만들어 둔 여유공간이 줄어들지 않도록 조심하세요
9 되돌아오며 다시 5∼6회 감는다.
10 여유 공간 속의 목줄 위로 하프히치를 한 번 한다.
11 다시 한 번 돌려 넣고,
12 한 번 더 하프히치를 한다.
원줄을 당겨 조이기 시작한다.
이때, 매듭 위로 침을 조금 발라주면 좋다.
완성 각각의 방향으로 강하게 조이고 자투리를 잘라준다. 자투리 끝을 라이터로 마무리한다.

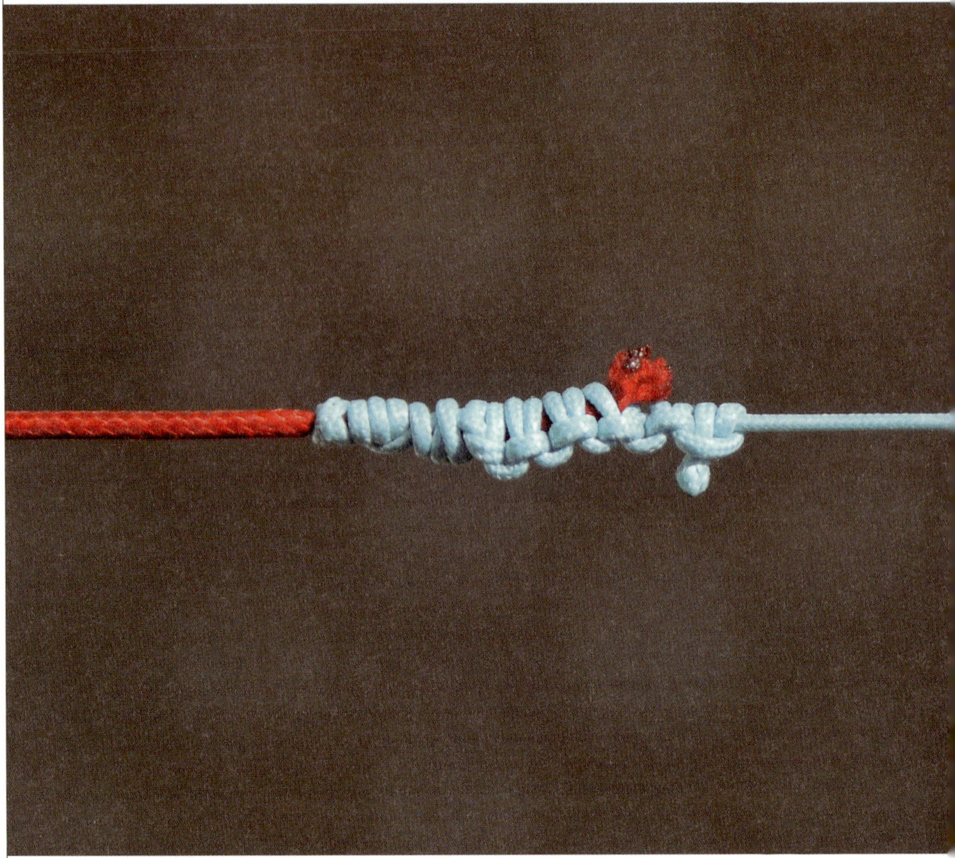

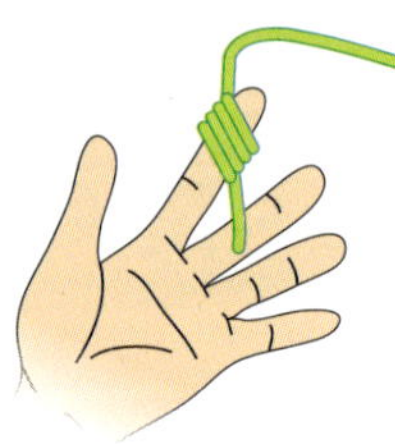

1 왼손 검지 첫째 마디에
PE 라인(원줄)을 10~12
회 감아놓는다.

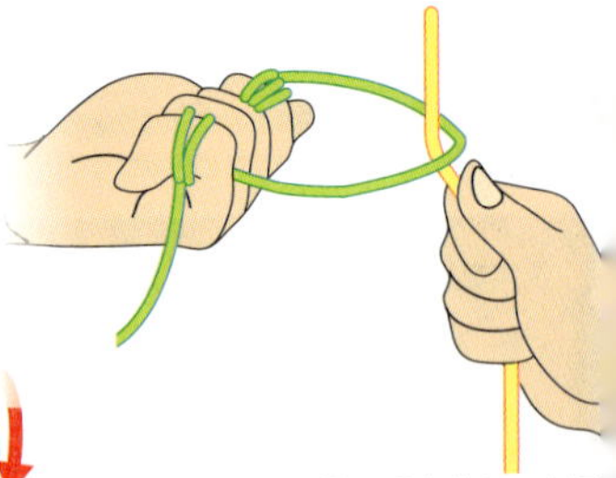

2 20cm 정도 거리를 두고 그림
과 같이 새끼손가락에 다시
3~4회 감는다. 감는 횟수를 조
정하여 검지 사이의 루프 크기
를 조절할 수 있다.

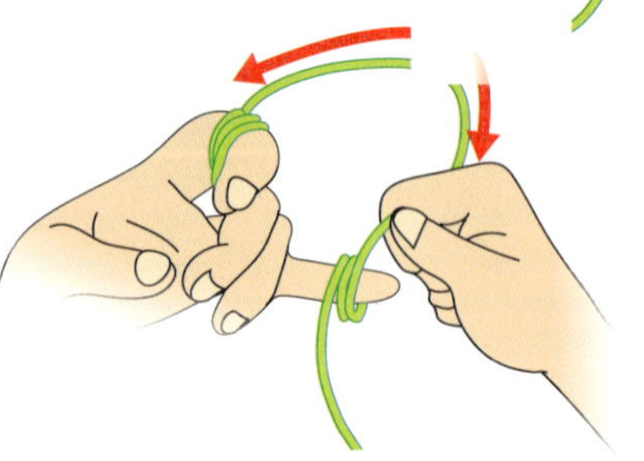

3 오른손에 쇼크리더를
고 왼손은 손바닥을
로 한 채 루프 속으로
는다. 꼬아가기 시
는 단계로 들어간다.

FG 노트

PE 라인과 쇼크리더를 연결하는 매듭이 없는 마찰계 연결법의 대표적인 방법이다. FG 노트는 일본의 시다 타카시(志田 崇)씨가 고안한 것으로 알려져 있으며 사용하는 사람마다 끝 마무리를 조금씩 달리하는 변형 형태가 계속 등장하고 있다.

낚싯줄의 강도가 약해지지 않는다는 장점이 있지만, 묶는 데 시간이 걸리는 점, 익숙하지 않다면 풀려버릴 우려가 있는 점이 단점으로, 실전에 사용하기에 앞서 충분한 연습을 요한다. 인기가 높아지면서 FG 노트를 간단히 할 수 있도록 도와주는 기구도 등장하는 등 쓰임새는 날로 넓어져가고 있다.

. PE 라인과 일반 목줄(쇼크리더)의 연결에 사용하는 매우 강력한 마찰계 연결법이다.

. PE 원줄을 사용하는 낚시의 쇼크리더 연결법 중 가장 주목받고 있는 방법이다.

. PE 원줄을 바로 목줄에 연결하는 방법으로 더블라인 제작 등 복잡한 라인시스템의 사전 준비 · 필요 없다.

. 대물을 상대하는 바다 루어낚시(지깅, 보트 캐팅)를 위해 고안되었다.

. 연결부에 매듭이 없으므로 인장강도의 저하가 의 없고, 캐스팅 시 가이드 통과가 자연스럽고 격에 의한 손상도 거의 없다.

중요도	★★★★
매듭강도	★★★★★
난이도	고급

4 오른손으로 PE 라인과 쇼크리더가 겹치는 부분을 꽉 잡는다.

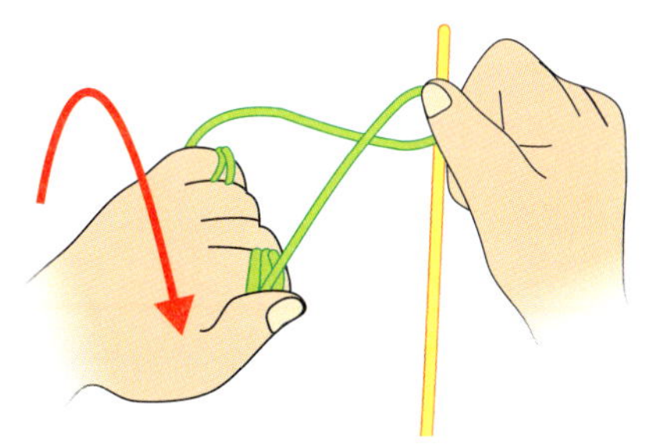

5 왼손을 앞쪽으로 180도 돌린다. 이때 루프를 느슨하게 하지 말고 항상 장력을 유지토록 하여야 한다.

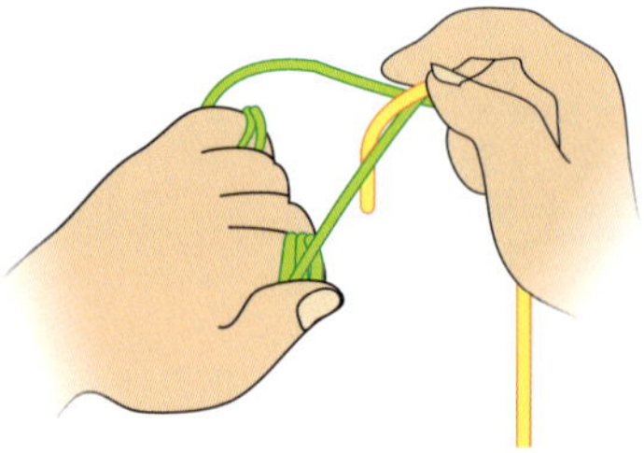

6 이번에는 PE 원줄 루프 속으로 쇼크리더를 위에서 아래로 넣는다.

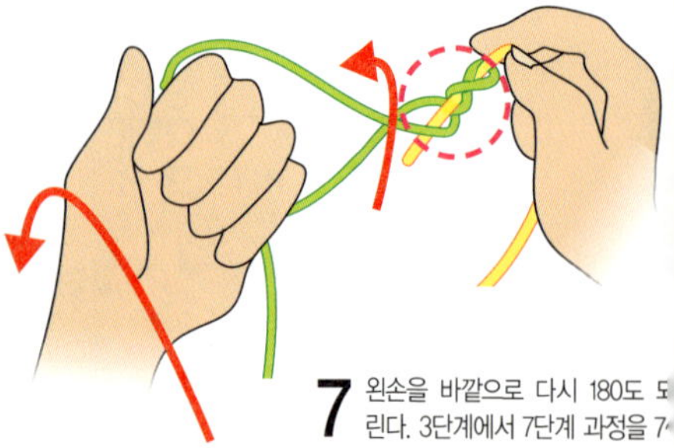

7 왼손을 바깥으로 다시 180도 도린다. 3단계에서 7단계 과정을 7회 반복한다.

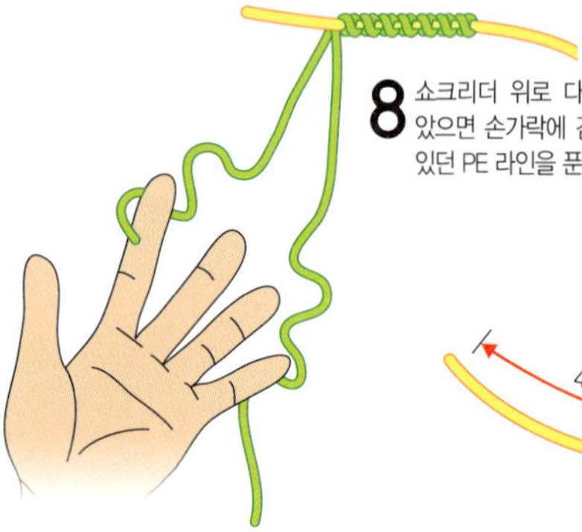

8 쇼크리더 위로 다 감았으면 손가락에 감겨 있던 PE 라인을 푼다.

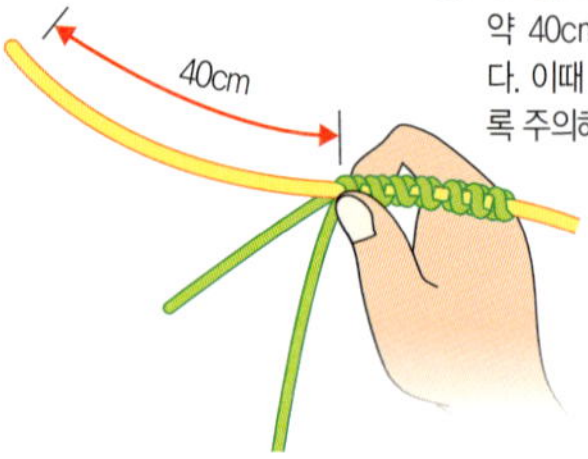

9 촘촘히 감긴 부분을 단단히 잡고 쇼크리더 위로 약 40cm 이상 이동시킨다. 이때 흐트러지지 않도록 주의해야 한다.

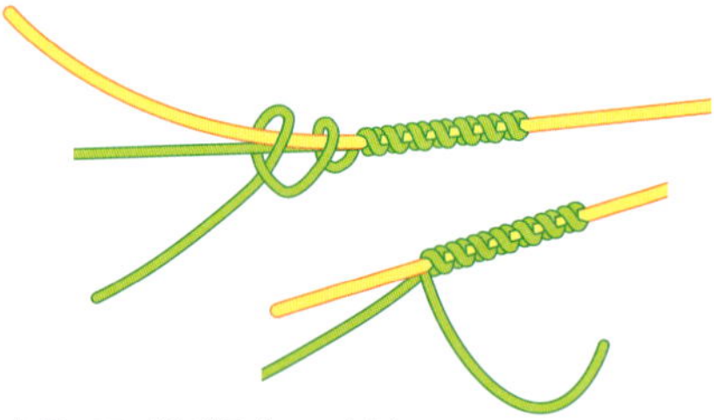

10 PE 라인 원줄과 끄트머리가 쇼크리더에서 풀려나가지 않도록 동시에 단단히 잡고, PE라인 끄트머리를 이용해 하프히치를 1회 한다.

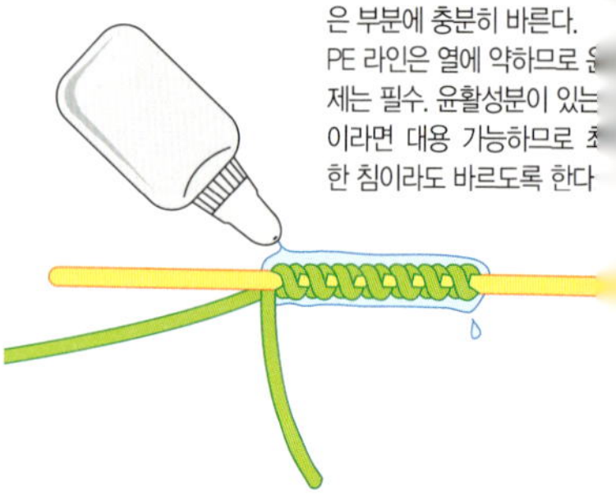

11 당겨 조이는 과정을 시작한 먼저 실리콘 윤활제를 꼬인 부분에 충분히 바른다. PE 라인은 열에 약하므로 도제는 필수. 윤활성분이 있는 이라면 대용 가능하므로 한 침이라도 바르도록 한다

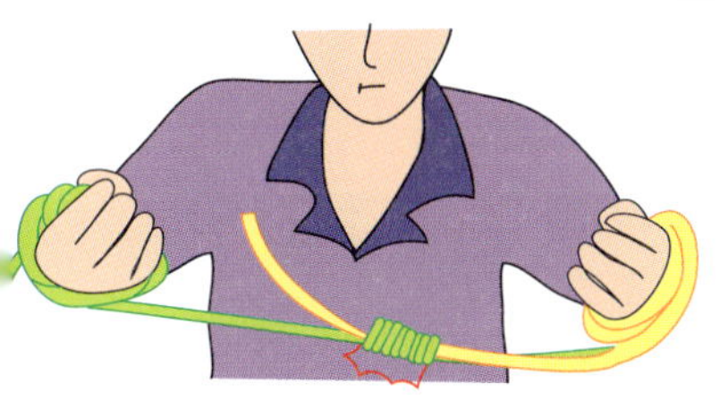

12 양손에 가죽장갑이나 고무보호대를 착용, 오른손에는 PE 라인 본줄을, 왼손에는 쇼크리더 본줄과 PE 자투리를 잡고서 단번에 조인다. 이때 움직이지 않도록 한다.

14 PE 라인 본줄과 끄트머리에 윤활제를 발라두고, 하프히치를 시작한다. 하프히치도 가죽장갑이나 고무 보호대를 착용하고 한 번씩 강하게 해나가야 한다. 강한 하프히치로 인해 강도가 점차 향상되는 것이다. 먼저, 쇼크리더 본선을 오른쪽 발등에 감아 직선으로 팽팽히 한 후, 왼손으로 PE 라인과 쇼크리더 끄트머리를 같이 잡고 그 위로 하프히치를 한다. 횟수는 20회.

13 입에 PE 라인의 끄트머리, 오른손에 PE 라인 본줄, 오른손에 쇼크리더 본줄을 잡고 있는 힘을 다해 당긴다. 꼬인 부분의 PE 라인 색상이 진하게 바뀔 때까지 당겨 조여야 한다. 이때 손을 다칠 수 있으므로 가죽장갑이나 고무로 만든 보호대를 두 손에 착용하는 것이 좋다.

15 이번에는 PE 라인 본선 위로만 하프히치를 한다. 횟수는 6회. 이것은 쇼크리더의 끄트머리와 원줄의 마찰로 인한 손상을 막기 위한 것이다.

16 하프히치가 끝나면 안돌리기로 4회 매듭을 지어 풀리는 것을 방지한다.

17 PE 라인과 쇼크리더의 끄트머리를 각각 3mm 정도 남기고 잘라낸 뒤 단면을 라이터로 지져서 완성. 라이터로 지질 때는 연결부에 열기가 닿지 않도록 주의해야 한다.

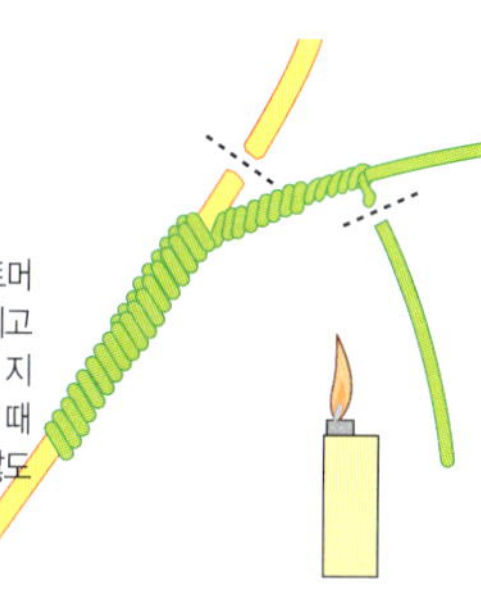

〈참고〉

❶ 연결과정 중 PE 라인을 조일 때 윤활제가 필요하다. 최소한 입으로 물어 침이라도 발라야 한다.

❷ 과정 중 조일 때는 상당히 강한 힘이 필요하므로 필히 가죽장갑이나 고무로 만든 전용 도구를 사용한다. 강하게 조이지 못하면 원하는 강도가 나타나지 않는다.

❸ 익숙해지기 전에는 연결에 시간이 많이 걸린다. 현장에서 익숙하게 해낼 자신이 없다면 출조 전에 미리 예비 스풀까지 목줄 연결을 끝내두는 편이 좋다.

FG 노트

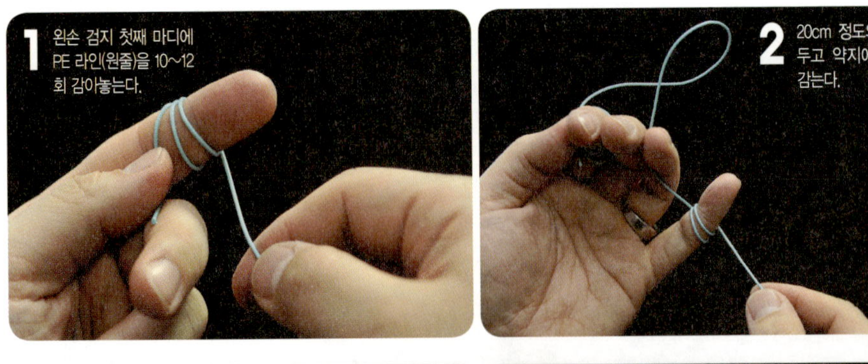

1 왼손 검지 첫째 마디에 PE 라인(원줄)을 10~12회 감아놓는다.

2 20cm 정도의 거[리]를 두고 약지에 3~[?] 감는다.

3 감는 횟수를 조정하여 루프의 크기를 조절할 수 있다.

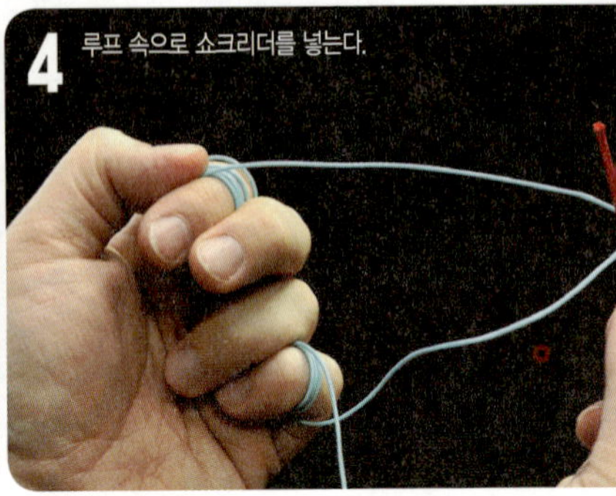

4 루프 속으로 쇼크리더를 넣는다.

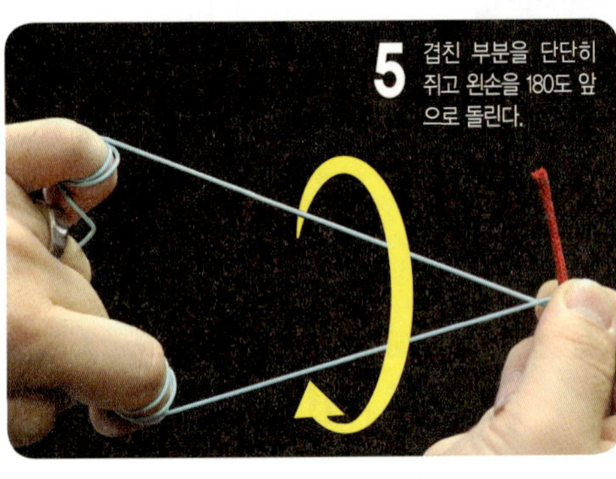

5 겹친 부분을 단단히 쥐고 왼손을 180도 앞으로 돌린다.

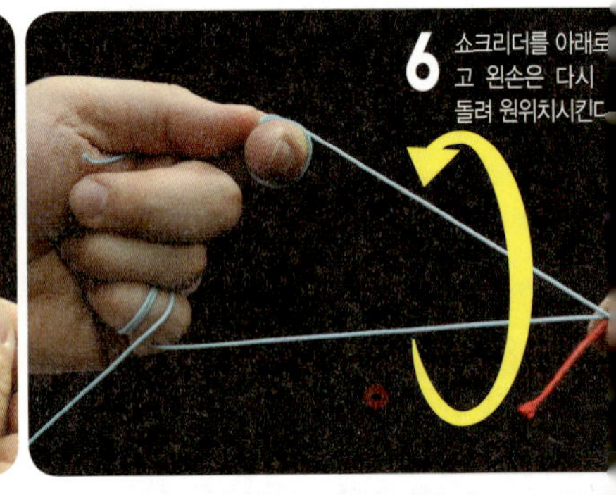

6 쇼크리더를 아래로 [하]고 왼손은 다시 돌려 원위치시킨[다]

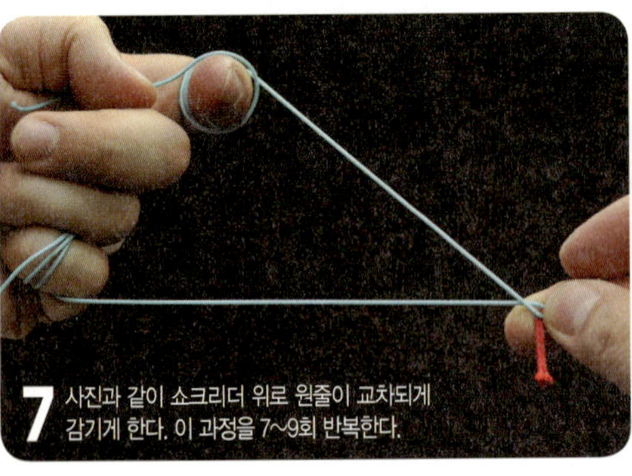

7 사진과 같이 쇼크리더 위로 원줄이 교차되게 감기게 한다. 이 과정을 7~9회 반복한다.

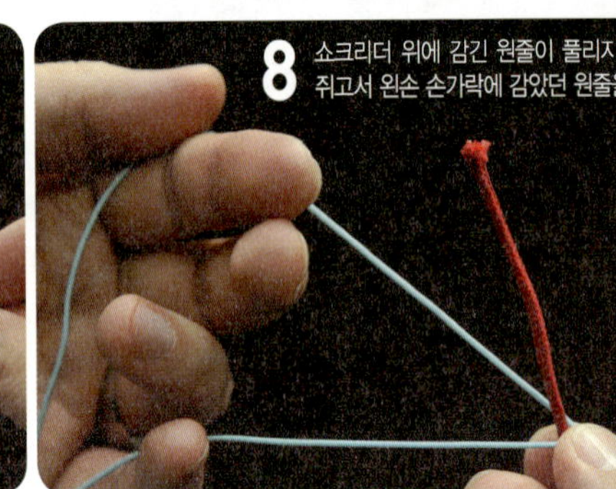

8 쇼크리더 위에 감긴 원줄이 풀리지 [않게] 쥐고서 왼손 손가락에 감았던 원줄을

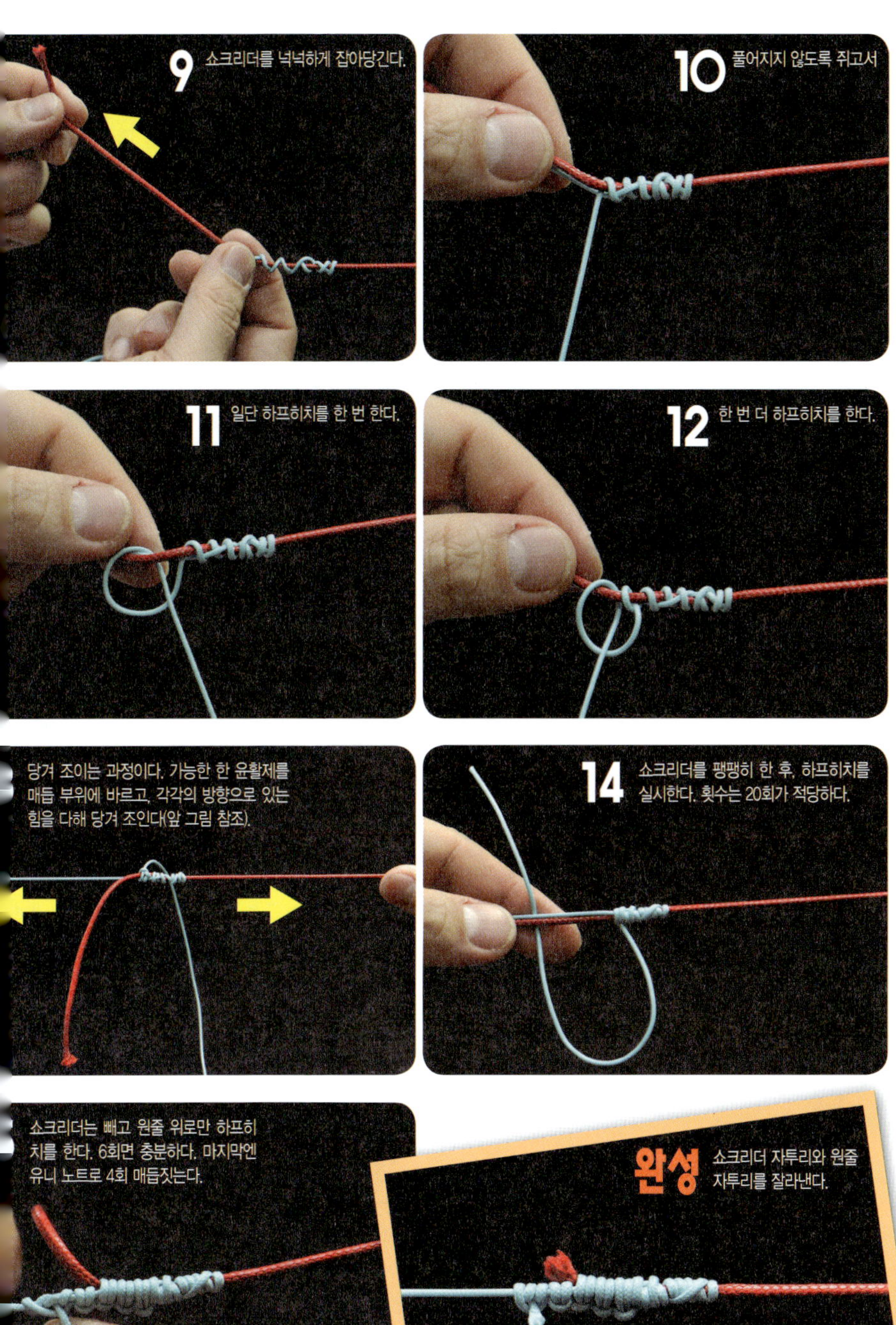

9 쇼크리더를 넉넉하게 잡아당긴다.
10 풀어지지 않도록 쥐고서
11 일단 하프히치를 한 번 한다.
12 한 번 더 하프히치를 한다.
당겨 조이는 과정이다. 가능한 한 윤활제를 매듭 부위에 바르고, 각각의 방향으로 있는 힘을 다해 당겨 조인대(앞 그림 참조).
14 쇼크리더를 팽팽히 한 후, 하프히치를 실시한다. 횟수는 20회가 적당하다.
쇼크리더는 빼고 원줄 위로만 하프히치를 한다. 6회면 충분하다. 마지막엔 유니 노트로 4회 매듭짓는다.
완성 쇼크리더 자투리와 원줄 자투리를 잘라낸다.

Part2 낚싯줄 연결법 ⑯ – PE+목줄

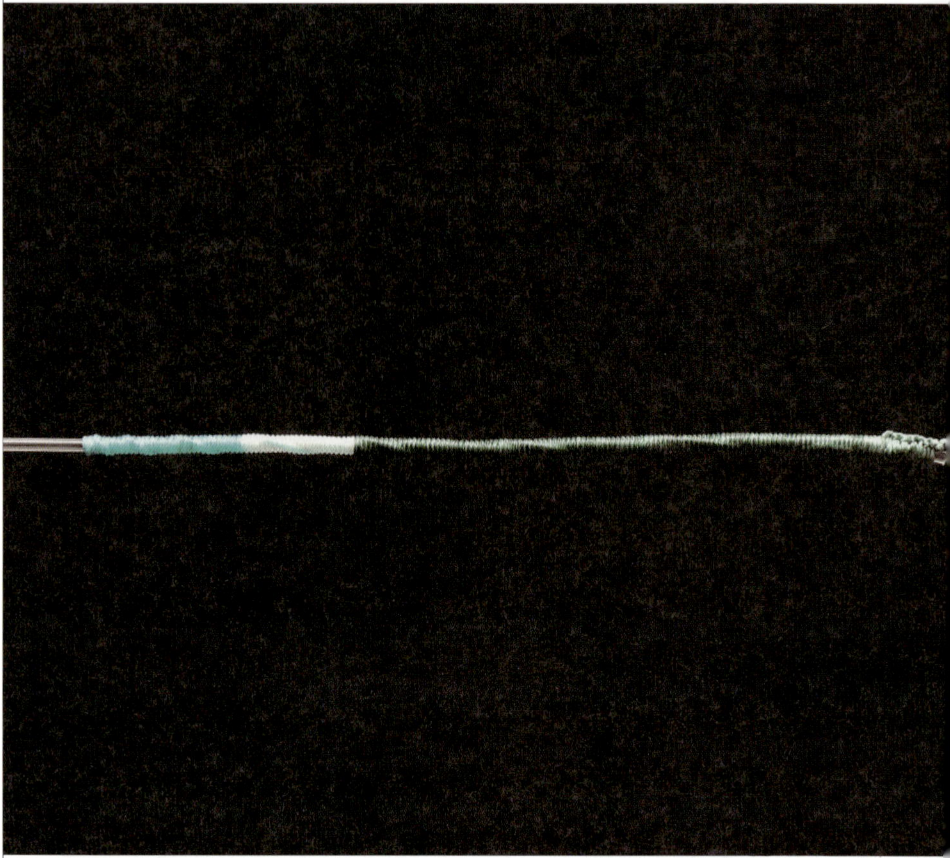

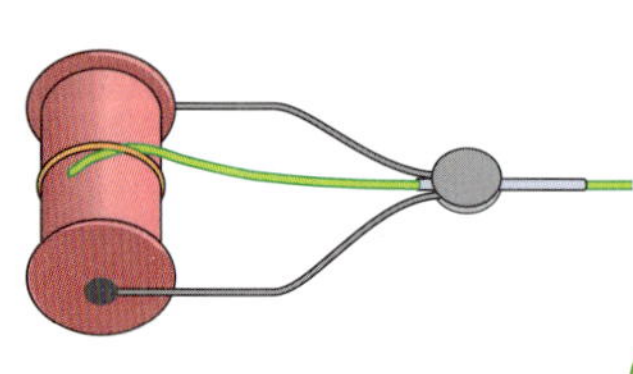

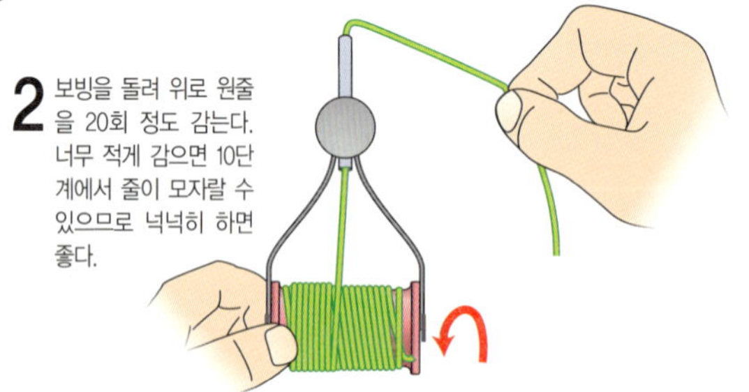

1 PE 라인(원줄)을 보빙홀더의 입구로 집어넣는다. 통과된 원줄을 빠져나가지 않도록 보빙 위에 고무줄로 고정하거나 테이프로 고정시킨다.

2 보빙을 돌려 위로 원줄을 20회 정도 감는다. 너무 적게 감으면 10단계에서 줄이 모자랄 수 있으므로 넉넉히 하면 좋다.

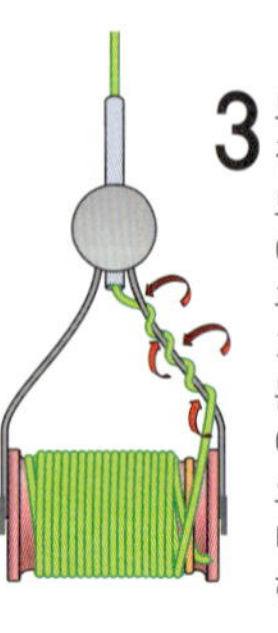

3 보빙에서 보빙홀더 잠시 떼어 그림과 같 보빙홀더의 한쪽 다 에 원줄을 5~6회 감 후 다시 끼운다. 원줄 기에 따라 가감한다. 는 이유는 10단계 고 에서 단단히 강한 장 으로 감기게 하기 위 더 빡빡하게 풀리도 하기 위해서다.

PR 노트

PR 노트는 마찰계 연결법의 하나로 고강도의 최신식 접속방법이다. 오늘날 지깅에 사용하는 PE 원줄과 쇼크리더의 연결은 PR 노트가 대세라 할 수 있다. 일본 나가사키에 있는 아웃도어용품점 팩랫의 점장 하라다(原田)씨가 처음 고안하고, 어부이자 지깅 전문 가이드인 이와자키(岩崎) 선장이 무거운 보빙의 사용을 도입하여 정립한 마찰계 연결법이다. 다른 방법과는 달리 금속제 보빙과 보빙홀더가 없으면 실시할 수 없다. 대신 도구를 사용하므로 간편하고 빠르게 연결할 수 있고 강도가 매우 뛰어나 순식간에 지깅 낚시인들 사이에 퍼져 나갔다.

. PE 라인과 두꺼운 쇼크리더(목줄)를 연결하는 최신 방법. 부시리나 방어를 노리는 지깅, 생미기 흘림낚시용으로 개발되었으며 궁극적인 최강 마찰계 연결법으로 인정받고 있다.

. 다른 마찰계 연결법과 달리 원줄을 강하게 잡아당기거나 하는 과정이 없으므로 힘도 들지 않고 PE 라인에 상처가 날 우려도 없다.

. 금속제의 무거운 보빙과 보빙홀더라는 도구를 사용하여야만 한다. 그러나 이 보빙의 원심력으로 인해 균일한 장력으로 감겨지므로 그만큼 간편하고 강도도 보장된다.

. 처음에는 복잡한 듯 보이지만 보빙 사용이 숙되면 매우 간단한 연결법이다.

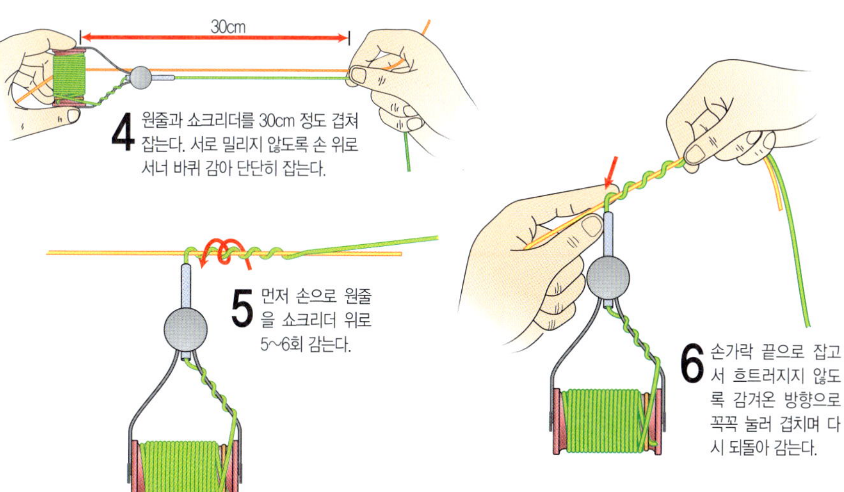

4 원줄과 쇼크리더를 30cm 정도 겹쳐 잡는다. 서로 밀리지 않도록 손 위로 서너 바퀴 감아 단단히 잡는다.

5 먼저 손으로 원줄을 쇼크리더 위로 5~6회 감는다.

6 손가락 끝으로 잡고서 흐트러지지 않도록 감겨온 방향으로 꼭꼭 눌러 겹치며 다시 되돌아 감는다.

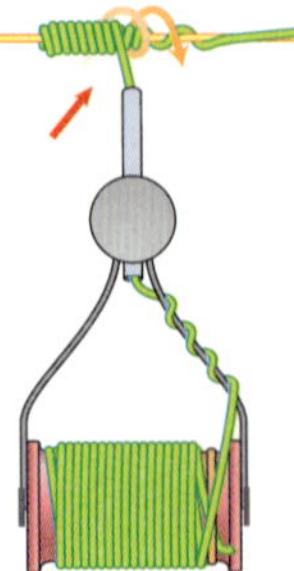

7 3~5회 되돌아 감은 후의 모습이다. 이때, 화살표로 표시한 보빙홀더의 입구에 여유가 없도록 바짝 붙이도록 한다.

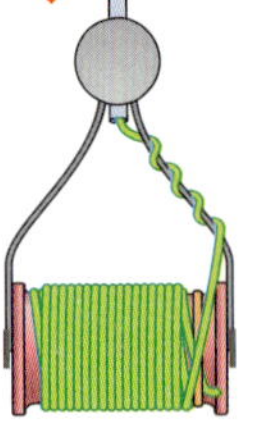

8 보빙홀더의 입구를 바짝 붙인 후 양손으로 원줄과 쇼크리더를 팽팽히 하고 그 위를 보빙의 무게로 회전운동을 시작한다. 양손을 팽팽히 해야 원심력을 이용한 회전 감기가 균일하게 가능하다.

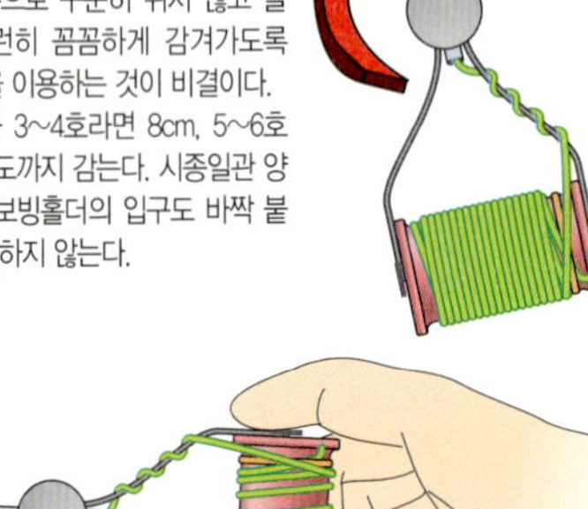

9 흔들흔들 양손으로 꾸준히 쉬지 않고 돌려간다. 가지런히 꼼꼼하게 감겨가도록 한다. 원심력을 이용하는 것이 비결이다. 원줄의 굵기가 3~4호라면 8cm, 5~6호라면 10cm 정도까지 감는다. 시종일관 양손은 팽팽히, 보빙홀더의 입구도 바짝 붙어있어야 실패하지 않는다.

10 끝이 풀리지 않도록 손가락으로 잘 누르고 반대 손으로는 보빙과 보빙홀더를 풀어낸다.

11 감아온 방향을 보고 단단히 하프히치로 한 번 묶는다. 장력을 유지하면서 좌우 교대로 하프히치를 7~8회 한다.

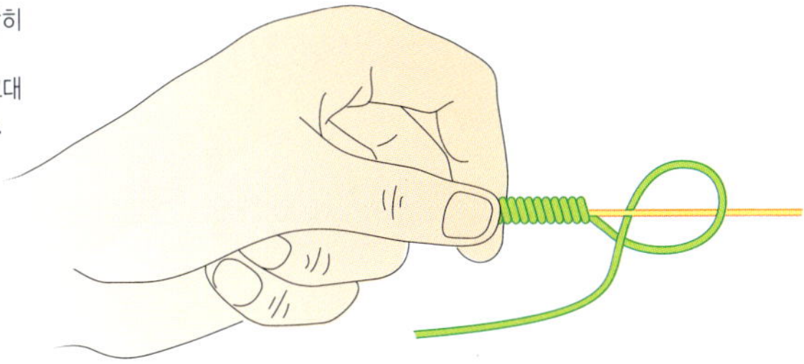

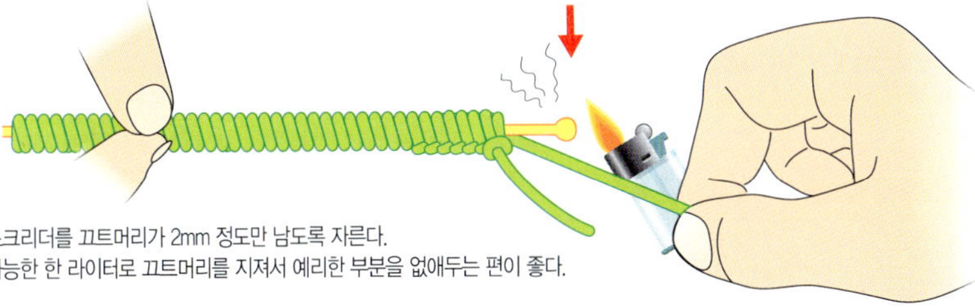

12 쇼크리더를 끄트머리가 2mm 정도만 남도록 자른다. 가능한 한 라이터로 끄트머리를 지져서 예리한 부분을 없애두는 편이 좋다.

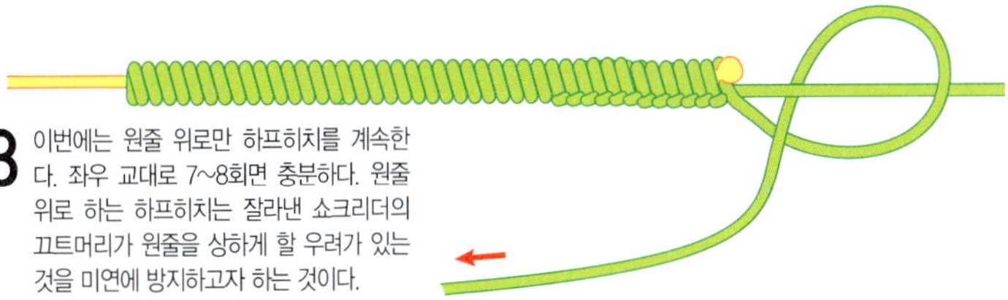

13 이번에는 원줄 위로만 하프히치를 계속한다. 좌우 교대로 7~8회면 충분하다. 원줄 위로 하는 하프히치는 잘라낸 쇼크리더의 끄트머리가 원줄을 상하게 할 우려가 있는 것을 미연에 방지하고자 하는 것이다.

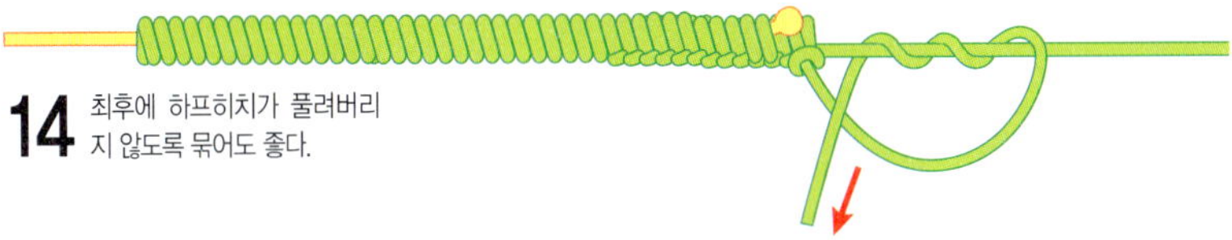

14 최후에 하프히치가 풀려버리지 않도록 묶어도 좋다.

15 자투리를 짧게 자르고 라이터로 살짝 녹인다.

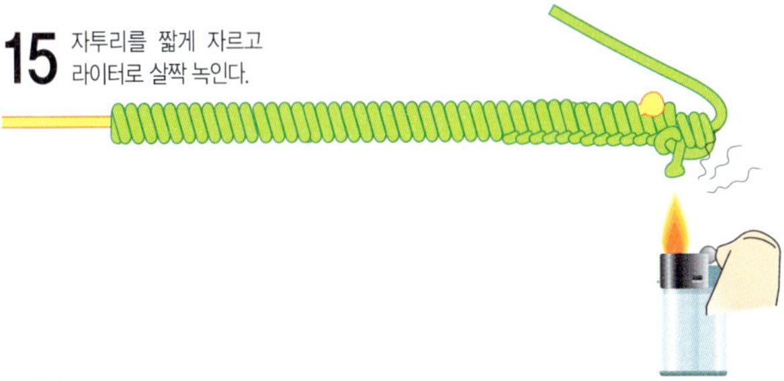

16 완성

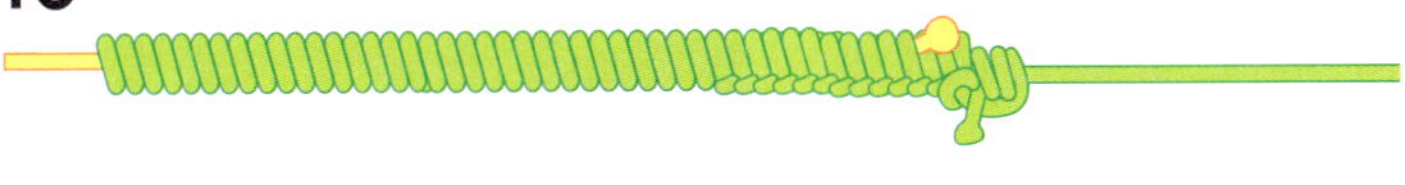

PR 노트

1 전용 보빙 홀더 입구에 원줄을 통과시킨다.

2 통과시킨 원줄을 ...에 고정시키고 2...도 감는다.

3 보빙홀더 다리에 6회 정도 감는다.

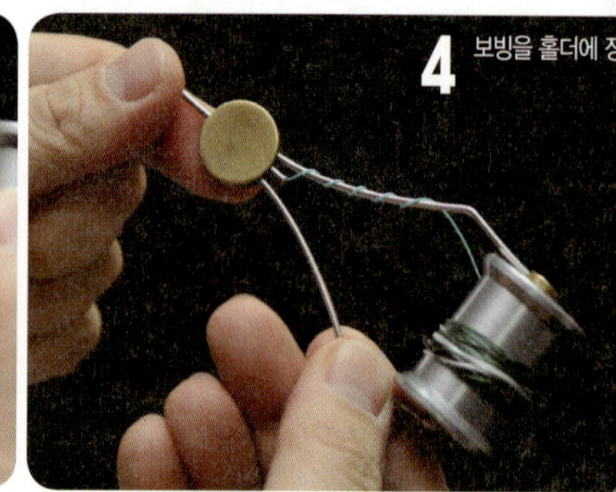

4 보빙을 홀더에 ...

5 쇼크리더 위에 원줄을 겹쳐 쥐고 5～6바퀴 감는다.

6 겹쳐진 쇼크리더와 원줄에 같이 보빙홀더의 입구를 ...고 돌려서 3～5회 감아준다...

7 보빙홀더의 입구가 바짝 붙어 있는지 확인한 후, 낚싯줄의 양쪽을 두 손에 단단히 쥐고 보빙의 원심력을 이용해 돌리기 시작한다. 쉬지 말고 계속 돌려야 한다.

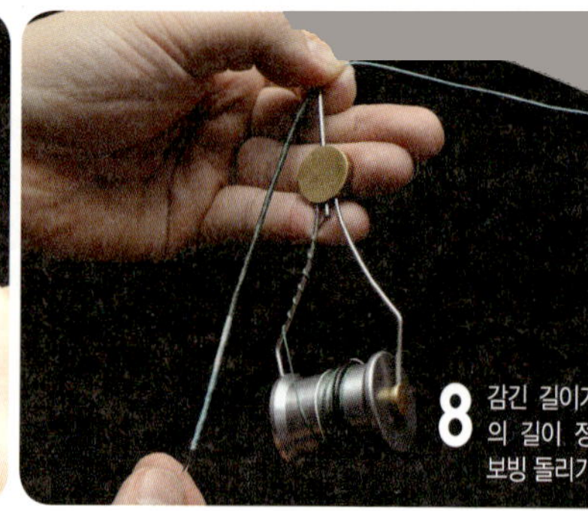

8 감긴 길이가 보...의 길이 정도가...보빙 돌리기를...

보빙을 홀더에서 분리하
고 원줄도 풀어준다.

10 감긴 원줄이 풀어지지 않도록
하프히치를 실시한다.

11 하프히치는 좌우
교대로 7~8회 한다.

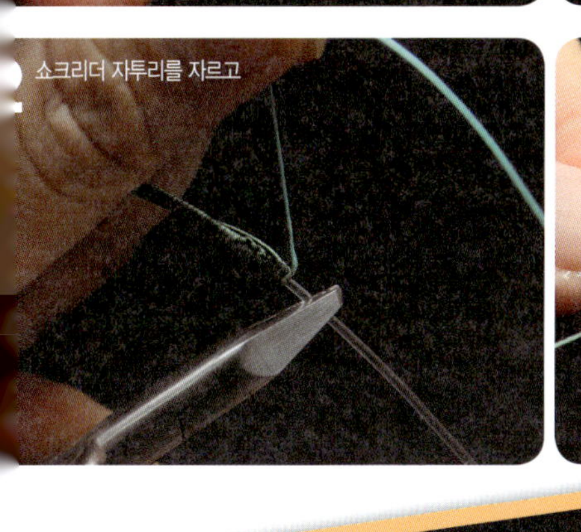
쇼크리더 자투리를 자르고

13 원줄 위에만 하프히치를 7~8회 한다.

완성 자투리를 잘라내고 라이터로
마무리한다.

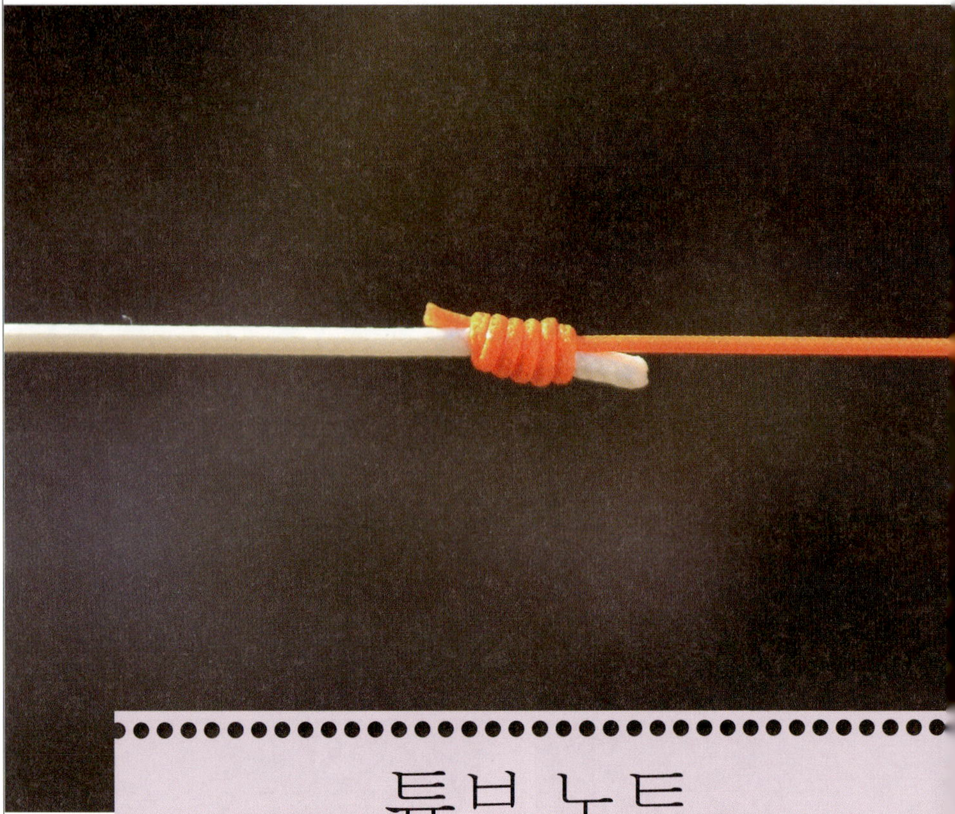

튜브 노트

플라이낚시에서 플라이 라인과 리더라인을 접속하는 전통적인 방법이다. 볼펜심과 같이 생긴 튜브를 사용하기 때문에 튜브 노트라 부르고, 튜브 대신에 못을 사용하기도 해 네일 노트라고도 부른다.

1. 특수한 형태의 원줄이라 할 수 있는 플라이 라인에 리더 라인을 연결하거나 백킹 라인을 연결할 때 전통적으로 사용하는 매듭방법이다.
2. 플라이낚시에서 기초적인 매듭법의 일종이다.
3. 튜브라는 기구를 사용하여 빠르고 간편하게 매듭이 완성된다.
4. 매듭이 작고 깔끔하다.

중요도	★★★
매듭강도	★★★
난이도	간단

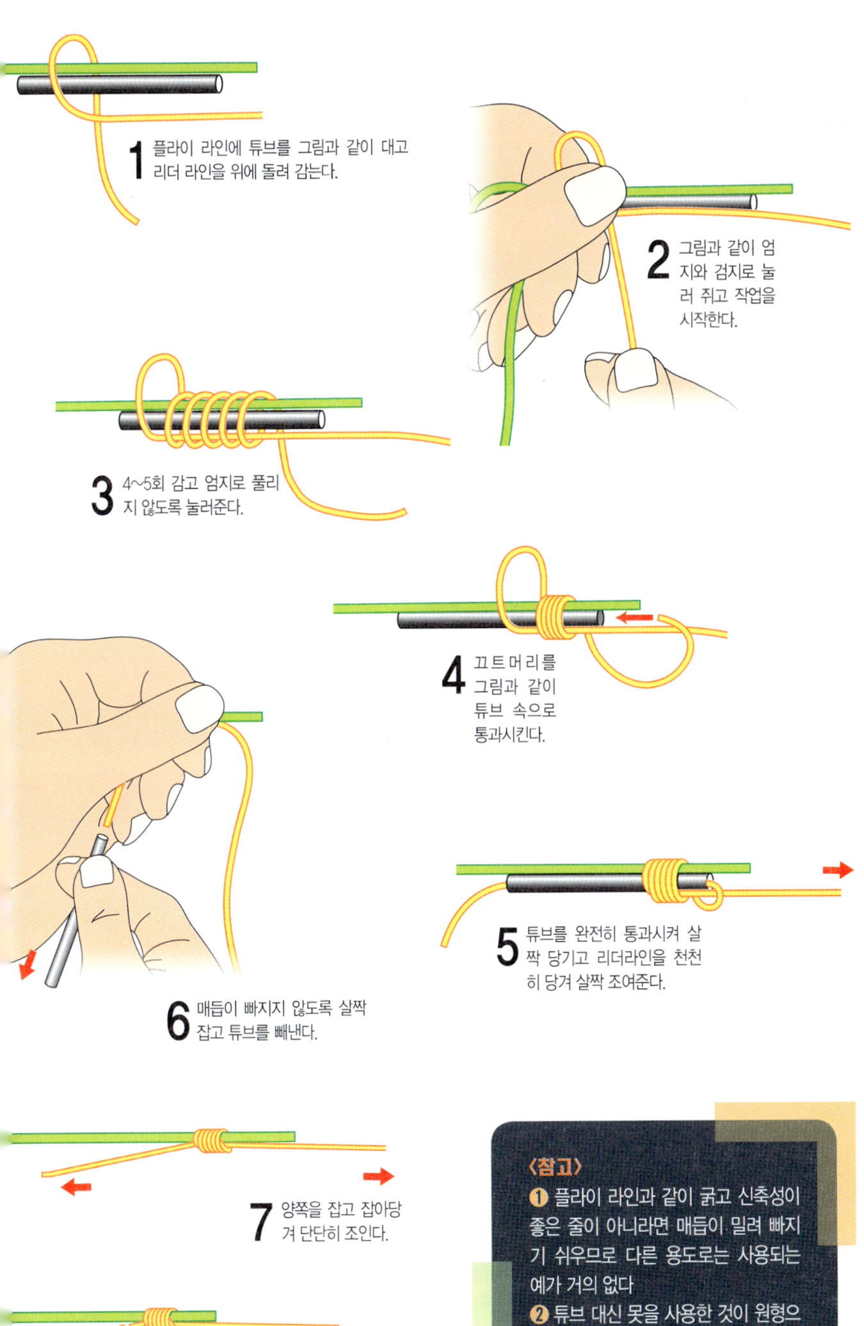

1 플라이 라인에 튜브를 그림과 같이 대고 리더 라인을 위에 돌려 감는다.

2 그림과 같이 엄지와 검지로 눌러 쥐고 작업을 시작한다.

3 4~5회 감고 엄지로 풀리지 않도록 눌러준다.

4 끄트머리를 그림과 같이 튜브 속으로 통과시킨다.

5 튜브를 완전히 통과시켜 살짝 당기고 리더라인을 천천히 당겨 살짝 조여준다.

6 매듭이 빠지지 않도록 살짝 잡고 튜브를 빼낸다.

7 양쪽을 잡고 잡아당겨 단단히 조인다.

8 리더 라인 자투리를 잘라내고 완성.

〈참고〉
❶ 플라이 라인과 같이 굵고 신축성이 좋은 줄이 아니라면 매듭이 밀려 빠지기 쉬우므로 다른 용도로는 사용되는 예가 거의 없다
❷ 튜브 대신 못을 사용한 것이 원형으로 네일 노트라는 이름이 원조이다.

튜브 노트

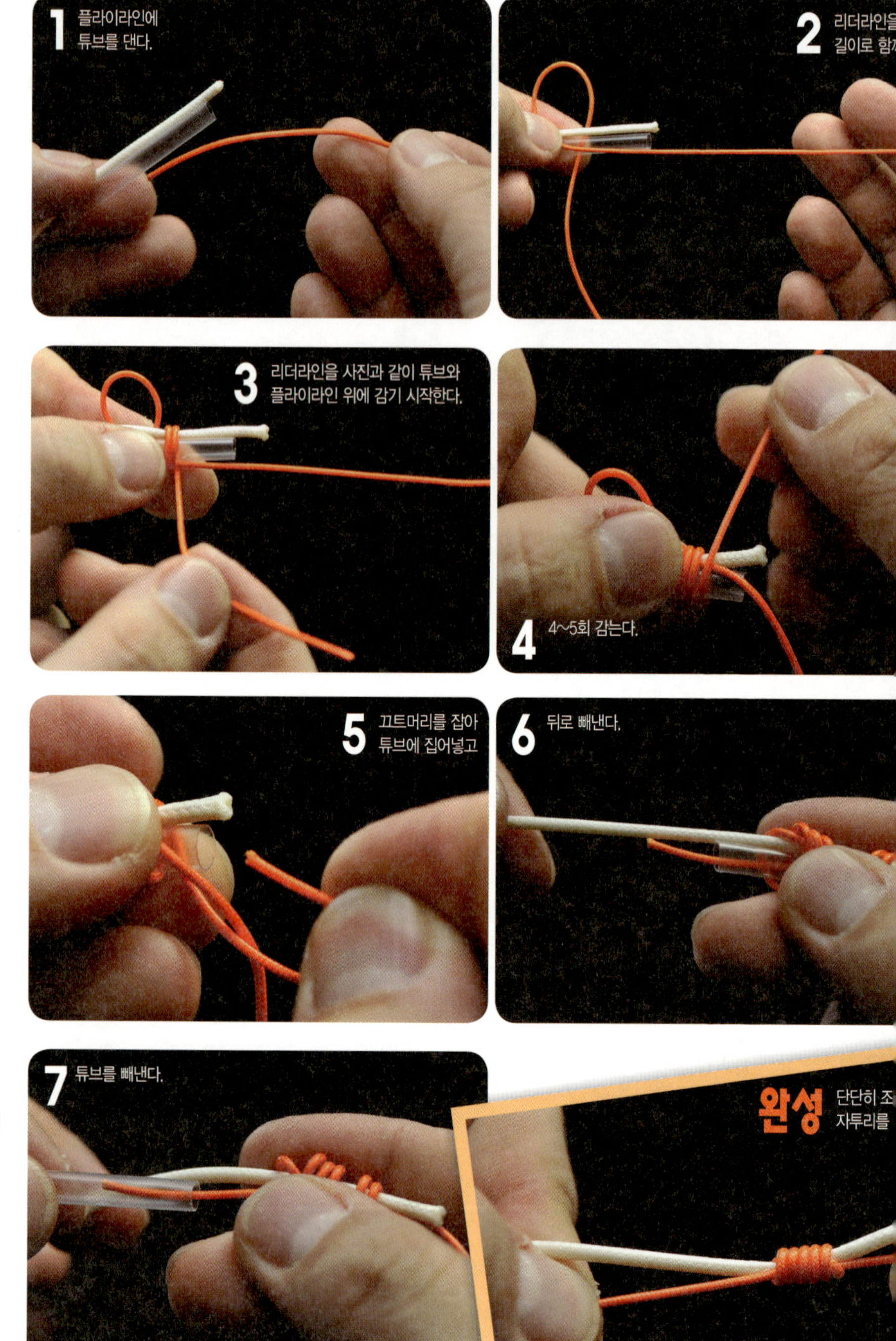

1 플라이라인에 튜브를 댄다.
2 리더라인을 길이로 함께
3 리더라인을 사진과 같이 튜브와 플라이라인 위에 감기 시작한다.
4 4~5회 감는다.
5 끄트머리를 잡아 튜브에 집어넣고
6 뒤로 빼낸다.
7 튜브를 빼낸다.
완성 단단히 조 자투리를

라인시스템의 양대 줄기
더블라인계 vs 마찰계

더블라인(Double line)

더블라인은 이름 그대로 두 줄을 겹친 2중 낚싯줄을 말한다. 더블라인의 목적은 가는 원줄을 굵은 쇼크 리더에 연결할 때 원줄이 매듭부위에서 끊어져버리는 것을 예방함에 있다. 원줄을 이중으로 겹쳤으므로 강도가 2배 높아져 매듭을 지어도 집중되는 힘에 견딜 수 있고 또한, 쇼크 리더와의 굵기 차이도 어느 정도 해소되어 매듭을 짓는 데 편리해진다. 더욱이 PE 라인과 같이 마찰에 약한 원줄의 결점을 보완하는 역할도 한다.

더블라인의 길이는 용도에 따라 짧게는 수cm에서 길게는 1m 이상까지 만들기도 한다. 더블라인을 만드는 방법은 여러 가지가 있지만 주로 '비미니 트위스트(본문 90쪽 참조)'를 사용한다.

최근에는 바다루어낚시에서 원줄과 쇼크 리더의 접속에 무매듭 '마찰계 연결법'이 주류를 이루면서 더블라인의 활용 빈도는 절반으로 줄어들었다.

마찰계 연결법

낚싯줄과 낚싯줄의 연결은 대부분 매듭에 의한 연결이 그 대표적인 형태이지만, 매듭으로 인해 필연적으로 나타나는 인장강도의 저하는 피할 수 없다. 매듭방법이 다양한 이유의 하나는 이와 같은 매듭강도의 저하를 최소한으로 하기 위한 시행착오의 과정으로 보아도 과언이 아니다.

특히 1990년대에 최초로 사용되기 시작한 PE 라인은 낚싯줄의 매듭에 많은 변화를 불러왔다. PE 라인은 신축성이 없는 특성상 매듭강도의 저하가 크고 또한 표면이 매끄러워 매듭이 밀려 풀어져버린다는 단점을 갖고 있다. 지깅과 같은 바다의 대물 루어낚시에 있어서 대부분이 PE 라인을 원줄로 사용하고 여기에 나일론이나 플로로카본 재질의 목줄(쇼크리더)을 적당한 길이만큼 이어 달아 사용하고 있다. 그러나 전부터 일반적으로 알려진 연결법(매듭법)으로는 강도를 보장받을 수도 없고 쉽게 풀어져 버리는 단점을 피할 수 없었다. 이에 PE 라인 전용으로 개발된 매듭법이 속속 등장하였는데, 처음에는 기존의 매듭법을 유지하면서 PE 라인이 밀려 풀어지지 않도록 개량한 형태가 대부분이었다.

그러다가 등장한 것이 매듭 없이 낚싯줄을 서로 연결하는 '마찰계 연결법'이다. 마찰계 연결법은 두 낚싯줄이 서로 얽혀 매듭을 만들어 고정되는 것이 아니라 서로 접촉면적을 늘려 마찰력만으로 인장강도를 유지하는 방법이다. 마찰계 연결법의 최대 장점은 매듭이 없으므로 매듭에 의한 강도 저하가 전혀 없어 낚싯줄의 고유 강도를 거의 유지할 수 있다는 점이다. 마찰계 연결법도 여러 가지 형태가 등장하였으나 시행착오를 거치면서 가장 효율적이고 발전된 형태만이 남았다. 현제 사용되는 마찰계 연결법은 FG노트, PR노트 등이 있다.

니들 노트

플라이낚시의 필수 매듭의 한 가지로서 튜브 노트(네일 노트)의 발전형이라고 보아도 좋다. 바늘을 사용하기 때문에 니들 노트(Needle knot)라는 이름이 붙었는데, 그 내용은 튜브 노트와 대동소이하여 니들 네일 노트로도 부르고 있다. 최근에는 전용 니들이 고안 판매되고 있어서 더욱 편리하고 빠르게 묶을 수 있게 되었다.

1. 플라이 라인과 리더 라인 또는 플라이 라인과 백킹 라인을 접속하는 방법 중 한 가지다.

2. 일반적인 튜브 노트(네일 노트)를 대체하는 발전된 연결 매듭방법이다.

3. 플라이라인 끝단에서 단차 없이 바로 리더 라인이나 백킹 라인이 삽입된 형태이므로 낚싯대의 가이드에 대한 저항이 줄어든다.

4. 일반적인 튜브 노트에 비해 매듭이 풀리는 일이 줄어들어 안심하고 사용할 수 있다.

중요도	★★★★★
매듭강도	★★★
난이도	간단

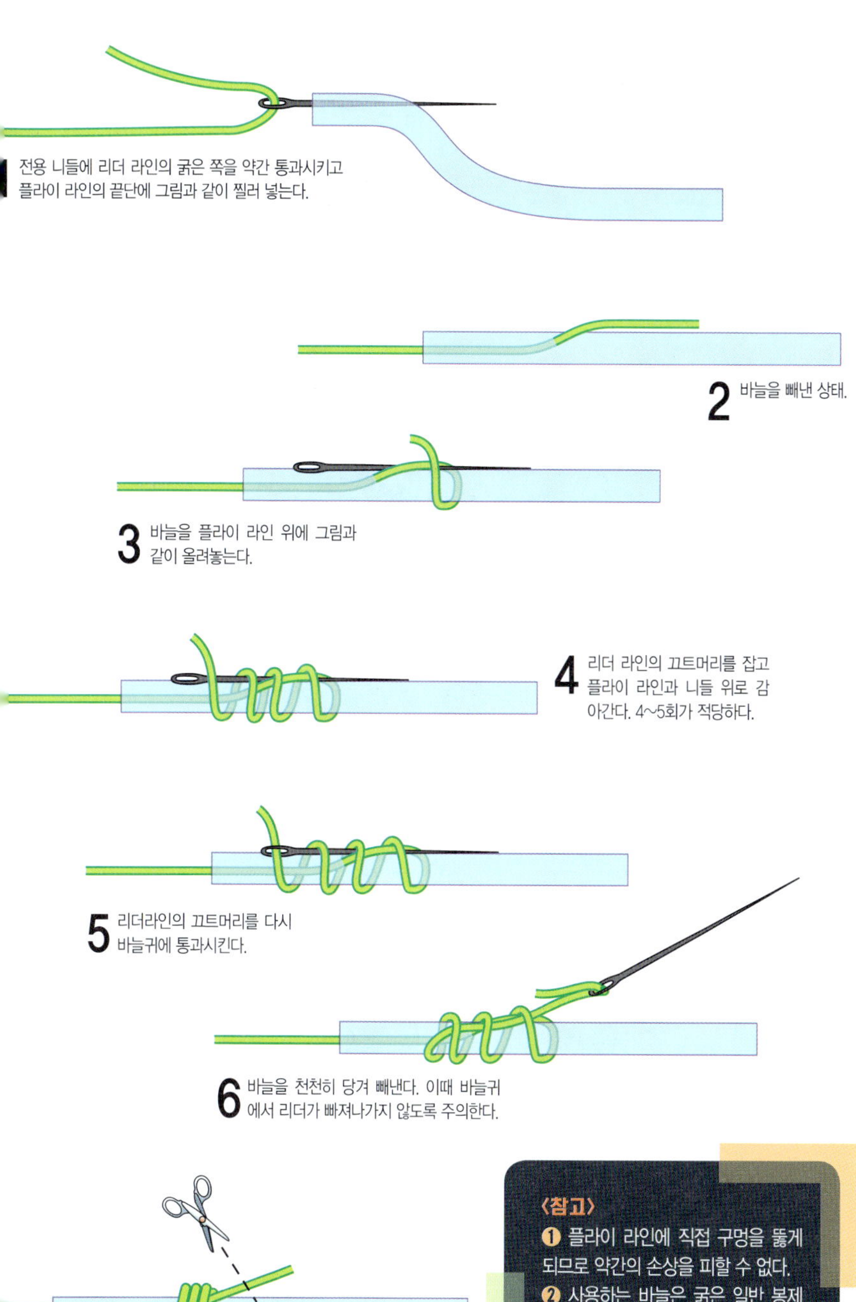

전용 니들에 리더 라인의 굵은 쪽을 약간 통과시키고
플라이 라인의 끝단에 그림과 같이 찔러 넣는다.

2 바늘을 빼낸 상태.

3 바늘을 플라이 라인 위에 그림과
같이 올려놓는다.

4 리더 라인의 끄트머리를 잡고
플라이 라인과 니들 위로 감
아간다. 4~5회가 적당하다.

5 리더라인의 끄트머리를 다시
바늘귀에 통과시킨다.

6 바늘을 천천히 당겨 빼낸다. 이때 바늘귀
에서 리더가 빠져나가지 않도록 주의한다.

7 당겨서 단단히 조이고
자투리를 잘라 완성.

니들 노트

1 리더라인의 굵은 쪽을
전용바늘에 끼운다.

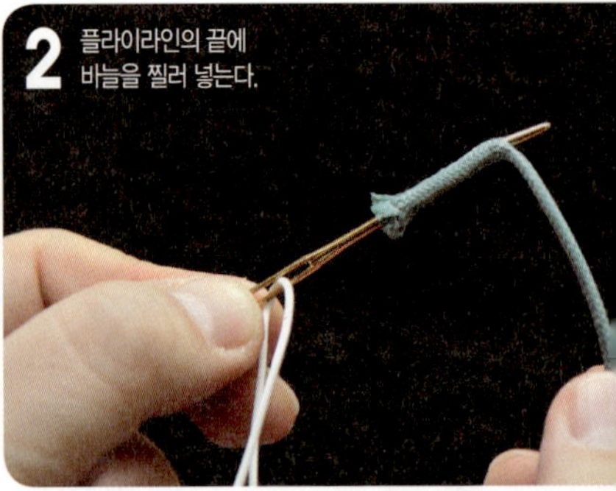

2 플라이라인의 끝에
바늘을 찔러 넣는다.

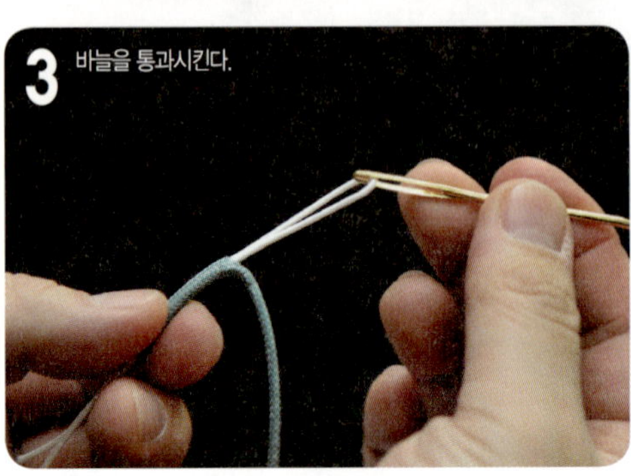

3 바늘을 통과시킨다.

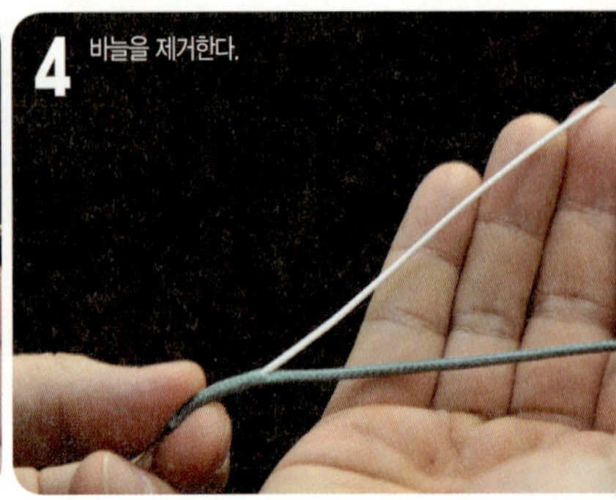

4 바늘을 제거한다.

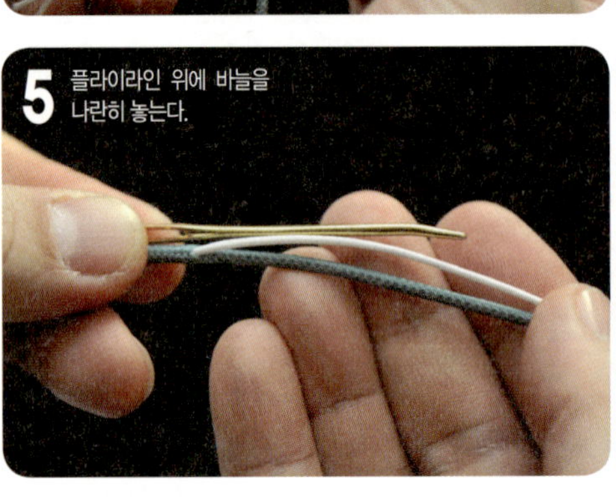

5 플라이라인 위에 바늘을
나란히 놓는다.

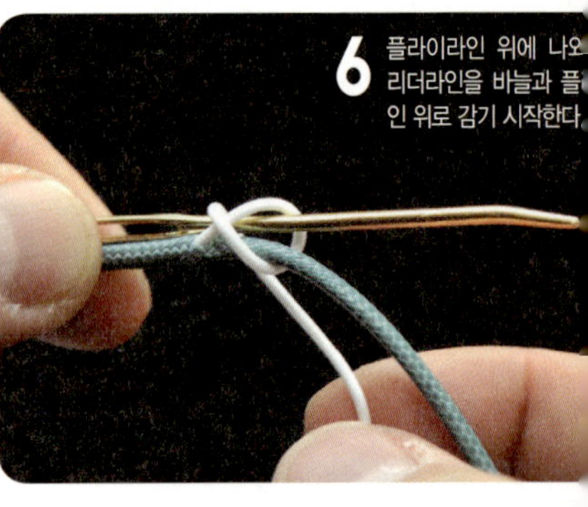

6 플라이라인 위에 나오
리더라인을 바늘과 플
인 위로 감기 시작한다

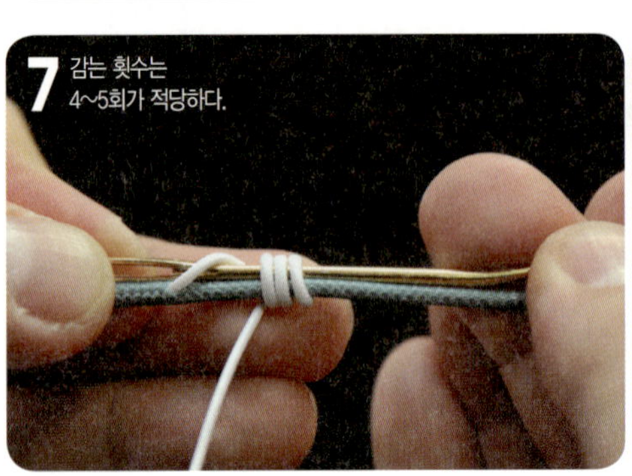

7 감는 횟수는
4∼5회가 적당하다.

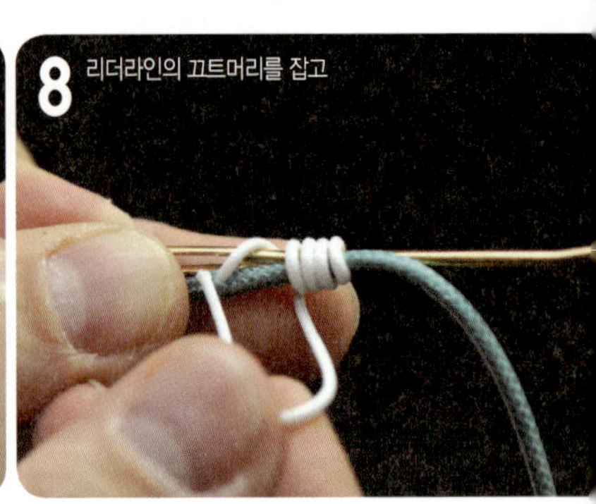

8 리더라인의 끄트머리를 잡고

9 바늘귀에 통과시킨다.

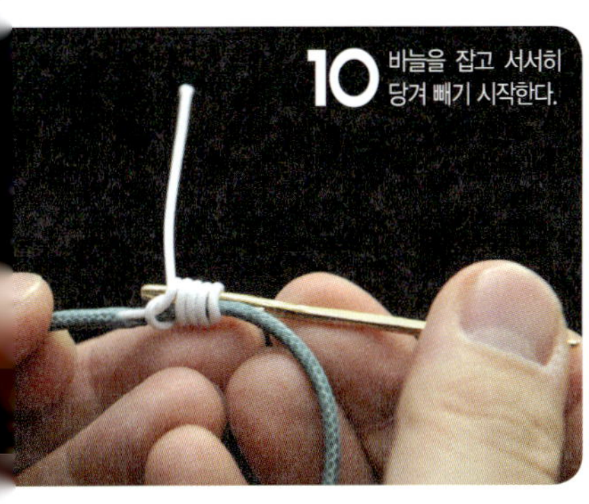

10 바늘을 잡고 서서히 당겨 빼기 시작한다.

11 리더라인이 매듭 속을 지나 딸려 나온다.

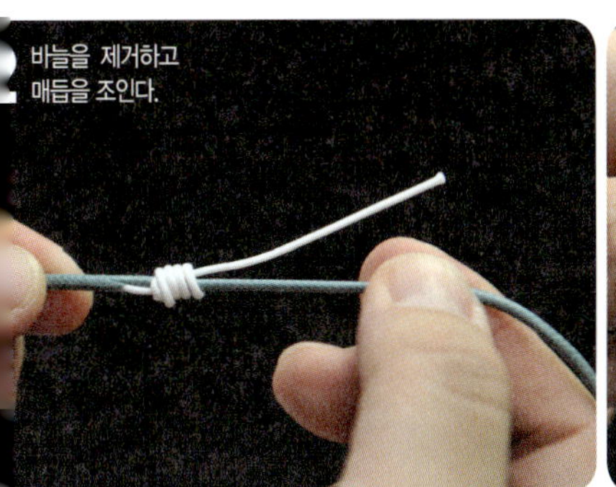

바늘을 제거하고 매듭을 조인다.

13 자투리를 잘라준다.

클린치 노트

클린치 노트는 도래나 루어를 낚싯줄에 연결하기 위한 기초 매듭법 텍스트에 맨 먼저 나올 정도의 필수 매듭이므로 누구나 꼭 익혀두어야 한다. 일명 꽈배기 묶음.

※기타용도 : 도래, 루어 맬고리 등은 물론 고리에 가는 줄을 묶는 상황에서 폭넓게 사용 가능.

1. 도래에 낚싯줄을 묶는 경우 폭넓게 사용한다.

2. 루어의 맬고리에 직접 낚싯줄을 연결하거나 구멍바늘에 목줄을 묶을 때도 활용한다.

3. 도래, 루어 등의 연결에 가장 보편적인 방법으로 매듭강도도 우수하다.

4. 익숙해지면 어떤 상황에서도 재빠르게 매듭을 지을 수 있다.

중요도	★★★★★
매듭강도	★★★★
난이도	간단

도래의 고리에 낚싯
줄을 넣고 빼낸다.

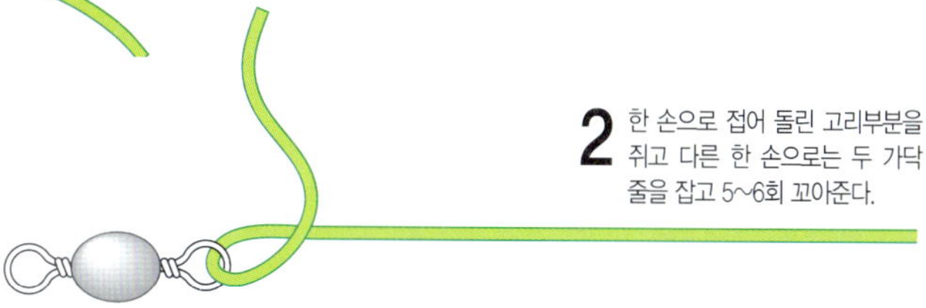

2 한 손으로 접어 돌린 고리부분을
쥐고 다른 한 손으로는 두 가닥
줄을 잡고 5~6회 꼬아준다.

3 다 꼬았으면 끄트머리 줄을 그림과 같이 도래의 고리 쪽 첫 번째 낚싯줄
사이로 통과시킨다. 이 상태에서 조여줘도 클린치 노트는 완성된다.

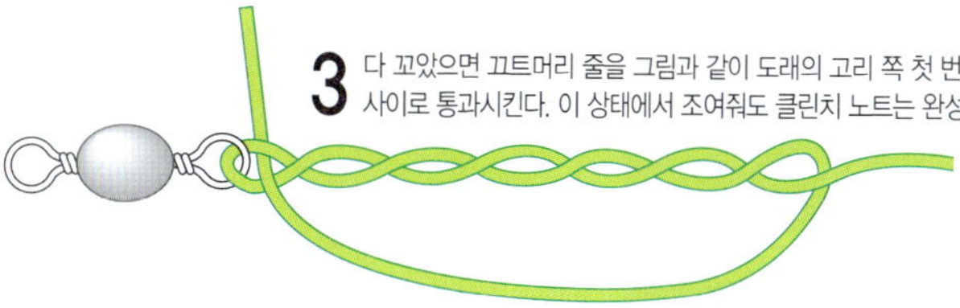

4 표면이 단단하거나 신축성이 약한 낚싯줄은 풀어
질 우려가 있으므로 그림과 같이 끄트머리 줄을 큰
고리 속으로 빼내면 풀어지지 않는다.

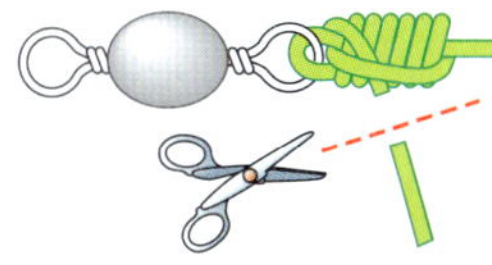

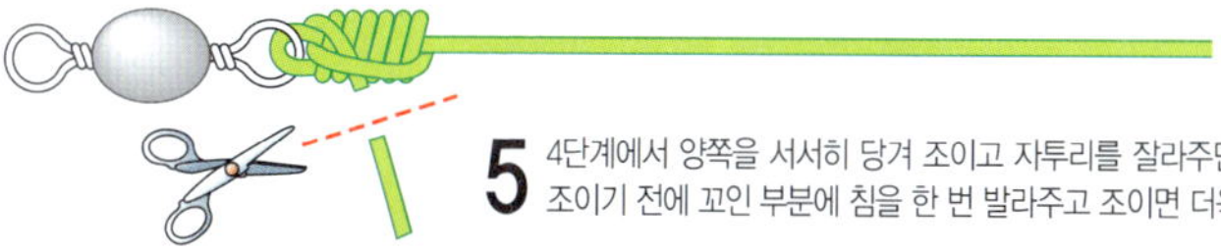

5 4단계에서 양쪽을 서서히 당겨 조이고 자투리를 잘라주면 완성이다.
조이기 전에 꼬인 부분에 침을 한 번 발라주고 조이면 더욱 좋다.

〈참고〉

❶ 빳빳한 줄이나 가는 줄의 경우, 꼬임 수가 적으면 밀려 풀어질 우려가 있으
므로 충분히 꼬임을 넣어주어야 한다.

❷ 매듭을 조여주기 전에 침을 발라주면 마찰열에 의한 낚싯줄의 손상을 방지
해 매듭강도 저하의 우려가 없어진다.

❸ 매듭 과정 중에서 풀림을 방지하기 위해 끄트머리를 큰 고리 속으로 통과시
키기도 하는데 이런 형태를 따로 '임프루브드 클린치 노트'라고 부르기도 한다.

클린치 노트

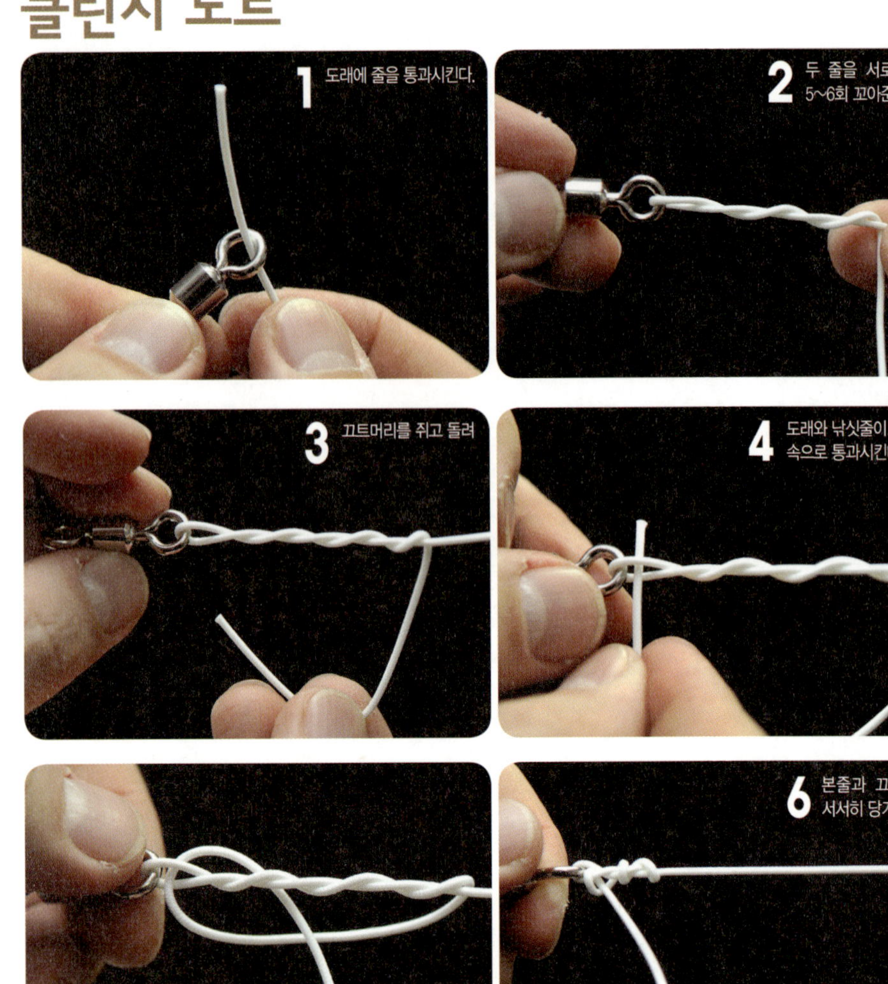

1 도래에 줄을 통과시킨다.
2 두 줄을 서로 비
5~6회 꼬아준다
3 끄트머리를 쥐고 돌려
4 도래와 낚싯줄이 만
속으로 통과시킨다.
5 계속해서 사진과 같이
큰 고리 속으로 통과시킨다.
6 본줄과 끄트
서서히 당겨 2
매듭이 서로
엉키지 않게
천천히
당겨주세요
완성 자투리를 잘라준다.

더블 클린치 노트

1호 이하의 가는 줄을 클린치 노트로 매듭 지을 때 유용한 방법이다.

일반적인 클린치 노트보다 매듭강도가 높아서 안심할 수 있다.

가는 낚싯줄을 도래나 루어의 맬고리에 묶는 경우에 효과적이다.

일반적인 굵기의 낚싯줄을 대형 도래에 묶는 경우에도 사용한다.

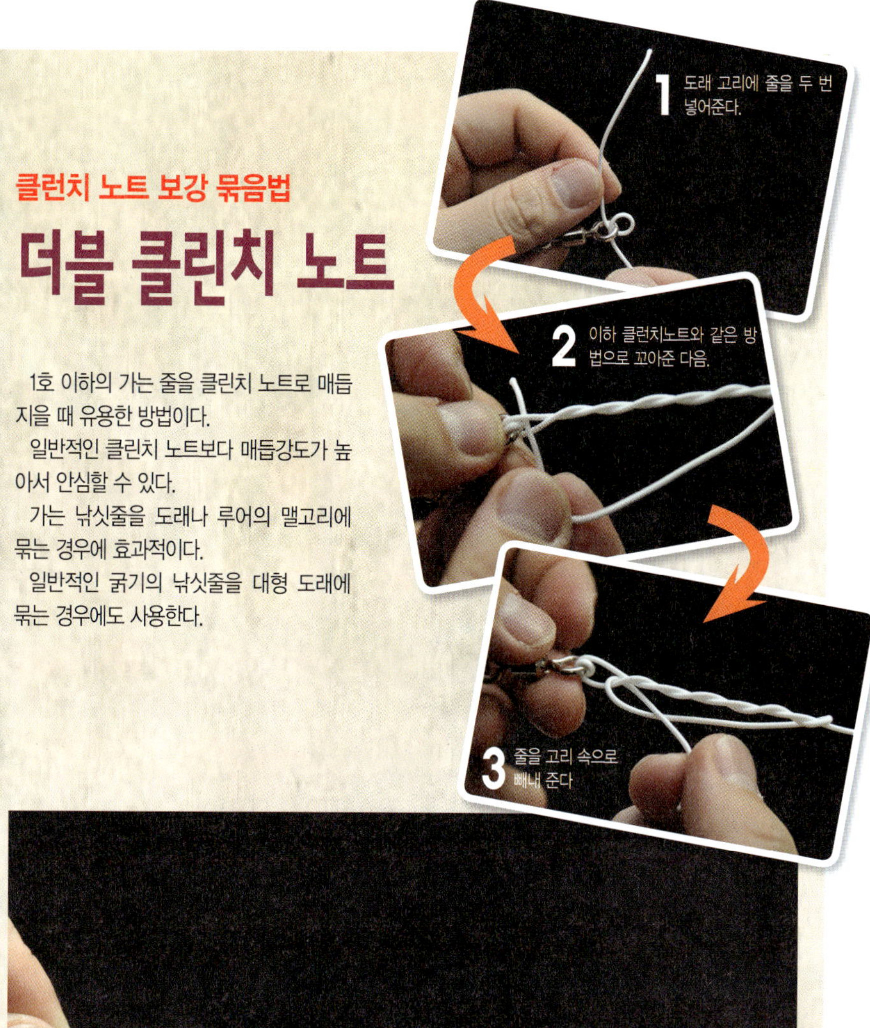

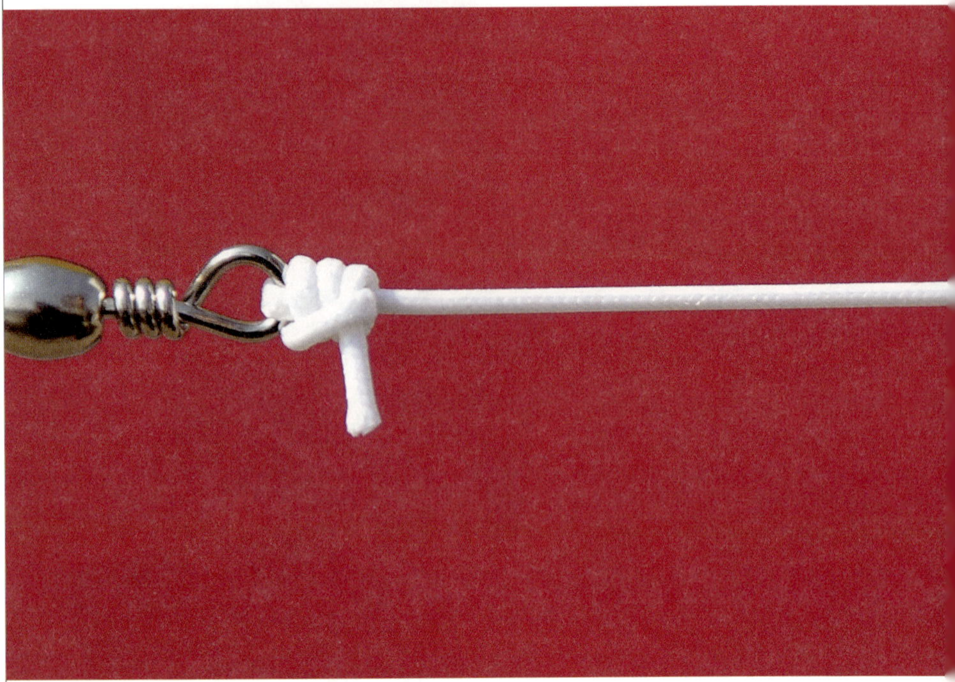

1 도래의 고리 속으로 낚싯줄을 통과시키고 그림과 같이 한 바퀴 돌린다.

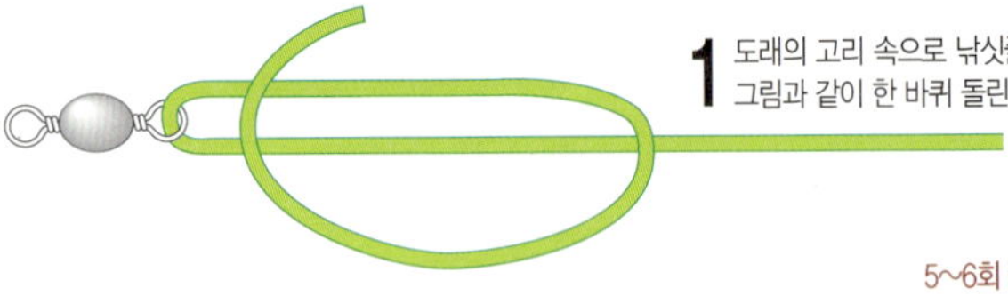

5~6회 돌림

2 그림과 같이 본과 함께 5~ 돌려 묶는다.

먼저 당긴다

3 끄트머리 줄을 먼저 당겨서 조이고 본줄을 당겨준다.

당긴다

4 매듭이 도래에 바짝 다가가 조여진다. 자투리를 잘라내면 완성.

잘라낸다

〈참고〉
❶ 매듭을 짓는 형태에 의해 '안 돌리기'라고 부르기도 한다.
❷ 응용하기 쉬워 줄과 줄의 연결 등 유니 노트의 형식을 사용하는 매듭법이 많다.

유니 노트

도래를 묶는 기본 방법으로서 클린치 노트와 쌍벽을 이루는 매듭법이다. 간단하고 배우기 쉬우며 매듭강도가 우수하므로 낚시인이라면 누구나 익혀두어야 할 필수 매듭법의 하나이다.

※기타용도 : 도래, 루어 맬고리 등 모든 고리에 줄을 묶는 경우에 폭넓게 적용.

굵은 낚싯줄을 사용하는 경우에도 안심하고 매
지을 수 있다.

매듭이 간단하고 강도가 우수하며 풀릴 우려가
어 신뢰성이 높다.

매듭 과정에서 꼬임이 들어가지 않으므로 낚싯
의 손상이 거의 없다.

누가 매듭지어도 완성도의 차이가 나지 않는다.

중요도	★★★★★
매듭강도	★★★★
난이도	간단

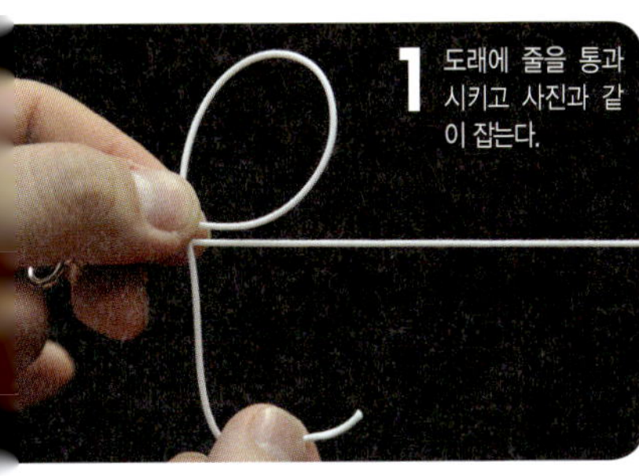

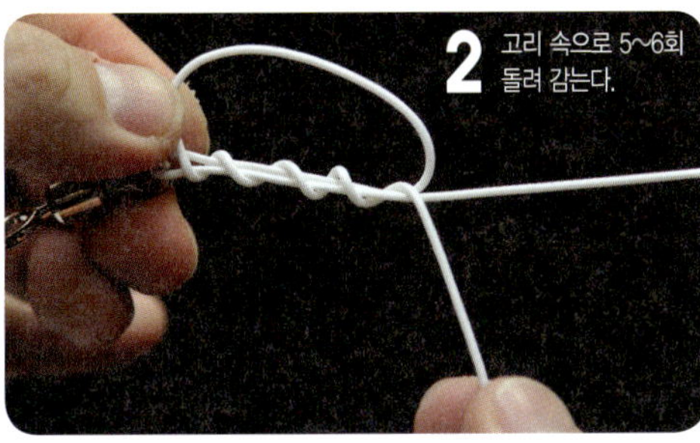

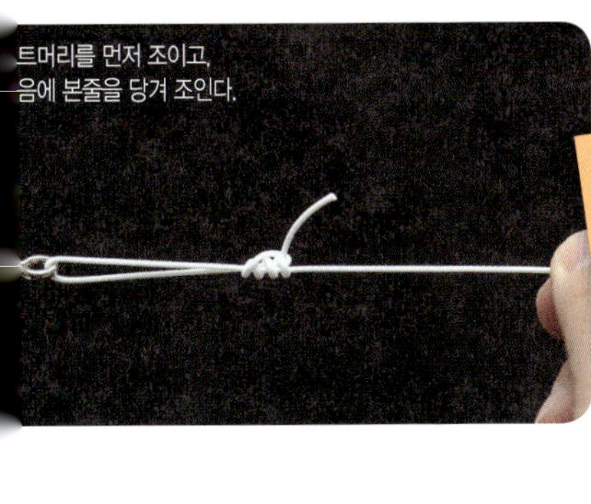

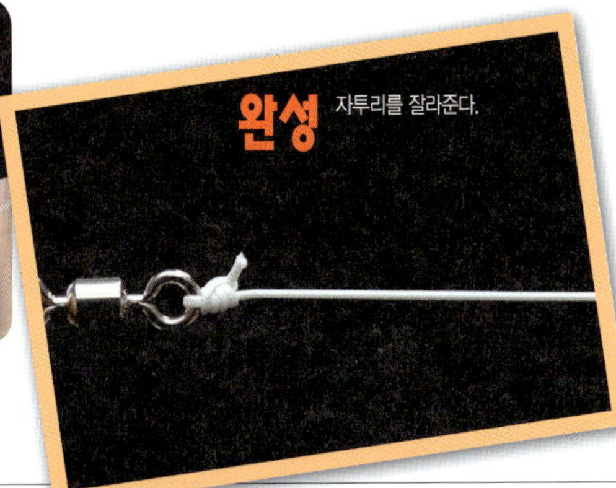

끝고리 씌우기

원줄 또는 목줄에 끝고리를 만들어 도래에 씌워 연결하는 방법이다. '루프 투 루프'와 별반 다르지 않은 매우 간단한 연결법으로 낚싯줄끼리가 아니라 낚싯 줄을 도래와 같은 접속구와 연결한다는 점이 다를 뿐이다.

1. 원줄, 목줄을 도래에 연결할 때 사용하는데, 주로 목줄의 연결에 사용한다.
2. 루어를 간단하게 연결하는 경우에도 사용한다.
3. 직결법과 달리 탈착이 가능하다는 것이 최대의 장점이다.
4. 목줄이 너무 길면 탈착에 어려움이 있으므로 짧은 목줄 채비에 적합하다.

중요도	★★★★★
매듭강도	★★★★
난이도	간단

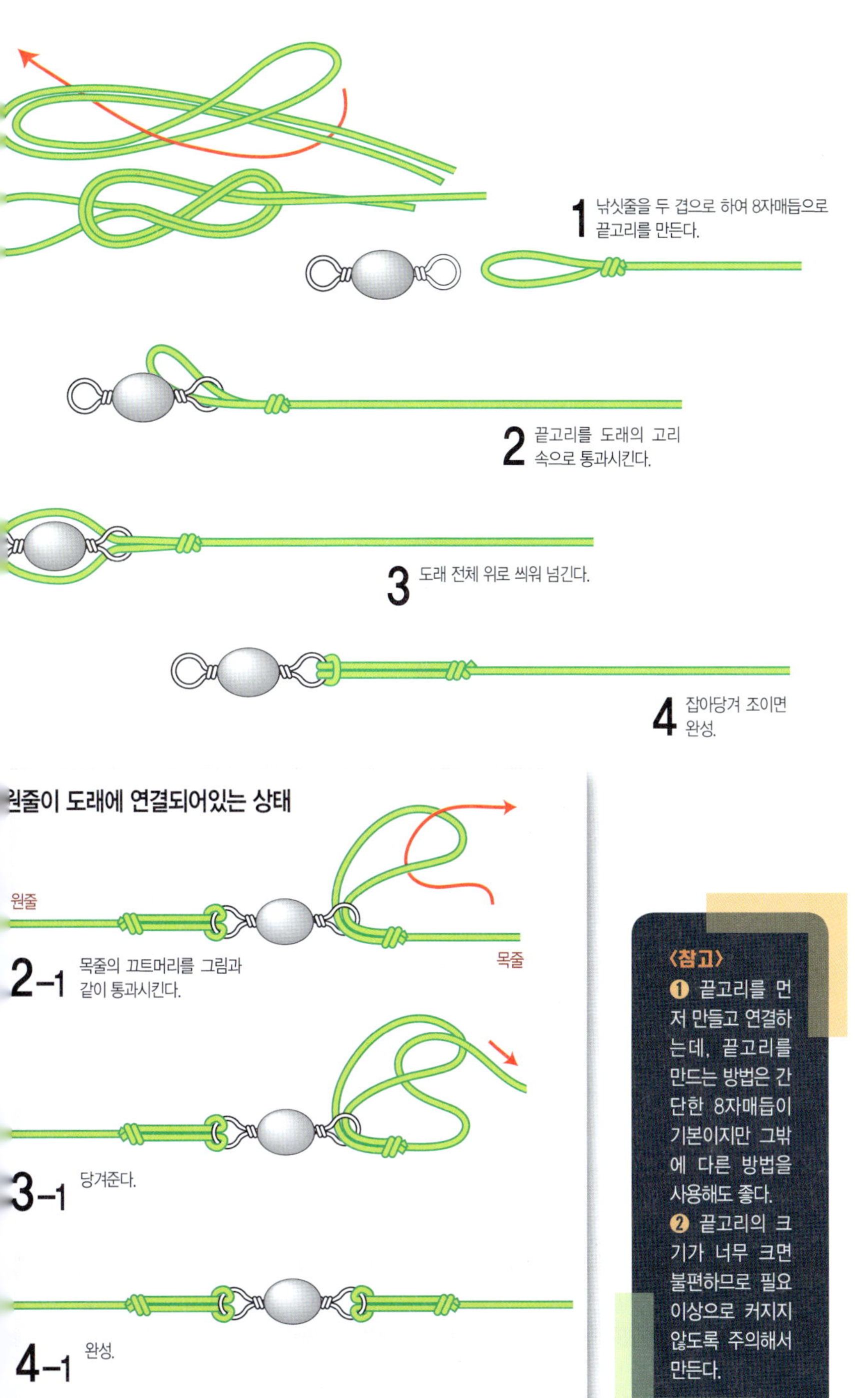

1 낚싯줄을 두 겹으로 하여 8자매듭으로 끝고리를 만든다.

2 끝고리를 도래의 고리 속으로 통과시킨다.

3 도래 전체 위로 씌워 넘긴다.

4 잡아당겨 조이면 완성.

원줄이 도래에 연결되어있는 상태

원줄

목줄

2-1 목줄의 끄트머리를 그림과 같이 통과시킨다.

3-1 당겨준다.

4-1 완성.

〈참고〉
❶ 끝고리를 먼저 만들고 연결하는데, 끝고리를 만드는 방법은 간단한 8자매듭이 기본이지만 그밖에 다른 방법을 사용해도 좋다.
❷ 끝고리의 크기가 너무 크면 불편하므로 필요 이상으로 커지지 않도록 주의해서 만든다.

143

끝고리 씌우기

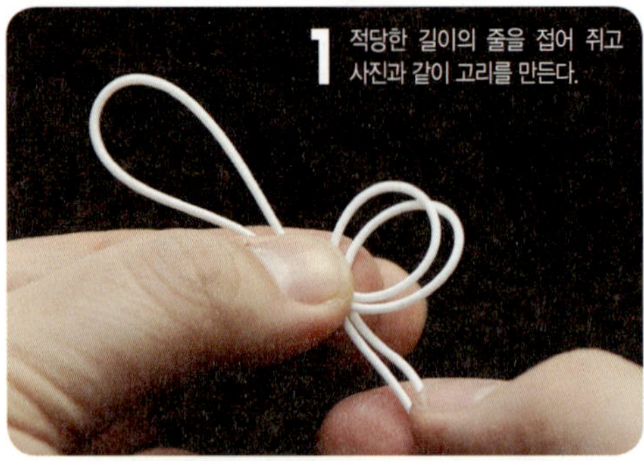
1
적당한 길이의 줄을 접어 쥐고
사진과 같이 고리를 만든다.

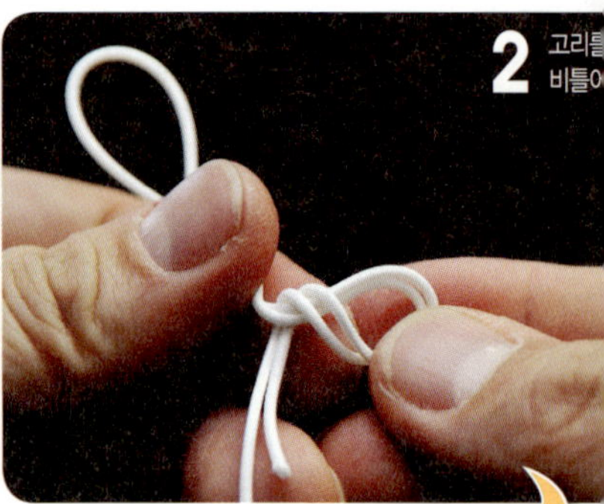
2
고리를
비틀어

8자 매듭
방법으로
묶어요

3
당겨서 단단하게 조이
고 자투리를 잘라준다.

4
고리를 도래에 통과시킨다.

5
고리를 도래에 덮어씌우고,

6
도래를 빼낸다.

완성 당겨

무늬오징어 에깅
─부산 외섬에서 에깅으로 무늬오징어를 낚아 올리고 있다. 에
깅낚시는 합사인 PE라인을 사용하므로 PE라인과 모노필라멘
트사를 연결하는 매듭법이 필요하다.

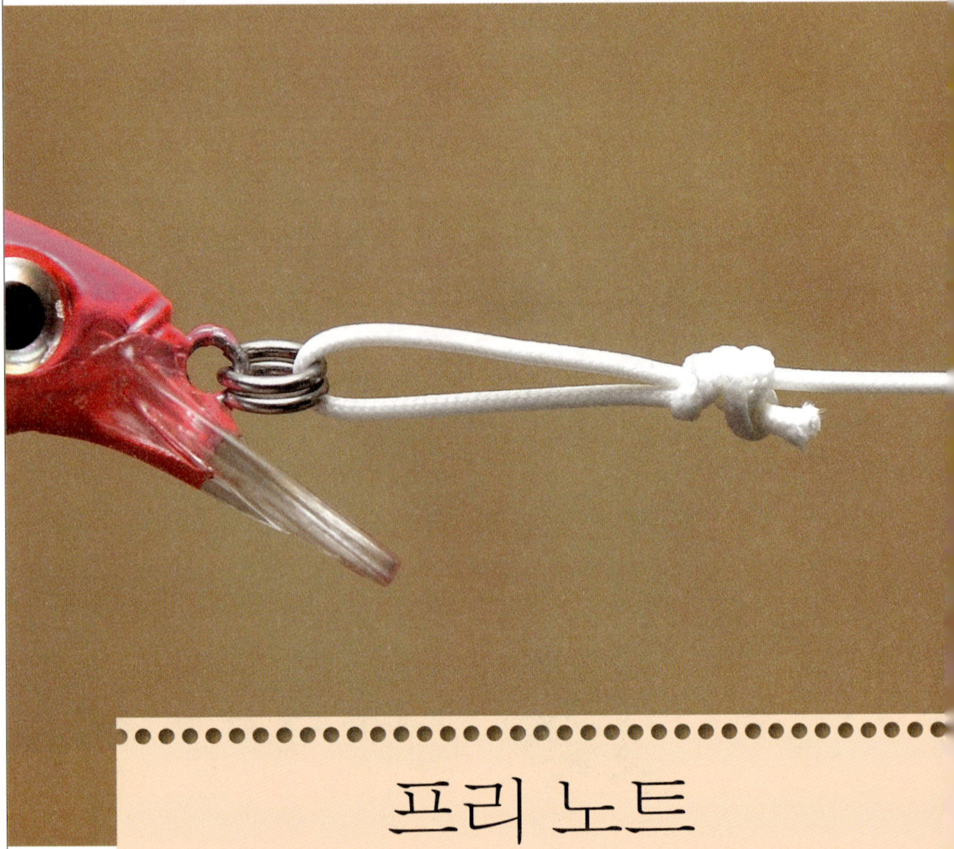

프리 노트

프리 노트(Free Knot)는 루어를 낚싯줄에 연결하는 전통적인 방식 중의 한 가지다. 루어 고유의 동작을 해치지 않고 충분히 발휘시키길 원한다면 프리 노트가 가장 알맞다.

1. 미노우와 같이 수중 동작이 중요한 루어에 있어서 연결구에 의한 고유 동작의 영향력을 최한으로 하기 위해 사용한다.
2. 루어의 맬고리에 스플릿 링이나 스냅을 사용하지 않고 낚싯줄을 직결하는 경우에 유용하다
3. 루어의 맬고리에 대해 매듭이 자유도가 크므로 루어의 액션에 영향을 주지 않는다.
4. 특별히 어렵지 않지만 고리의 크기를 마음대로 조절할 수 있으려면 어느 정도 숙달이 필요하다.

중요도	★★★★★
매듭강도	★★★★
난이도	간단

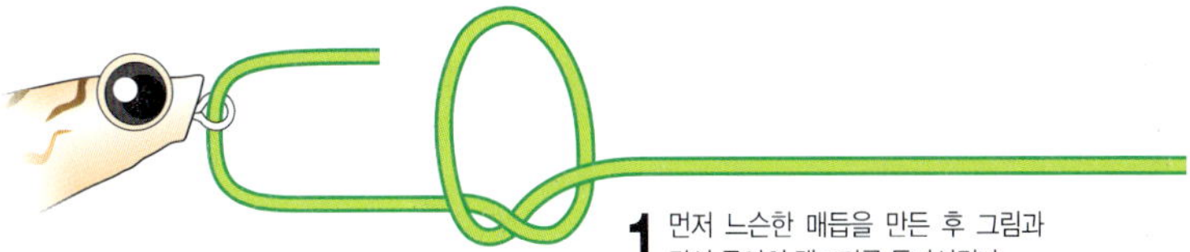

1 먼저 느슨한 매듭을 만든 후 그림과 같이 루어의 맬고리를 통과시킨다.

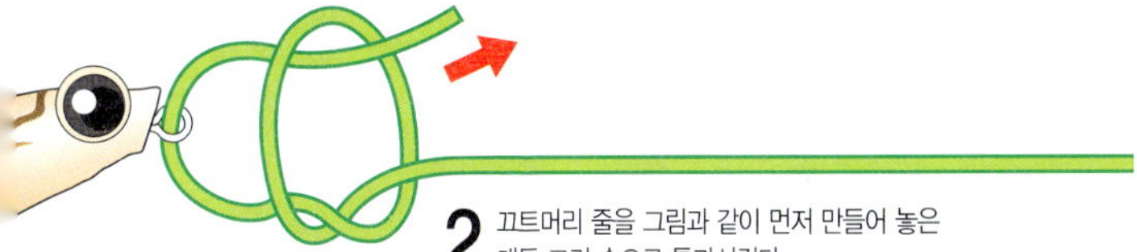

2 끄트머리 줄을 그림과 같이 먼저 만들어 놓은 매듭 고리 속으로 통과시킨다.

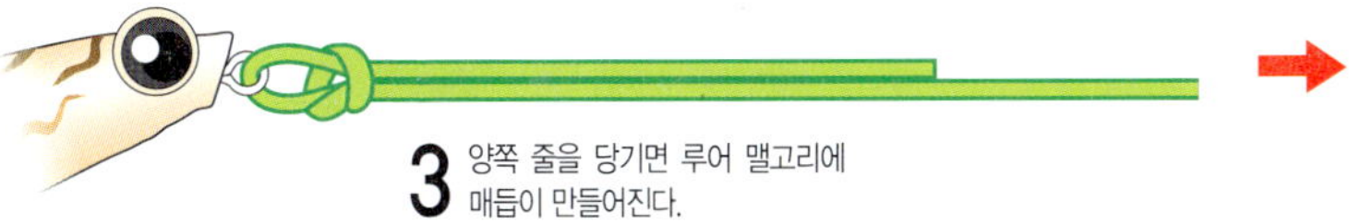

3 양쪽 줄을 당기면 루어 맬고리에 매듭이 만들어진다.

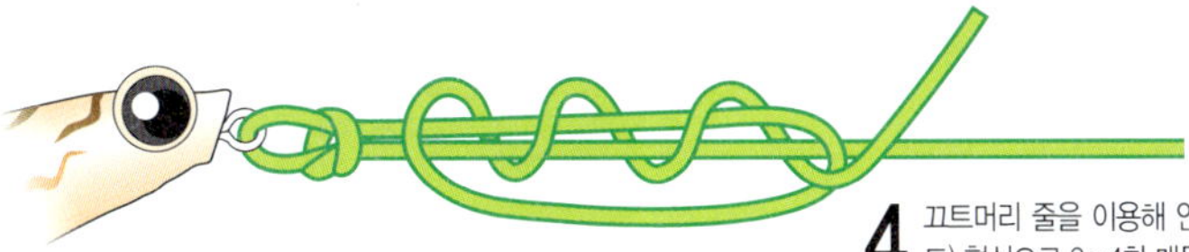

4 끄트머리 줄을 이용해 안돌리기(유니노트) 형식으로 3~4회 매듭을 짓는다.

5 낚싯줄 본선을 천천히 당기면 두 매듭이 함께 모이면서 고리가 만들어진다.

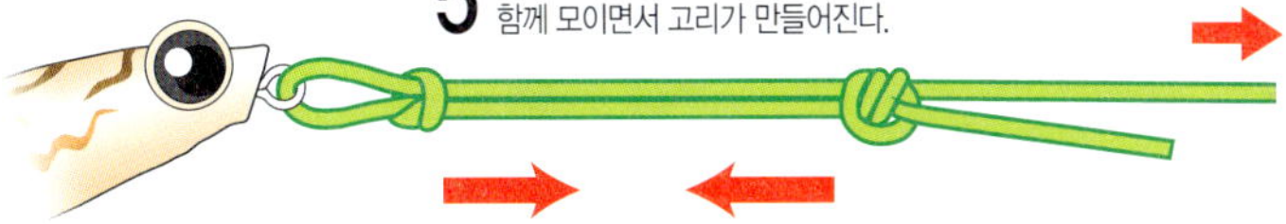

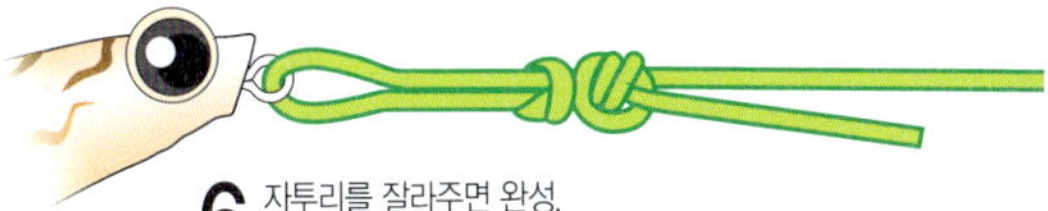

6 자투리를 잘라주면 완성.

〈참고〉

❶ 고리의 크기가 너무 크면 거추장스럽고 역효과도 나타나므로 크기 조절을 위해 매듭 연습을 할 필요가 있다.

❷ 매듭 과정 중에서 첫 번째 매듭의 위치가 완성 후의 고리의 크기를 정한다.

프리 노트

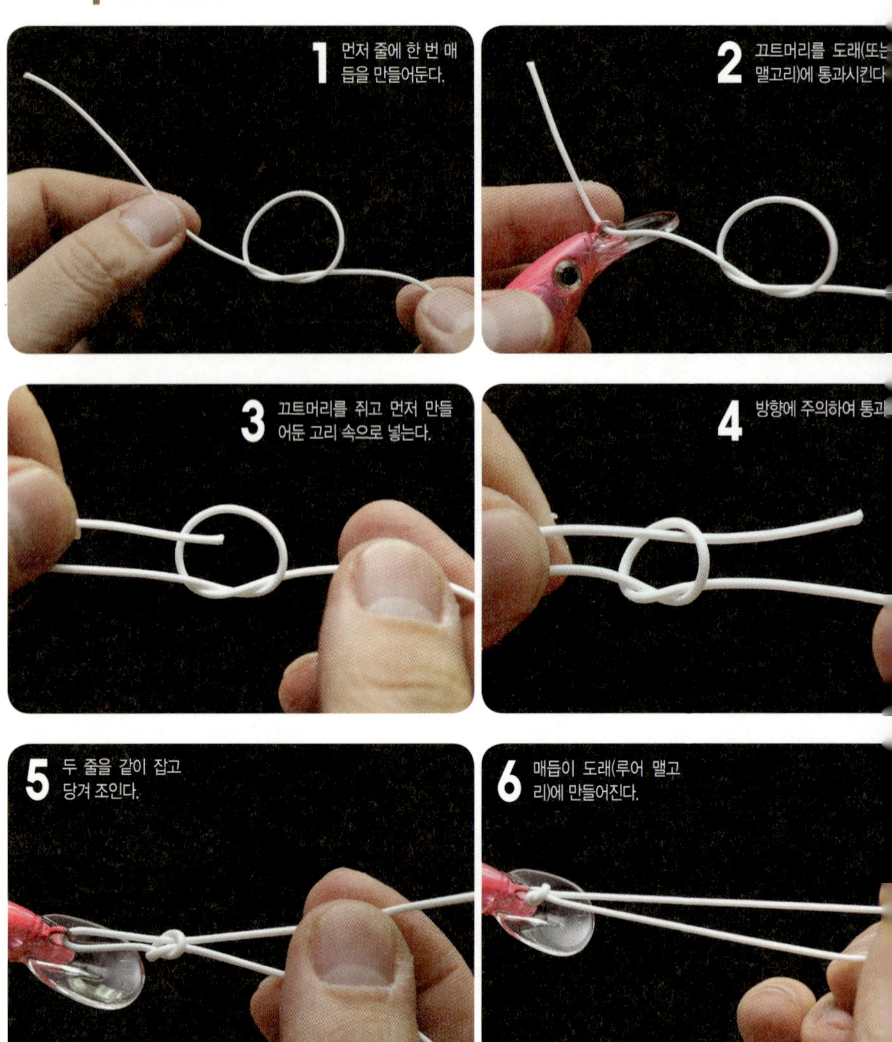

1 먼저 줄에 한 번 매듭을 만들어둔다.
2 끄트머리를 도래(또는 맬고리)에 통과시킨다
3 끄트머리를 쥐고 먼저 만들어둔 고리 속으로 넣는다.
4 방향에 주의하여 통과
5 두 줄을 같이 잡고 당겨 조인다.
6 매듭이 도래(루어 맬고리)에 만들어진다.

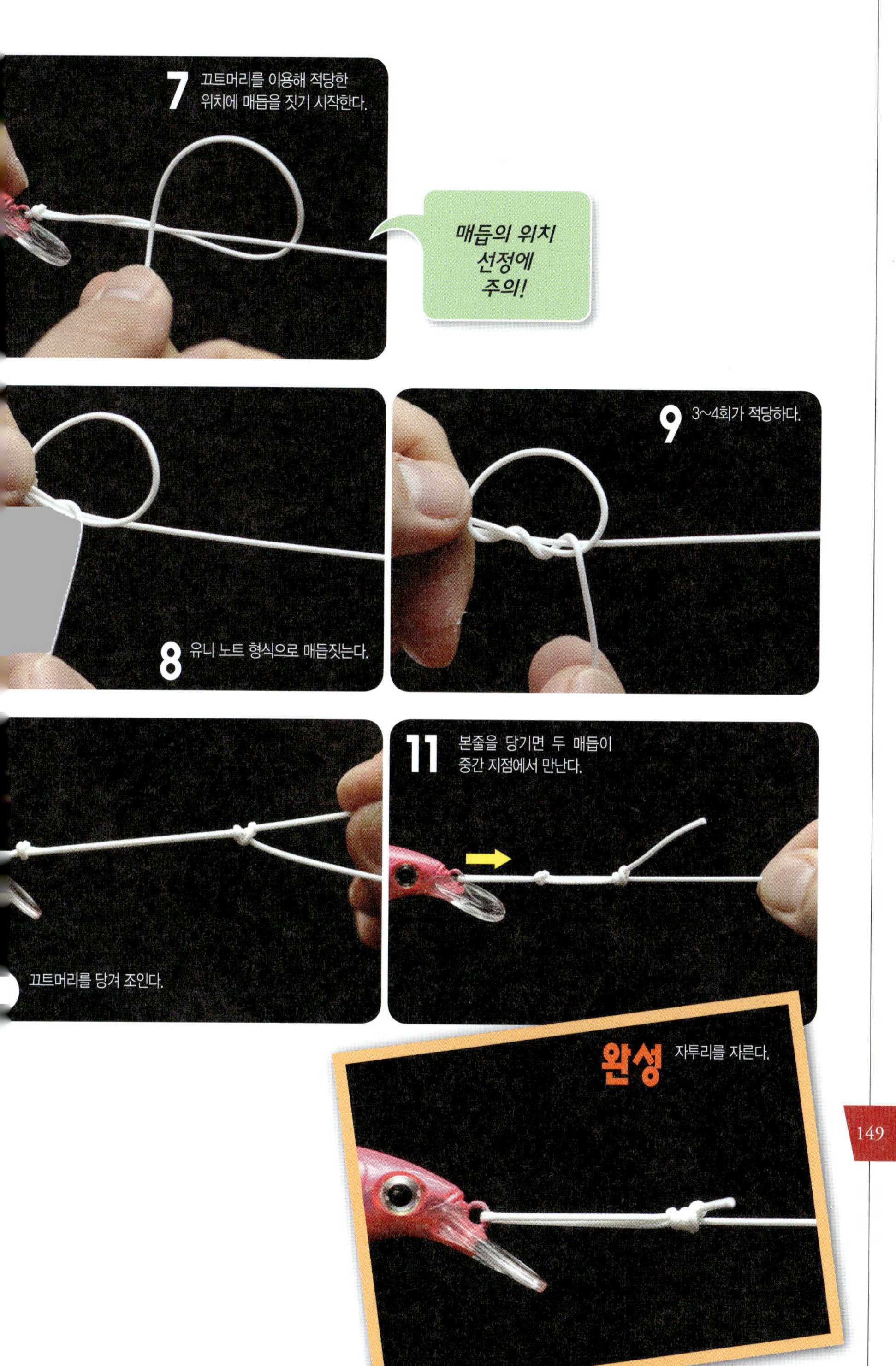

7 끄트머리를 이용해 적당한 위치에 매듭을 짓기 시작한다.
매듭의 위치 선정에 주의!
8 유니 노트 형식으로 매듭짓는다.
9 3~4회가 적당하다.
끄트머리를 당겨 조인다.
11 본줄을 당기면 두 매듭이 중간 지점에서 만난다.
완성 자투리를 자른다.

행맨즈 노트

행맨즈 노트(Hangman's knot)는 루어의 맬고리나 도래를 묶는 기본적인 방법 중의 하나로 낚시터 현장에서 바로 루어를 묶을 때 활용한다. 손가락을 사용하므로 보지 않고도 매듭이 가능하여 불빛이 없는 야간에 사용할 수 있는 매듭 방법이다.

※기타용도 : 고리바늘, 도래 등 고리에 낚싯줄을 연결하는 경우에 널리 활용 가능.

1. 손과 손가락을 사용하여 간단하면서도 강하게 매듭지을 수 있다.
2. 루어의 무게로 인해 낚싯줄이 계속 긴장 상태이므로 매듭짓기가 쉽다.
3. 보지 않고도 매듭지을 수 있으므로 야간에 조명이 없는 경우에도 어려움이 없다.
4. 풀릴 위험이 없는 방법 중의 하나이다.

중요도	★★★★★
매듭강도	★★★★
난이도	간단

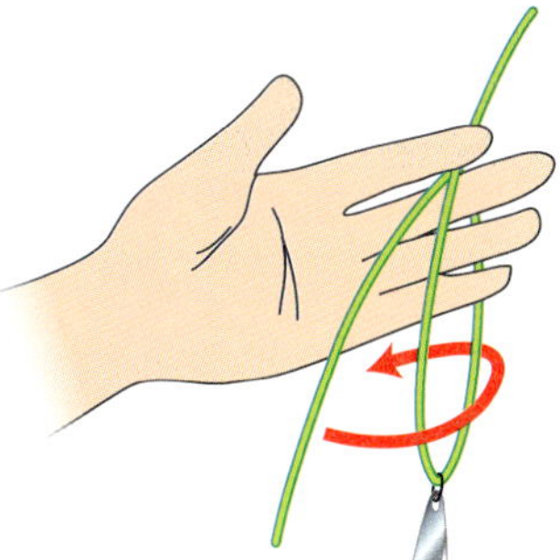

낚싯줄의 한 쪽 끝을 루어의
맬고리에 통과시키고 크게
원을 만들어서 그림과 같이
한 손의 검지와 중지 사이에
끼워 쥔다.

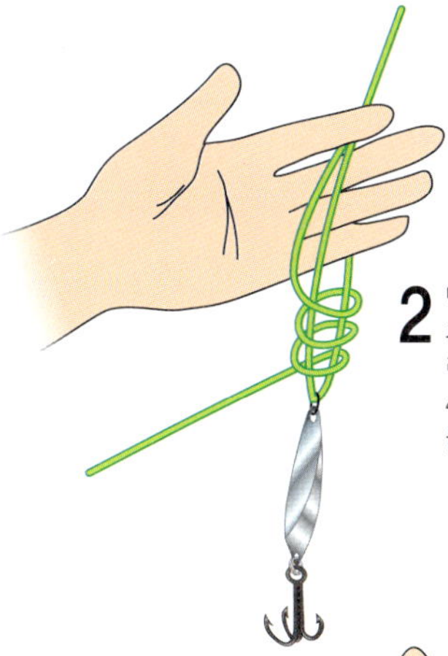

2 낚싯줄 끝을
루어가 매달
린 겹줄 위로
4~5회 감아
돌린다.

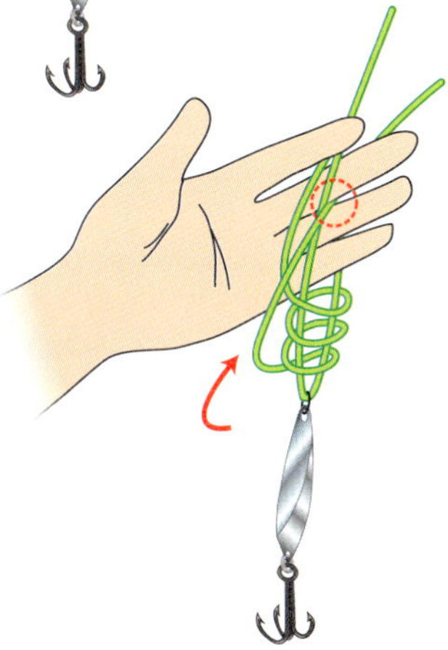

3단계 그림의 ○ 부분을 반대편 손의 엄지와
검지로 단단히 쥐고서 그림과 같이 손을 빼낸
다. 이때 중지와 약지 사이에 쥔 낚싯줄을 놓
치지 말아야 한다.

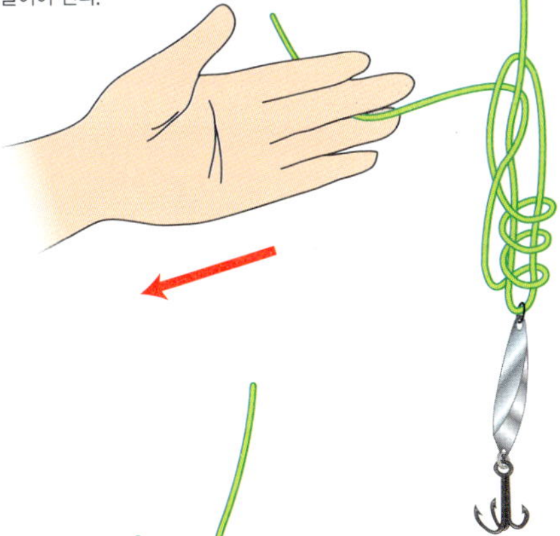

3 낚싯줄 끝을 끌어올려 중지와
약지 사이에 끼워 잡는다.

5 양끝을 번갈아
가면서 천천히
당겨 조인다.

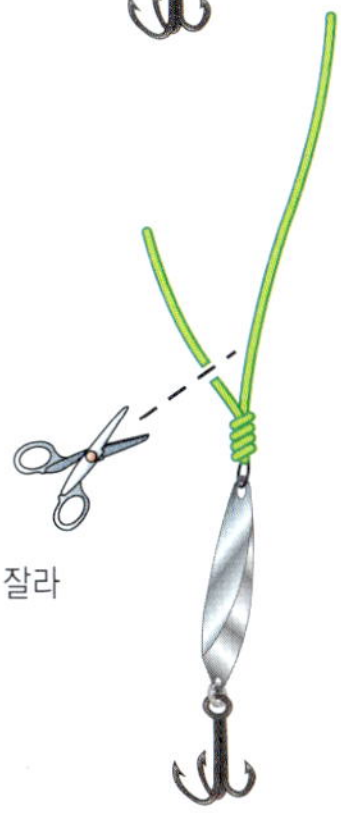

6 자투리를 잘라
주면 완성.

<참고>
❶ 익혀두면 현장에서
매우 편리하게 활용할
수 있다.
❷ 다른 매듭법에 비
해 낚싯줄의 소모가 많
을 수 있다.

행맨즈 노트

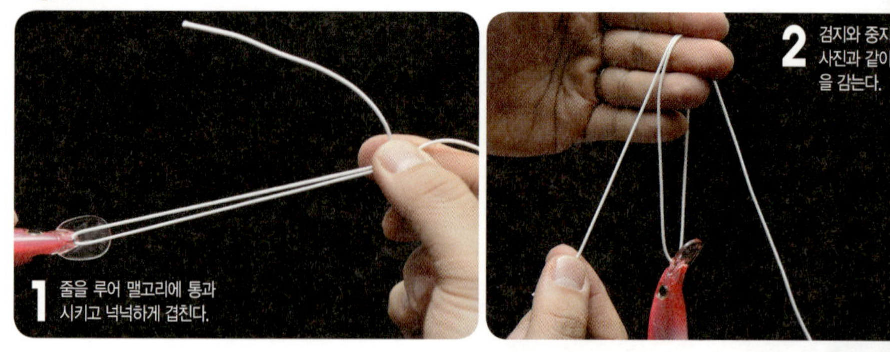

2 검지와 중지
사진과 같이
을 감는다.
1 줄을 루어 맬고리에 통과
시키고 넉넉하게 겹친다.

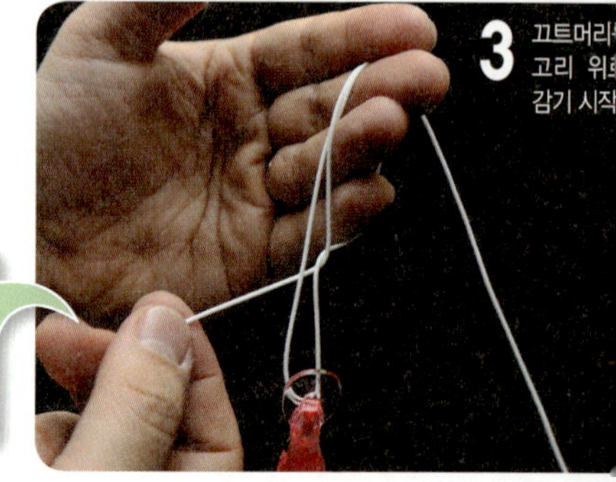

3 끄트머리
고리 위
감기 시작

루어를
흔들흔들
빙빙 돌리며
감아주세요

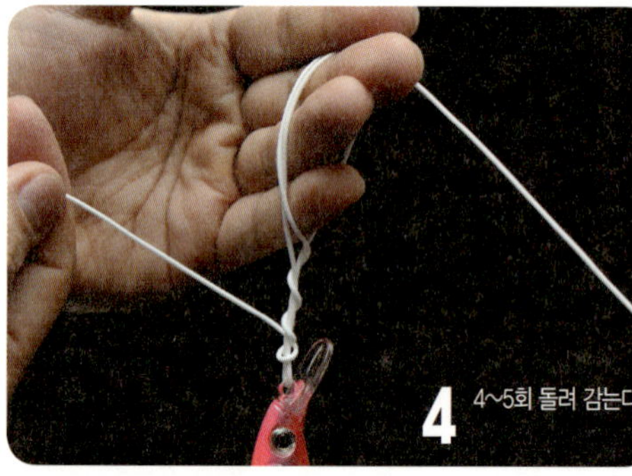

4 4~5회 돌려 감는다.

5 끄트머리를
약지 사이에 끼

6 빠지지 않도록
단단히 쥔다.

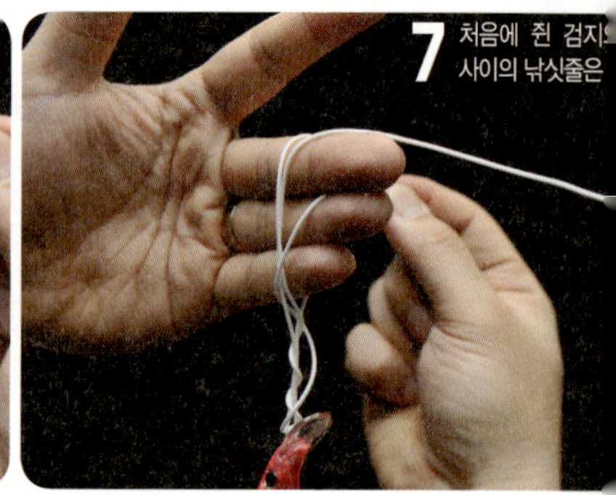

7 처음에 쥔 검지
사이의 낚싯줄은

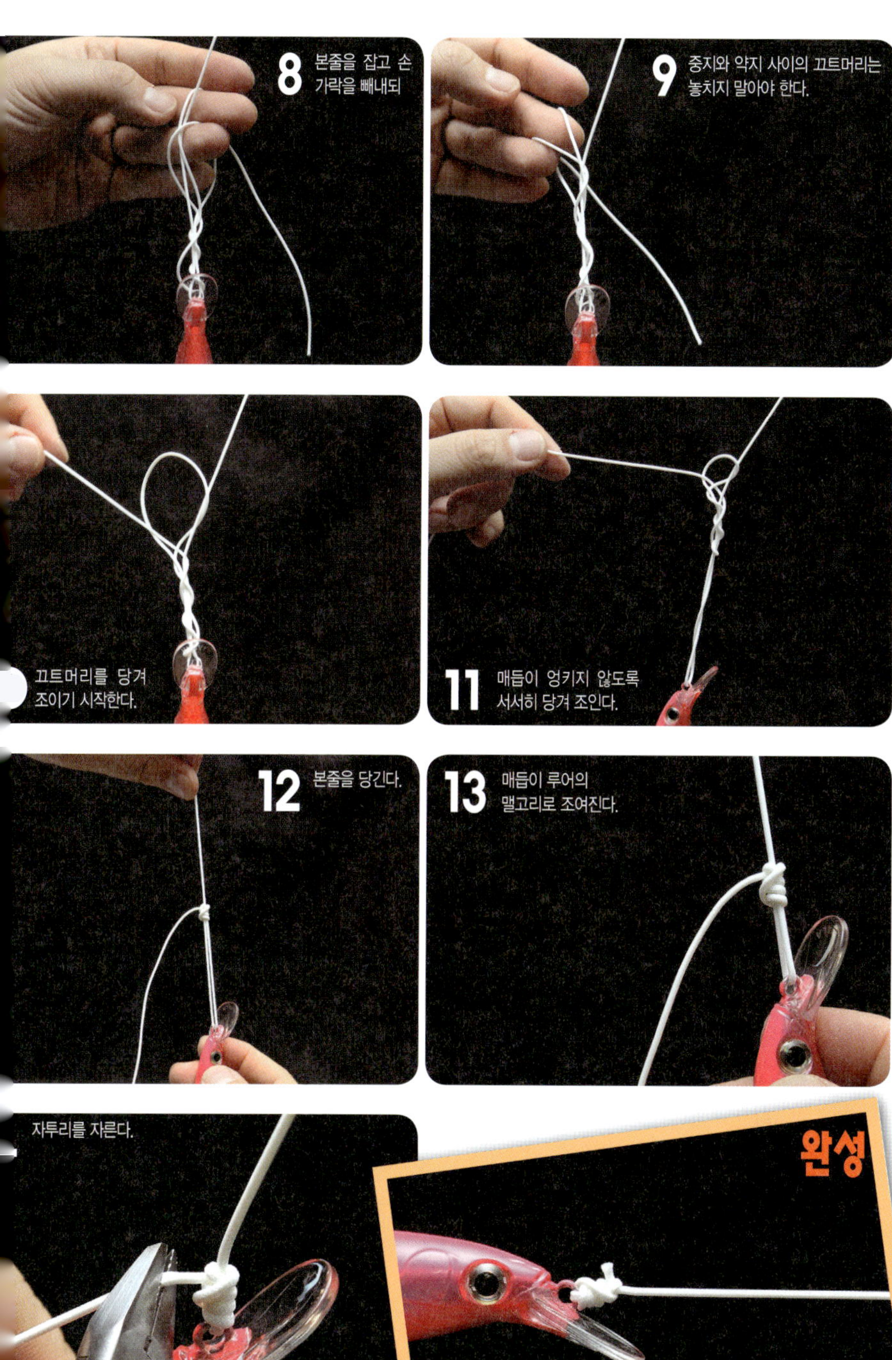

8 본줄을 잡고 손가락을 빼내되
9 중지와 약지 사이의 끄트머리는 놓치지 말아야 한다.
끄트머리를 당겨 조이기 시작한다.
11 매듭이 엉키지 않도록 서서히 당겨 조인다.
12 본줄을 당긴다.
13 매듭이 루어의 맬고리로 조여진다.
자투리를 자른다.
완성

오프쇼어 스위벨 노트

바다의 대물낚시 등에서 도래 매듭에 강력한 결절강도가 필요하다면 주저없이 선택하는 것이 오프쇼어 스위벨 노트(Offshore swivel Knot)이다. 매듭이 의외로 간단하고 누구나 쉽게 매듭지을 수 있다.

※기타용도 : 굵은 PE 라인을 사용하는 가물치 루어낚시에 있어서 프로그 루어를 연결하는 경우에도 적합.

1. 대물 갯바위낚시, 빅게임 트롤링, 지깅 등 강력한 힘을 요하는 낚시에서 도래를 연결할 때 사용한다.

2. 일반적인 굵기의 낚싯줄을 사용하는 낚시에 있어서 낚싯줄의 한계까지 장력이 필요한 경우에 적합하다.

3. PE 라인을 직접 도래에 묶는 경우에도 잘 풀리지 않으므로 사용할 수 있다.

4. 매듭이 쉬운 반면 강도가 탁월하다.

5. 매듭이 두 줄이 꼬여있는 형태로 충격완충 작용도 해준다.

6. 일반적인 매듭에 비해 매듭눈의 크기가 큰 것은 약점이다.

중요도	★★★★
매듭강도	★★★★★
난이도	간단

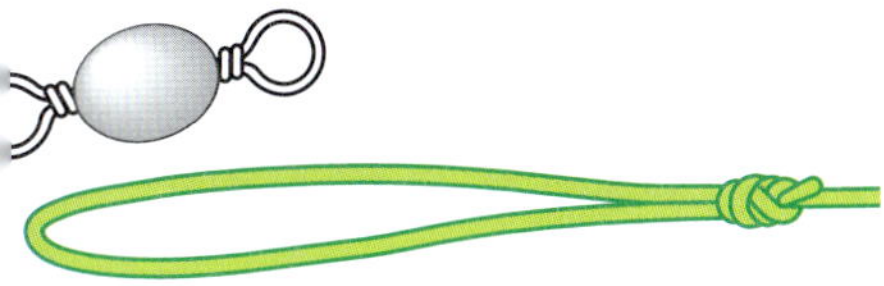

낚싯줄에 끝고리를 만든 후
시작해도 좋다.

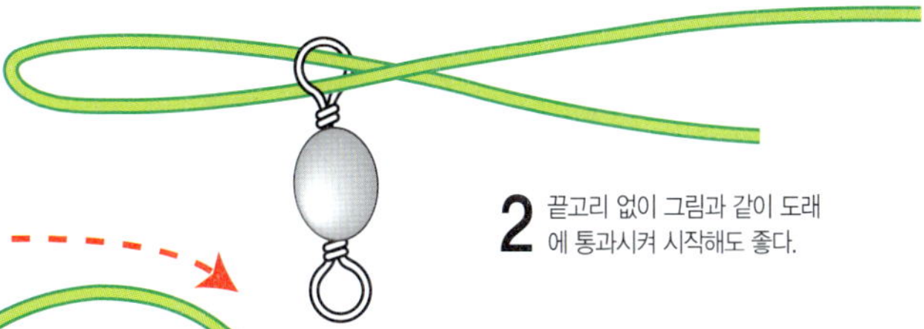

2 끝고리 없이 그림과 같이 도래
에 통과시켜 시작해도 좋다.

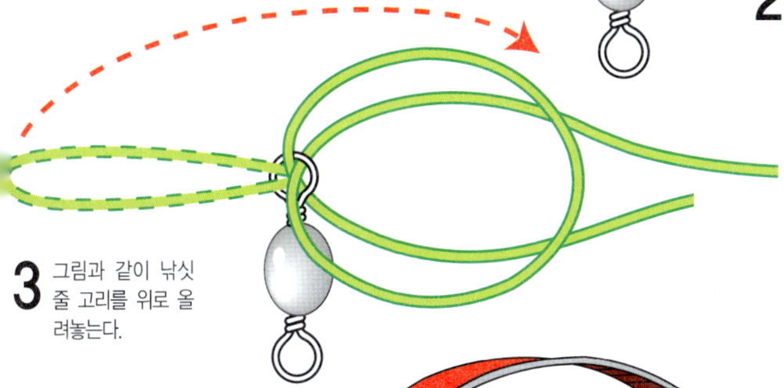

3 그림과 같이 낚싯
줄 고리를 위로 올
려놓는다.

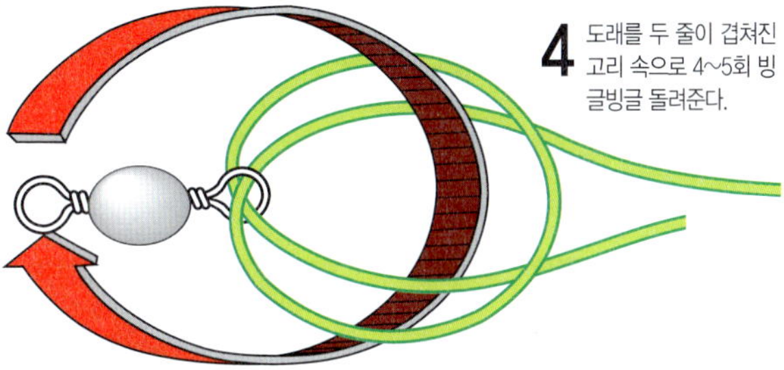

4 도래를 두 줄이 겹쳐진
고리 속으로 4~5회 빙
글빙글 돌려준다.

양쪽 줄을 나란히 잡고 서서히 당겨 조
인다. 매듭 부위에 꼬여진 낚싯줄 위에
침을 살짝 발라주면 작업이 쉽다.

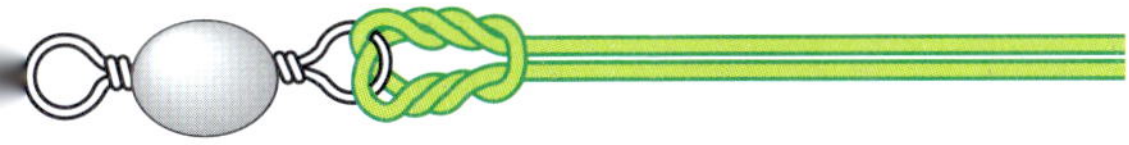

6 매듭이 도래에 바짝 모이면 완성이
다. 처음에 끝고리를 만들지 않고 작
업을 했다면 풀어지지 않도록 8자매
듭을 지어준다.

〈참고〉
❶ 마지막 단계에서 조여줄 때 고르게 조여지도록 물기(침)
를 발라주는 것이 좋다.
❷ 끝매듭은 단순히 두 번 매듭짓거나 8자매듭으로 해준다.

오프쇼어 스위벨 노트

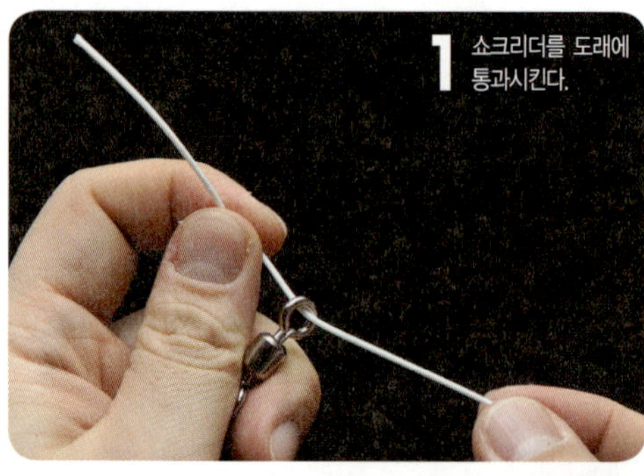

1 쇼크리더를 도래에 통과시킨다.

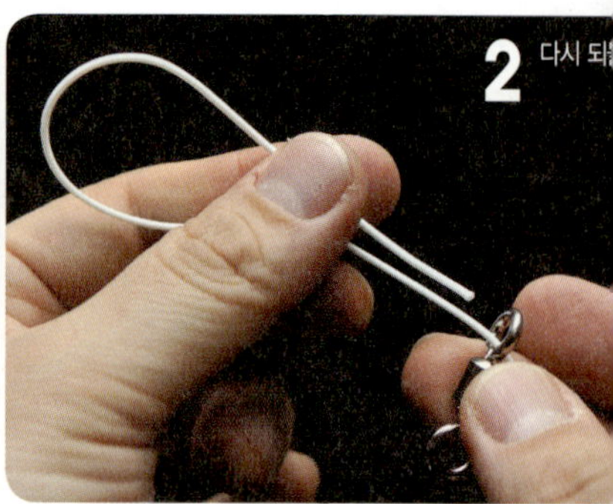

2 다시 되돌

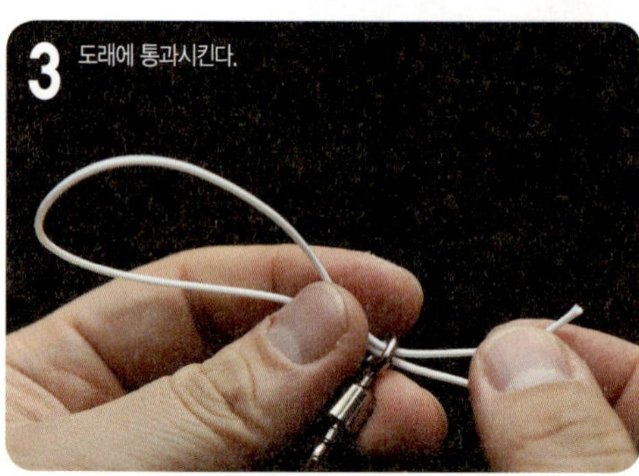

3 도래에 통과시킨다.

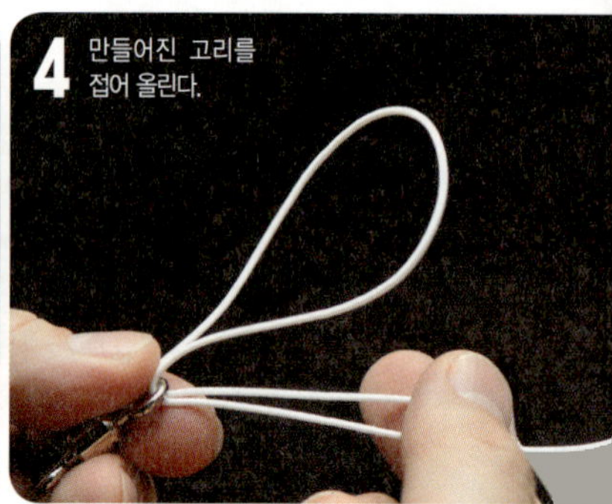

4 만들어진 고리를 접어 올린다.

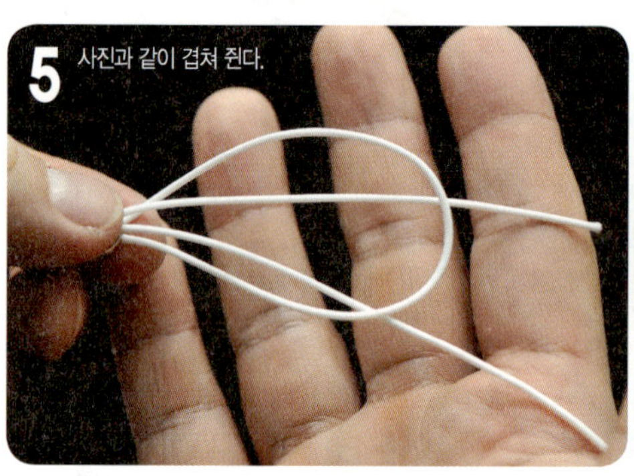

5 사진과 같이 겹쳐 쥔다.

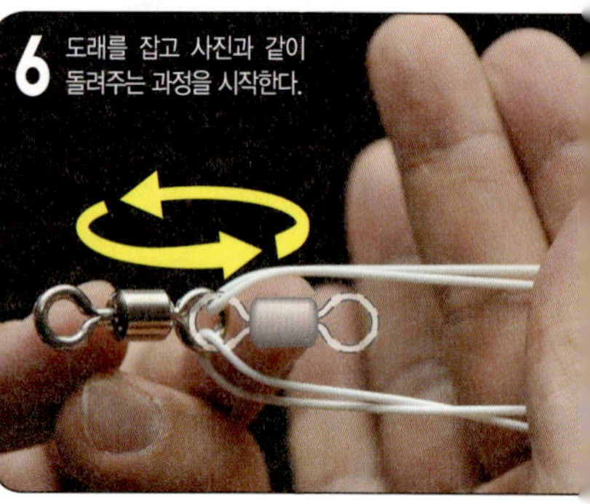

6 도래를 잡고 사진과 같이 돌려주는 과정을 시작한다.

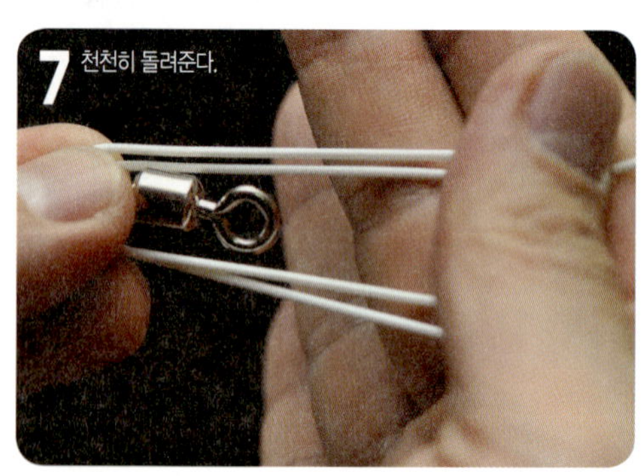

7 천천히 돌려준다.

줄이
흐트라
않도록
조심하

한 바퀴 돌릴 때마다
줄이 교차되어 간다.

9 4~5회 돌려주는 것이 적당하다.

두 줄을 같이 쥐고
서서히 당겨준다.

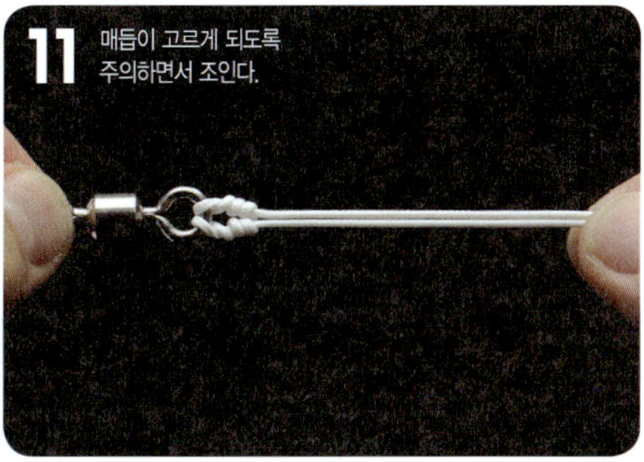

11 매듭이 고르게 되도록 주의하면서 조인다.

두 줄을 그림과 같이 한 번
감아 고리를 만들어준다.

13 고리를 비틀어 그 속으로 도래를 통과시킨다. 8자매듭이다.

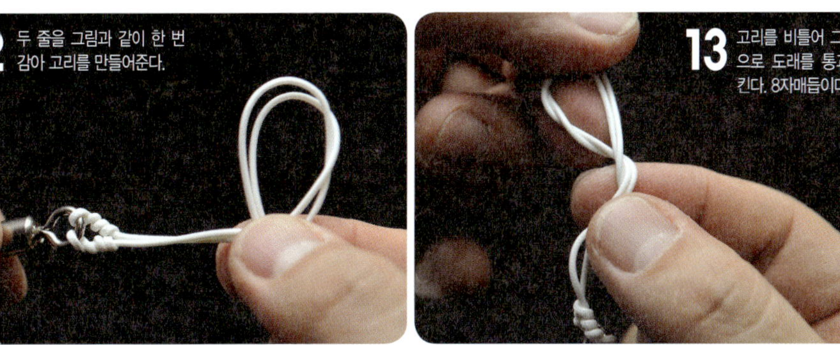

조인다.

완성 자투리를 자른다.

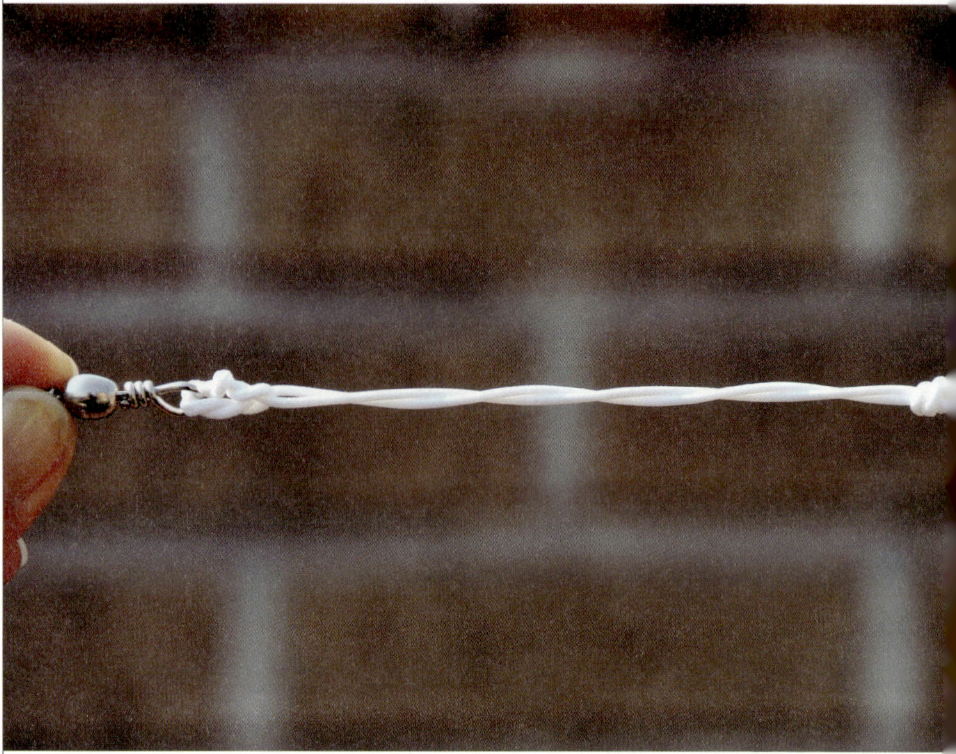

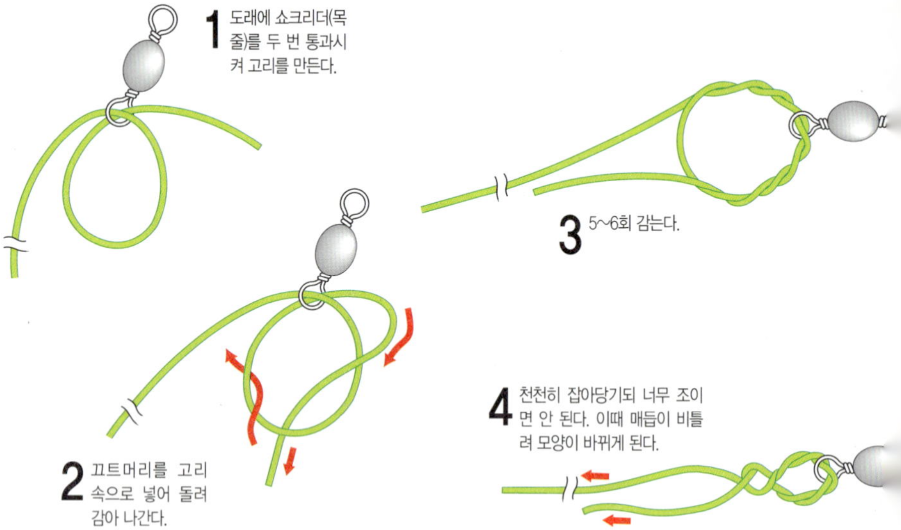

1 도래에 쇼크리더(목줄)를 두 번 통과시켜 고리를 만든다.

2 끄트머리를 고리 속으로 넣어 돌려 감아 나간다.

3 5~6회 감는다.

4 천천히 잡아당기되 너무 조이면 안 된다. 이때 매듭이 비틀려 모양이 바뀌게 된다.

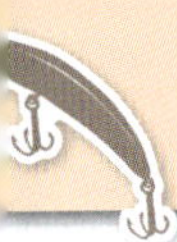

잰식 스위벨 노트

잰식 스위벨 노트(Jansik swivel knot)는 바다의 대물낚시에 활용하는 굵은 목줄(쇼크리더)를 대형 도래 또는 루어에 연결하는 강력한 매듭 방법이다. 이빨이나 아가미가 날카로운 대물과 상대할 때 목줄(쇼크리더)이 손상 받는 것을 방지하기 위해 목줄 끝부분을 이중으로 하기 위해서 사용한다.

도래 부착 부위에 짧은 이중 목줄(쇼크리더)을 만드는 방법과 결합되어 있는 형태이다.
매우 굵은 낚싯줄을 이용하는 매듭법이다.
바다의 대물낚시에 사용하는 대형 루어(특히 톱워터 루어나 초대형 플러그) 연결을 염두에 두여기에 부착하는 스냅도래를 쇼크리더에 매듭짓는 경우에 주로 사용한다.
간단히 매듭지을 수 있고 강력한 강도를 나타내는 매듭이다.
도래의 고리에는 옭매듭이 아닌 이중 고리가
과 되어 있으므로 루어(도래)의 자유도가 높다.
특별한 도구 없이도 극히 굵은 목줄까지 맨손
로 매듭지을 수 있다.

중요도	★★★★
매듭강도	★★★★★
난이도	중급

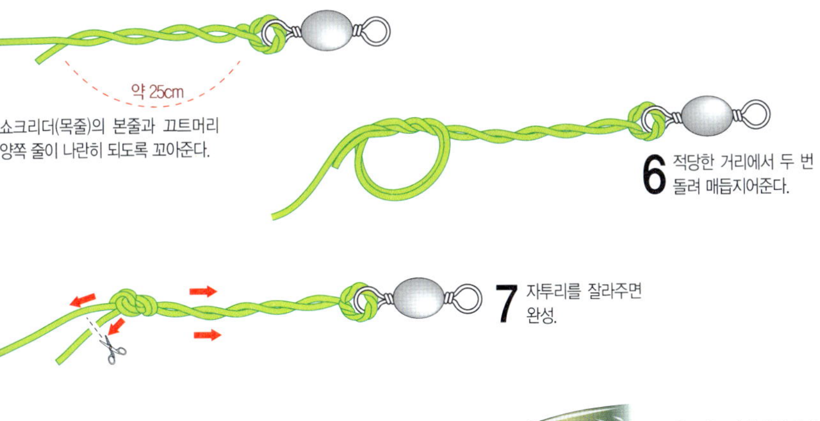

잰식 스위벨 노트

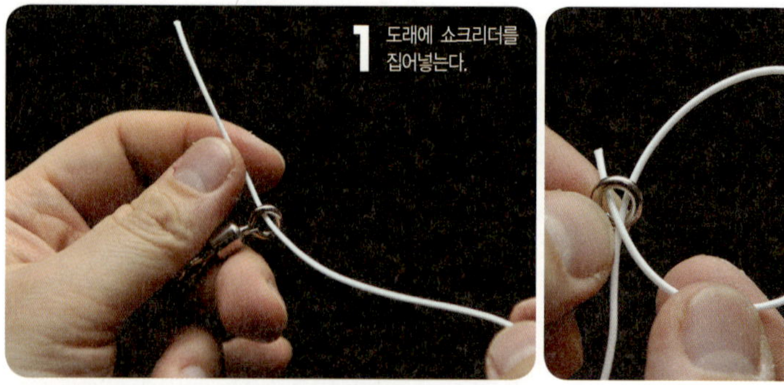

1 도래에 쇼크리더를 집어넣는다.
2 한 바퀴 돌려 도래에 통과시킨

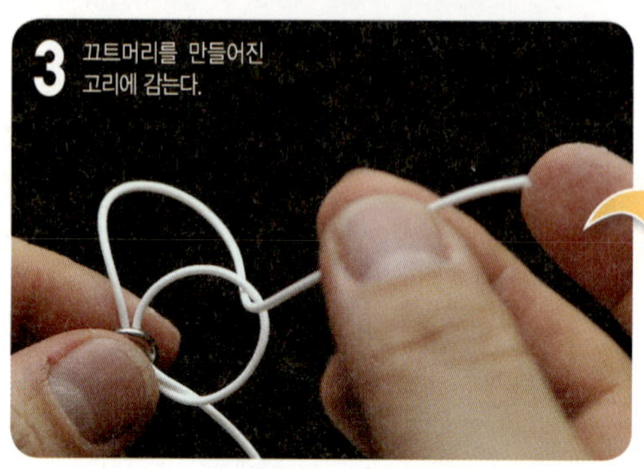

3 끄트머리를 만들어진 고리에 감는다.
고리 크기를 넉넉하게 만들어 주세요

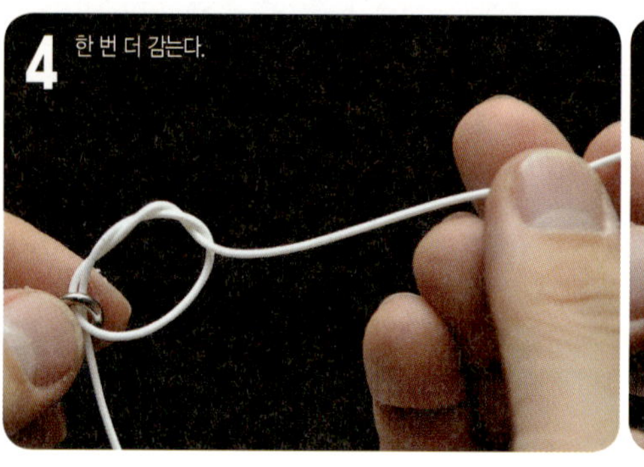

4 한 번 더 감는다.

5 5회 정도 감으면 적당하다.

6 두 줄을 잡고 당겨 서서히 조여준다.

7 끄트머리와 본줄을 서로 꼬아준다.

8 풀어지지 않도록 한 번 돌려 매듭지어준다.

완성 자투리를 잘라준다.

서서히 당겨 조이되 꼬임이 흐트러지지 않도록 주의한다.

바나나 리그

바다의 대어낚시나 지깅 채비에서 가장 문제시되는 약점은 목줄(쇼크리더)과 도래 또는 루어(지그)의 결속부위인데, 바나나 리그(Banana rig)는 목줄에 튜브를 덧씌우고 그 위에 매듭을 짓도록 하여 결절강도를 높인 최강의 매듭방법이다. 일본 큐슈 히라도의 어부이자 유어선 선장인 이와자키(岩崎)씨와 후쿠오카의 조구업체 MC Works의 협력으로 만들어진 매듭법이다.

1. 대물 지깅과 같은 바다의 대어낚시에서 목줄과 도래, 목줄과 지그의 결속부위에 사용한다.

2. 얕은 수심, 대어, 굵은 PE 원줄의 사용, 드랙 고정 등 고도의 부하가 걸리는 낚시에서 목강도의 한계에서도 매듭이 터지지 않기 위한 매듭방법이다.

3. 매듭방법이 매우 단순하지만 결절강도가 높은 매듭방법이다.

4. 낚싯줄이 직접 금속에 접촉하지 않으므로 고부하 시, 상처에 의한 끊김을 예방한다.

5. 완전한 옭매듭이 아니라 끝고리를 형성하는 형태로 도래가 목흔들림 식으로 연결된다.

중요도	★★★★
매듭강도	★★★★★
난이도	중급

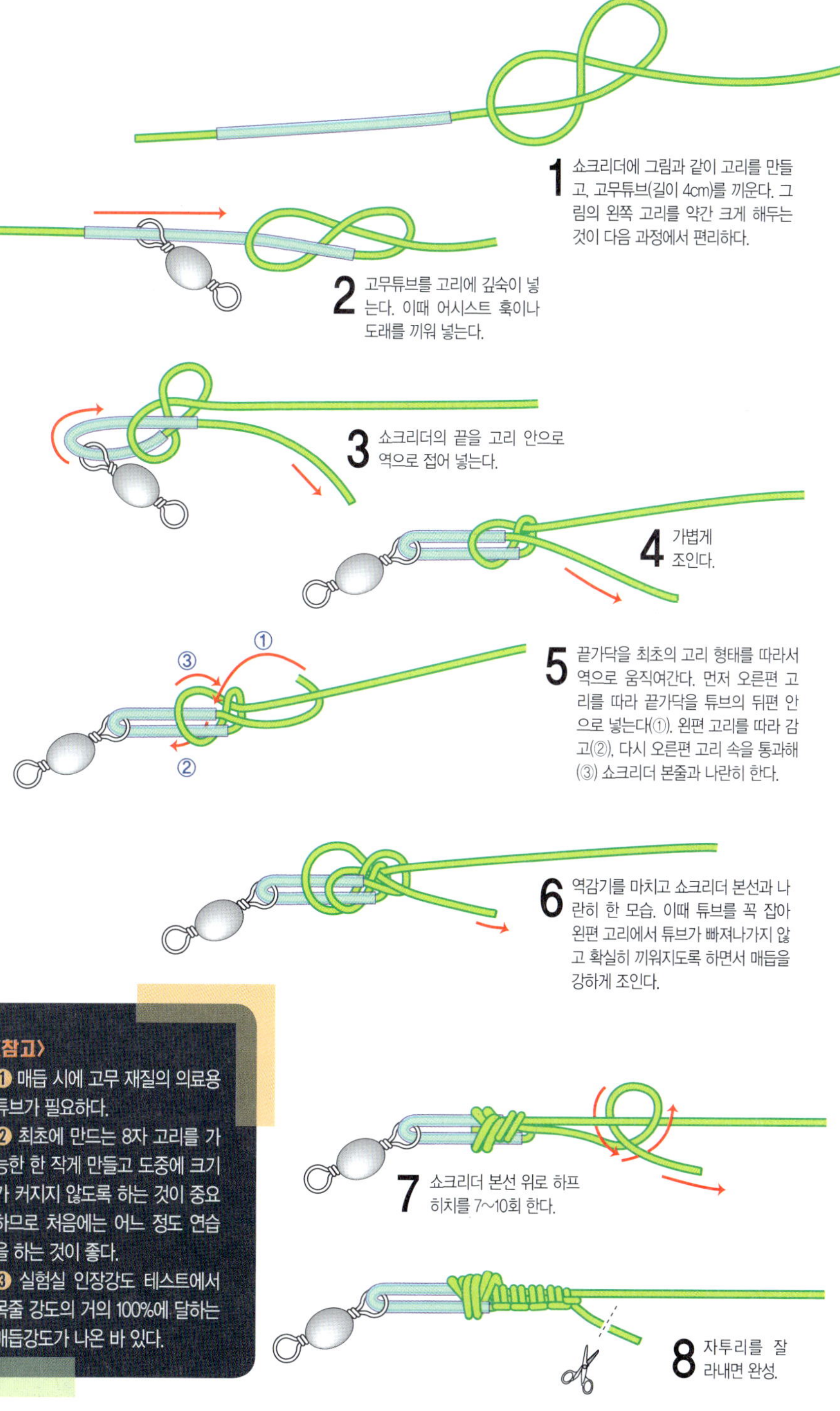

1 쇼크리더에 그림과 같이 고리를 만들고, 고무튜브(길이 4cm)를 끼운다. 그림의 왼쪽 고리를 약간 크게 해두는 것이 다음 과정에서 편리하다.

2 고무튜브를 고리에 깊숙이 넣는다. 이때 어시스트 훅이나 도래를 끼워 넣는다.

3 쇼크리더의 끝을 고리 안으로 역으로 접어 넣는다.

4 가볍게 조인다.

5 끝가닥을 최초의 고리 형태를 따라서 역으로 움직여간다. 먼저 오른편 고리를 따라 끝가닥을 튜브의 뒤편 안으로 넣는다(①). 왼편 고리를 따라 감고(②), 다시 오른편 고리 속을 통과해(③) 쇼크리더 본줄과 나란히 한다.

6 역감기를 마치고 쇼크리더 본선과 나란히 한 모습. 이때 튜브를 꼭 잡아 왼편 고리에서 튜브가 빠져나가지 않고 확실히 끼워지도록 하면서 매듭을 강하게 조인다.

7 쇼크리더 본선 위로 하프 히치를 7~10회 한다.

8 자투리를 잘라내면 완성.

<참고>
❶ 매듭 시에 고무 재질의 의료용 튜브가 필요하다.
❷ 최초에 만드는 8자 고리를 가능한 한 작게 만들고 도중에 크기가 커지지 않도록 하는 것이 중요하므로 처음에는 어느 정도 연습을 하는 것이 좋다.
❸ 실험실 인장강도 테스트에서 목줄 강도의 거의 100%에 달하는 매듭강도가 나온 바 있다.

바나나 리그

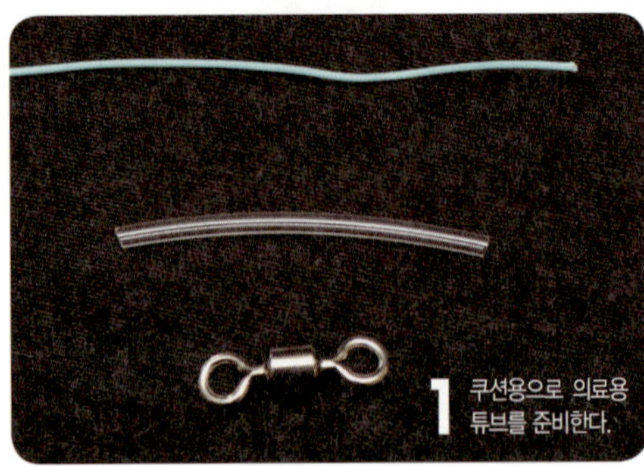

1 쿠션용으로 의료용 튜브를 준비한다.

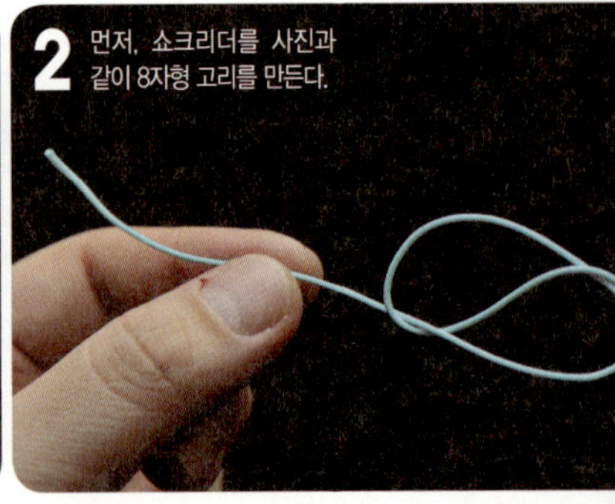

2 먼저, 쇼크리더를 사진과 같이 8자형 고리를 만든다.

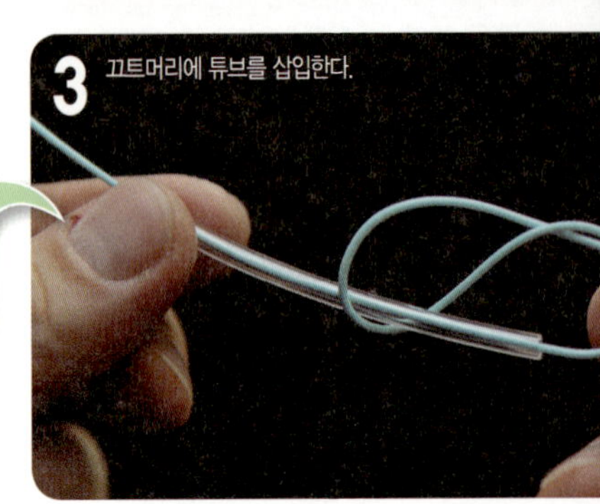

3 끄트머리에 튜브를 삽입한다.

4 다음에 도래를 끼운다.

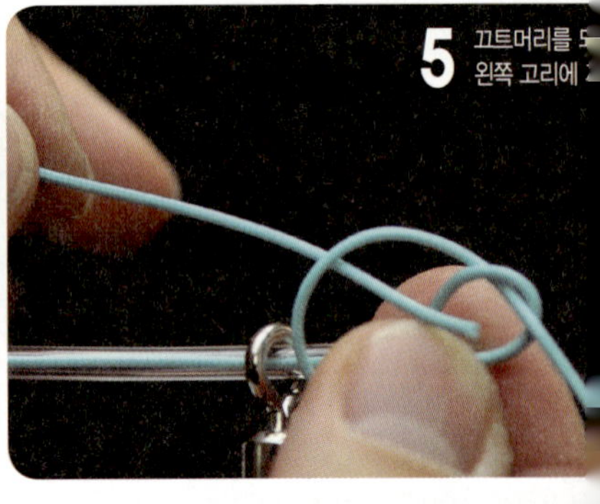

5 끄트머리를 5 왼쪽 고리에 2

6 튜브를 구부려 적당하게 고리 속으로 들어오도록 한다. 끄트머리는 쇼크리더 본줄과 나란하게 한다.

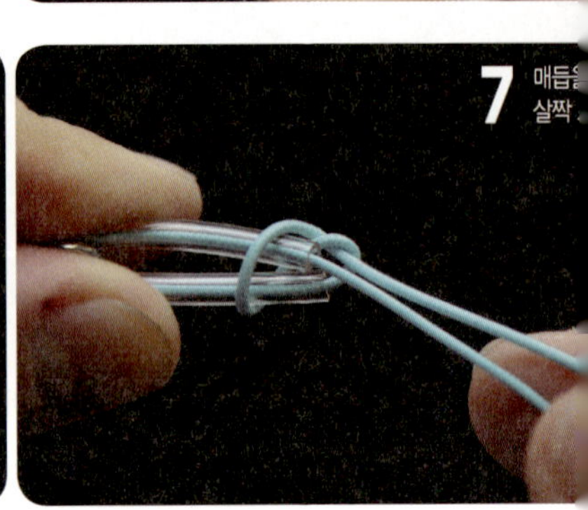

7 매듭을 살짝

8 끄트머리를 들어 왼쪽 고리에 사진과 같이 집어넣고

9 왼쪽 고리를 따라서 돌려 올린다.

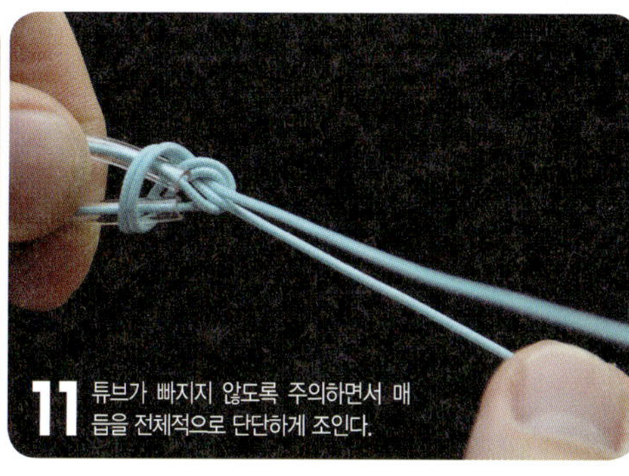

10 이번에는 끄트머리를 오른쪽 고리에 본선과 나란하게 집어넣는다. 결과적으로 8자 고리 형태를 따라 한 번 더 감아 준 것이다.

11 튜브가 빠지지 않도록 주의하면서 매듭을 전체적으로 단단하게 조인다.

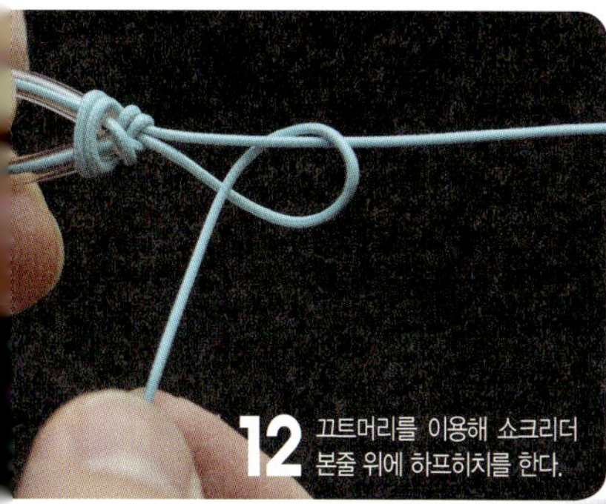

12 끄트머리를 이용해 소크리더 본줄 위에 하프히치를 한다.

13 하프히치는 7~10회가 적당하다.

완성 자투리를 잘라준다.

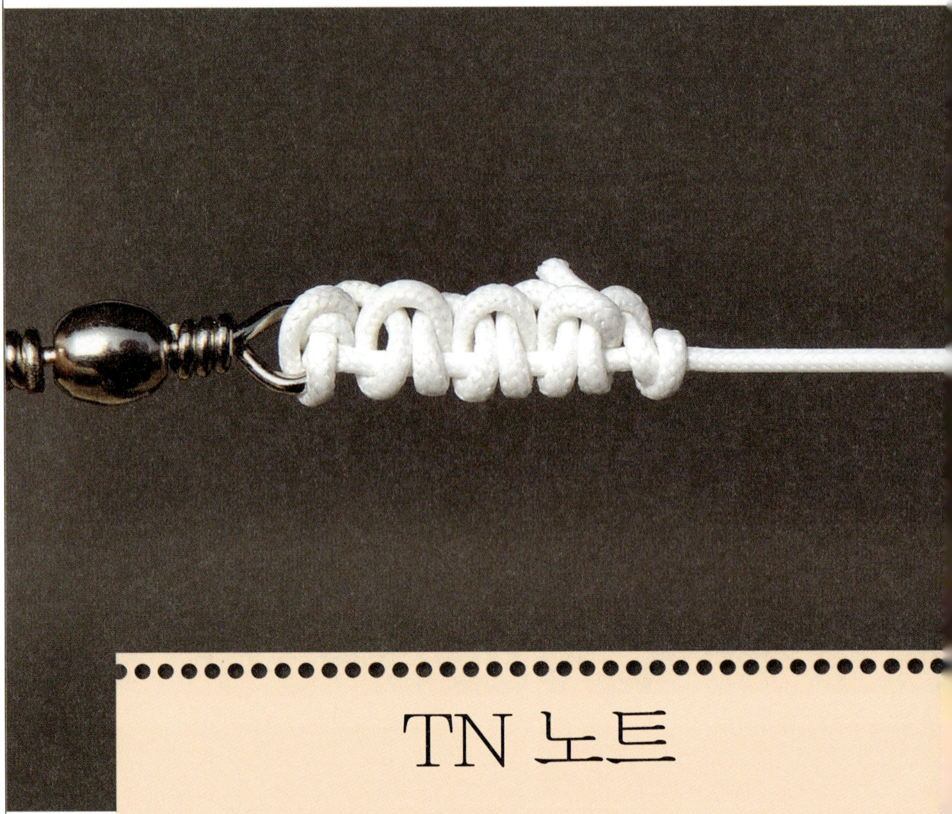

TN 노트

TN 노트(Triple knitted knot)는 도래에 연결된 목줄이 풀리는 것을 방지하는 것과 동시에 삼치와 같이 날카로운 이를 가지고 있는 어종을 상대할 때 불의의 목줄 끊어짐을 방지할 목적으로 고안된 강력한 매듭방법이다.

1. 나일론이나 플로로카본의 굵은 목줄을 사용하는 대물 배낚시, 수직 지깅에서 강력한 다도래나 솔리드 링을 묶는 경우에 활용한다.

2. 강력한 매듭강도가 필요로 하는 경우에 적합하다.

3. 단순한 매듭이지만 마찰 조임이 추가되어 있으므로 강력하고 풀리지 않는다.

4. 반복적으로 강하게 당겨지더라도 부하가 한 곳에 집중되지 않으므로 매듭이 수축하지 않아 매듭강도가 낮아지지 않는다.

5. 굵고 단단한 목줄을 사용하더라도 매듭이 그렇게 어렵지 않다.

중요도	★★★★
매듭강도	★★★★★
난이도	중급

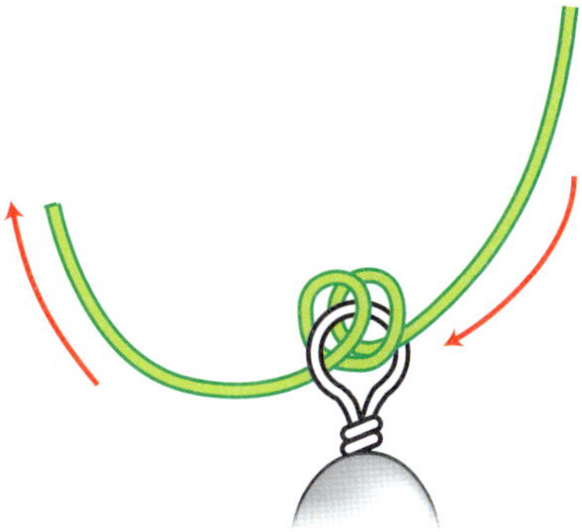

1 도래에 목줄을 2회 통과시켜 2개의 고리를 만든다. 이때 두 개의 고리가 서로 겹치지 않도록 손가락으로 잘 겹쳐 잡는다.

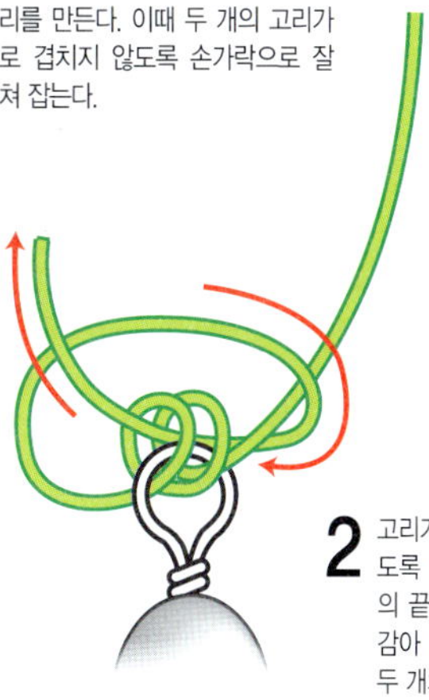

2 고리가 서로 겹치지 않도록 유지하면서 목줄의 끝을 본선 바깥으로 감아 돌리고 계속해서 두 개의 고리 속으로 통과시킨다.

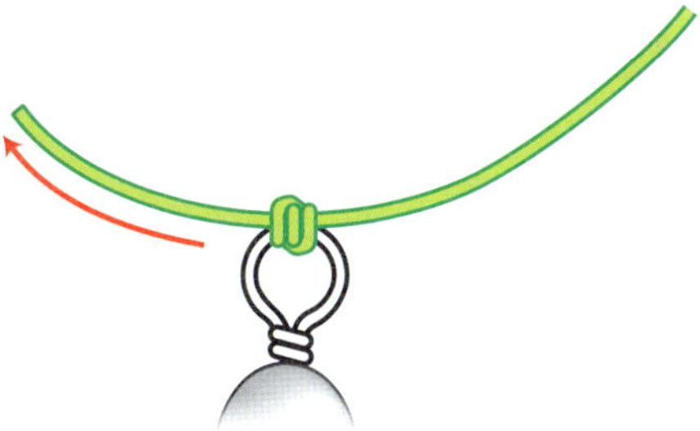

3 고리가 서로 겹치지 않도록 고르면서 매듭을 조여간다. 완전히 조여진 다음에 다시 한 번 낚시용 플라이어로 끄트머리를 잡고 강하게 당겨주는 것도 좋다.

4 목줄이 팽팽하게 당겨진 상태에서 끄트머리를 이용해 목줄 위로 하프히치를 한다. 한 번 감고 단단히 당겨 조인다.

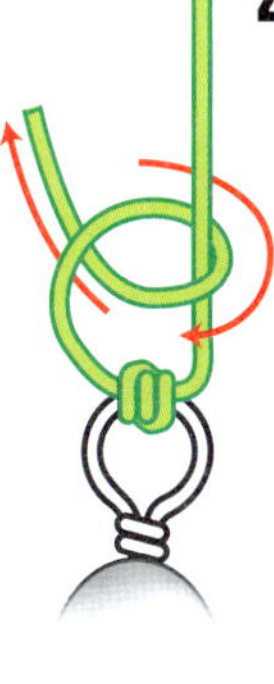

5 처음에 뒤로부터 한 번 하프히치를 했다면 이번에는 반대로 앞쪽에서 하프히치를 한다. 역시 당겨 조이도록 한다. 4단계와 5단계 과정을 교대로 6~8회 반복한다.

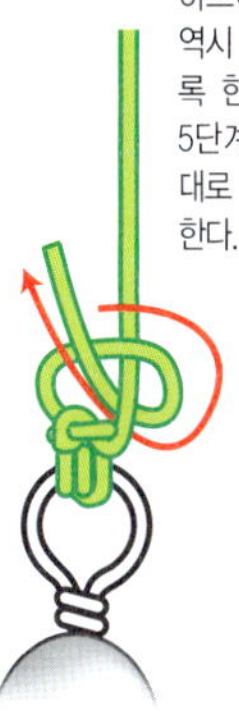

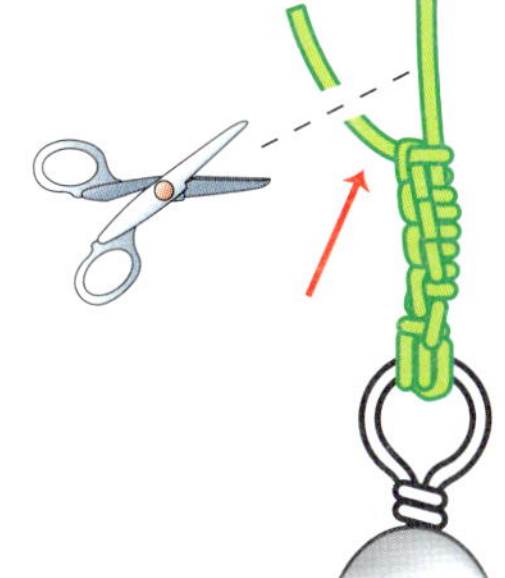

6 마지막으로 자투리 줄을 잘라내면 완성. 마지막 하프히치가 느슨해지거나 풀릴 걱정이 된다면 자투리를 잘라내기 전에 바짝 당겨 화살표가 가리키는 뿌리 부분을 이로 지그시 깨물어 눌러두는 것도 좋다.

<참고>

❶ 도래에 목줄을 두 번 통과시키면서 서로 겹치지 않도록 조절하여야 한다.

❷ 목줄 위로 하프히치 할 것을 염두에 두고 목줄을 넉넉히 잡고 매듭을 시작한다.

❸ 하프히치로 감아 올라갈 때는 목줄 자체를 팽팽하게 유지하여야 실패하지 않고 깨끗하게 감긴다.

❹ 마지막 하프히치가 느슨해지거나 풀릴 게 걱정된다면 자투리 끝을 이로 지그시 깨물어 눌러두는 것도 좋다.

TN 노트

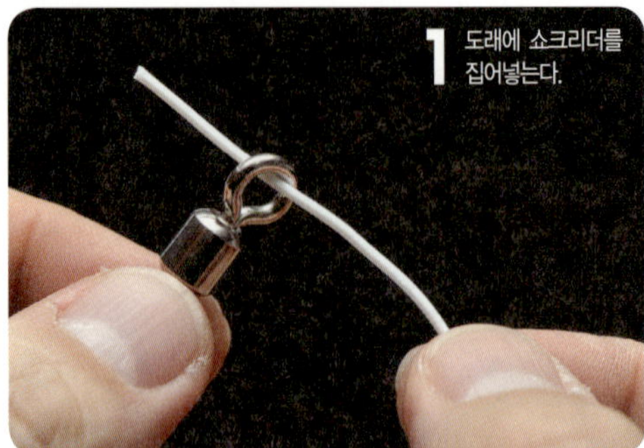

1
도래에 쇼크리더를
집어넣는다.

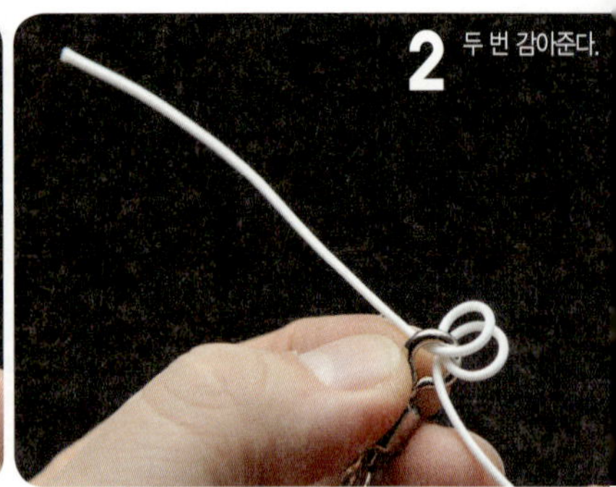

2
두 번 감아준다.

3
끄트머리를 돌려 두
고리 사이로 통과

낚싯줄이
나란하게
지나가도록
주의하세요

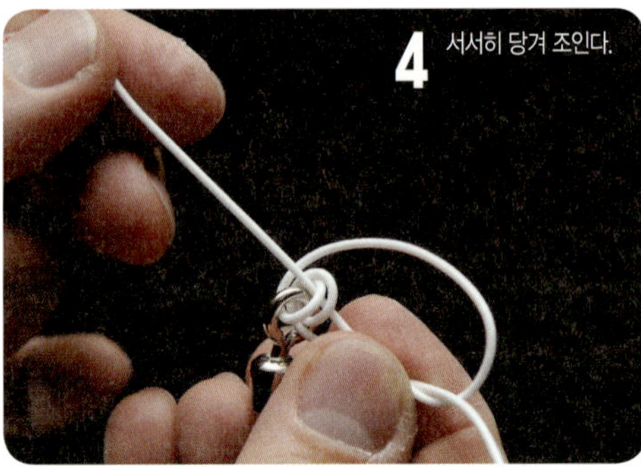

4
서서히 당겨 조인다.

5
매듭이 겹치지
조심해서 조여

6 끄트머리를 이용해 본줄 위에 하프히치를 실시한다.

7 단단하게 조인다.

좌우 교대로 하프히치를 ~8회 반복한다.

9 단단하게 조이고

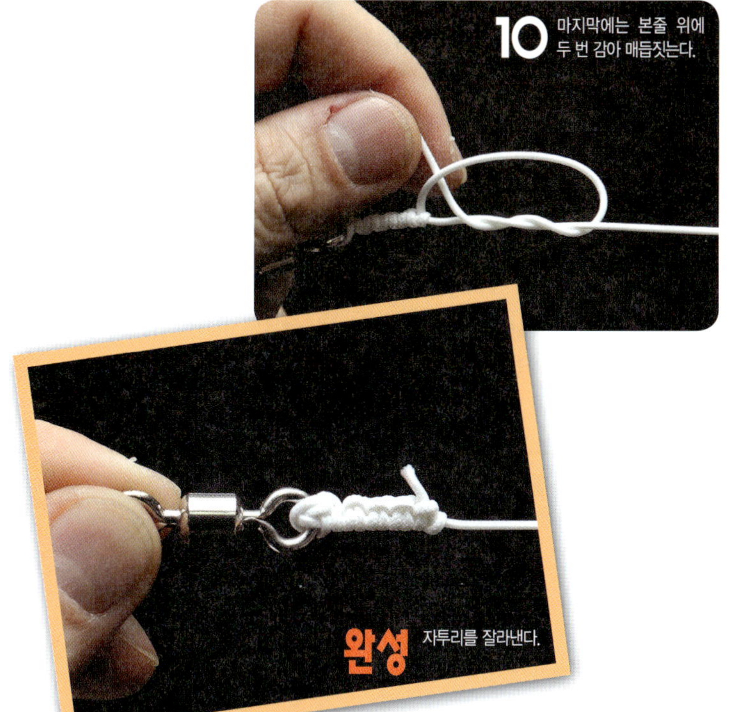
10 마지막에는 본줄 위에 두 번 감아 매듭짓는다.
완성 자투리를 잘라낸다.

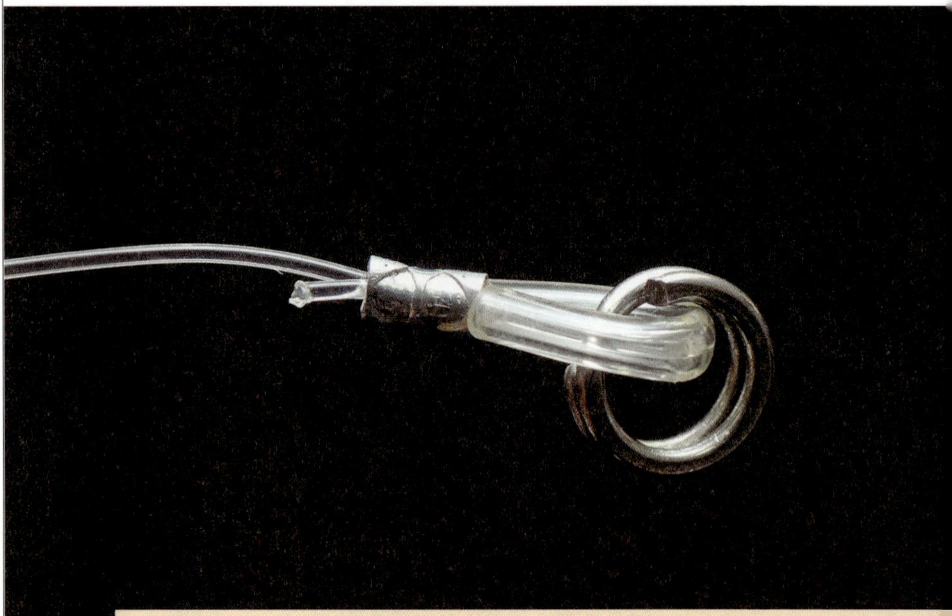

알루미늄 미니 슬리브 압착

슬리브라는 결속기구를 사용해 빠르고 단단하게 루어나 도래를 목줄에 연결하는 방법이다. 일반적인 스테인리스 슬리브(와이어를 연결할 때 쓰는)가 아닌 가벼운 알루미늄 슬리브를 활용하는 연결법이다. 알루미늄 슬리브는 가볍고 부드러워 12호 정도의 나일론이나 플로로카본 쇼크리더에도 사용할 수 있다. 더욱이 슬리브를 고정하기 위한 전용 플라이어도 알루미늄 슬리브용은 일반 스테인리스 슬리브용에 비해 절반 크기도 되지 않아 간편하다.

1. 바다 루어낚시의 지깅, 캐스팅 등 40파운드 이상의 쇼크리더를 사용하는 중량급 이상의 다 루어낚시에 작합하다.
2. 묶는 방법이 번거로운 각종 매듭법에 비해 간단하고 강도도 높다.
3. 전용 슬리브와 알루미늄 슬리브용 플라이어를 이용해 초보자도 간단히 묶을 수 있다.
4. 슬리브는 일반적으로 100파운드 이상 굵은 쇼크리더에 적합하지만 알루미늄 미니 슬리브는 40파운드의 가는 쇼크리더에도 효과적으로 활용할 수 있다.

중요도	★★★
매듭강도	★★★★★
난이도	간단

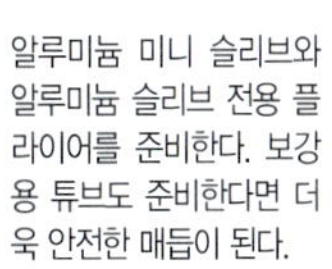

알루미늄 미니 슬리브와 알루미늄 슬리브 전용 플라이어를 준비한다. 보강용 튜브도 준비한다면 더욱 안전한 매듭이 된다.

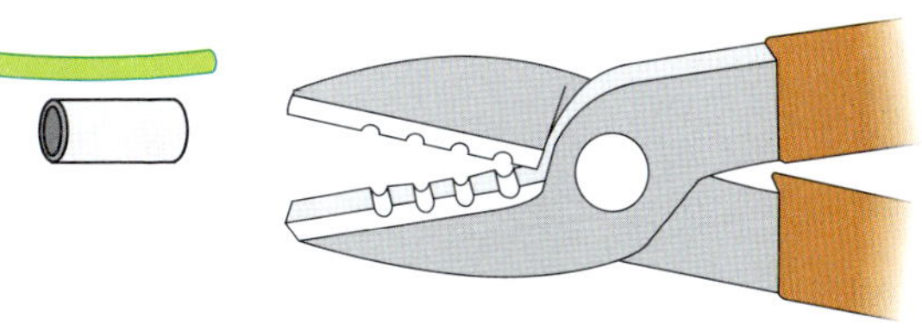

2 쇼크리더에 슬리브와 보강튜브를 차례로 끼워 넣는다.

3 도래나 스플릿링을 끼워 넣는다.

4 끝단을 구부려 그림과 같이 다시 알루미늄 미니 슬리브에 끼워 넣고 고리 크기를 조정한다.

5 알루미늄 슬리브 전용 플라이어를 사용해 슬리브를 눌러 고정한다. 일반적으로 전후 두 번을 눌러주는 것이 안전하다.

6 완성된 모습.

〈참고〉
❶ 전용 도구를 갖추어야 한다. 특히 일반 스테인리스 슬리브와 혼동하여 사용하면 안 된다.
❷ 사용하는 쇼크리더의 굵기에 맞춰 알맞은 사이즈의 슬리브를 사용해야 충분한 강도가 발휘된다.

알루미늄 미니 슬리브 압착

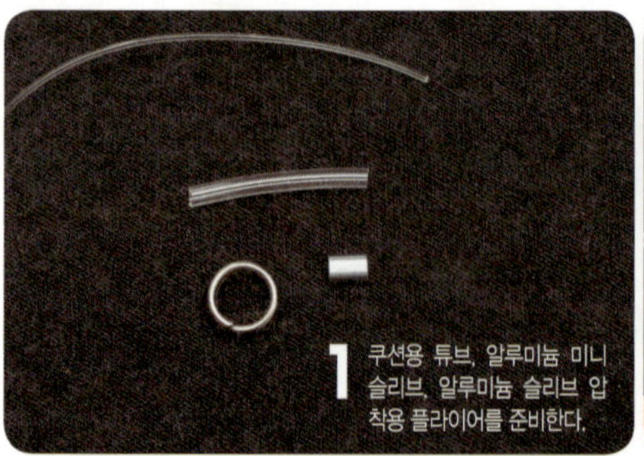

1 쿠션용 튜브, 알루미늄 미니 슬리브, 알루미늄 슬리브 압착용 플라이어를 준비한다.

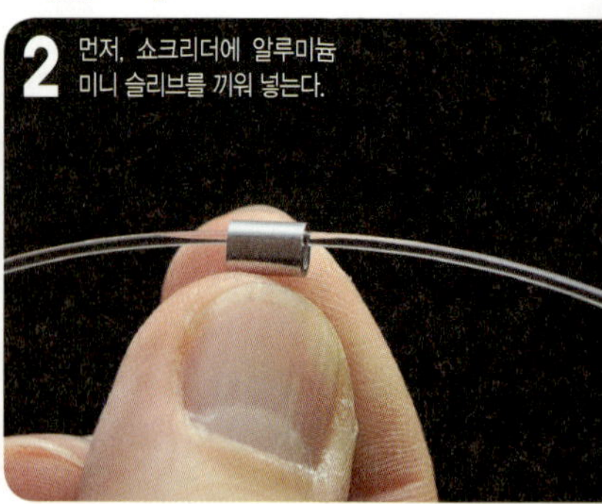

2 먼저, 쇼크리더에 알루미늄 미니 슬리브를 끼워 넣는다.

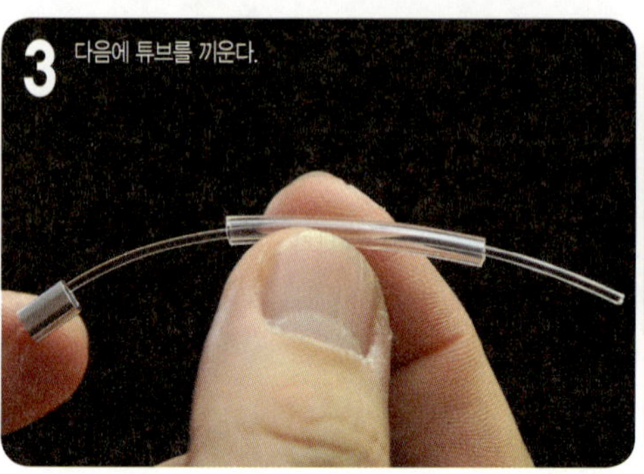

3 다음에 튜브를 끼운다.

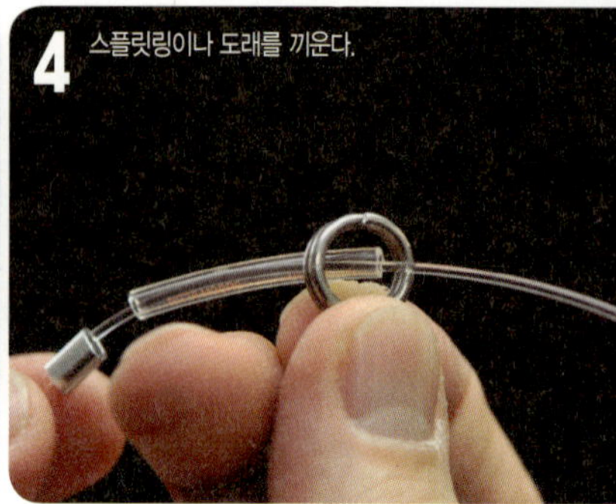

4 스플릿링이나 도래를 끼운다.

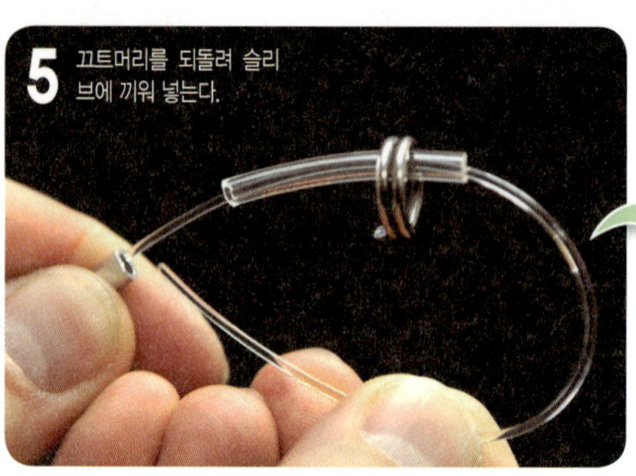

5 끄트머리를 되돌려 슬리브에 끼워 넣는다.

6 튜브의 끝단이 알루미늄 미니 슬리브에 닿도록 한다.

7 알루미늄 슬리브 전용 플라이어를 이용해 슬리브를 압착하되 두 번 압착을 전제로 한쪽으로 치우쳐 눌러준다.

8 이번에는 반대편을 눌러준다.

필히
알루미늄 미니 슬러브 전용
플라이어를 사용해야

9 알루미늄 슬리브가 고르게 압착되었는지 확인한다.

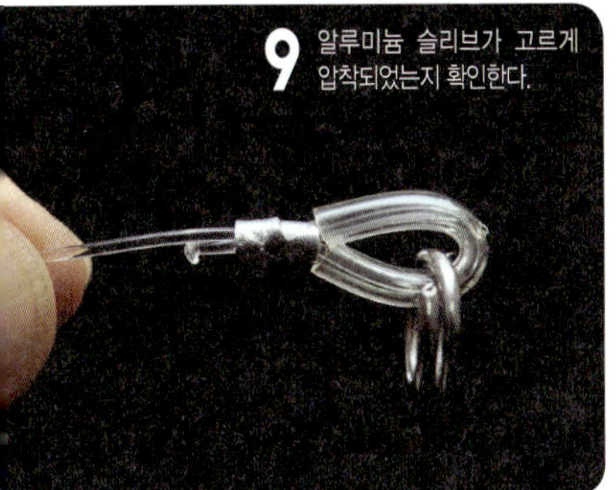

완성 자투리를 자른다.

헤이 와이어 트위스트

헤이 와이어 트위스트(Hay wire twist)는 와이어 단사를 이용하는 방법으로 와이어 목줄 중에서 합사가 아닌 단순한 철사 형태를 하고 있는 단사 와이어를 사용하는 경우의 묶음법이다. 날카로운 이빨을 가진 큰 고기를 낚기 위한 묶음이다. 방법이 간단하지만 묶음 도중에 실수를 하면 어이없게 끊어지기도 하므로 단사형 와이어의 특성을 충분히 이해하고 있어야 실패가 없다.
기타 대물용 고리바늘 또는 대형 도래(루어)에 단사 형태의 와이어를 연결하는 경우에도 널리 사용한다.

1. 이빨이 날카로운 상어, 바라쿠다 등을 상대할 때 많이 사용하는 단사형 와이어로 루어를 묶는 방법이다.

2. 우리나라에서는 용도가 많지 않지만, 서구의 유어선 선장이나 어부들은 자주 활용한다.

3. 와이어 자체가 강하고 뻣뻣하지만, 간단한 펜치 하나만으로도 간편하게 묶을 수 있다.

4. 낚싯바늘은 물론 도래, 루어의 고리에도 직접 연결할 수 있는 방법이다.

중요도	★★★
매듭강도	★★★★★
난이도	간단

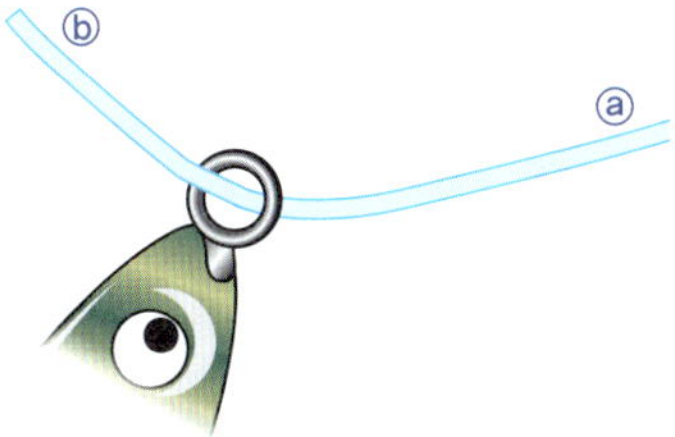

루어의 맬고리나 바늘의 귀 구멍에 단선 와이어를 통과시킨다.

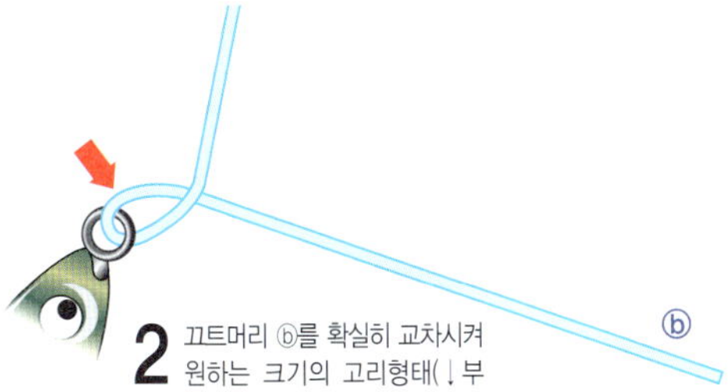

2 끄트머리 ⓑ를 확실히 교차시켜 원하는 크기의 고리형태(↓부분)를 만든다. 메인 와이어 ⓐ와 끄트머리 ⓑ를 겹쳐서 확실하게 꽉 잡는다. 이때, 단선 와이어는 뻣뻣하다는 점에 유의한다.

3 잡고 있는 그대로 두 줄의 와이어를 비틀어간다. 매번 강하고 확실하게 해야 한다. 3~5회가 적당하다.

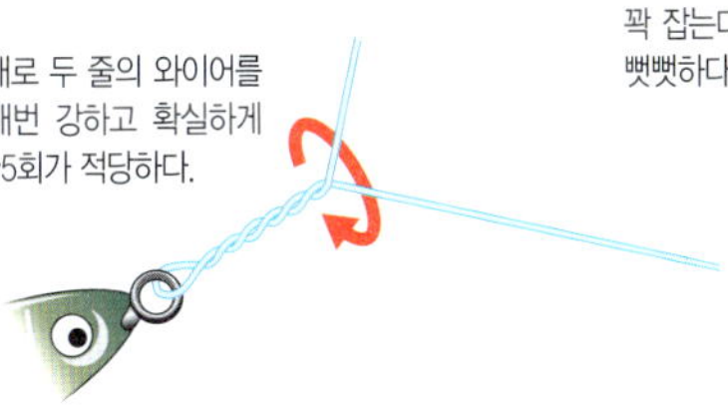

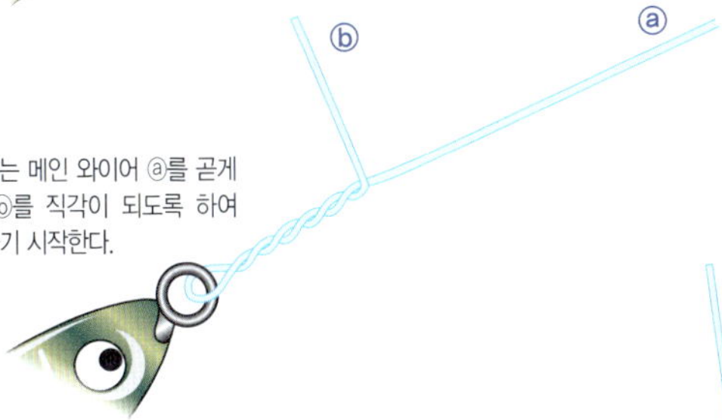

4 이번에는 메인 와이어 ⓐ를 곧게 펴고 ⓑ를 직각이 되도록 하여 감아가기 시작한다.

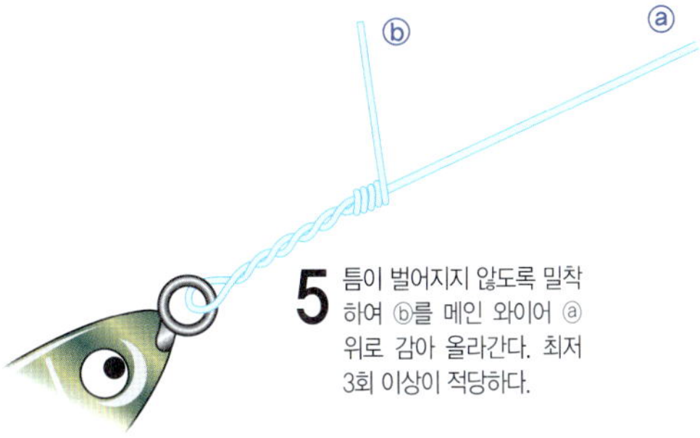

5 틈이 벌어지지 않도록 밀착하여 ⓑ를 메인 와이어 ⓐ 위로 감아 올라간다. 최저 3회 이상이 적당하다.

〈참고〉

❶ 단사형 와이어를 사용할 때만 통용되는 묶음법이다.

❷ 최후에 여분의 와이어를 자를 때는 펜치나 니퍼를 이용하면 단면이 매우 날카로워져 좋지 않으므로 손으로 한 번 꺾은 후 다시 반대편으로 꺾어 금속피로를 일으켜 부러뜨리는 방법을 사용하는 것이 좋다.

❶ 단사형 와이어는 국내에서는 그 용도가 거의 없어 구하기 힘들지만, 북미의 플로리다를 중심으로 흔히 사용되는 목줄이다.

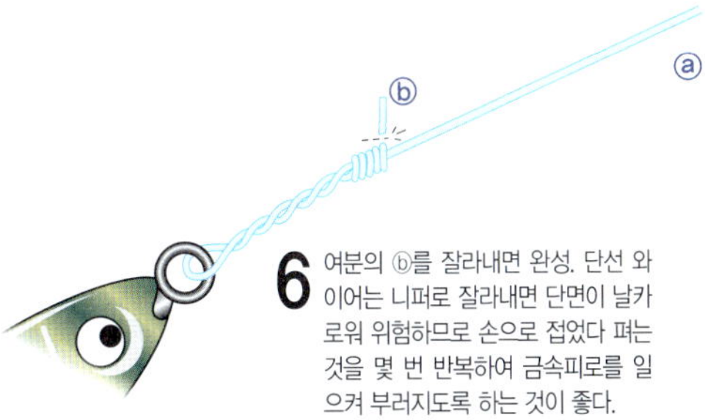

6 여분의 ⓑ를 잘라내면 완성. 단선 와이어는 니퍼로 잘라내면 단면이 날카로워 위험하므로 손으로 접었다 펴는 것을 몇 번 반복하여 금속피로를 일으켜 부러지도록 하는 것이 좋다.

헤이 와이어 트위스트

1 단선 와이어를 도래(루어의 맬고리)에 통과시킨다.

2 적당한 길이 뽑아내고

3 본선에 나란히 겹치게 한다.

4 교차시켜 겹쳐 쥐고

5 강하고 확실하게 잡아 돌리기 시작한다.

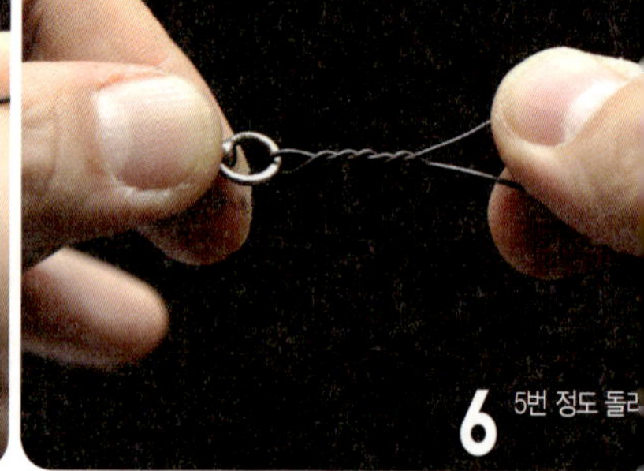
6 5번 정도 돌려

7 본선을 곧바르게 펴고 직각이 되도록 한다.

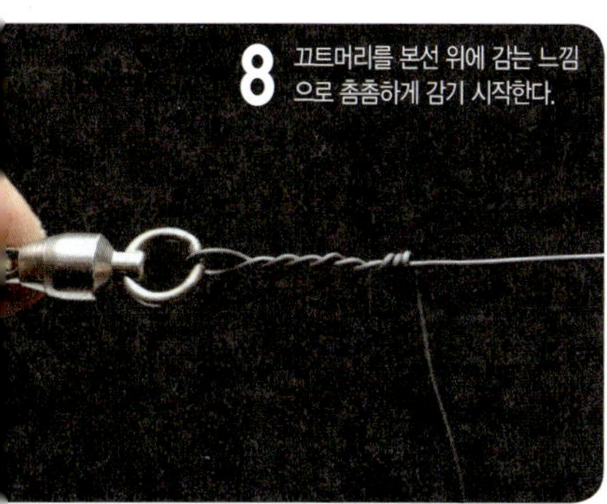

8 끄트머리를 본선 위에 감는 느낌으로 촘촘하게 감기 시작한다.

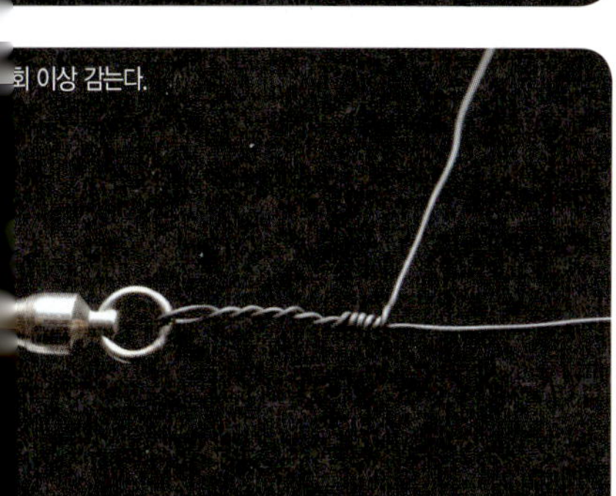

회 이상 감는다.

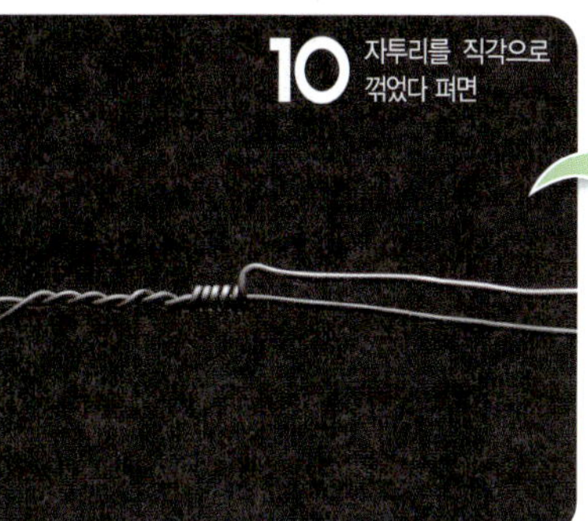

10 자투리를 직각으로 꺾었다 펴면

금속피로로 인해 단선 와이어는 쉽게 부러진다.

완성 자투리를 잘라낸다.

Part 4
기타 묶음법

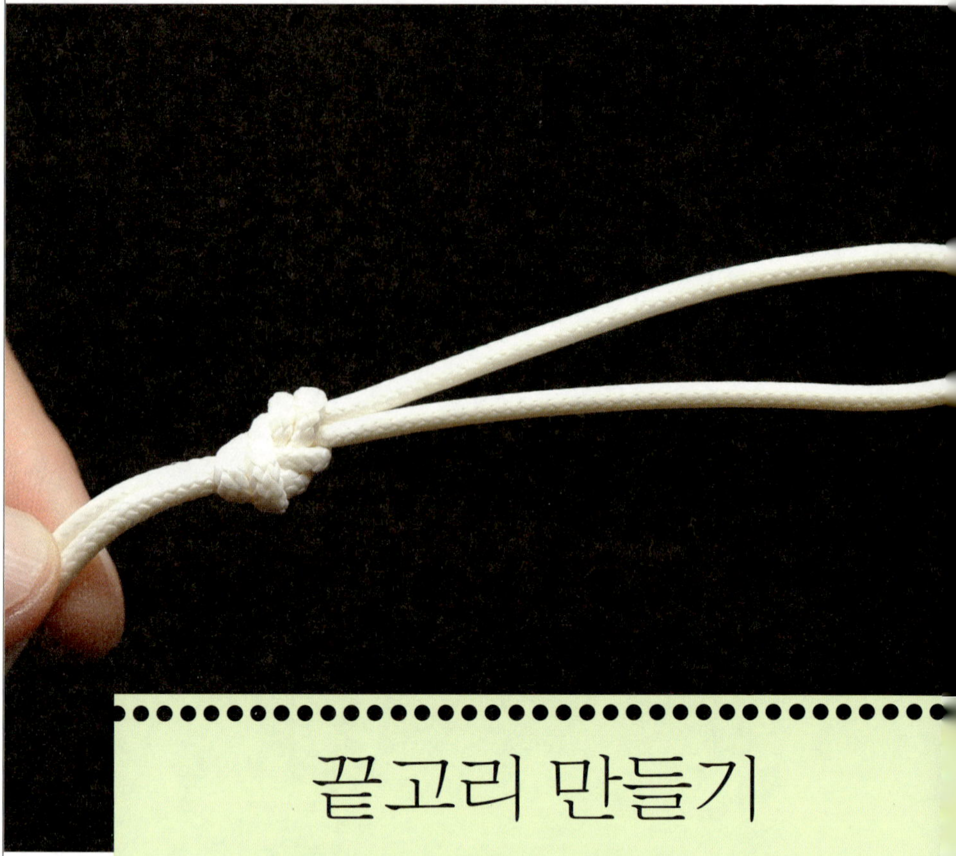

끝고리 만들기

낚싯줄 끝에 고리를 만드는 손쉬운 방법으로서 강도 또한 가장 높아서 꼭 익혀두어야 할 매듭법이다. 흔히 '8자매듭'이라고 부른다. 특히 붕어낚시에서는 낚싯대와 연결하는 끝고리와 고리봉돌을 연결하는 원줄과 목줄의 끝고리에 모두 이 8자매듭이 사용된다.

1. 끝고리 매듭법 중 쉬우면서도 강도가 가장 높다.

2. 고리의 크기를 마음대로 조절할 수 있다.

3. 낚싯줄을 낚싯대나 고리봉돌 또는 도래에 연결할 때 직접 묶지 말고 끝고리로 연결하면 채비를 교환할 때마다 일일이 줄을 자르고 새로 묶을 필요가 없어서 채비 교환이 잦은 붕어낚시에서 특히 8자매듭 끝고리가 많이 쓰인다.

중요도	★★★★★
매듭강도	★★★★
난이도	간단

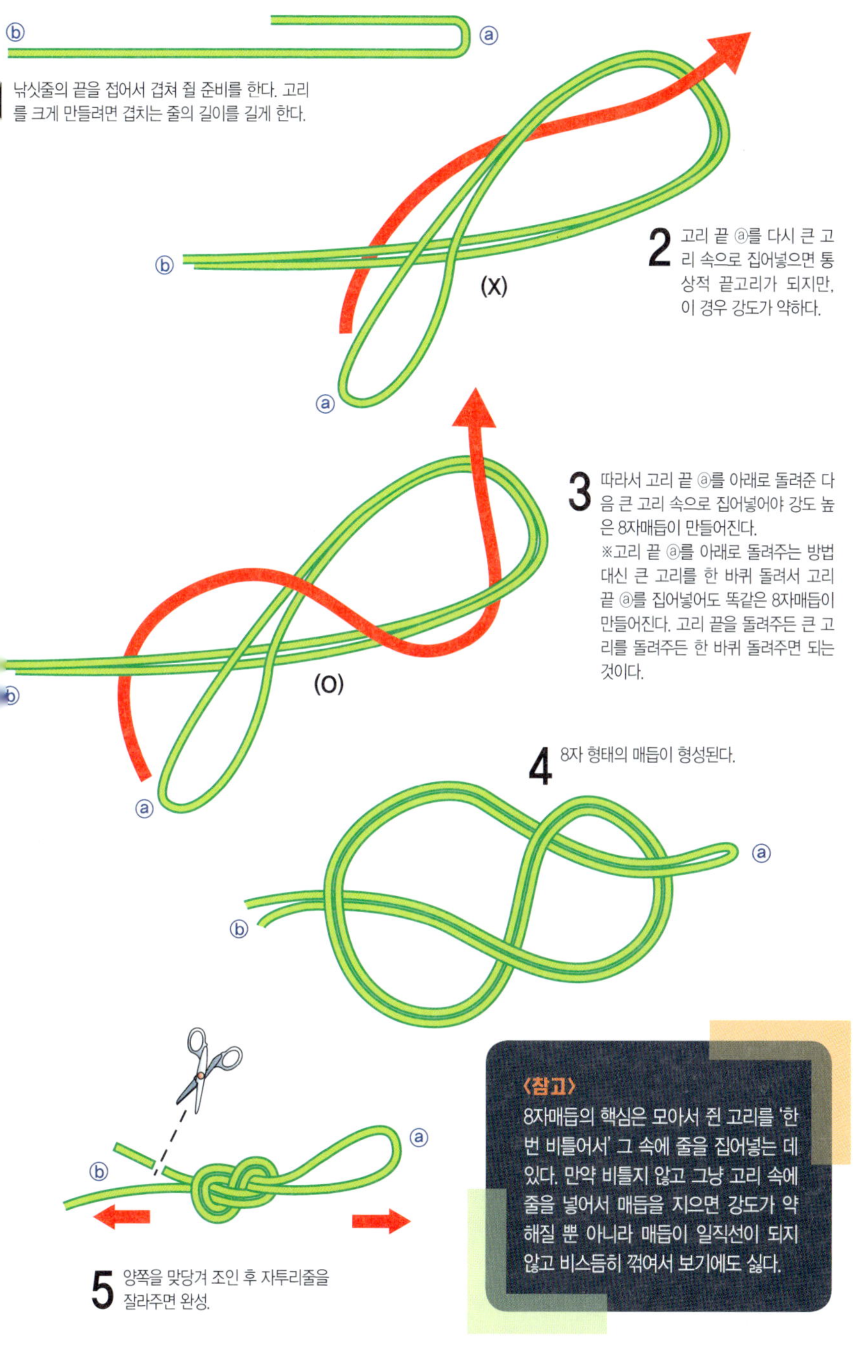

b
a
낚싯줄의 끝을 접어서 겹쳐 쥘 준비를 한다. 고리
를 크게 만들려면 겹치는 줄의 길이를 길게 한다.
b
(X)
a
2 고리 끝 ⓐ를 다시 큰 고
리 속으로 집어넣으면 통
상적 끝고리가 되지만,
이 경우 강도가 약하다.
b
(O)
a
3 따라서 고리 끝 ⓐ를 아래로 돌려준 다
음 큰 고리 속으로 집어넣어야 강도 높
은 8자매듭이 만들어진다.
※고리 끝 ⓐ를 아래로 돌려주는 방법
대신 큰 고리를 한 바퀴 돌려서 고리
끝 ⓐ를 집어넣어도 똑같은 8자매듭이
만들어진다. 고리 끝을 돌려주든 큰 고
리를 돌려주든 한 바퀴 돌려주면 되는
것이다.
4 8자 형태의 매듭이 형성된다.
a
b
b
a
5 양쪽을 맞당겨 조인 후 자투리줄을
잘라주면 완성.

〈참고〉
8자매듭의 핵심은 모아서 쥔 고리를 '한
번 비틀어서' 그 속에 줄을 집어넣는 데
있다. 만약 비틀지 않고 그냥 고리 속에
줄을 넣어서 매듭을 지으면 강도가 약
해질 뿐 아니라 매듭이 일직선이 되지
않고 비스듬히 꺾여서 보기에도 싫다.

끝고리 만들기

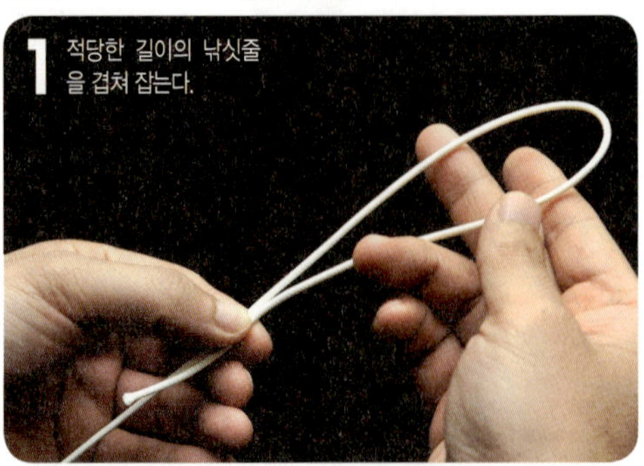

1 적당한 길이의 낚싯줄을 겹쳐 잡는다.

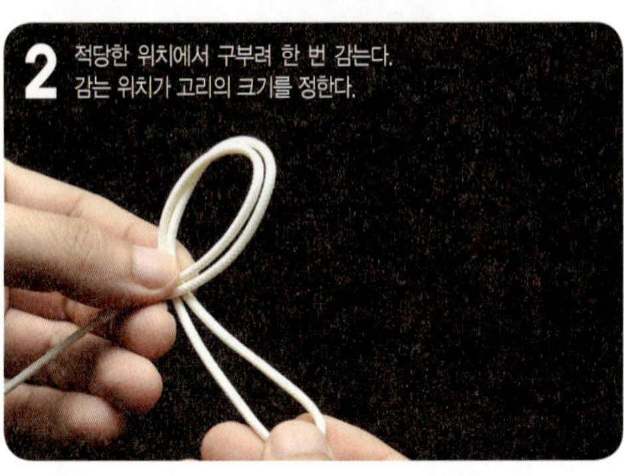

2 적당한 위치에서 구부려 한 번 감는다. 감는 위치가 고리의 크기를 정한다.

3 고리 끝 부분을 잡고 돌린다.

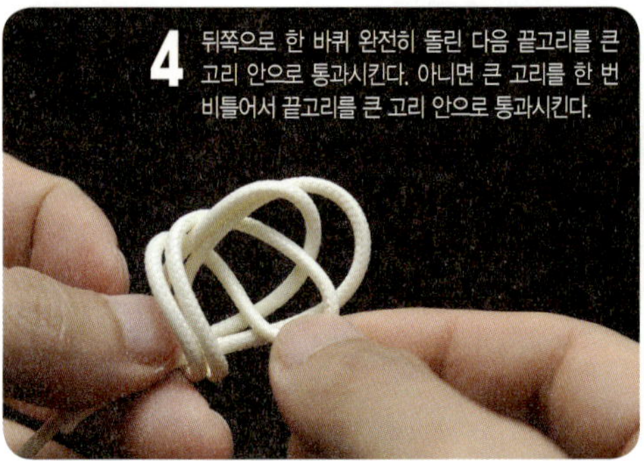

4 뒤쪽으로 한 바퀴 완전히 돌린 다음 끝고리를 큰 고리 안으로 통과시킨다. 아니면 큰 고리를 한 번 비틀어서 끝고리를 큰 고리 안으로 통과시킨다.

5 흐트러지지 않도록 천천히 조이면 8자 모양이 된다.

완성 자투리를 잘라준다.

빠르고 정확하게!
낚시터 현장의 묶음
—수시로 줄과 바늘을 교체하는 바다낚
시 현장에선 매듭의 정확성과 속도가
요구된다. 바늘을 묶고 도래와 낚싯줄
을 연결하는 낚시인들의 표정에서 대
어를 향한 굳은 의지가 엿보인다.

중간고리 만들기A

채비에 가지바늘을 달기 위해 중간 고리를 만드는 가장 손쉬운 방법이다. 시판되는 가지채비를 그대로 구입해 사용해도 좋지만 진정한 낚시인이라면 현장에서 즉석으로 가지바늘 채비를 만들 수 있어야 하기에 꼭 익혀 두어야 할 매듭방법이다.

1. 볼락낚시, 가자미 배낚시, 보리멸 던질낚시 등 가지바늘이 2~3개 정도 필요한 채비에 적용된다.

2. 기존의 목줄에 중간 고리를 만들고자 할 때 적합하다.

3. 강하게 당겨도 저절로 풀어질 우려가 없이 튼튼하다.

중요도	★★★★★
매듭강도	★★★
난이도	간단

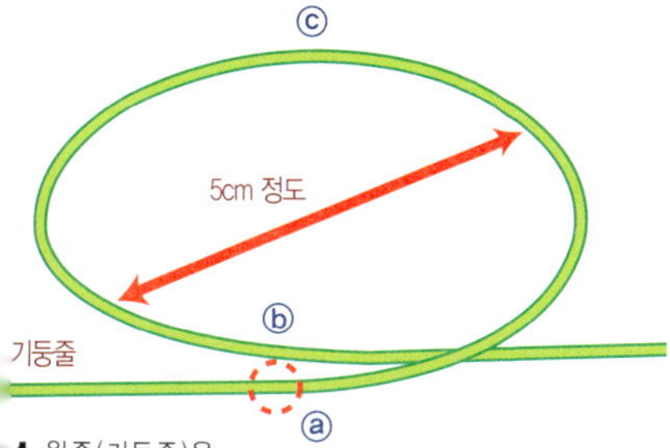

ⓒ

5cm 정도

ⓑ

기둥줄

ⓐ

1 원줄(기둥줄)을
접어 그림과 같
이 5cm 정도의
고리를 만든다.

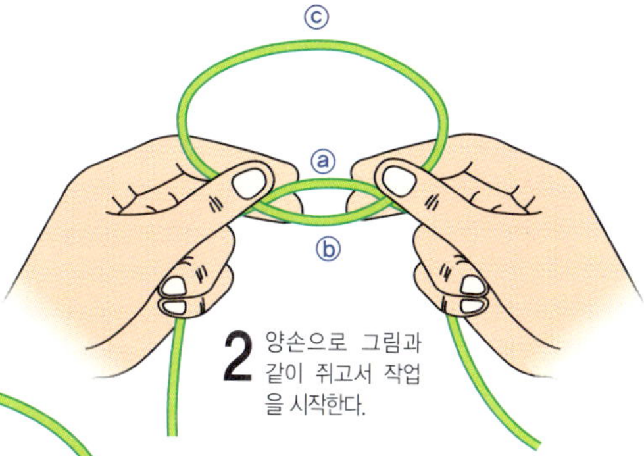

ⓒ

ⓐ

ⓑ

2 양손으로 그림과
같이 쥐고서 작업
을 시작한다.

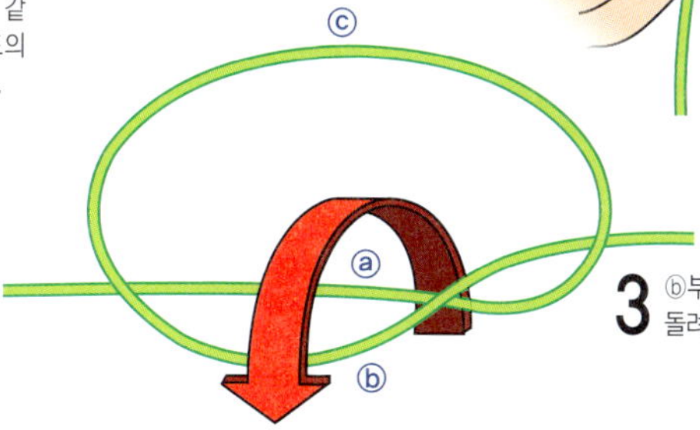

ⓒ

ⓐ

ⓑ

3 ⓑ부분을 ⓐ 위로
돌려가기 시작한다.

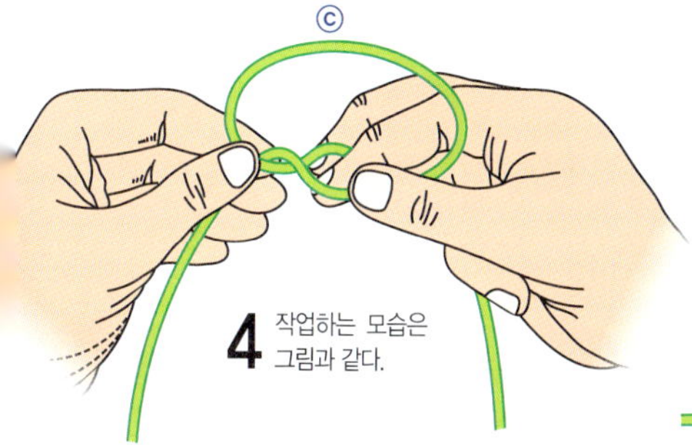

ⓒ

4 작업하는 모습은
그림과 같다.

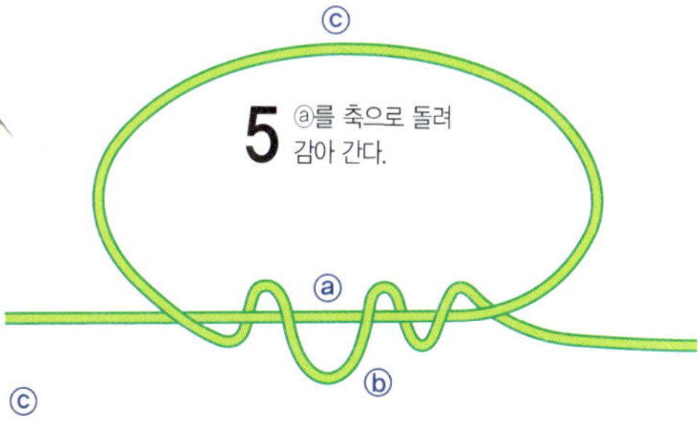

ⓒ

5 ⓐ를 축으로 돌려
감아 간다.

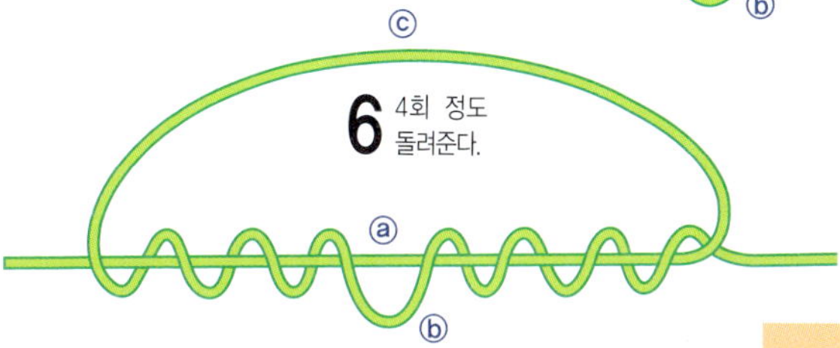

ⓐ

ⓑ

ⓒ

6 4회 정도
돌려준다.

ⓐ

ⓑ

ⓒ

ⓑ

ⓒ

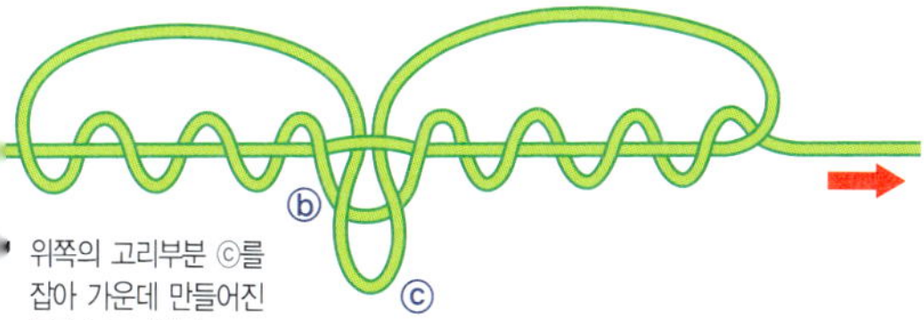

위쪽의 고리부분 ⓒ를
잡아 가운데 만들어진
공간으로 빼낸다.

8 본줄 양쪽을 당겨
조여주면 완성.

〈참고〉
가장 간단하게 중간 고리
를 만들어 주므로 편리하
지만, 가짓줄이 3개를 넘
어간다면 기둥줄과 목줄
이 꼬이기 쉬우므로 사용
하지 않는 편이 좋다.

중간고리 만들기A

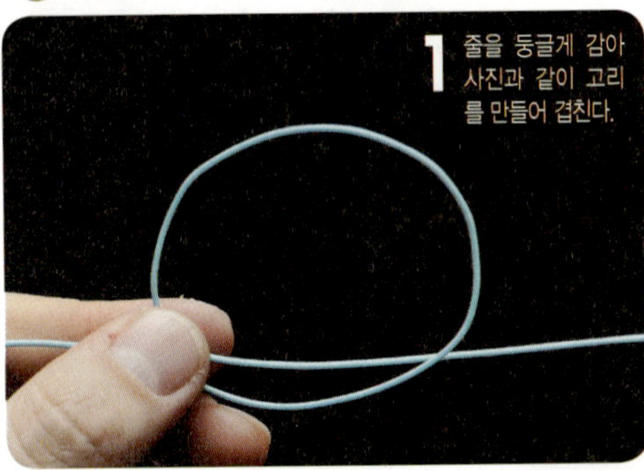

1 줄을 둥글게 감아
사진과 같이 고리
를 만들어 겹친다.

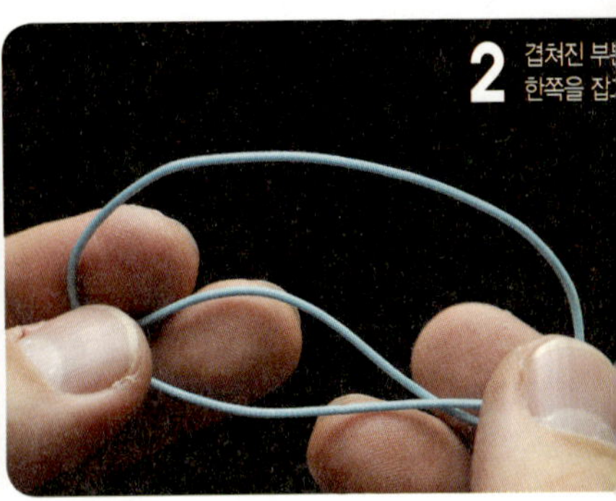

2 겹쳐진 부분
한쪽을 잡

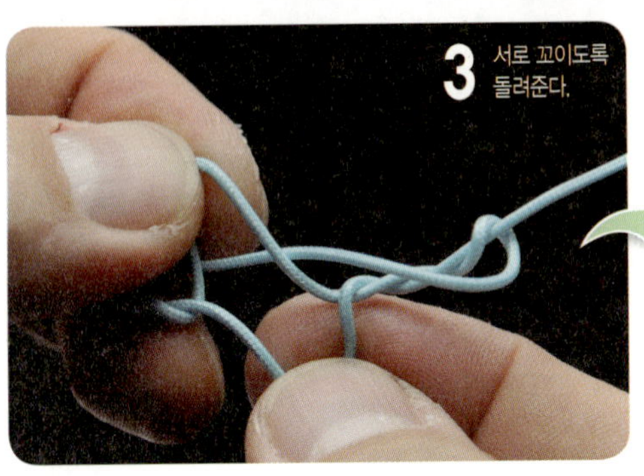

3 서로 꼬이도록
돌려준다.

4회 이상
돌려 꼬아야 해요

4 고리의 끝부분을 꼬인 부분의
중앙으로 집어넣고 빼낸다.

5 양쪽을 잡고
서서히 당겨 조

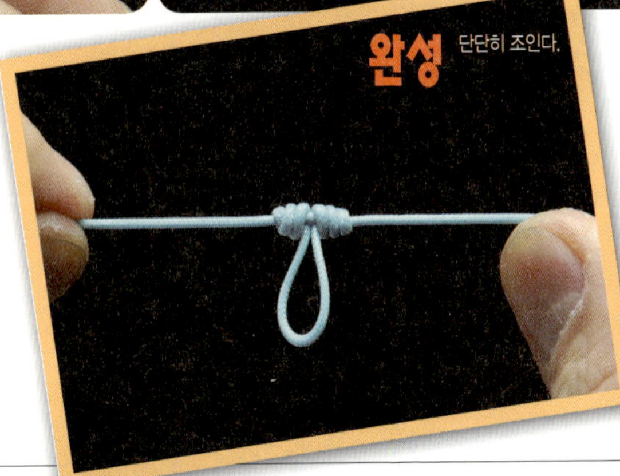

완성 단단히 조인다.

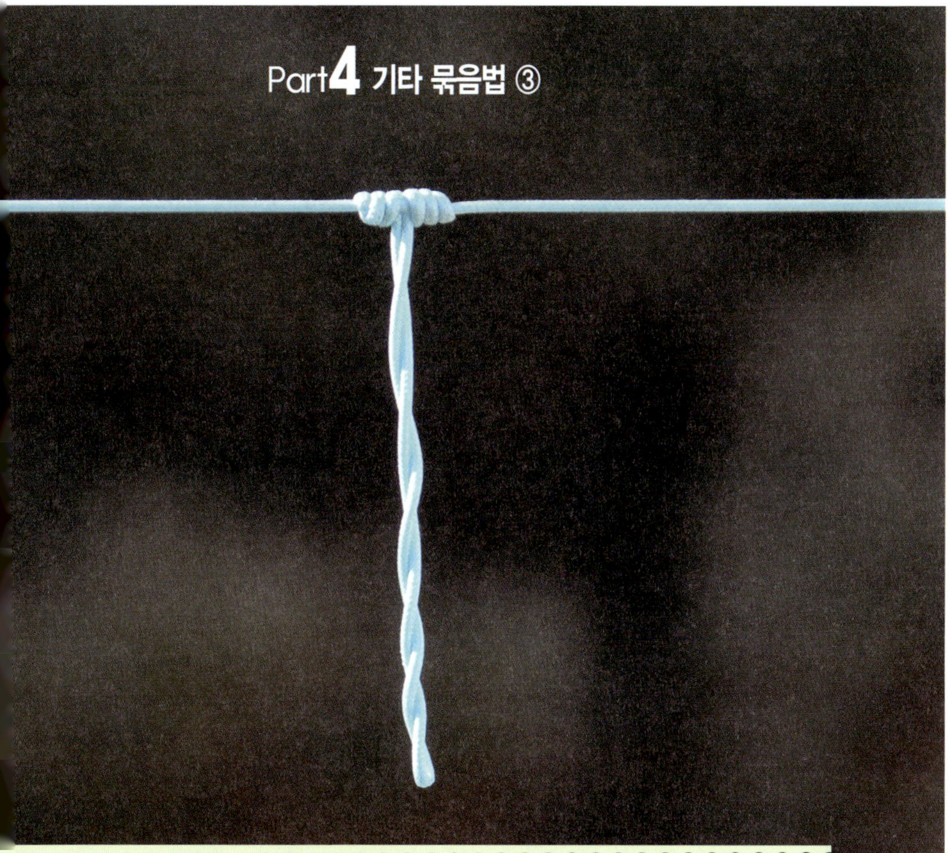

중간고리 만들기B

돌려빼기 방식의 단점을 어느 정도 해소하기 위한 방법이다. 목줄이 기둥줄에 감기는 현상을 어느 정도 피할 수 있으므로 여러 개의 가지바늘을 다는 채비를 만들 때 유용하다.

단단하게 뻗은 중간고리로 가지바늘이 기둥줄에 잘 엉키지 않아
편대를 대신해 주며 철사 T자 편대보다 입질 감도가 훨씬 좋다.
가지바늘을 달기 위한 중간 고리를 만들 때 유
여 볼락, 보리멸, 가자미낚시 등에 두루 활
수 있다.
수심이 깊지 않고 조류도 강하지 않은 장소의
대상어 배낚시에 적합하다.

중요도	★★★★★
매듭강도	★★★
난이도	중급

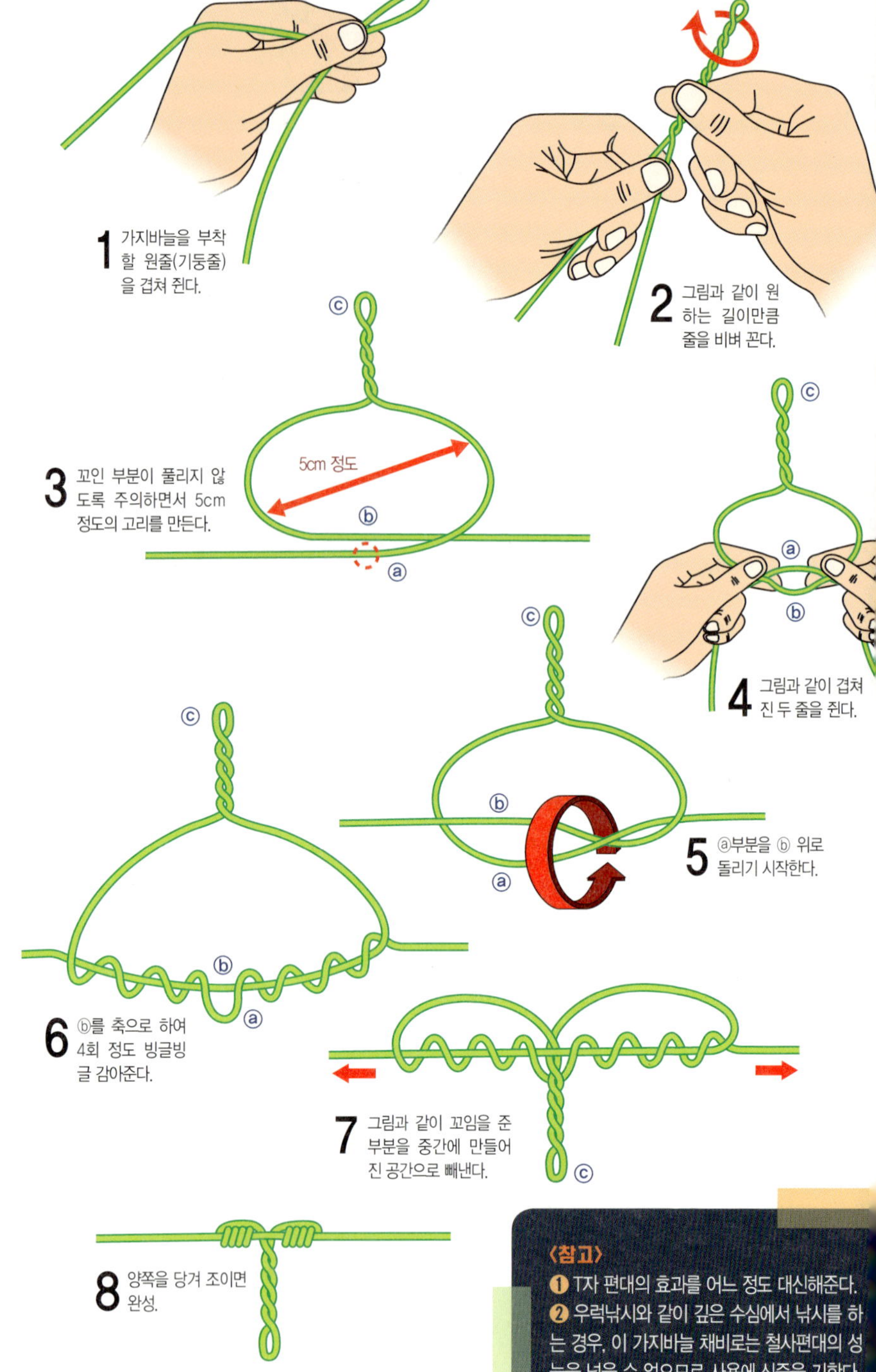

1 가지바늘을 부착할 원줄(기둥줄)을 겹쳐 쥔다.

2 그림과 같이 원하는 길이만큼 줄을 비벼 꼰다.

ⓒ

5cm 정도

ⓑ

ⓐ

3 꼬인 부분이 풀리지 않도록 주의하면서 5cm 정도의 고리를 만든다.

ⓒ

ⓐ

ⓑ

4 그림과 같이 겹쳐진 두 줄을 쥔다.

ⓒ

ⓑ

ⓐ

5 ⓐ부분을 ⓑ 위로 돌리기 시작한다.

ⓒ

ⓑ

ⓐ

6 ⓑ를 축으로 하여 4회 정도 빙글빙글 감아준다.

ⓒ

7 그림과 같이 꼬임을 준 부분을 중간에 만들어진 공간으로 빼낸다.

8 양쪽을 당겨 조이면 완성.

〈참고〉
❶ T자 편대의 효과를 어느 정도 대신해준다.
❷ 우럭낚시와 같이 깊은 수심에서 낚시를 하는 경우, 이 가지바늘 채비로는 철사편대의 성능을 넘을 수 없으므로 사용에 신중을 기한다.

간고리 만들기B

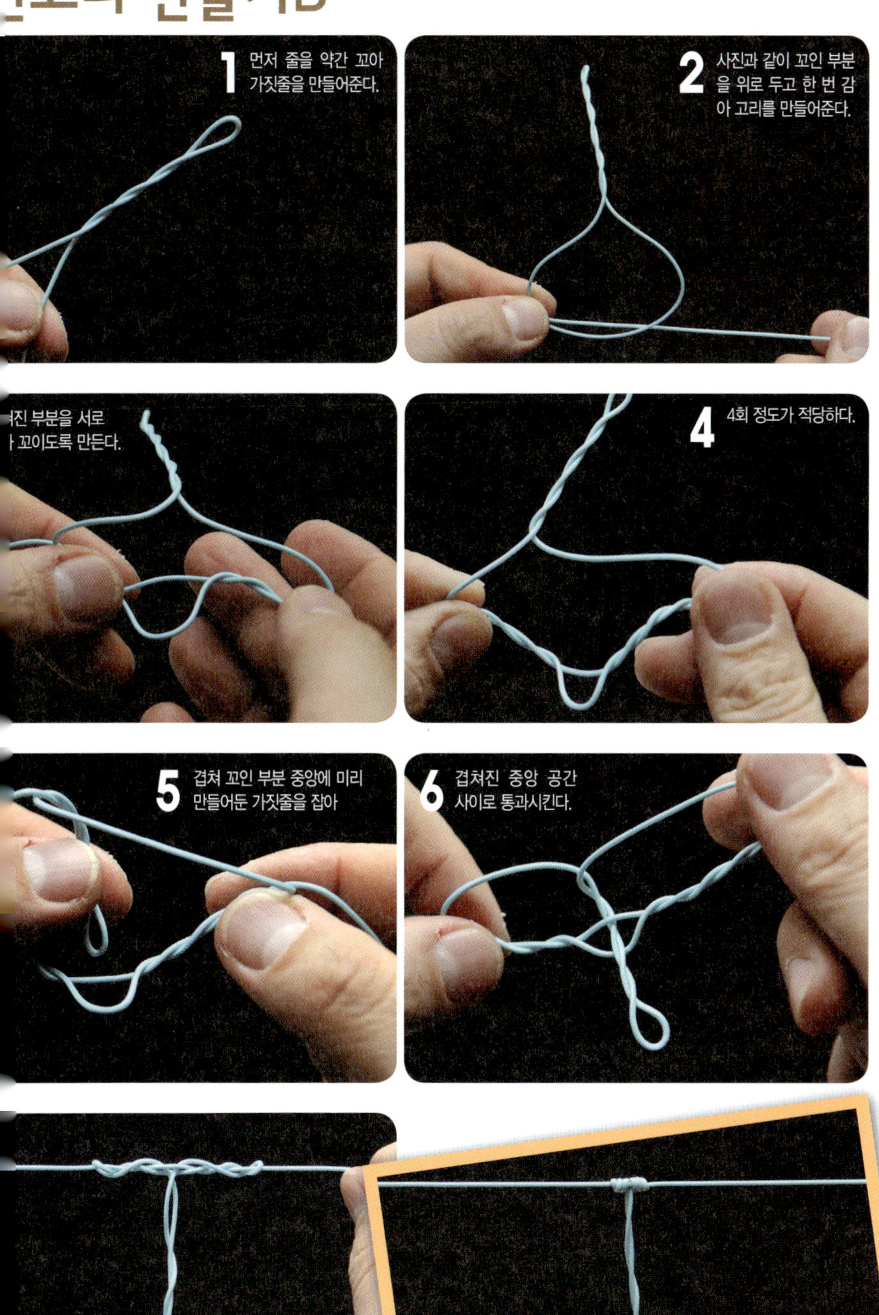
1 먼저 줄을 약간 꼬아 가짓줄을 만들어준다.
2 사진과 같이 꼬인 부분을 위로 두고 한 번 감아 고리를 만들어준다.
ㅕ진 부분을 서로 ㅏ 꼬이도록 만든다.
4 4회 정도가 적당하다.
5 겹쳐 꼬인 부분 중앙에 미리 만들어둔 가짓줄을 잡아
6 겹쳐진 중앙 공간 사이로 통과시킨다.
을 서서히 조인다.
완성 단단히 조인다.

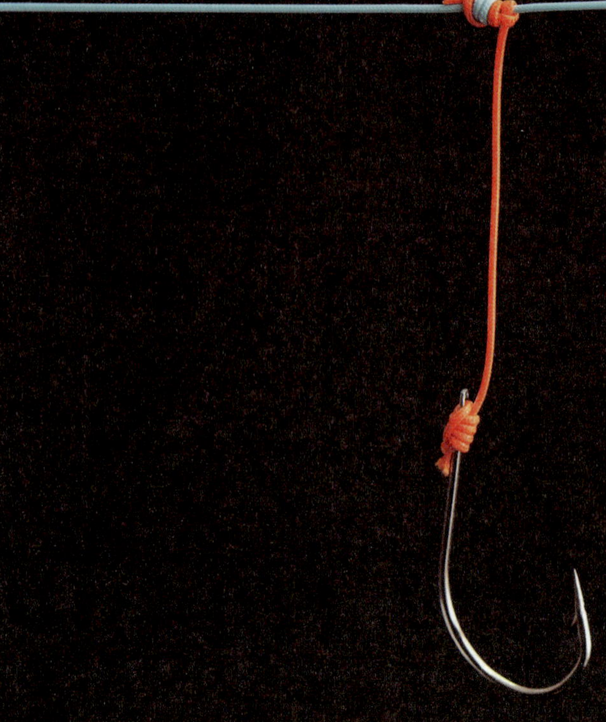

가지바늘 연결법

가장 간단하게 가지바늘을 달아주는 방법이다. 용도가 많은 유니 노트를 가짓줄 부착에 응용한 형태로 보아도 좋다.

1. 붕어낚시, 피라미낚시, 빙어낚시 등에서 띄울낚시 채비가 필요한 상황에서 널리 사용한다

2. 매듭 강도가 우수하여 잘 풀리지 않는다.

3. 다른 연결구를 사용하지 않고 간편하게 가지 바늘 채비를 만들 수 있다는 것이 장점이다.

4. 직결식이므로 기둥줄에 목줄이 감기거나 꼬이는 일이 발생한다는 것이 최대의 약점이다.

중요도	★★★★★
매듭강도	★★★
난이도	간단

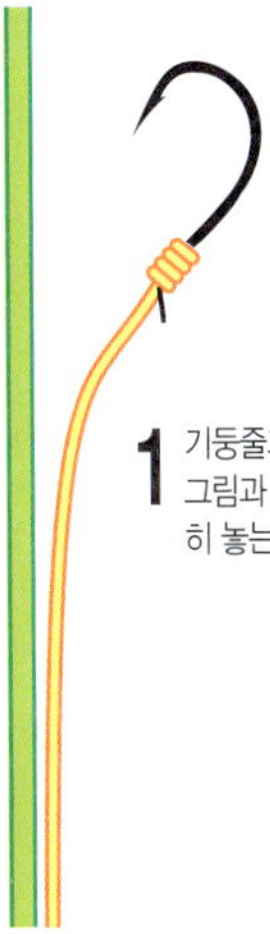

1 기둥줄과 목줄을 그림과 같이 나란히 놓는다.

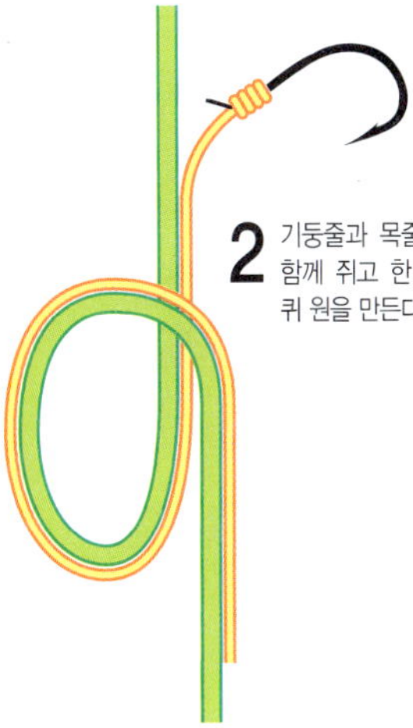

2 기둥줄과 목줄을 함께 쥐고 한 바퀴 원을 만든다.

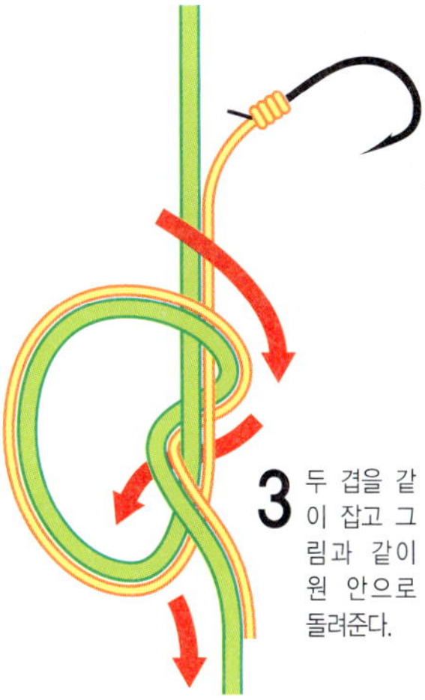

3 두 겹을 같이 잡고 그림과 같이 원 안으로 돌려준다.

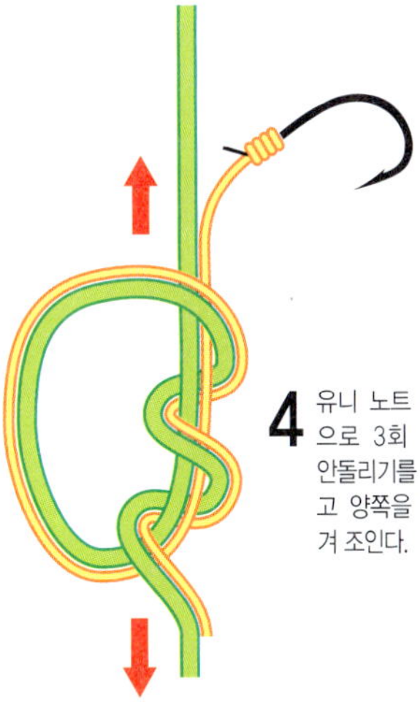

4 유니 노트 형식으로 3회 이상 안돌리기를 해주고 양쪽을 맞당겨 조인다.

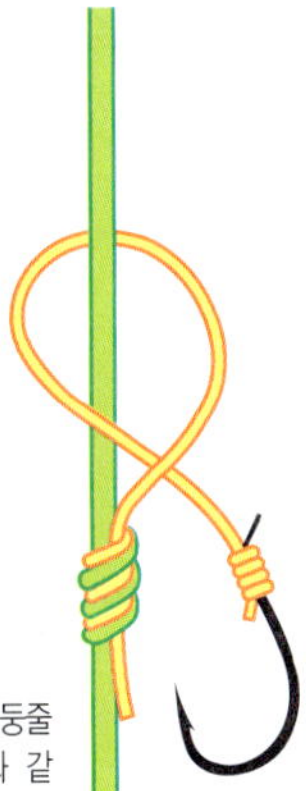

목줄을 기둥줄에 그림과 같이 한 바퀴 감아주면 기둥줄과 목줄이 직각으로 똑바로 서는 효과가 있다.

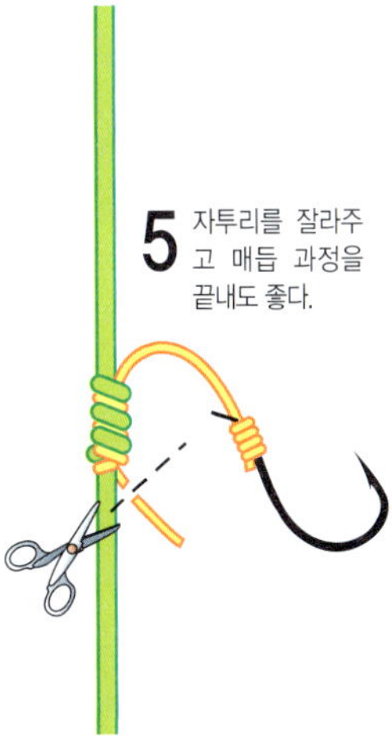

5 자투리를 잘라주고 매듭 과정을 끝내도 좋다.

<참고>

❶ 매듭의 마지막 단계에서 한 번 기둥줄에 감아주는 과정을 거치면 기둥줄에 대해 가짓줄이 직각을 이뤄 채비가 깔끔해진다.

❷ 낚시 도중에 꼬임이 발생하면 가지바늘의 기능을 잃어버리므로 채비를 교환해주어야 한다.

가지바늘 연결법

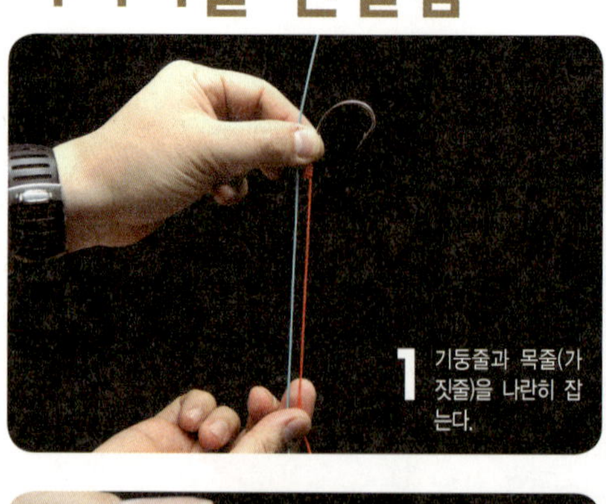

1 기둥줄과 목줄(가 짓줄)을 나란히 잡 는다.

2 겹쳐 쥔 상태에서 돌려 고리를 만들고

3 유니 노트 방 식으로 감아

4 매듭을 짓는다.

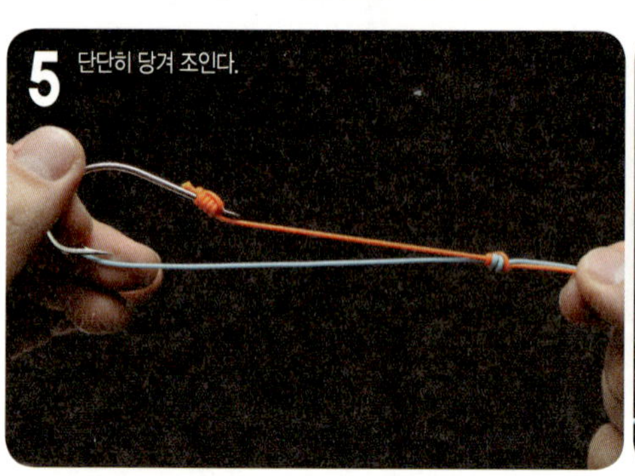

5 단단히 당겨 조인다.

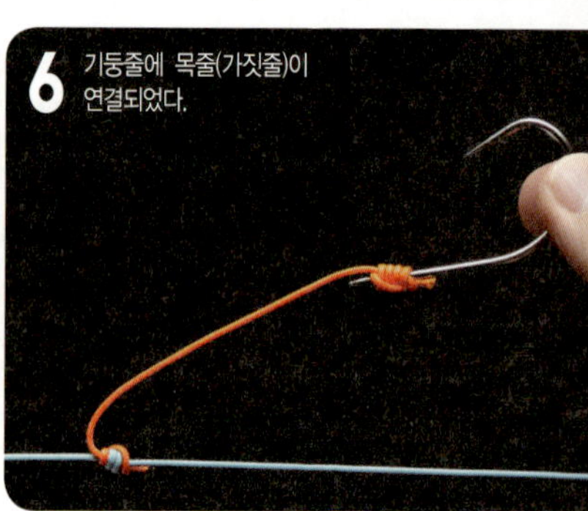

6 기둥줄에 목줄(가짓줄)이 연결되었다.

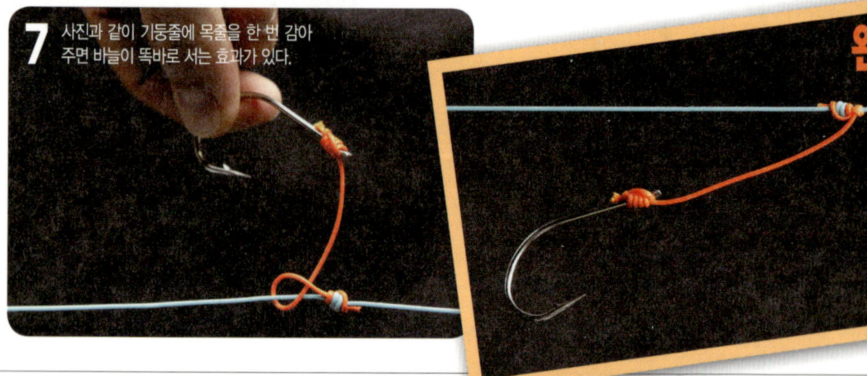

7 사진과 같이 기둥줄에 목줄을 한 번 감아 주면 바늘이 똑바로 서는 효과가 있다.

먼바다의 은빛 유혹, 갈치
—남해 먼바다에서 야간에 낚이는 갈치는 면도날처럼 예리한 이빨을 가지고
있어서 갈치 전용의 특별한 가지바늘채비를 사용한다.

찌멈춤 매듭A

갯바위 찌낚시에 활용되는 찌멈춤 매듭의 기본적 형태다. '면사매듭'이라 불리는 찌멈춤 매듭으로서 유니 노트를 활용하므로 저절로 풀리는 일이 없다. 민물의 전층낚시에서도 사용한다.

1. 갯바위 찌낚시의 찌멈춤 매듭의 기본적인 형태이다.

2. 수시로 채비의 수심을 조절하는 경우에 적합하다.

3. 기초적인 매듭법인 유니 노트를 활용하므로 누구나 쉽게 배울 수 있다.

4. 매듭이 극히 안정적이므로 풀리지는 않지만 낚시 도중 헐거워질 수는 있는데, 그때는 양쪽 자투리줄을 잡고 살짝 당겨주면 다시 단단하게 고정된다.

중요도	★★★★★
매듭강도	★★★
난이도	간단

원줄에 면사를 댄다.

2 원줄 위로 면사를 그림과 같이 한 바퀴 돌린다.

3 안 돌 리 기 (유 니 노트) 형식으로 감아간다.

4 3~5회 감고 끄트머리를 당겨 조인다.

5 자투리를 잘라주면 완성.

5-1 보강법으로, 왼쪽 자투리 줄을 한 바퀴 더 엇돌려 주고 마무리를 한다.

찌멈춤 매듭A (면사매듭)

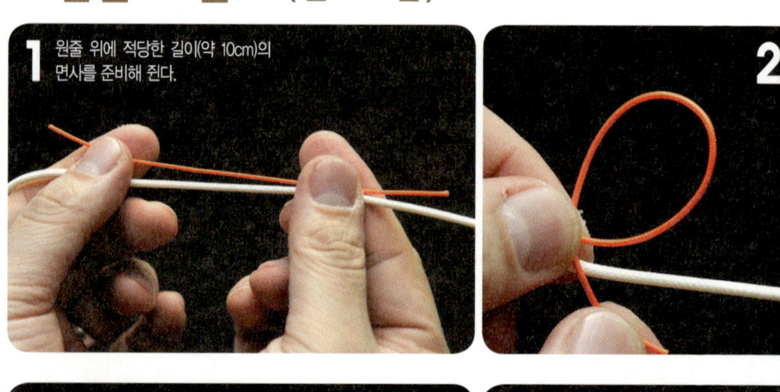

1 원줄 위에 적당한 길이(약 10cm)의 면사를 준비해 쥔다.

2 고리를 만들어서

3 사진과 같이 유니 노트로 감기 시작한다.

4 깔끔하게 감아간다.

5 5회 정도 감으면 좋다.

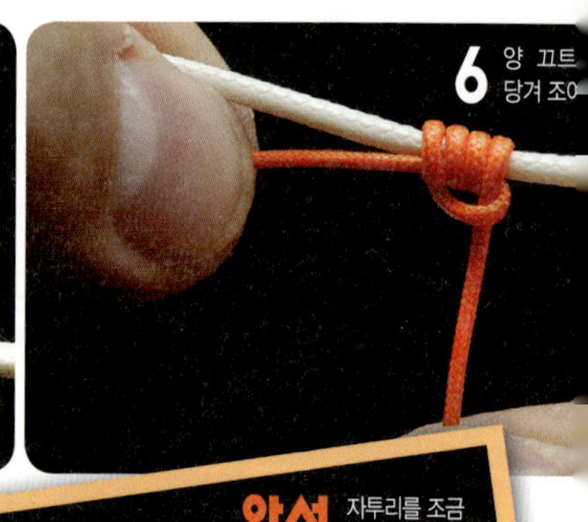

6 양 끄트 당겨 조0

완성 자투리를 조금 남기고 잘라준다.

찌멈춤 매듭B

벵에돔낚시 등 갯바위 찌낚시의 띄울낚시에서 찌멈춤 매듭으로 활용하는 방법으로 '나비매듭'이라고 부른다. 가는 나일론 줄을 잘라 사용한다. 은어낚시에서 입질을 간파하기 위해 부착하는 눈표에서 힌트를 얻어 만들어진 것이다.

구멍찌용 찌멈춤 매듭의 한 가지. 저부력찌 사용을 전제로 찌구슬을 쓰지 않고 기존의 면사와 같은 찌멈춤 효과를 얻기 위해 사용하는 매듭법이다.

빳빳한 나일론 줄을 사용하므로 찌구슬이 없어도 나비매듭이 찌구멍을 통과하지 않는다. 하지만 입질이 오면 찌매듭이 찌구멍을 통과해 이물감을 덜어주는 역할을 한다.

나비매듭을 구멍찌 하단으로 이동시키면 즉석에 반유동 채비에서 전유동 채비로 전환할 수 있다.

중요도	★★★★★
매듭강도	★★★
난이도	간단

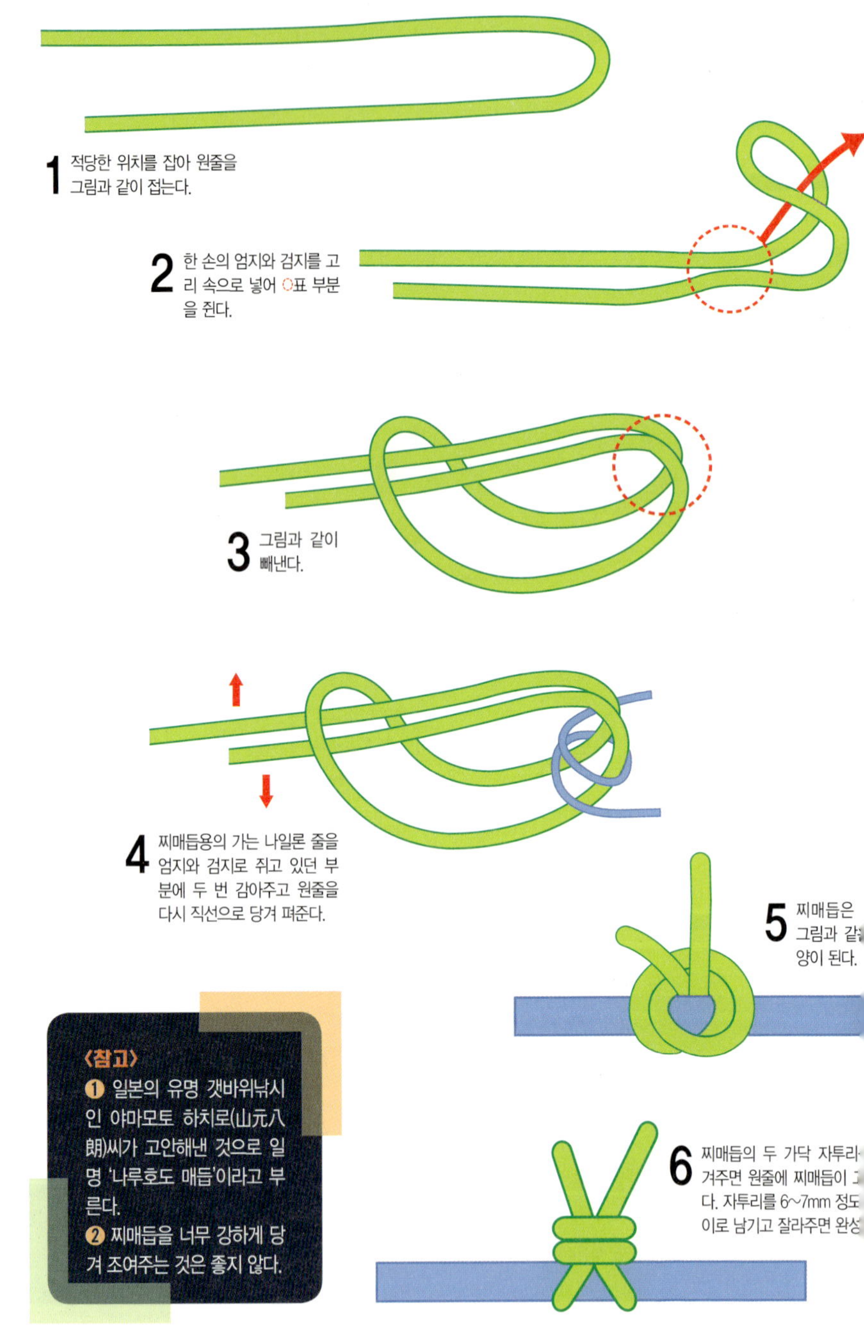

1 적당한 위치를 잡아 원줄을
그림과 같이 접는다.

2 한 손의 엄지와 검지를 고
리 속으로 넣어 ○표 부분
을 쥔다.

3 그림과 같이
빼낸다.

4 찌매듭용의 가는 나일론 줄을
엄지와 검지로 쥐고 있던 부
분에 두 번 감아주고 원줄을
다시 직선으로 당겨 펴준다.

5 찌매듭은
그림과 같
양이 된다.

6 찌매듭의 두 가닥 자투리
겨주면 원줄에 찌매듭이
다. 자투리를 6~7mm 정도
이로 남기고 잘라주면 완성

〈참고〉
❶ 일본의 유명 갯바위낚시
인 야마모토 하치로(山元八
朗)씨가 고안해낸 것으로 일
명 '나루호도 매듭'이라고 부
른다.
❷ 찌매듭을 너무 강하게 당
겨 조여주는 것은 좋지 않다.

멈춤 매듭B (나비매듭)

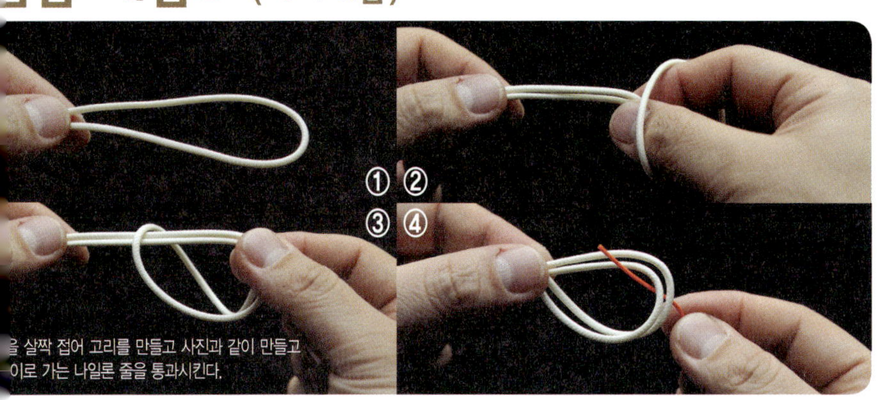

① ②
③ ④

을 살짝 접어 고리를 만들고 사진과 같이 만들고
이로 가는 나일론 줄을 통과시킨다.

일론 줄을 원줄 위에
시작한다.

3 사진과 같이 두 번 감는다.

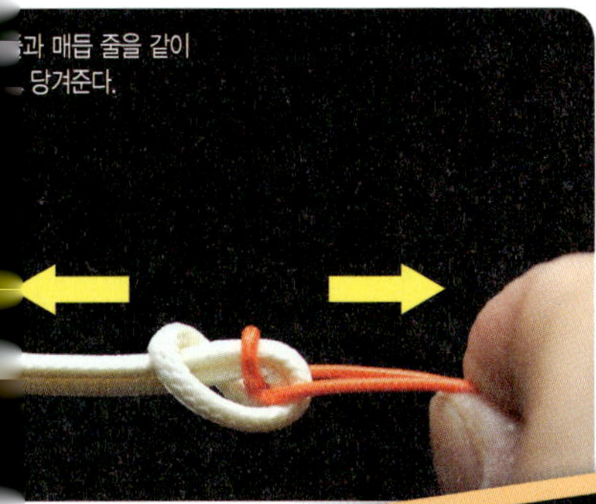

과 매듭 줄을 같이
당겨준다.

5 원줄의 양쪽을 잡고
팽팽하게 벌려준다.

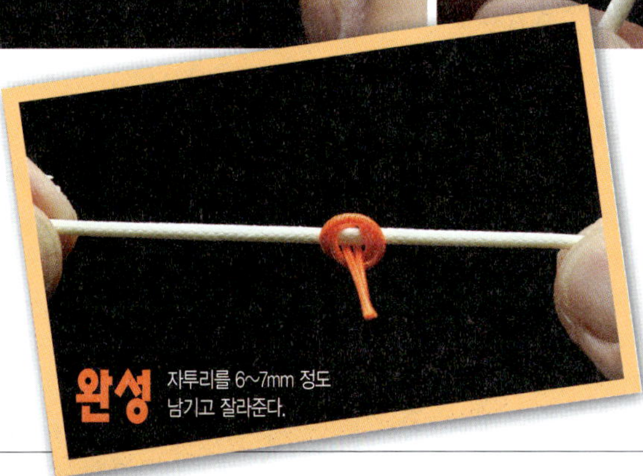

완성 자투리를 6~7mm 정도
남기고 잘라준다.

초릿대 원줄 연결법 3종

민낚싯대 끝의 초릿줄에 낚싯줄을 연결하는 방법이다. 이런 종류의 연결법은 낚시 도중엔 저절로 풀리지 말아야 하지만, 낚시인이 채비를 교환하고자 할 때는 쉽게 풀 수 있어야 한다. 그런 필요충분조건을 만족하는 각 매듭법은 꼭 숙달해야 한다.

A 나비고리 연결법 : 가장 기초적인 연결법이지만 간혹 풀리는 경우가 있다.

B 초릿줄 돌리기 : 간단하고 배우기 쉬우며 풀릴 위험성이 없다.

C 전층낚시 초리 묶음 : 떡붕어 전층낚싯대에 부착되어 있는 초리끈에 연결하는 방법이다.

중요도	★★★★★
매듭강도	★★★
난이도	중급

나비고리 연결법

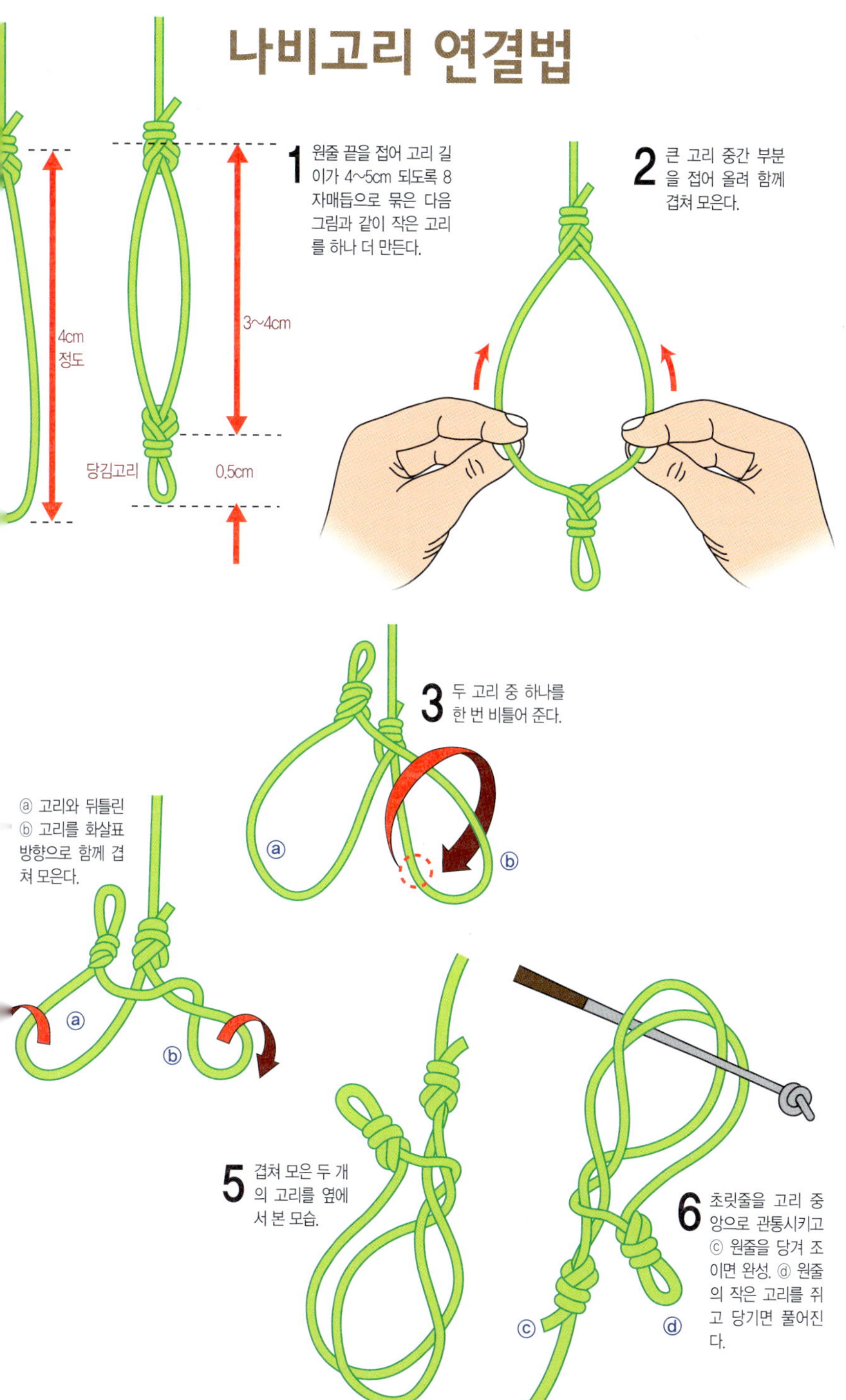

1 원줄 끝을 접어 고리 길이가 4~5cm 되도록 8자매듭으로 묶은 다음 그림과 같이 작은 고리를 하나 더 만든다.

2 큰 고리 중간 부분을 접어 올려 함께 겹쳐 모은다.

3 두 고리 중 하나를 한 번 비틀어 준다.

ⓐ 고리와 뒤틀린 ⓑ 고리를 화살표 방향으로 함께 겹쳐 모은다.

5 겹쳐 모은 두 개의 고리를 옆에서 본 모습.

6 초릿줄을 고리 중앙으로 관통시키고 ⓒ 원줄을 당겨 조이면 완성. ⓓ 원줄의 작은 고리를 쥐고 당기면 풀어진다.

〈나비고리 연결법〉

1 사진과 같이 8자매듭을 이용해 낚싯줄에
크고 작은 두 개의 고리를 만들어준다.
2 큰 고리에 엄지와 검지를 넣고

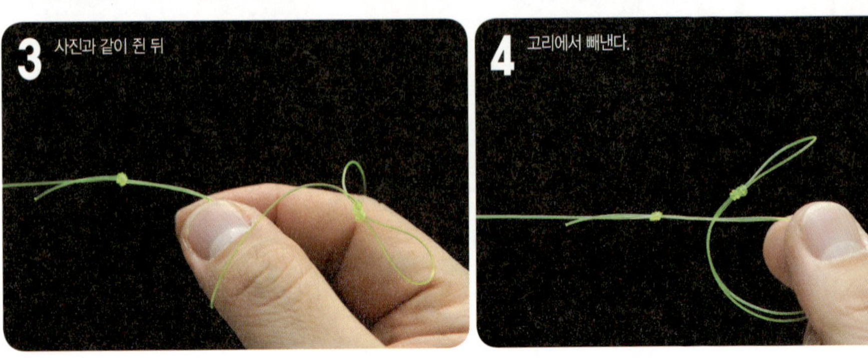

3 사진과 같이 쥔 뒤
4 고리에서 빼낸다.

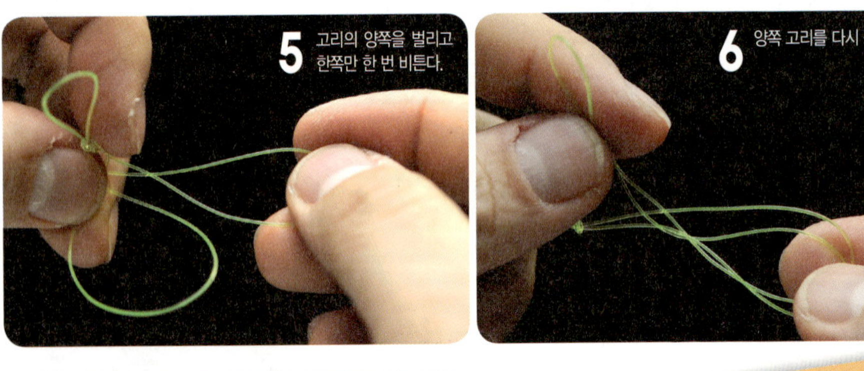

5 고리의 양쪽을 벌리고
한쪽만 한 번 비튼다.
6 양쪽 고리를 다시 겹

7 만들어진 고리 사이로 초릿줄을
통과시키고 당겨준다.
완성 단단하게 당기면 완성.
작은 고리를 당기면 풀

초릿줄 돌리기

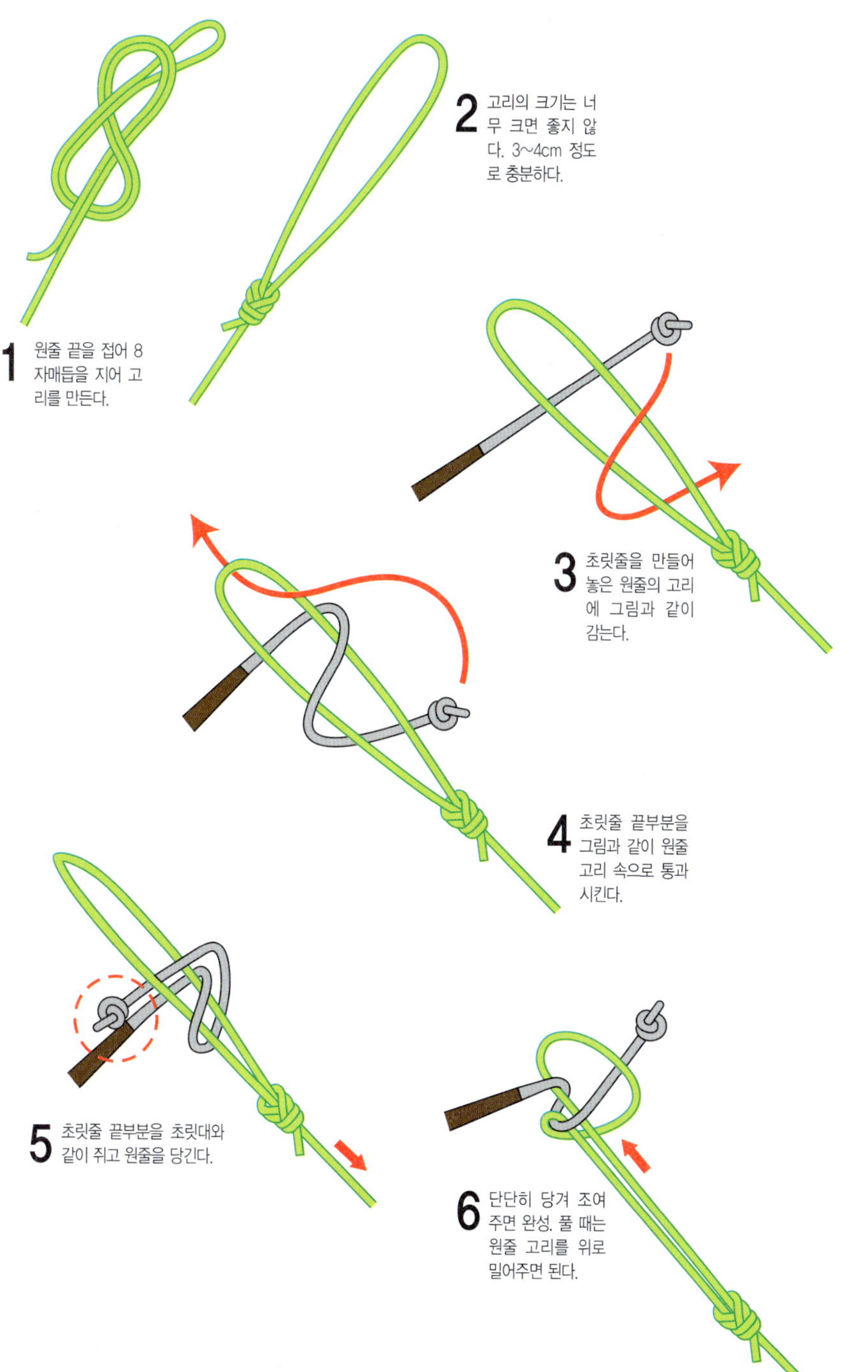

1 원줄 끝을 접어 8 자매듭을 지어 고리를 만든다.
2 고리의 크기는 너무 크면 좋지 않다. 3~4cm 정도로 충분하다.
3 초릿줄을 만들어 놓은 원줄의 고리에 그림과 같이 감는다.
4 초릿줄 끝부분을 그림과 같이 원줄 고리 속으로 통과시킨다.
5 초릿줄 끝부분을 초릿대와 같이 쥐고 원줄을 당긴다.
6 단단히 당겨 조여 주면 완성. 풀 때는 원줄 고리를 위로 밀어주면 된다.

〈초릿줄 돌리기〉

1 8자매듭을 이용해 고리를 하나 만든다.
2 고리 옆으로 끝에 매듭 지어둔 초릿줄을 오게
3 초릿줄을 접어 고리에 감는다.
4 사진과 같이 더 감아 돌린

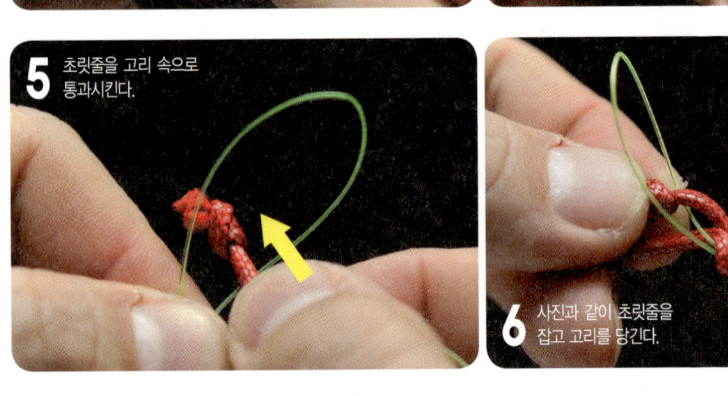

5 초릿줄을 고리 속으로 통과시킨다.

6 사진과 같이 초릿줄을 잡고 고리를 당긴다.

7 당겨 조인다.
완성 조여서 고정시

전층낚시 초릿줄 연결법

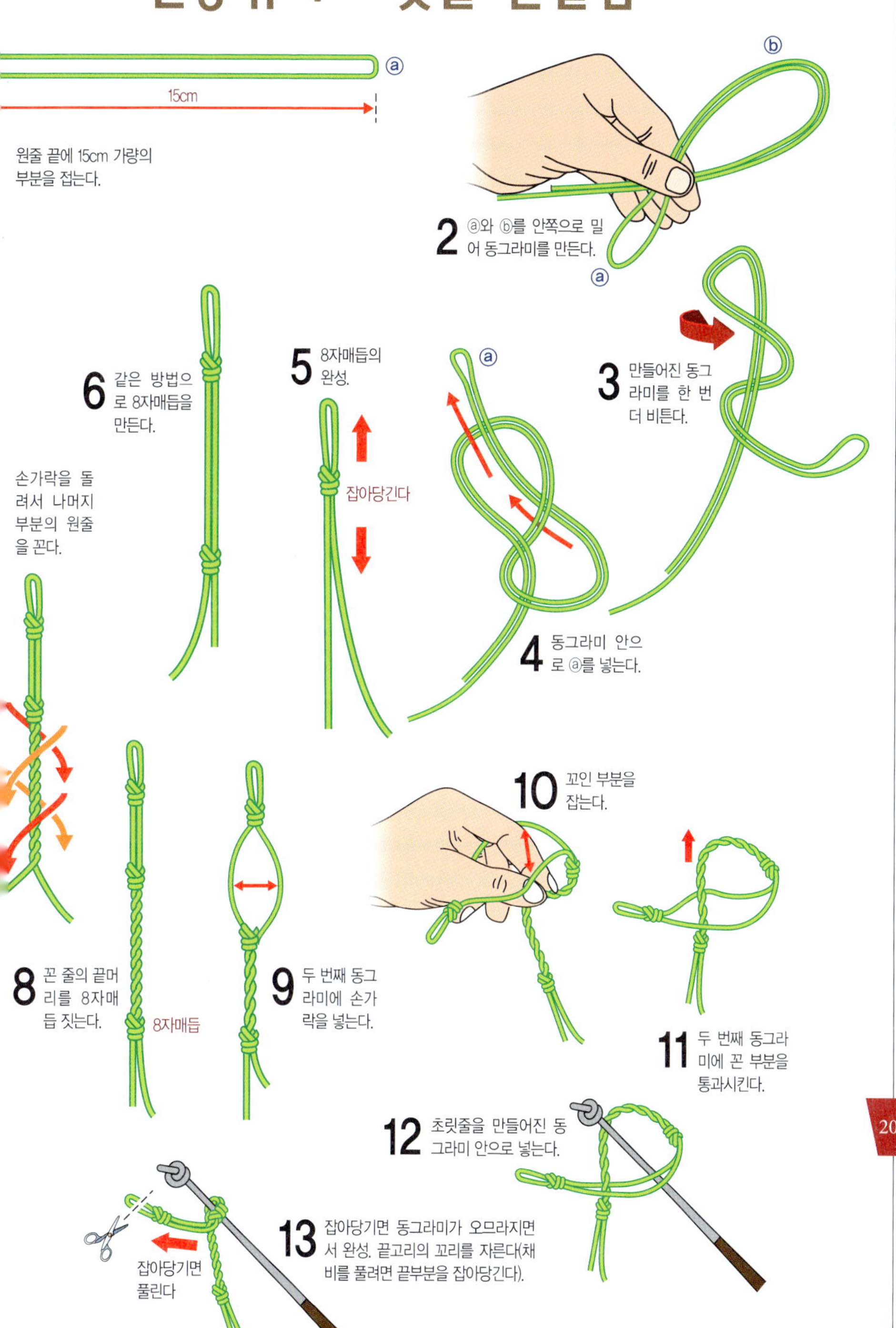

ⓐ
15cm
원줄 끝에 15cm 가량의 부분을 접는다.

ⓑ
2 ⓐ와 ⓑ를 안쪽으로 밀어 동그라미를 만든다.
ⓐ

3 만들어진 동그라미를 한 번 더 비튼다.

ⓐ
4 동그라미 안으로 ⓐ를 넣는다.

5 8자매듭의 완성.
잡아당긴다

6 같은 방법으로 8자매듭을 만든다.

손가락을 돌려서 나머지 부분의 원줄을 꼰다.

8 꼰 줄의 끝머리를 8자매듭 짓는다.
8자매듭

9 두 번째 동그라미에 손가락을 넣는다.

10 꼬인 부분을 잡는다.

11 두 번째 동그라미에 꼰 부분을 통과시킨다.

12 초릿줄을 만들어진 동그라미 안으로 넣는다.

13 잡아당기면 동그라미가 오므라지면서 완성. 끝고리의 꼬리를 자른다(채비를 풀려면 끝부분을 잡아당긴다).

잡아당기면 풀린다

〈전층낚시 초릿줄 연결법〉

1 낚싯줄을 접어 15cm 정
도로 하고 8자매듭으로

2 작고 큰 고리를 만
든다.

3 고리 아랫부분을
서로 꼬아준다.

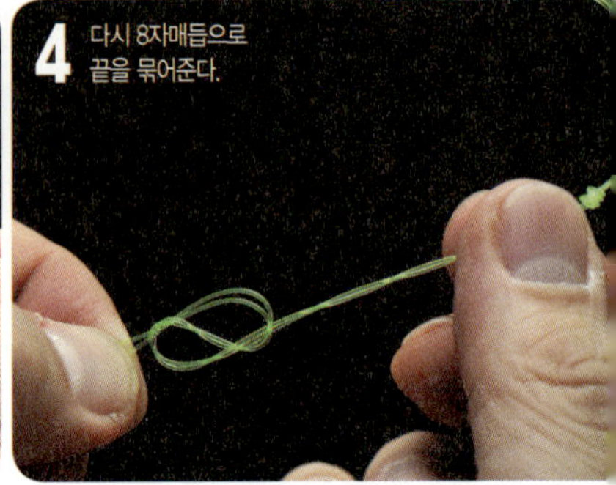

4 다시 8자매듭으로
끝을 묶어준다.

5 꼬임이 풀어지지
않도록 고정한다.

고리 속에
지와 검지를 넣어

인 부분을 쥐고

고리 속으로 빼낸다.

9 빼낸 고리 속으로 초릿줄을
집어넣고 당겨 조인다.

고리 속으로
손가락을 넣어
잡아 빼주세요

완성 단단하게 당기면 완성. 끝고
리를 당기면 풀린다.

릴 스풀 묶음법 2종

릴의 스풀에 처음 원줄을 감기 위해 매듭을 해주는 방법이다. 특별히 어렵지 않고 소개된 방법 이외에 유니 노트 등 다른 방법을 적용해도 좋다.

1. 나일론줄이 아닌 PE 라인을 감는 경우에는 표면이 매끄러워 매듭이 밀려 풀어지는 경우가 있는데, 이때는 원줄 끝단에 미리 매듭을 지어 매듭눈을 만들어 놓으면 매듭이 밀려 빠져나가지 않는다.

2. PE 라인은 신축성이 없어 조여지지 않고 처음 스풀에 쉽게 감기지 않아 헛도는 경우도 있다. 이때는 스풀 바닥 표면에 비닐 테이프를 조금 붙여주면 좋다.

중요도	★★★★★
매듭강도	★★★★
난이도	간단

안돌리기 묶음법

1 원줄 끝을 스풀에 한 번 감는다.

2 헛돌 수 있으므로 두 번 감고 시작해도 좋다.

3 그림과 같이 끄트머리를 고리 속으로 넣어 3~4회 감아준다.

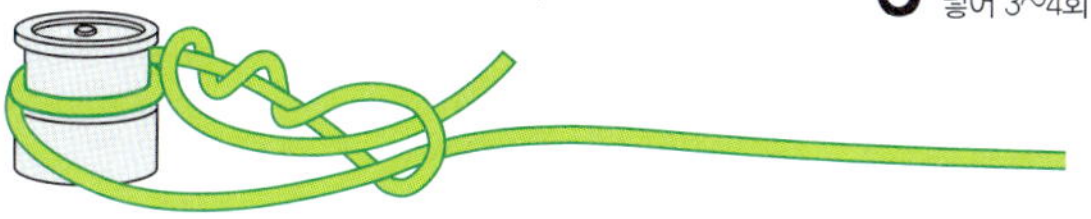

4 다시 끄트머리를 그림과 같이 빼내고 조인다.

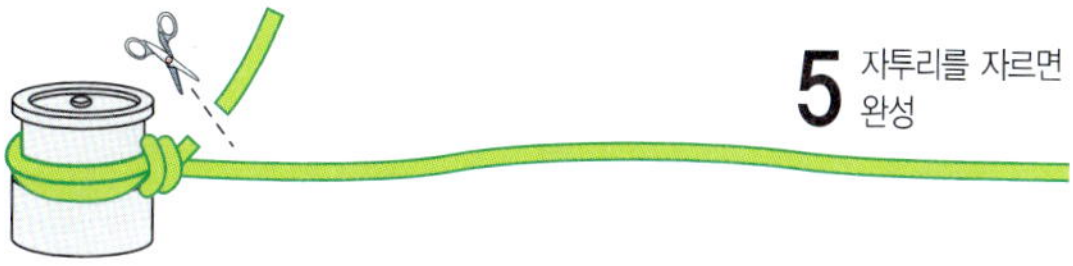

5 자투리를 자르면 완성

클린치 노트

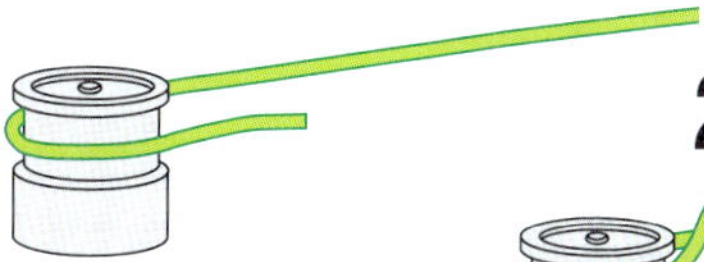

스풀에 원줄을 한 번 또는 두 번 감는다.

2 끄트머리 줄을 원줄 위로 걸쳐 감기 시작한다.

3 4~5회 감는다. 클린치 노트와 동일한 방법이다.

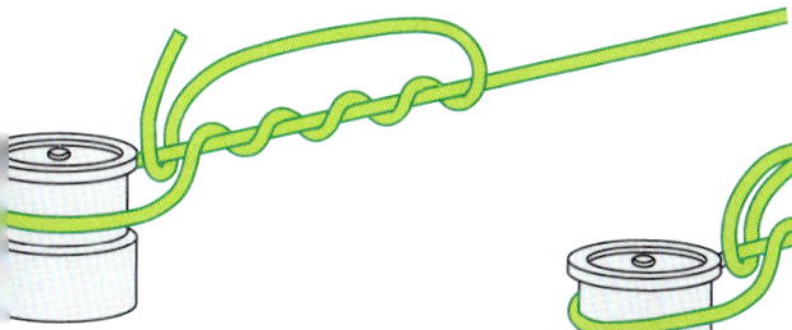

4 그림과 같이 끄트머리 줄을 통과시킨다.

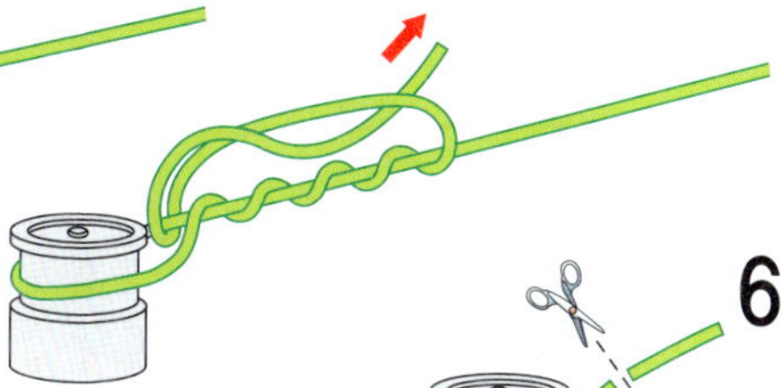

5 다시 큰 고리에 통과시키고 잡아당긴다.

6 당겨 조인 후 자투리를 잘라주면 완성.

〈안돌리기 묶음법〉

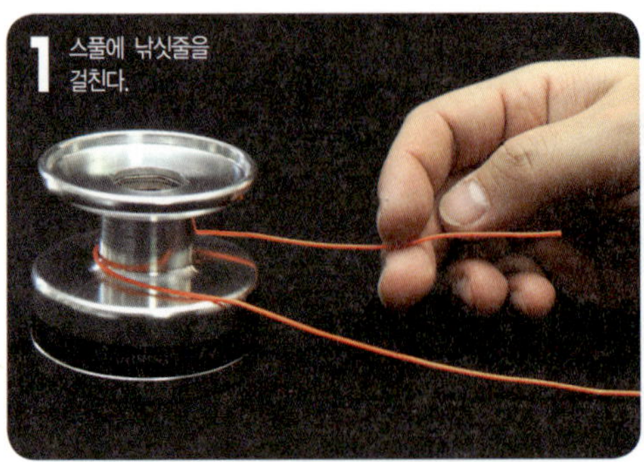
1 스풀에 낚싯줄을 걸친다.

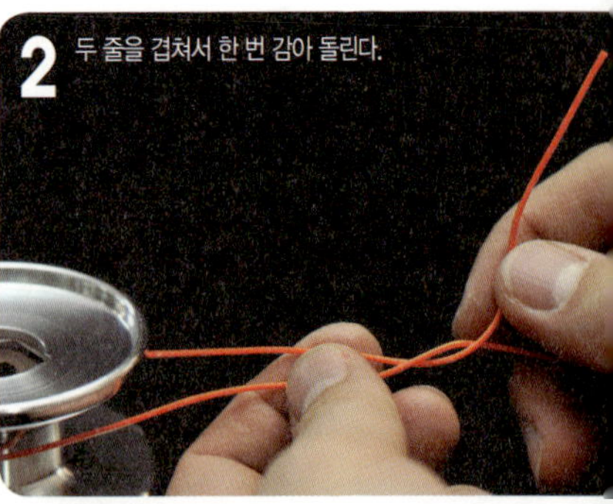
2 두 줄을 겹쳐서 한 번 감아 돌린다.

3 끄트머리를 안으로 돌려 한 쪽에 감기 시작한다.

4 4회 정도가 적당하다.

5 끄트머리를 사진과 같이 처음에 만들어진 고리 속으로 집어넣고 당겨 조인다.

완성 단단히 조이고 자투리를 자른다.

〈클린치 노트〉

에 낚싯줄을 걸친다.

줄을 겹쳐서 쥔다.

3 두 줄을 서로 비틀어 꼬아준다.

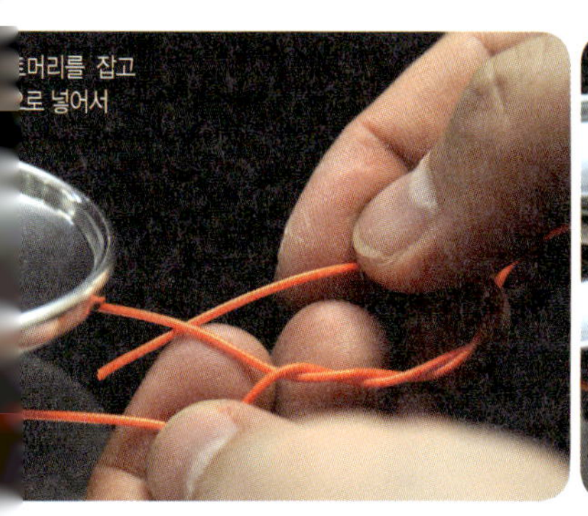

머리를 잡고
로 넣어서

5 다시 돌려 빼내 만들어진 고리 속에 통과시키고 당겨서 조인다.

을 당겨 조여준다.

완성 자투리를 잘라준다.

Part **5**

실전 낚시채비 만들기

붕어낚시 채비

낚싯대 초리에 원줄 달기

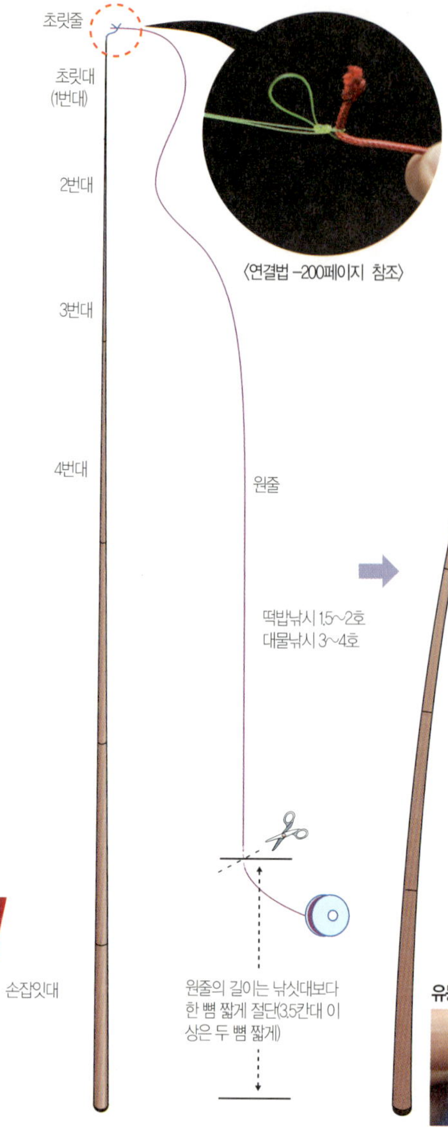

초릿줄

초릿대
(1번대)

2번대

3번대

4번대

원줄

〈연결법 −200페이지 참조〉

떡밥낚시 1.5~2호
대물낚시 3~4호

손잡잇대

원줄의 길이는 낚싯대보다 한 뼘 짧게 절단(3.5칸대 이상은 두 뼘 짧게)

낚싯대는 아무리 바빠도 1번대(초릿대), 2번대, 3번대…순으로 하나 하나 뽑는다.

찌멈춤고무와 찌고무 달기

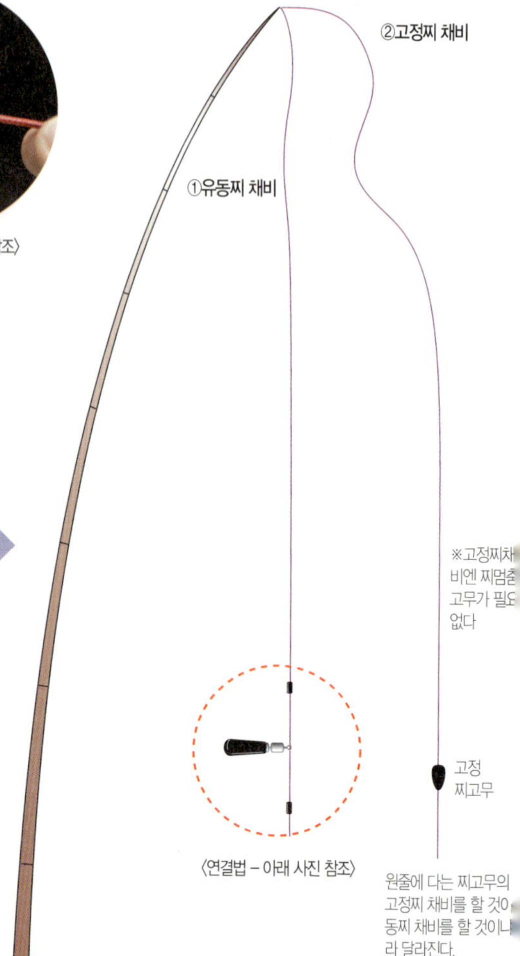

②고정찌 채비

①유동찌 채비

※고정찌채비엔 찌멈춤고무가 필요 없다

고정 찌고무

〈연결법 − 아래 사진 참조〉

원줄에 다는 찌고무의 고정찌 채비를 할 것이 유동찌 채비를 할 것이냐라 달라진다.

유동찌용 찌멈춤고무 끼우기

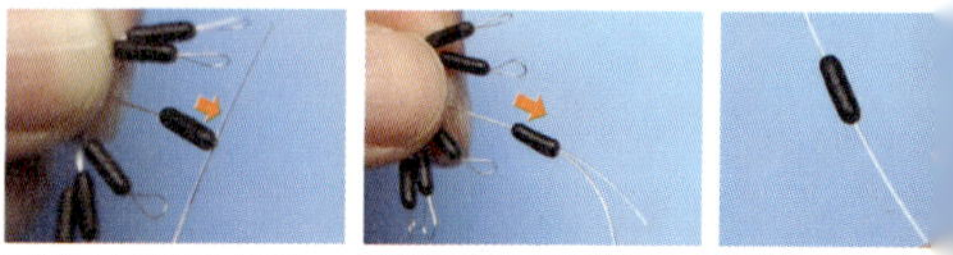

①원줄을 고리에 넣고 찌멈춤고무를 끌어당긴다.

②찌멈춤고무와 철사 고리를 쥐고 맞당기면

③찌멈춤고무 안으로 들어간다.

찌와 바늘채비 연결

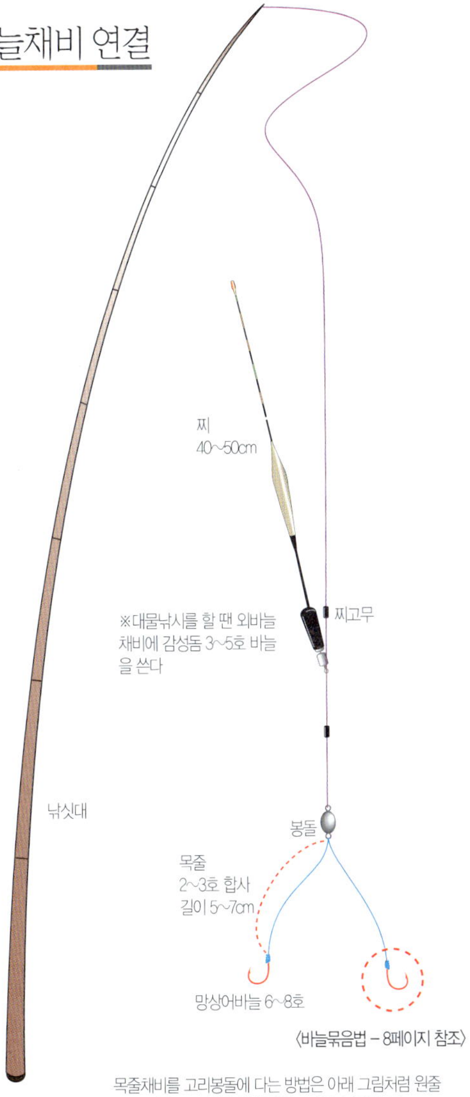

줄 끝에 고리 만들기

원줄

찌고무

찌고무

원줄 고리

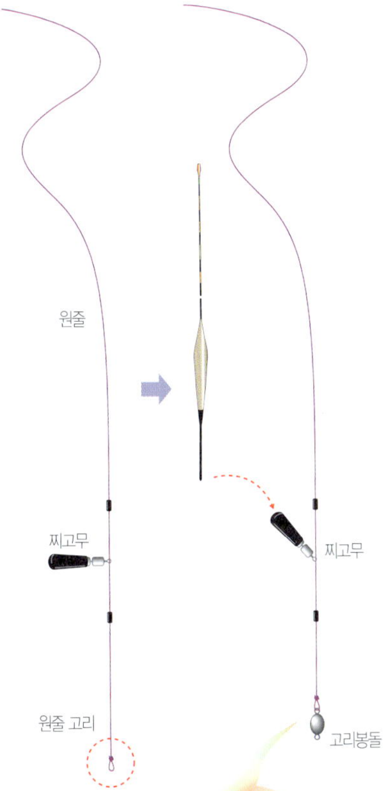

〈끝고리 매듭법 –
180페이지 참조〉

구를 끼운 다음에
고리를 만들어
매듭'이 최선

고리봉돌

〈고리봉돌 연결법〉

찌
40~50cm

찌고무

낚싯대

※대물낚시를 할 땐 외바늘
채비에 감성돔 3~5호 바늘
을 쓴다

봉돌

목줄
2~3호 합사
길이 5~7cm

망상어바늘 6~8호

〈바늘묶음법 – 8페이지 참조〉

목줄채비를 고리봉돌에 다는 방법은 아래 그림처럼 원줄
끝 고리를 고리 봉돌에 연결하는 방법과 동일하다.

바늘채비 연결하기

1

2

3

4

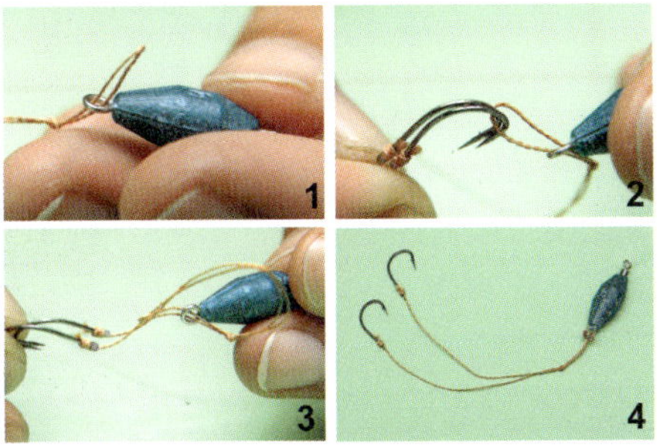

떡붕어낚시 채비

원줄을 초릿대에 묶기

**찌멈춤고무 활용해
8자매듭 초릿대 연결하기**

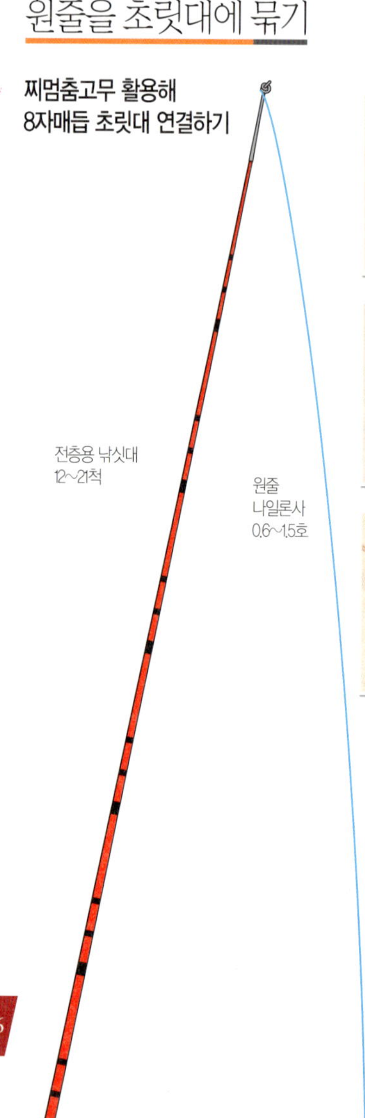

전층용 낚싯대
12~21척

원줄
나일론사
0.6~1.5호

원줄의 길이는 낚싯대 길이와 같게

8자매듭을 맨 원줄.

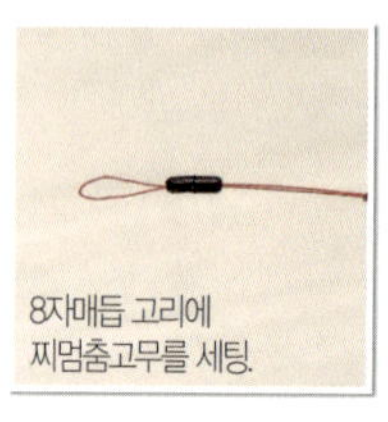

8자매듭 고리에
찌멈춤고무를 세팅.

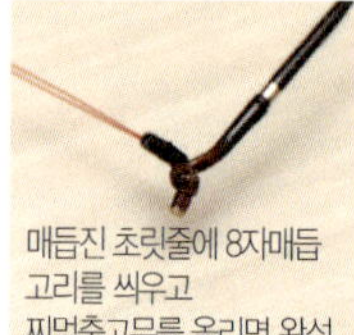

매듭진 초릿줄에 8자매듭
고리를 씌우고
찌멈춤고무를 올리면 완성.

맨사매듭 달고 찌고무 끼우기

수심측정용
면사매듭
※ 면사매듭법은
194페이지 참조

찌 이탈
방지용
면사매듭
또는
멈춤고무

①
② 　찌고무
③

①~③ 순서로
세팅한 뒤 수심측
면사매듭을 맨다.

※찌멈춤고무보다
간편하여 많이 쓰인

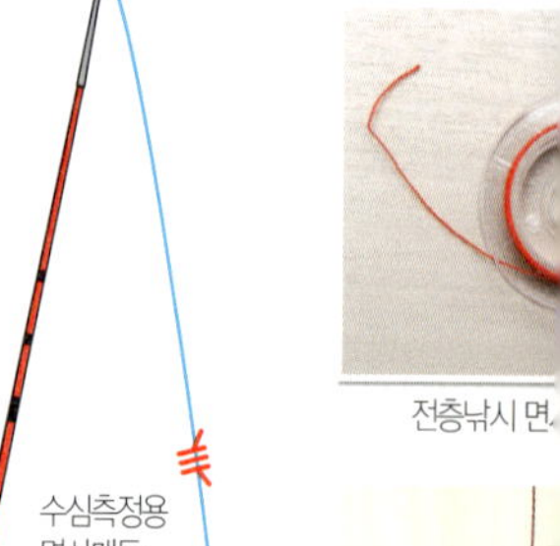

전층낚시 면⋯

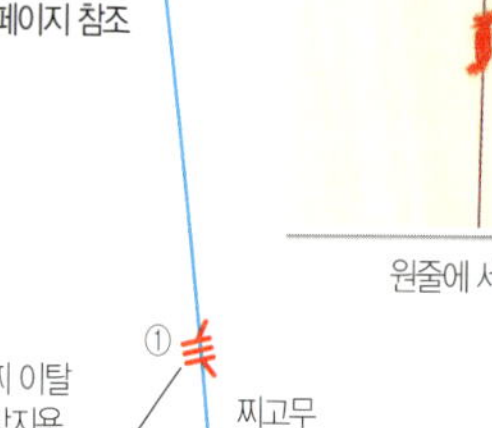

원줄에 서⋯

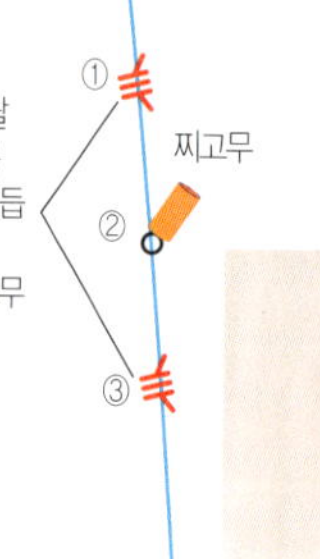

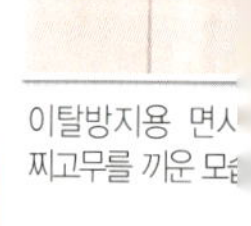

이탈방지용 면사⋯
찌고무를 끼운 모⋯

동 달고 O링(도래) 달기

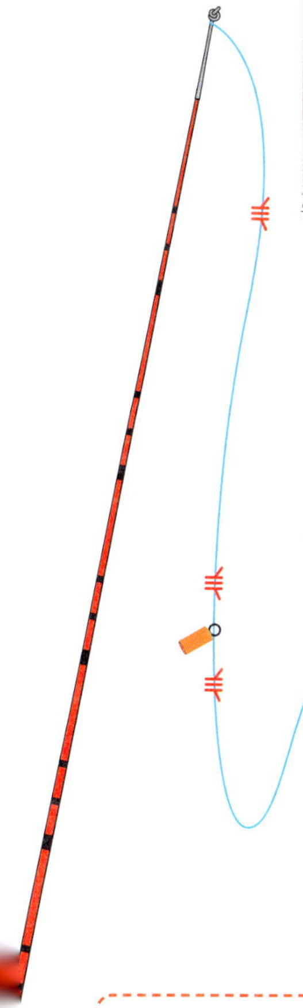

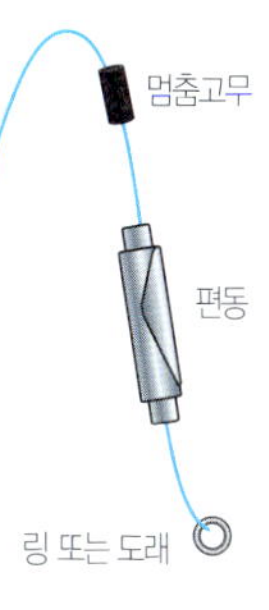

멈춤고무
편동
링 또는 도래

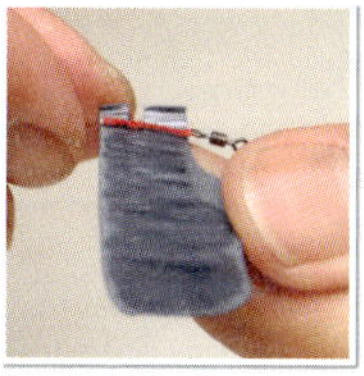

원줄에 편동을 감는 모습.

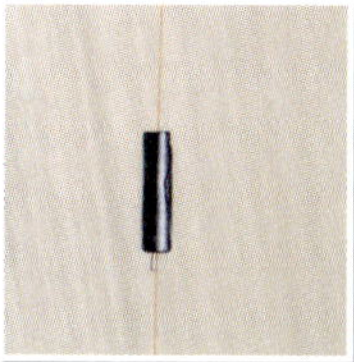

원줄에 감은 편동.

찌고무에 찌 꽂고 채비 달기

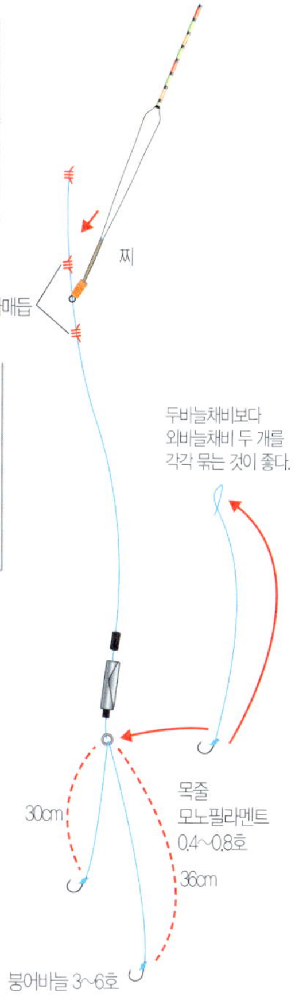

찌
면사매듭
두바늘채비보다
외바늘채비 두 개를
각각 묶는 것이 좋다.
목줄
모노필라멘트
0.4~0.8호
30cm
36cm
붕어바늘 3~6호

원줄에 O링 달기

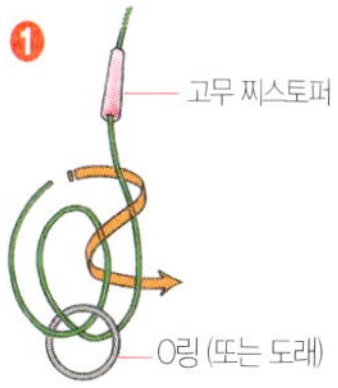

❶
고무 찌스토퍼
O링 (또는 도래)

원줄을 O링에 두 번 꿴다.

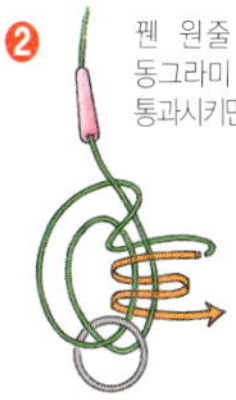

❷

꿴 원줄 끝을 원줄과 동그라미 사이로 2, 3회 통과시키면서 조인다.

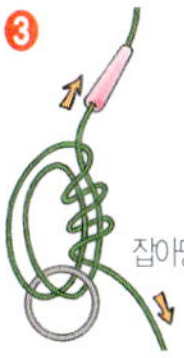

❸
잡아당겨 맨다.

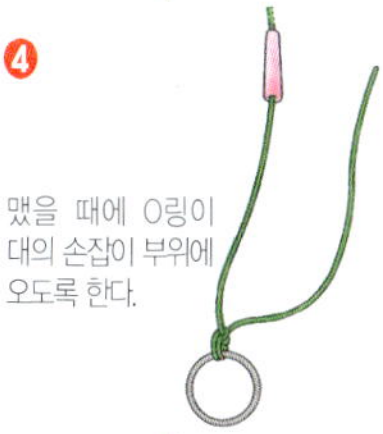

❹

맸을 때에 O링이 대의 손잡이 부위에 오도록 한다.

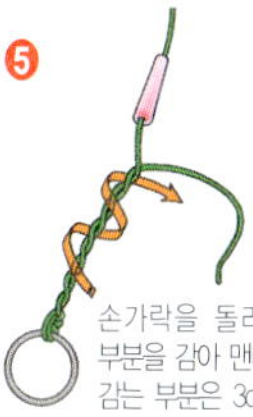

❺

손가락을 돌려 여분의 부분을 감아 맨다. 돌려서 감는 부분은 3cm 정도면 OK. 그보다 길 때는 3cm로 묶고 자른다.

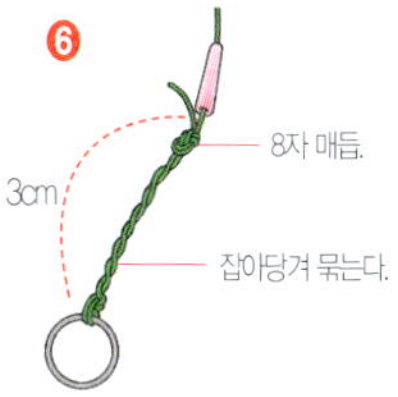

❻
8자 매듭.
3cm
잡아당겨 묶는다.

편동 달기

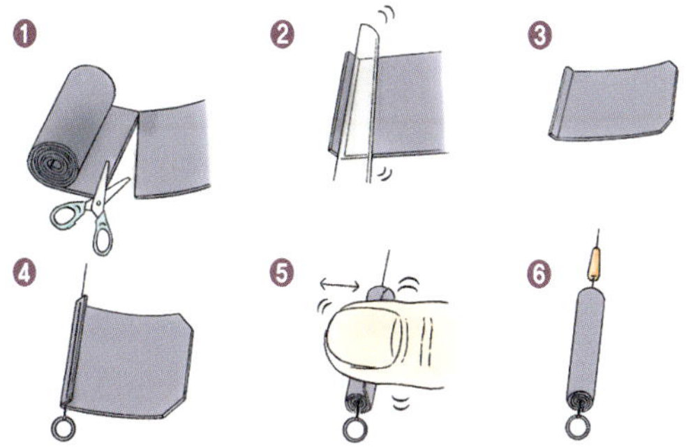

❶
❷
❸
❹
❺
❻

민물 루어낚시 채비

스피닝릴 채비
배스, 꺽지, 쏘가리,
끄리 등 중소형 어종
베이트릴 채비
배스, 누치 등
중대형 어종
스피닝릴용 루어
지그헤드리그
루어연결법 136 페이지 참조
노싱커리그
네꼬리그
와키리그
다운샷리그
베이트릴용 루어
스푼
캐롤라이나리그
크랭크베이트
바이브레이션
미노우
스피너베이트
포퍼

옵셋 훅에 웜 꿰는 방법

민물 루어낚시용 봉돌(싱커)의 종류

개봉돌_스플릿샷리그를 만들 때 쓰는 봉돌로 조개처럼 벌어진 닫아 간단히 낚싯줄에 물릴 수 있다. 낚싯줄에 바로 봉돌을 물 때문에 낚싯줄에 상처가 나지 않도록 너무 세게 물리지 말고, 이 벌어진 틈에 휴지를 끼우거나 고무가 달려 있는 것을 쓰면

알형 싱커_텍사스리그나 캐롤라이나리그에 주로 쓰는 싱커로 모습이 총알과 같다. 싱커가 훅에 박히지 않도록 싱커와 훅 사 구슬을 함께 꿰어야 한다.

운샷리그 전용 봉돌_봉돌에 낚싯줄을 연결할 수 있는 고리가 있다. 낚싯줄을 고리 안으로 넣어 두어 바퀴 돌리면 따로 매듭 지 않아도 된다. 굳이 매듭을 하지 않는 이유는 봉돌이 장애물 렸을 때 봉돌만 터져나가게 하기 위해서다.

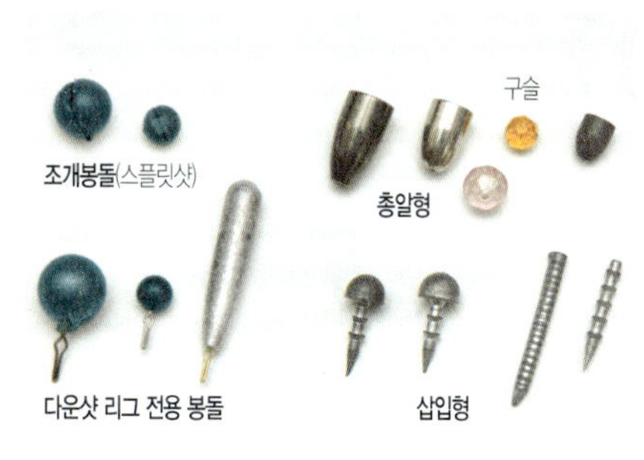

④**삽입형 싱커**_와키리그를 만들 때 쓰는 싱커로 나사처럼 생겨 웜에 직접 삽입할 수 있다. 상부가 큰 것이 침강 속도가 빠르다.

Part5 실전 낚시채비 만들기 ④

바다 루어낚시 채비

오징어 에깅
농어 루어낚시
원줄 PE 0.8~1.5호
8~8.6ft 에깅 전용대
원줄 PE 1~2호
8.6~9.6ft 농어 전용대
직결매듭 FG노트(11
다양한 형태의 스냅도래
직결매듭
개량피셔맨즈 노트
(110 페이지 참조)
쇼크리더 카본라인
1.5~3호
2m 내외
쇼
카
1~2m
스냅도래
2500~3000번 섈로우스풀 릴
스냅도래
3000번 섈로우스풀 릴
농어용 미노우
에기의 종류
다양한 형태의 농어 루어
바이브레이션
플로팅 미노우
바이브레이션
싱킹 펜슬베이트

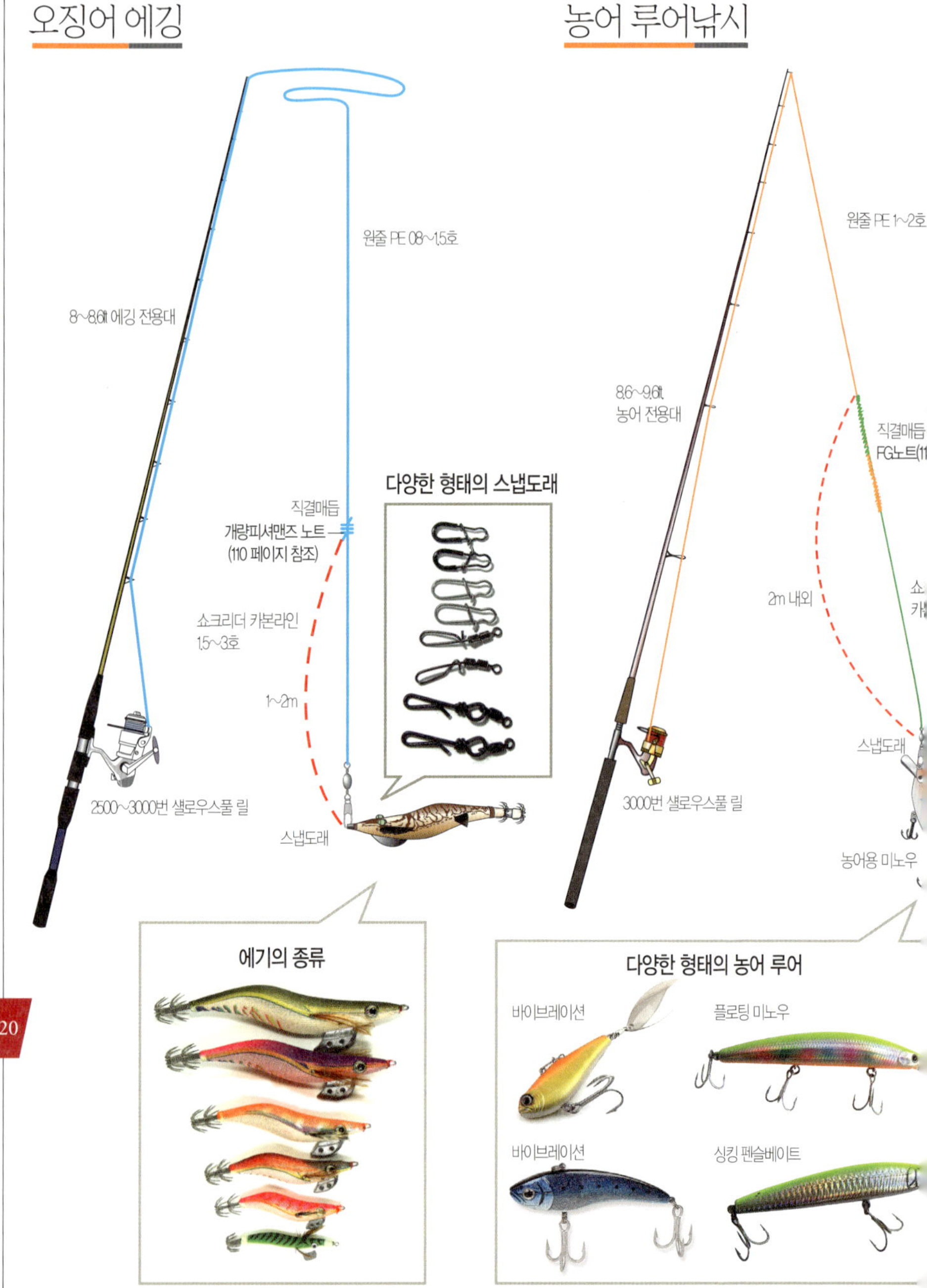

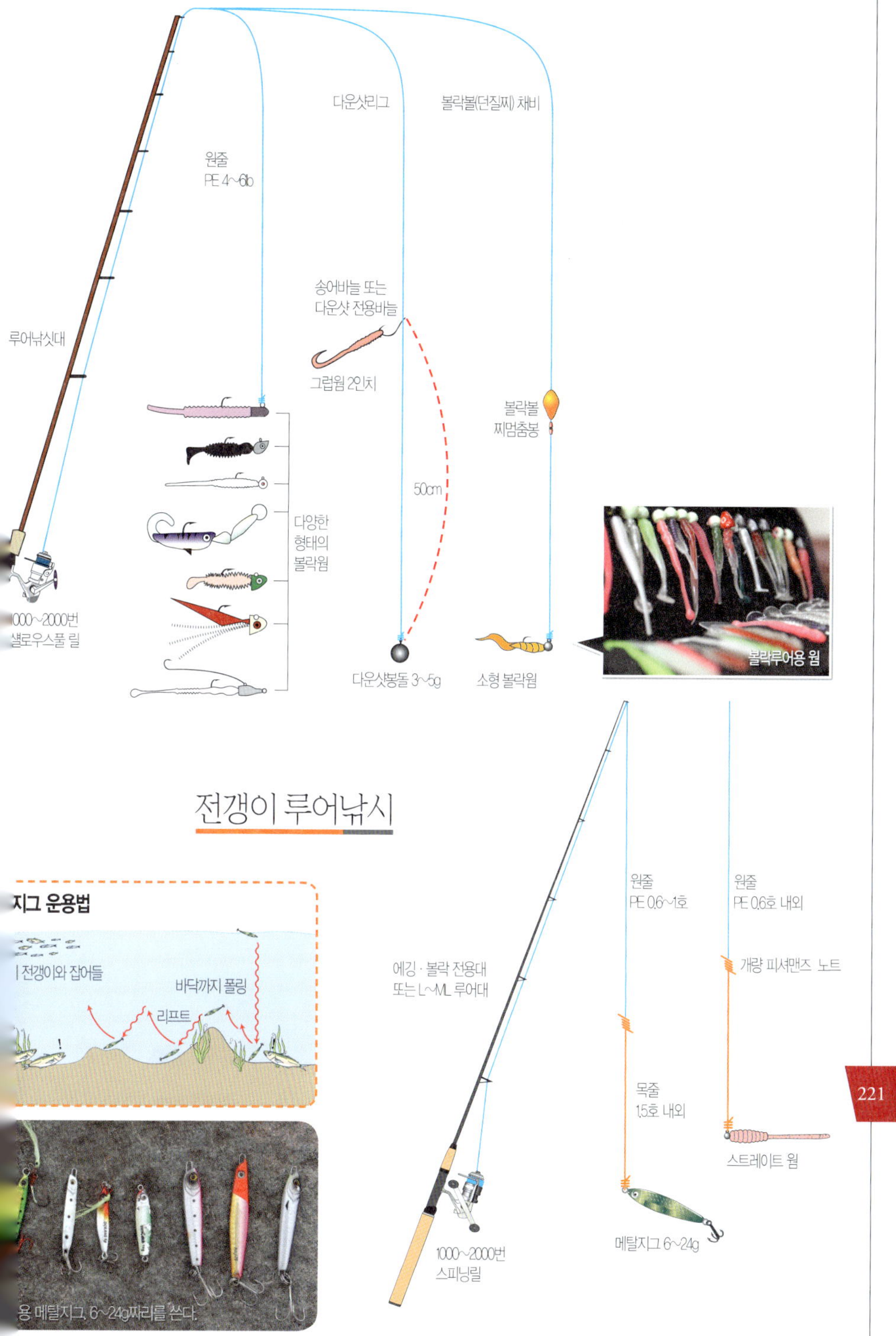
원줄
PE 4~6lb
다운샷리그
볼락볼(던질찌) 채비
루어낚싯대
송어바늘 또는
다운샷 전용바늘
그럽웜 2인치
볼락볼
찌멈춤봉
50cm
다양한
형태의
볼락웜
1000~2000번
샐로우스풀 릴
다운샷봉돌 3~5g
소형 볼락웜
볼락루어용 웜
전갱이 루어낚시
지그 운용법
전갱이와 잡어들
바닥까지 폴링
리프트
에깅 · 볼락 전용대
또는 L~ML 루어대
원줄
PE 0.6~1호
원줄
PE 0.6호 내외
개량 피셔맨즈 노트
목줄
1.5호 내외
스트레이트 웜
메탈지그 6~24g
1000~2000번
스피닝릴
용 메탈지그, 6~24g짜리를 쓴다.

송어 · 산천어 루어낚시 & 플라이낚시 채비

송어 루어낚시

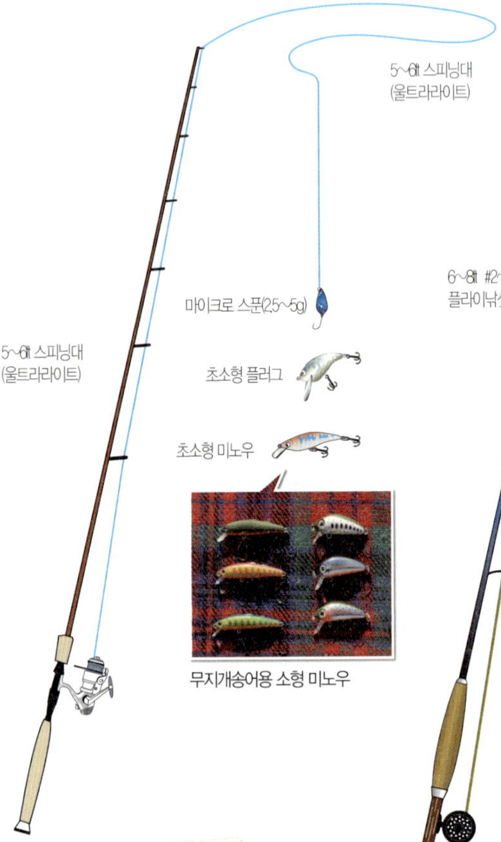

5~6ft 스피닝대
(울트라라이트)

5~6ft 스피닝대
(울트라라이트)

마이크로 스푼(2.5~5g)

초소형 플러그

초소형 미노우

무지개송어용 소형 미노우

송어 플라이낚시

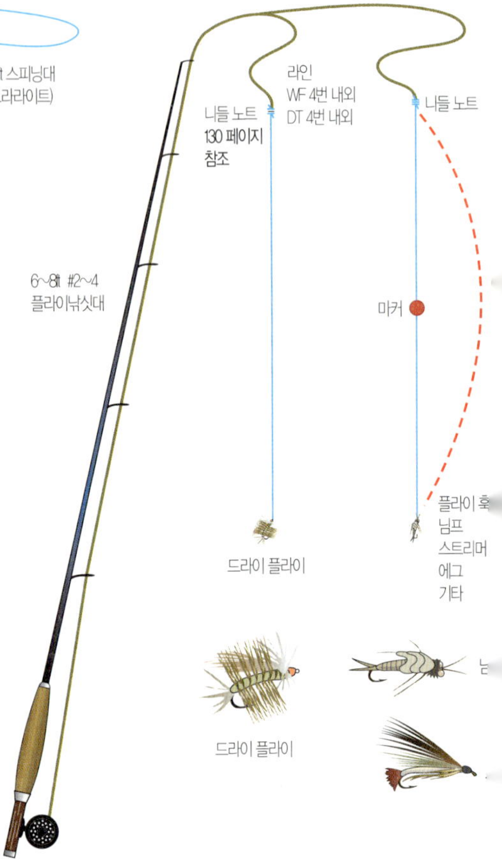

니들 노트
130 페이지
참조

라인
WF 4번 내외
DT 4번 내외

니들 노트

6~8ft #2~4
플라이낚싯대

마커

플라이 훅
님프
스트리머
에그
기타

드라이 플라이

드라이 플라이

마이크로 스푼의 컬러선택

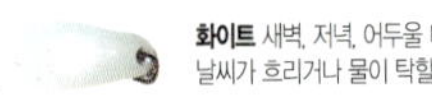
화이트 새벽, 저녁, 어두울 때, 날씨가 흐리거나 물이 탁할 때

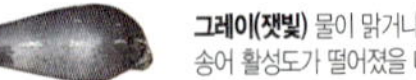
그레이(잿빛) 물이 맑거나 송어 활성도가 떨어졌을 때

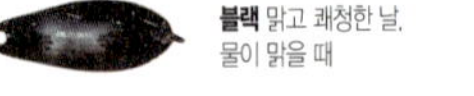
블랙 맑고 쾌청한 날, 물이 맑을 때

연한 핑크(벚꽃) 송어 활성이 떨어졌거나 물빛이 탁할 때

레드 방류 직후 식욕이 왕성할 때, 물이 탁할 때

옐로우 물이 너무 맑거나 또는 탁할 때, 활성도가 낮을 때

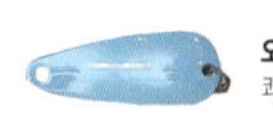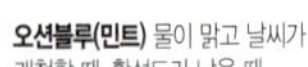
오션블루(민트) 물이 맑고 날씨가 쾌청할 때, 활성도가 낮을 때

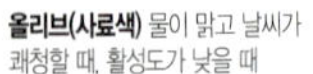
올리브(사료색) 물이 맑고 날씨가 쾌청할 때, 활성도가 낮을 때

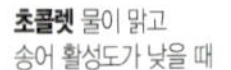
초콜렛 물이 맑고 송어 활성도가 낮을 때

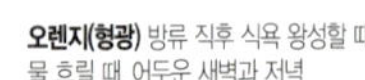
오렌지(형광) 방류 직후 식욕 왕성할 때, 물 흐릴 때, 어두운 새벽과 저녁

차트류스(형광연두) 물이 탁하거나 흐린 날, 어두운 새벽과 저녁

진한 블루 물 맑을 때, 맑고 쾌청한 날, 활성도가 낮을 때

실버 물이 맑을 때, 맑고 쾌청한 날

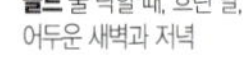
골드 물 탁할 때, 흐린 날, 어두운 새벽과 저녁

바이올렛(진보라) 물 맑거나 탁할 때, 활성도 낮을 때

골드하프오렌지 방류 직후나 일 때, 흐린 날, 어두운 새벽과 저녁

실버하프골드 물이 맑을 때, 활성도가 낮을 때

어 · 열목어 플라이낚시

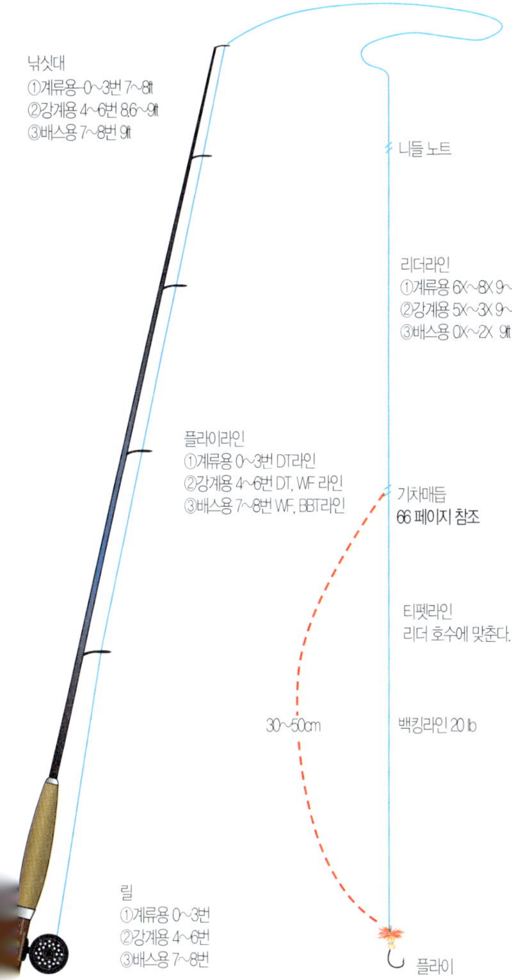

낚싯대
①계류용 0~3번 7~8ft
②강계용 4~6번 8.6~9ft
③배스용 7~8번 9ft
니들 노트
리더라인
①계류용 6X~8X 9~14ft
②강계용 5X~3X 9~14ft
③배스용 0X~2X 9ft
플라이라인
①계류용 0~3번 DT라인
②강계용 4~6번 DT, WF 라인
③배스용 7~8번 WF, BBT라인
기차매듭
66 페이지 참조
티펫라인
리더 호수에 맞춘다.
30~50cm
백킹라인 20 lb
릴
①계류용 0~3번
②강계용 4~6번
③배스용 7~8번
플라이

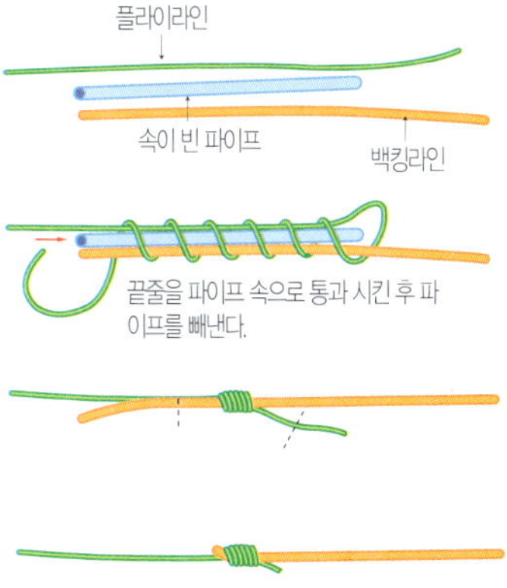

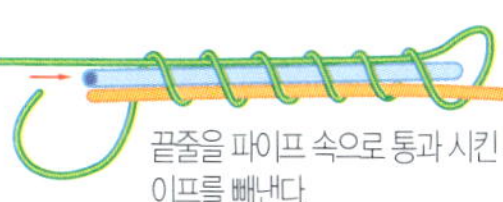

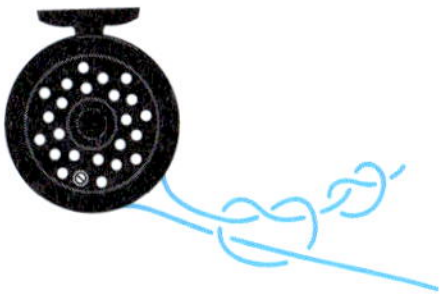

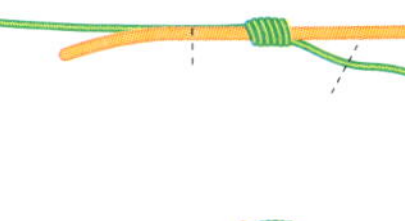

플라이의 4가지 기본 패턴

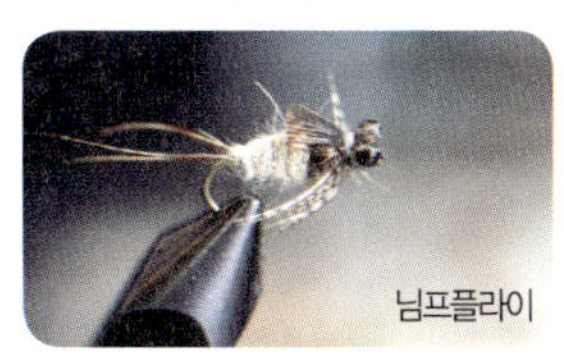

님프플라이

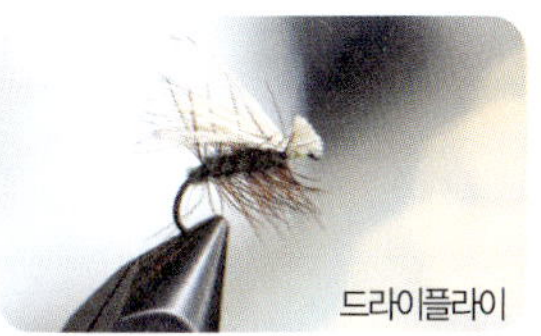

드라이플라이

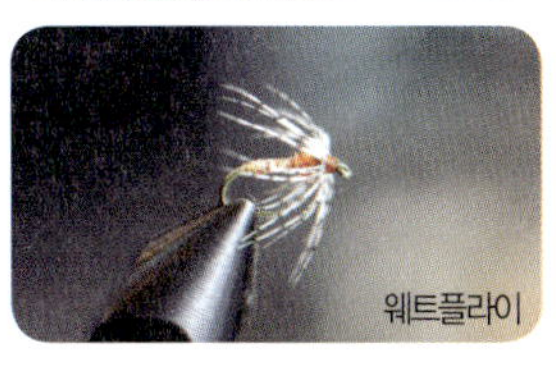

웨트플라이

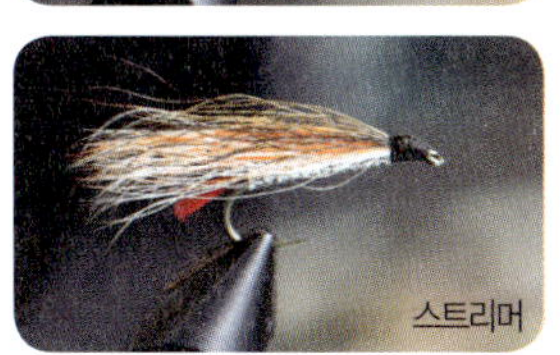

스트리머

백킹라인과 플라이라인 묶음(튜브노트)

플라이라인
속이 빈 파이프
백킹라인
끝줄을 파이프 속으로 통과 시킨 후 파이프를 빼낸다.

릴에 백킹라인 묶기(arbor knot, slip knot)

피라미 · 갈겨니낚시 채비

여울견지 채비(누치 겸용)

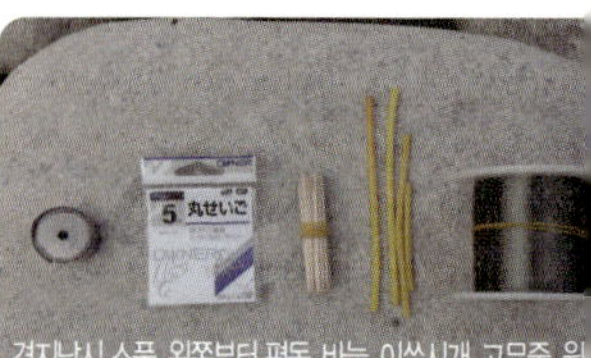

※ 1호_피라미·갈겨니
1.5호_누치

원줄
1~1.5호 나일론줄

견짓대
강·중·약대

강대_멍짜급 누치
중대_적비급 누치
약대_피라미, 갈겨니

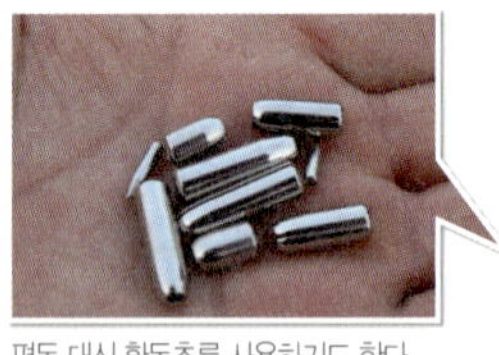
편동 대신 황동추를 사용하기도 한다.

편동(1cm)

고무줄 5~8cm

※고무줄이 길면 부력도 세저 물살이
약할 때 멀리 보낼 수 있다. 예민하게
쓰고 싶다면 짧게 사용. 고무줄 대신 전
층낚시용 편동홀더를 쓰기도 한다.

0.7~1m

대형 누치를 노릴때는
7~9호 바늘 사용
미끼 : 구더기

세이코 바늘 5~7호

구더기 꿰는법

①한 마리 꿰기

②두세 마리 꿰기

내장을 다치지 않게 꼬리
피부에 살짝 걸쳐 꿴다

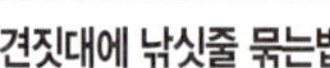

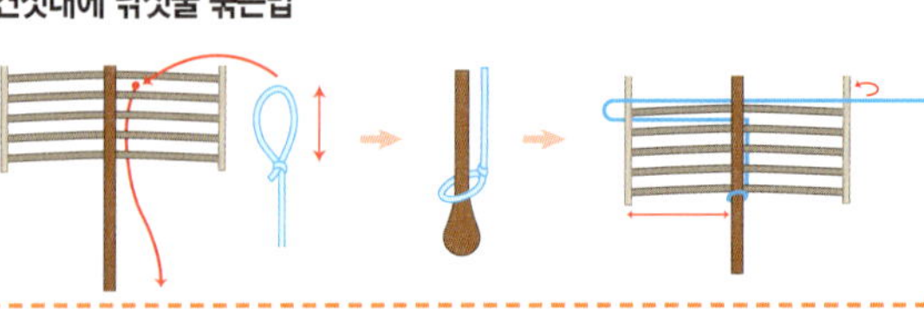

바늘 채비

※ 여울에 들어가서 공략하므로
민장대 외에 견짓대도 많이 사용한다.

-5.4m
낚싯대

낚싯줄(원줄)
1.5~2호

스티로폼

스냅도래

털바늘

도래봉돌
또는 좁쌀봉돌

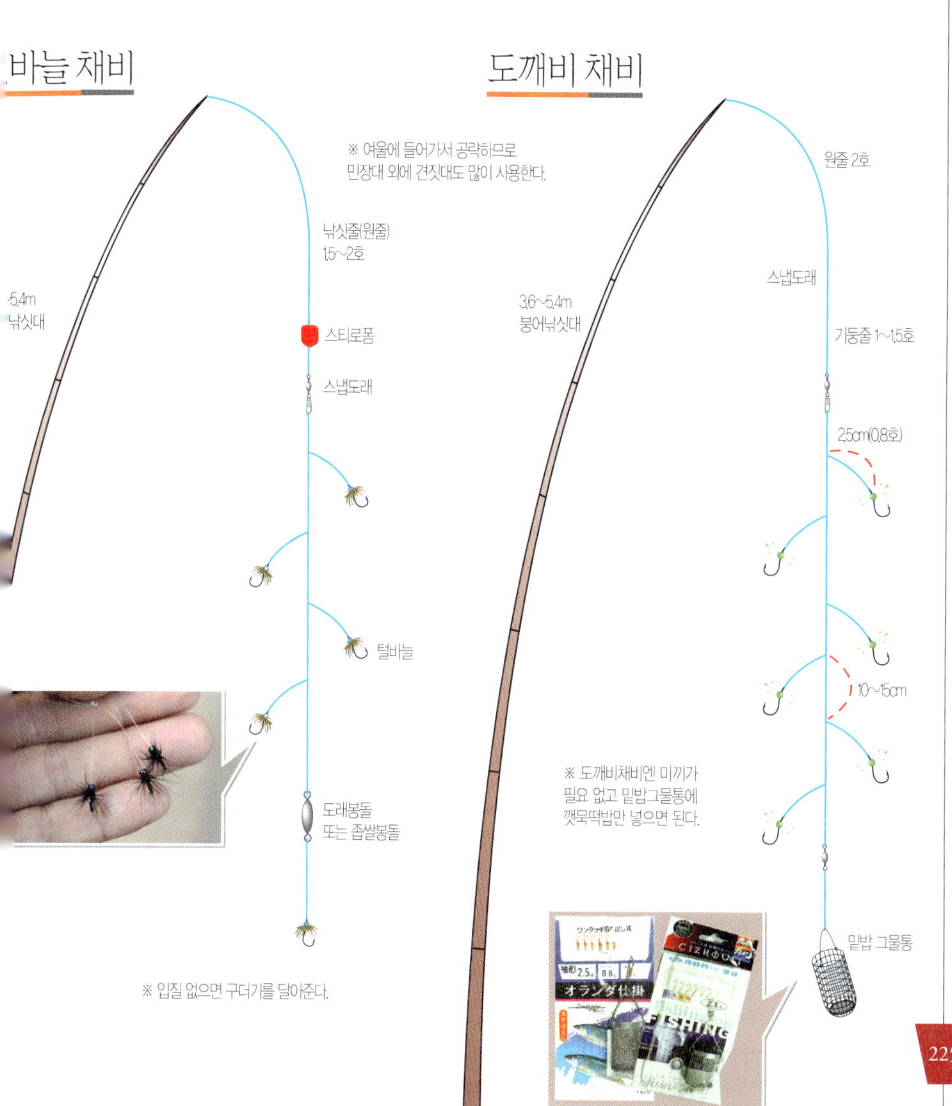

※ 입질 없으면 구더기를 달아준다.

도깨비 채비

원줄 2호

3.6~5.4m
붕어낚싯대

스냅도래

기둥줄 1~1.5호

2.5cm(0.8호)

10~15cm

※ 도깨비채비엔 미끼가
필요 없고 밑밥그물통에
깻묵떡밥만 넣으면 된다.

밑밥 그물통

도깨비채비

원투낚시 채비

백사장 원투낚시 채비

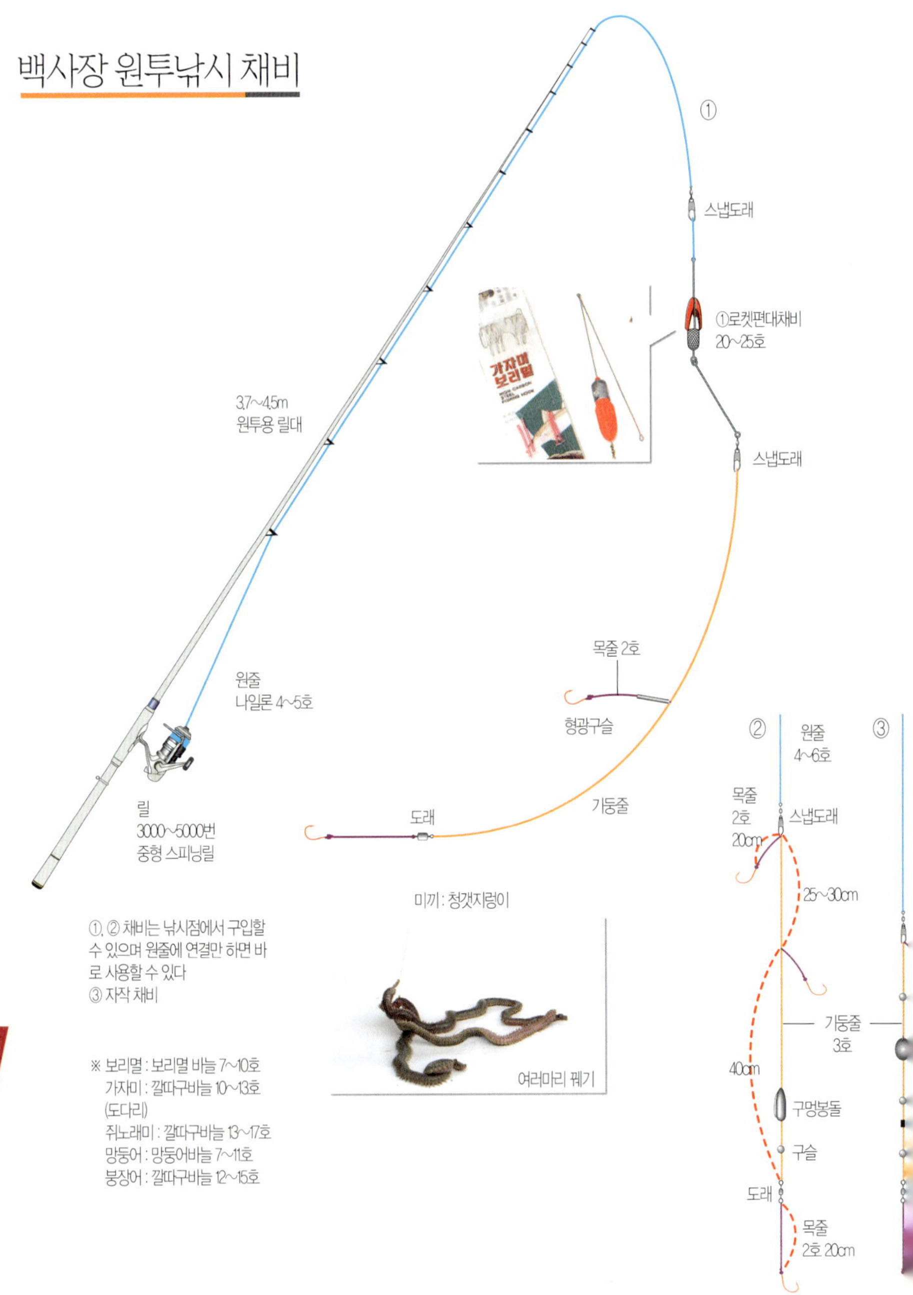

①, ② 채비는 낚시점에서 구입할
수 있으며 원줄에 연결만 하면 바
로 사용할 수 있다
③ 자작 채비

※ 보리멸 : 보리멸 바늘 7~10호
   가자미 : 깔따구바늘 10~13호
   (도다리)
   쥐노래미 : 깔따구바늘 13~17호
   망둥어 : 망둥어바늘 7~11호
   붕장어 : 깔따구바늘 12~15호

바위 원투낚시 채비

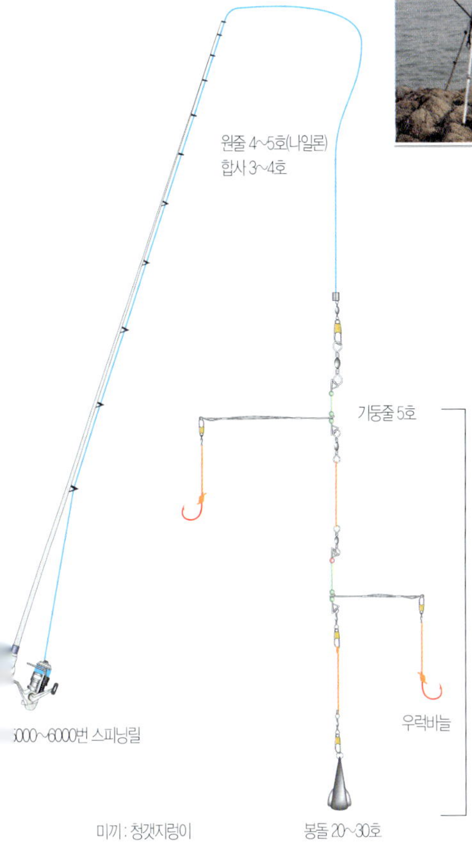

원투낚싯대와 받침대

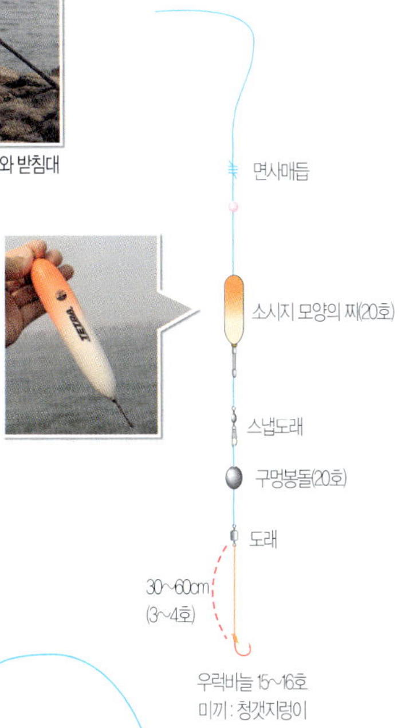

어–광어 · 우럭 · 쥐노래미 등

어 떡밥 원투낚시 채비

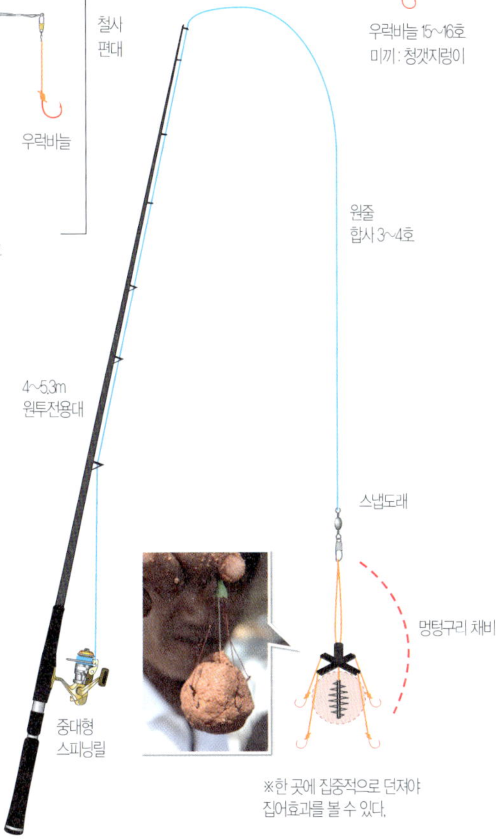

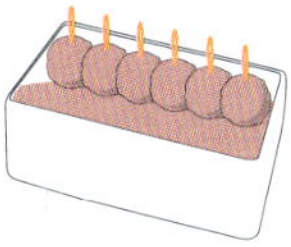

~30m 원투해야 하기 때문에
을 단단하게 개야 한다

구멍찌낚시 채비

감성돔낚시 채비

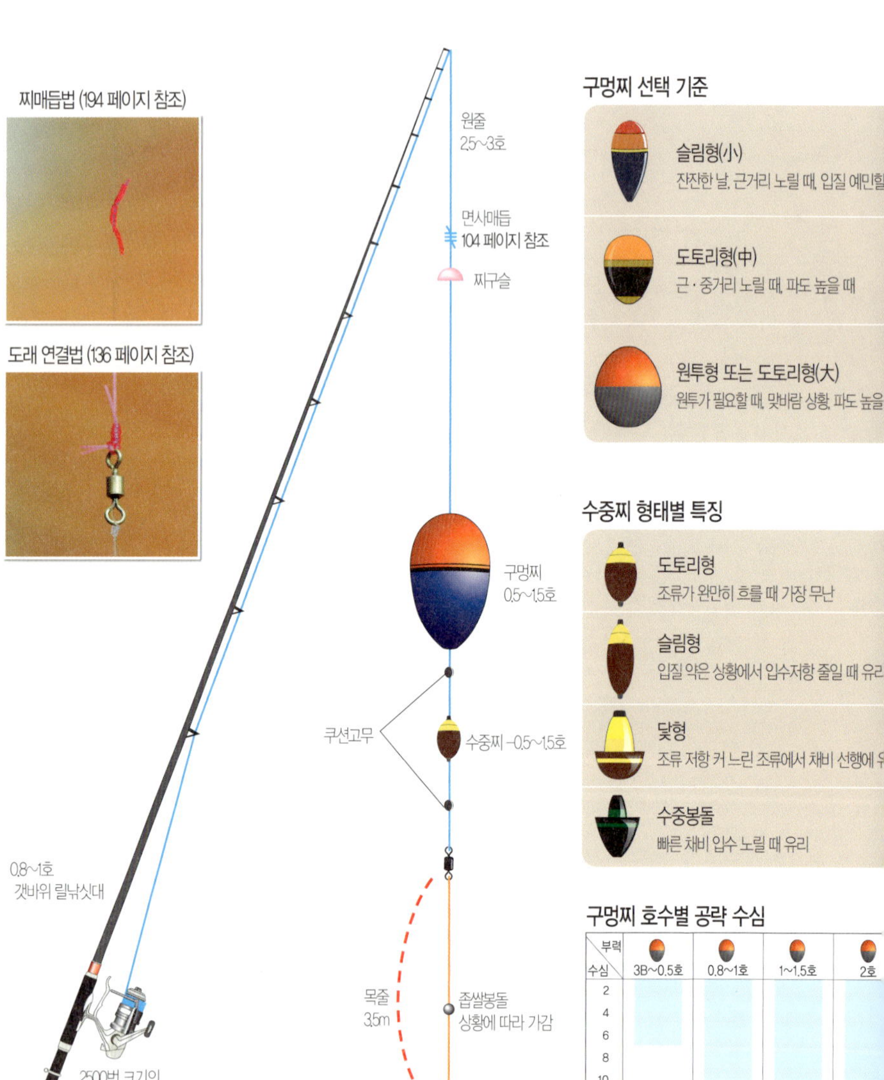

구멍찌 호수별 공략 수심

부력 수심	3B~0.5호	0.8~1호	1~1.5호	2호
2				
4				
6				
8				
10				
12				
14				
16				
18				
20 m				

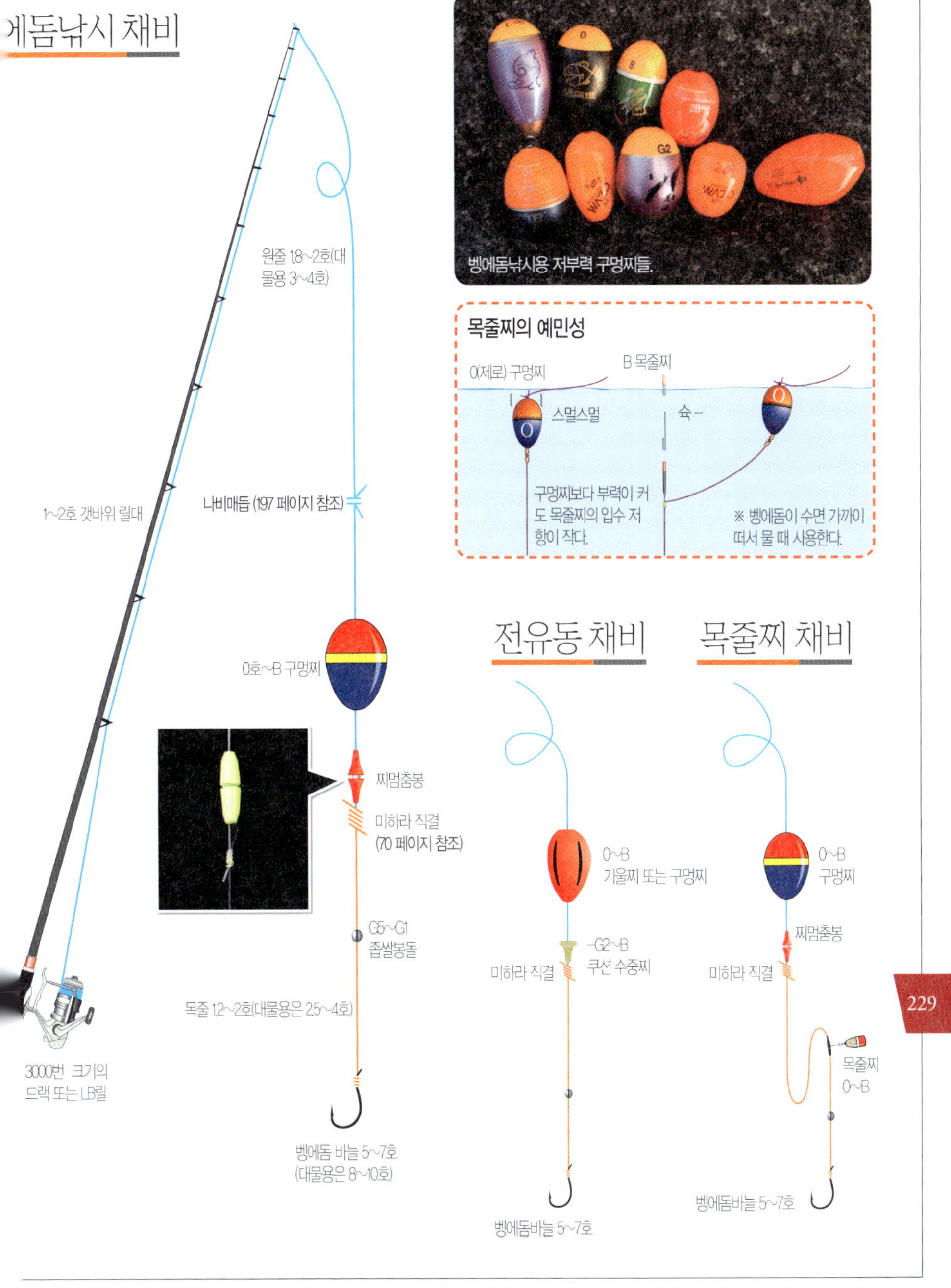
에돔낚시 채비
원줄 1.8~2호(대물용 3~4호)
1~2호 갯바위 릴대
나비매듭 (197 페이지 참조)
0호~B 구멍찌
찌멈춤봉
미하라 직결 (70 페이지 참조)
G5~G1 좁쌀봉돌
목줄 1.2~2호(대물용은 2.5~4호)
3000번 크기의 드랙 또는 LB릴
벵에돔 바늘 5~7호 (대물용은 8~10호)
벵에돔낚시용 저부력 구멍찌들.
목줄찌의 예민성
0(제로) 구멍찌
B 목줄찌
스멀스멀
슉-
구멍찌보다 부력이 커도 목줄찌의 입수 저항이 작다.
※ 벵에돔이 수면 가까이 떠서 물 때 사용한다.
전유동 채비
0~B 기울찌 또는 구멍찌
미하라 직결
~G2~B 쿠션 수중찌
벵에돔바늘 5~7호
목줄찌 채비
0~B 구멍찌
찌멈춤봉
미하라 직결
목줄찌 0~B
벵에돔바늘 5~7호

우럭 외줄낚시 채비

원줄에 부력구슬 달고 도래 연결하기

채비 연결하기

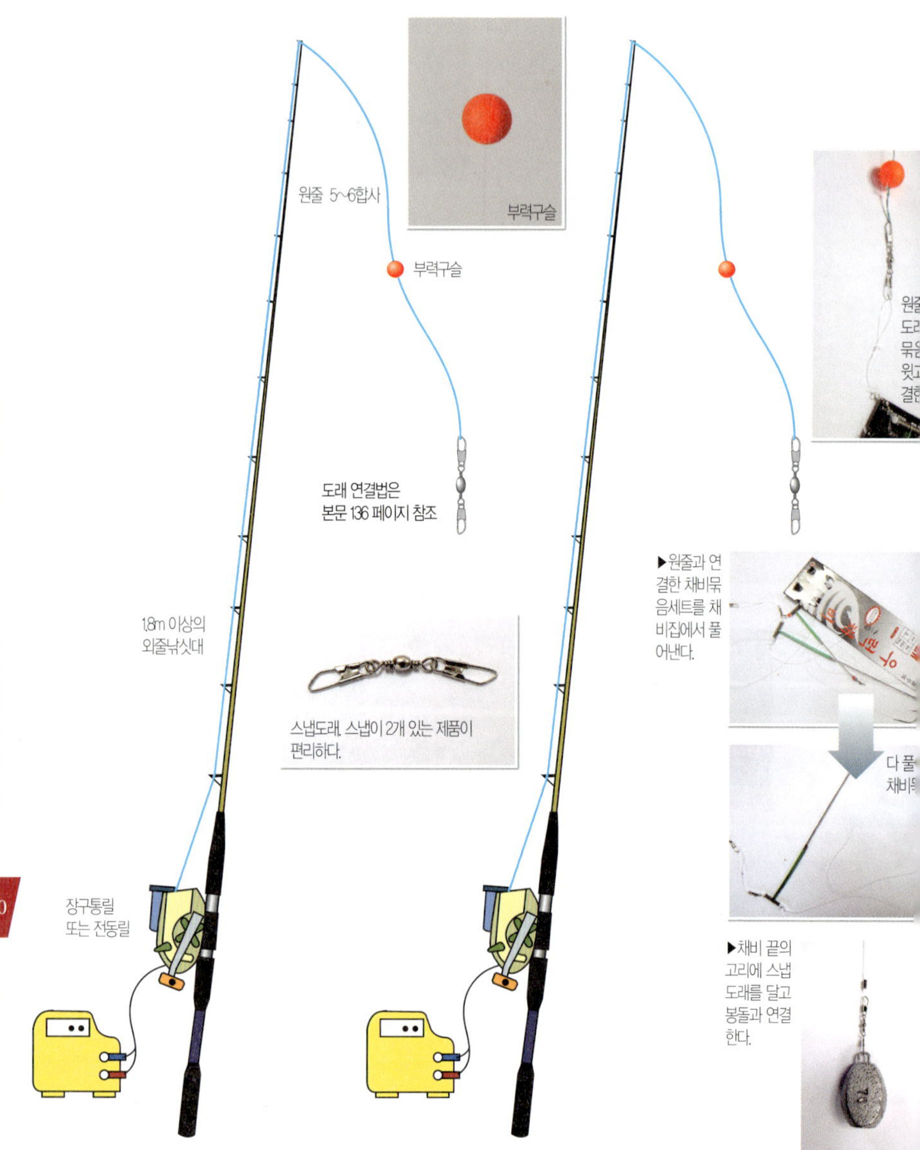

성된 채비
▲배 난간의 거치대에 놓은 낚싯대.
열기용 카드채비
원줄 6호 합사
구슬
민도래
기둥줄 10호
목줄 3~4호
20cm
25cm
상황에 따라
잘라서 사용
어피바늘 12호
(어피 없으면 14~15호)
80~100호 봉돌
부력구슬
스냅도래
구슬
철사편대 15~20cm
기둥줄 10호
50~80cm
30~40cm
끊어졌을 때 가지바늘채비 연
결법-본문 140 페이지 참조
스냅도래
우럭바늘 15~20호
20~30cm
30~100호 봉돌
가짓줄 4~5호
우럭바늘 15~20호
먼바다 우럭·대구낚시 겸용 채비
우럭·대구겸용 채비.
원줄
6호 합사
부력구슬
스냅도래
구슬
기둥줄
24~40호
모노필라멘트
목줄 8~12호
모노필라멘트
80~90cm
80~100cm
민도래
80~90cm
우럭바늘 28~30호
80~100호 봉돌

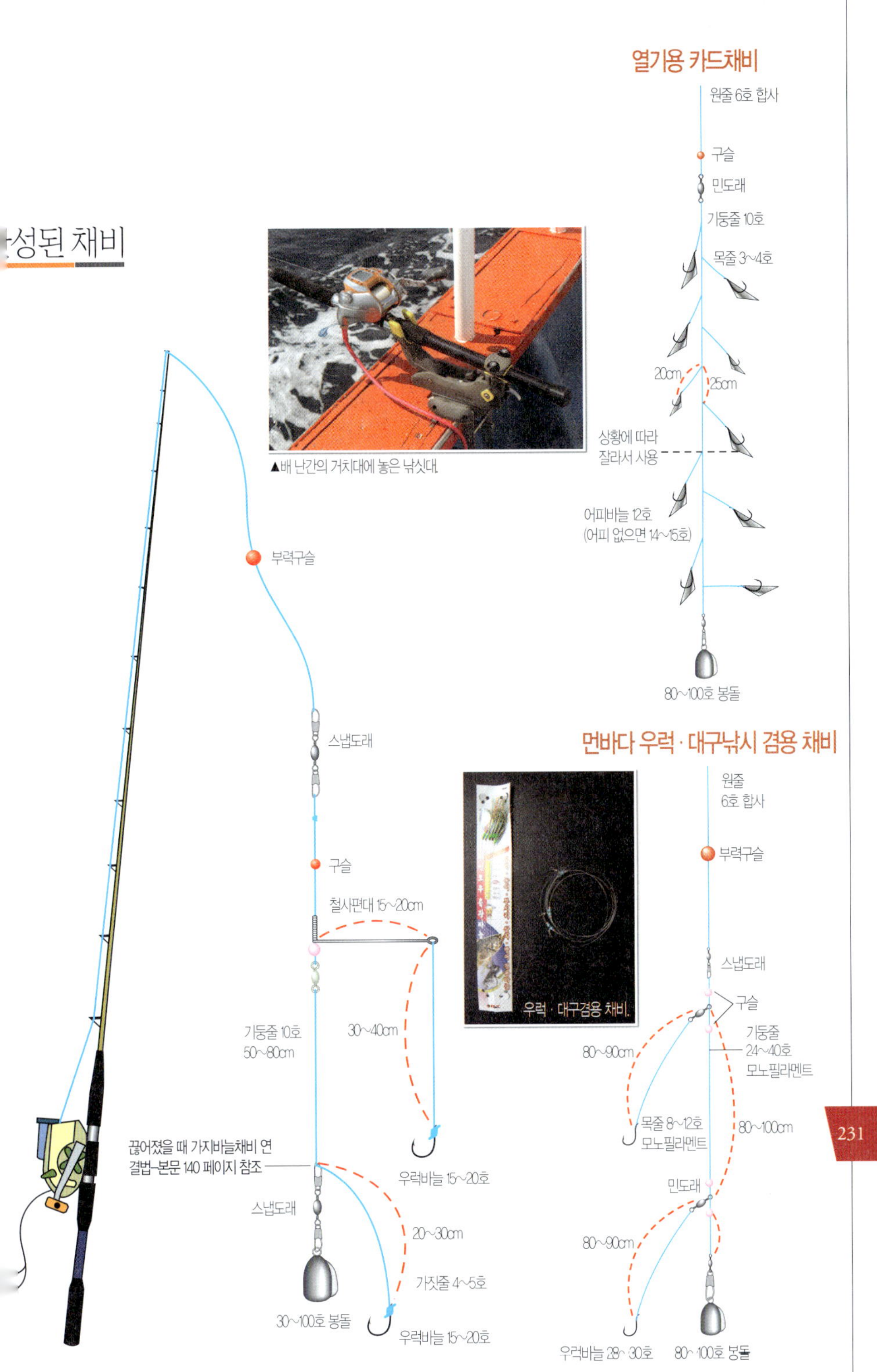

231

그림+사진+동영상으로 마스터하자!

낚시묶음법

지은이 낚시춘추 편집부
펴낸이 정규도
펴낸곳 황금시간

초판 5쇄 2024년 10월 31일

편집 이영규
디자인 김혜령

주 소 10881 경기도 파주시 문발로 211 다락원빌딩
전 화 02-736-2031(803)
공급처 (주)다락원 02-736-2031
출판등록 제406-2007-00002호
인터넷 홈페이지 http://darakwon.co.kr

ISBN 978-89-92533-38-6 13690
값 23,000원